ドイツ賠償問題の史的展開

ドイツ賠償問題の史的展開

──国際紛争および連繋政治の視角から──

高橋　進著

岩波書店

亡き母に捧ぐ

序

ワイマール共和国下におけるドイツ外交の最大の課題が、ヴェルサイユ条約の修正にあったことは多くの人々が肯定しているところである。また、「近代のそれ以前のいかなる講和条約にもまして命令的要素が顕著であった」(1)この条約が敗戦国ドイツに課したもろもろの義務のなかで、条約第八編「賠償」を中心とする規定の実施をめぐって生じた連合国とドイツ側との対立と妥協が、賠償問題という紛争を形成したことも知られているところである。この紛争は、その展開を振り返ってみると、ワイマール共和国と生死を分かちあったといってよいほどに、共和国の成立および その維持・安定・解体と歩みをともにしていた。成立後の不安定的安定期はロンドン支払い案をめぐる紛争とともにあり、相対的安定期はドーズ案とともにあり、解体期はヤング案および紛争の消滅とともにあった。それは、この賠償問題が「不可避性の技術(the art of necessity)(2)」を強いられたドイツ外交の苦悩の歴史の中心にあったことを端的に示している。

本書のテーマは、賠償問題を対象として、ドイツ外交指導者の政治指導を明らかにすることにある。すなわち、外交指導者が、どのような目標を設定し、また状況をいかに認識し、目標を実現するためにどのような戦略をたて、そしてどのように実行していったのかを解明することにある。

しかし、賠償問題は、ドイツ国内の経済と政治、そしてまた国際政治と国際経済にまたがる解明困難な問題であることは言うまでもない。そこで、右のようなテーマにそって問題を限定してみることにしたい。賠償問題は、その本質において、一国の経済財の他国への強制的移動という点から派生したものである。それは一国の経済財の移動という点において、その移動される経済財の適正量をめぐる問題と論争を提示し、また代価なき移動という点において、国際経済の貿易均衡をめぐる問題（いわゆるトランスファー問題）を提示した。それと同時に、財の強制的移動という点において、「権力」の問題を提示することにもなった。この本は、賠償問題の「権力」を中心とする問題を取り扱うことにしたい。なぜなら、賠償問題がしばしば武力行使すら伴う紛争として現われたことは、それが単に経済的合理性によってのみ処理されたのではなく、むしろ各国間の、とくにフランスとドイツの、目標が相対立し、権力のウルティマ・ラティオたる武力使用という典型的な国際政治の一側面を存在させていたことを示しているからである。

このように対象を、賠償問題の政治的側面に限定するとき、賠償問題の歴史のなかで、一九二〇年から一九二四年に至る時期が最もその側面を鮮明に表わしていたといえよう。二〇年一月の条約発効以来、二四年八月までの歴史は、二一年の「履行政策」の期間を除いては、制裁という名の武力行使とその威嚇とがドイツに対して行なわれ、それに対してドイツ側では、第三国に介入を要請する試みが、また連合国に対する屈伏が、そして、武力行使に対する抵抗が行なわれた歴史であった。なかでも二三年には、フランス軍およびベルギー軍がルールを占領し、ドイツ側はそれに対していわゆる「受動的抵抗」をもって応えるという「戦闘なき戦争」すらみられたのである。したがって、二三年のルール紛争を中心とする二〇年から二四年にいたる賠償問題の展開が、この本では取り上げられることになる。[3]

またこの本は、次のような二つの理論的問題関心に対応する、一定の分析のための枠組みを採用し、対象への接近を試みている。第一は、一つの国際紛争がどのように発生・展開・終結するのかを具体的に叙述することである。第二は、国際紛争はその国際紛争に加わる一主体《アクター》の国内政治体系とどのように連繋しているのかを解明することである。第一の問題関心に対応して、この本は国際紛争を主体《アクター》間の行為と反応の過程としてとらえる分析方法を採用し、紛争の強度と紛争の展開パターンの分析を試みた。二〇年から二四年にいたる賠償問題という国際紛争は、この方法によれば五期に区分され、第一期から第三期までを前史として第一章第二節が扱い、紛争が「戦闘なき戦争」にまで強度を高めた第四期を本論として第二章・第三章・第四章が扱い、そして紛争の終結《ターミネーション》を、後史として第五章が扱っている。(4) 第二の問題関心は、言い換えれば、外交史学上の古典的問題の一つである、内政と外交との関係を解明することにほかならない。現在この課題は、外交政策の理論的研究の課題ともなっている。周知のように外交政策は、政策形成過程、決定過程、交渉・武力行使という段階を有している。そして、外交政策の全過程に関しても、また個々の段階に関しても、多くの分析方法・モデルが提供されている。とくに政策形成過程の分析は、国内政治体系の分析とも重なっていたが、さらにより分析射程を拡大し、内政と外交との相互関係を「連繫政治(Linkage Politics)」として捉えるアプローチも現われている。(5) ここでは、このアプローチに依拠することによって、本論を構成するルール占領下のドイツ政治体系の内政と外交の連繫を分析することにしたい。その際、この時期のドイツ政治体系は、不安定的安定と政治体系崩壊直前の尖鋭的危機の間を移行する状況、すなわち「危機増強」の位相とその逆行過程たる「危機管理」の位相とを経過する状況にあることを鑑み、(6) ルール占領＝賠償問題という「争点領域」における、執行エリートと反対派《オポジション》との力学を、内政面の構造的な分析要素として据えることにしたい。(7)

(1) E. H. Carr, *International Relations between the Two World Wars (1919–1939)*, London 1950, S. 4. 衛藤・斉藤訳『両大戦間期における国際関係史』清水弘文堂、一九六八年、四ページ。

(2) G. A. Craig, *From Bismarck to Adenauer: Aspects of German Statecraft*, rev. ed., New York 1965, S. 43.

(3) 現在、一九二〇年代は、新たな視点から分析・解釈されつつある。それは、ドイツ史学界の、社会総体(Gesellschaft)を総体として分析しようとする試みと方向を一にするものであり、特色として、①政治史・経済史・社会史等の歴史学の個別分野化を退け、その時代の社会総体を分析しようとすること、②また、以上の時代の分析を一国に限定することなく、比較史の立場も取り入れ、他国との比較を重視すること、があげられる(Vgl. "Vorwort des Herausgebers," in: *Geschichte und Gesell-*

schaft, 1(1975), S. 5ff.)。

一九二〇年代に関する、このような試みの代表作は、Charles S. Maier, *Recasting Bourgeois Europe: Stabilization in France, Germany, and Italy in the Decade after World War I*, Princeton 1975である。この著作は、第一次世界大戦直後の歴史を、イタリア、フランス、ドイツの比較分析から、再検討したもので、第一次世界大戦前の秩序が、戦争と戦後の混乱期において保守的に再編成されていく過程をみごとに描き出している。そしてそのなかで、次の特色をもつ《corporatist》といわれる政治体制が発生したと説いている。それは、①権力の中心が議会・官僚から巨大組織勢力へ移動したこと、②この巨大組織は、議会に圧力をかけるばかりではなく、議会外において他の巨大組織と直接取引しまたは特定の官庁と結びつくことによって大きな影響力を発揮したこと。③その結果として、私的権力が肥大化し、政府の権限が侵蝕され始めたことである。

さらに社会総体の分析を念頭におきながら、経済体制にその焦点を与えたものとして、Heinrich A. Winkler hrsg., *Organisierter Kapitalismus: Voraussetzungen und Anfänge*, Göttingen 1974. 大野英二「『組織資本主義』論の問題点――比較社会史の研究動向」『思想』六二五号(一九七六年七月号)がある。

そして、このような視点からワイマール共和国を分析することの可能性を検討した興味深い文献として、一九七三年ボッフムで開かれた国際シンポジウムの報告書がある。Hans Mommsen, Dieter Petznia und Berns Weisbrod hrsgs., *Industrielles System und politische Entwicklung in der Weimarer Republik: Verhandlungen des Internationalen Symposium in Bochum vom 12.-17. Juni 1973*, Düsseldorf 1974.

および、《corporatism》の視角からドイツ史に接近したものとして次の論文がある。Ulrich Nocken, "Corporatism and Pluralism in Modern German History," in: Dirk Stegmann u. a. hrsgs., *Industrielle Gesellschaft und politisches System: Beiträge zur politischen Sozialgeschichte*, Bonn 1978, S. 37 ff.; Gerald D. Feldman, "German Interest Group Alliance in War and Inflation, 1914-1923," in: Suzanne D. Berger ed., *Organizing Interests in Western Europe: Pluralism, Corporatism and the Transformation of Politics*, Cambridge 1981, S. 159 ff.

(4) 国際紛争に関しては、多くの研究があるが、その過程の分析を指向する代表的なものとして、Andrew M. Scott, *The Functioning of the International System*, New York 1967, S. 106 ff.; Charles A. McCelland, "The Beginning, Duration and Abatement of International Crises: Comparisons in Two Conflict Arenas," in: Charles F. Hermann ed., *International Crises*,

New York 1972, S. 83 ff.

また、国際紛争に関する従来の研究の一応の集大成として、Klaus Jürgen Gantzel, *System und Akteur*, Düsseldorf 1972; Michael Haas, *International Conflict*, Indianapolis 1975; Glenn H. Snyder and Paul Diesing, *Conflict among Nations: Bargaining, Decision Making, and System Structure in International Crises*, Princeton 1977.

（5） 外交政策および連繫政治に関しては以下の文献を参照されたい。坂野正高『現代外交の分析』東大出版会、一九七一年、Joseph Frankel, *The Making of Foreign Policy: An Analysis of Decision-Making*, London 1963（河合秀和訳『外交における政策決定』東大出版会、一九七〇年）。J. P. Lovell, *Foreign Policy in Perspective: Strategy, Adaptation, Decision Making*, Hinsdale (Illinois) 1970; K. J. Holsti, *International Politics*, 2nd ed., Englewood Cliffs 1972; J. N. Rosenau ed., *International Politics and Foreign Policy*, New York 1961; J. N. Rosenau ed., *International Politics and Foreign Policy*, rev. ed., New York 1969; M. Brecher, B. Steinberg and J. Stein, "A Framework for Research on Foreign Policy Behavior," in: *Journal of Conflict Resolution*, 13 (1969), S. 75 ff.; M. Brecher, "Images, Process and Feedback in Foreign Policy: Israel's Decisions on German Reparations," in: *American Political Science Review*, 67 (1973), S. 73 ff.

連繫政治に関しては、J. N. Rosenau, "Pre-theories and Theories of Foreign Policy," in: R. B. Farrell ed., *Approaches to Comparative and International Politics*, Evanston 1966, S. 27 ff.; J. N. Rosenau ed., *The Domestic Sources of Foreign Policy*, New York 1967; J. N. Rosenau ed., *Linkage Politics*, New York 1969; Wolfram Hanrieder, *West German Foreign Policy 1949–1963*, Stanford 1967; Ernst-Otto Czempiel hrsg., *Die anachronische Souveranität, Politische Vierteljahrsschrift* Sonderhefre, 1, Opladen 1969.

（6） 政治体系危機（Political System Crisis）は、従来政治学が政治的安定の条件を探るあまり静的分析に終始したことを反省し、政治発展（Political Development）は変動を常態とするものであり、危機を常に内在させているのではないかという視点から研究されるにいたった。

危機研究は現在つぎの三つの方向で進められている。①政治発展のなかでみられる危機の性格を明らかにし、この観点から各国の政治発展を特長づけようとするもの。その代表的著作は、Leonard Binder et. al., *Crisis and Sequences in Political Development*, Princeton 1971; Raymond Grew ed., *Crises of Political Development in Europe and the United States*, Princeton

1978である。②ストライキや革命行動等を政治的暴力と規定し，参加者の個人心理，運動の性格，政治体制に与えるインパクトを解明しようとするもの。代表的な研究として，Ted Robert Gurr, *Why Men Rebel*, Princeton 1971; Charles Tilly, Louise Tilly, Richard Tilly, *The Rebellious Century 1830–1930*, Cambridge(Mass.) 1975があり，この系列の論文を集めたものとして，Ted Robert Gurr ed., *Anger, Violence and Politics*, Englewood Cliffs(N. J.) 1972がある。③危機がどのように発生し，どのように移行し，どのように終焉するのかという短期の過程を分析しようとするものであり，西ドイツ政治学会の機関誌である *Politische Vierteljahrsschrift* 21(1971)に発表された次の三つの論文が先鞭をつけた。Volker Rittberger, "Über sozialwissenschaftliche Theorie der Revolution: Kritik und Versuch eines Neuansatzes,"; Martin Jänicke, "Zum Konzept politischen Systemkrisen,"; Kurth Dohse, "Das politische System in der Krise." これと同時期政治発展研究の反省から同様な試みを行ない，興味深い分析モデルを提示し，このモデルに基づいて個別のケースを分析したのが，Gabriel Almond, Scott C. Flanagan, Richard Mundt eds., *Crisis, Choice and Change*, Boston 1973である。この系列の成果を知るのに便利な論文集として，Martin Jänicke hrsg., *Politische Systemkrisen*, Köln 1973がある。簡単には拙稿「開発独裁と政治体系危機」『世界』一九八〇年二月号一七〇ページ以下を参照されたい。

ちなみに，ワイマール共和国研究者にとって，何故ワイマール共和国は崩壊したのかという大問題があり，これについての代表作はいうまでもなく，Karl Dietrich Bracher, *Die Auflösung der Weimarer Republik*, 5 Aufl., Villingen 1971である。政治学的には民主政の崩壊に関する研究であり，これも③の系列に属する分野であるといえる。理論的にはこのK. D. Bracherの著作の他に，Juan J. Linz and Alfred Stepan eds., *The Breakdown of Democratic Regimes*, 4 Vols., Baltimore 1978があり，第一巻 Juan J. Linz, *Crisis, Breakdown, and Reequilibration*(内山秀夫訳『民主体制の崩壊—危機・崩壊・均衡回復』岩波書店，一九八二年)が理論的枠組みを提示し，第二巻 Europe がヨーロッパ各国(自由主義イタリア，ワイマール・ドイツ，オーストリア第一共和国，フィンランド，スペイン第二共和国)を個別的に分析している。

(7) 反対派《オポジション》に関する理論的アプローチを示唆してくれる代表的なものとして，Robert A. Dahl ed., *Political Oppositions in Western Democracies*, New Haven 1966; W. Gamson, *Power and Discontent*, Homewood(Ill.) 1968; Robert A. Dahl ed., *Regimes and Oppositions*, New Haven 1973; Robert A. Dahl, "Governments and Political Oppositions," in: F. I. Greenstein and N. W. Polsby eds., *Handbook of Political Science*, Vol. 3, *Macropolitical Theory*, Reading(Mass.) 1975, S. 115 ff.

目　次

第一章　紛争の展開

第一節　ドイツ外交の初期条件

「ベルリン、一九二〇年一月一〇日、土曜日。
本日、パリで講和が成立した。戦争の終結である。ヨーロッパに恐るべき時代が始まりつつある。それは、嵐の前のあの息苦しい時代の始まりであり、この時代は、確実ともいえるほどに、世界戦争よりもさらに恐ろしい爆発でもって幕を下ろすことになろう。」

——Harry Graf Kessler[1]——

一九二〇年一月一〇日、ヴェルサイユ条約は発効した。四年有余の総力戦と、それに続く革命・敗戦・講和の時代は過ぎ、ヨーロッパは再び「平和」の状態に回帰することになった。しかし、この「平和」はコスモポリタン・ケスラーの日記に記されたように、「恐るべき時代」の「平和」であった。

本節は、まずこの「恐るべき時代」の国際政治構造を概観的に分析することから始めたい。なぜなら、総力戦たる第一次世界大戦とそれに続く「国際的内乱(International Civil War)」の時期が、戦前のヨーロッパ国際政治構造を大きく変動させたからである。そしてこの変動した国際政治構造のなかに、敗戦国ドイツは置かれ、またそのなかで、ドイツ外交政策の国際環境が形づくられたからである。

この変動は、ヨーロッパ国際政治構造の外部構造と内部構造という二つの次元で生起した。外部構造の変化とは、ヨーロッパ地域体系の、残余の地域体系への支配度の低減となって現われた。この支配度の低下は、国際体系内の「中枢《センター》」の拡散、すなわち戦前において列強の地位を保持していたヨーロッパ大国の「ケイパビリティ(capability)」の低下と、日本およびアメリカというヨーロッパ外の諸国のそれの増大とに起因する。またこの低下は、国際体系の「辺境《ペリフェリー》」の再配分、すなわち植民地での独立運動の擡頭による本国＝植民地関係の変動および真空化した敗戦国領の再分割にも起因する。第二の、内部構造の変化とは、量的および質的という二つの側面で発生した。量的側面の変化は、国民国家数の増大となって現われた。国際体系の「主体《アクター》」は、戦前の二五国から三四国へと増大したのである。そしてこのような主体の拡散は、主として東欧においてみられた。これらの国々は、「国家形成《ネイション・ビルディング》」をその課題とし、しかもこの課題は「民族自決原理」に依拠したため、多民族の混在する東欧は、「ヨーロッパ全体のバルカン化」と称される不安定化の要因となるに至った。一方、質的側面の変化は、戦前の「勢力均衡体系(balance of power system)」(M. A. Kaplan)という主体としての国家の相互関係ルールに、新たに、ソビエト・ロシアの形成と国際連盟の樹立とにより、異質な主体間関係ルールが加えられたことにみられる。すなわち、敗戦国ドイツに対する戦後処置においても、(1)主体の維持、(2)主体の体系内再編入の承認という点において、またその際のイギリスとフランスの対立の論理をみるとき、ここにはまだ勢力均衡体系の継続が示されていた[2]。しかし、ソビエト・ロシアと西欧各国との関係に目を転ずると、この主体間関係は、対ソ干渉戦争や「防疫線」に示されるように、異質の体制原理をもつ主体相互の、イデオロギー要因を重視した、排除・抹消の関係をも有していた。加えて、国際連盟という国際組織の出現は、国家主体間の「紛争の政治(politics of conflict)」に対して「集団的問題解決(collective problem-solving)[3]」の制度をそのルールとして導入するに至った。要言すれば、戦後ヨーロッパ国際政治体系は、勢力均衡体系ルール、イデオロギー重視の異質体制主体間のルール、そして国際組織による集団的紛争解決のルールを並存させたのである。

以上のように変動した国際政治構造がドイツ外交の国際環境を形成することになる。とくに二〇年代前半においては、勢力均衡体系と異質体制主体間ルールに支配された前期的冷戦体系とが、国際環境を形成した。つまり「ドイツをめぐる国際政治体系」は、次の二つの下位体系《サブ・システム》から構成されたのである。第一は、いわゆるドイツ問題に参加した、イギリス、フランス、アメリカを主要な主体とする体系である。この体系は、その争点として、この本で分析される賠償問題のほかに、国防軍の兵力削減問題[4]、ラインラント問題[5]をも存在させ、その構造は、フランスとドイツの目標が対立し、この対立のなかで「第三者勢力(the third force)」たるイギリスとアメリカが仲裁者の役割を与えられるというものであった。しかし、この役割も、多くは現状維持の枠内で演じられたため、ドイツにかかる外圧はきわめて高いものとなり、ドイツ外交指導者はしばしば「不可避性の技術」を強いられたのである。一定の限界をもつ勢力均衡原理と強い外圧、これが二〇年代前半のドイツ西方政策の国際環境を形作ることになる。第二の体系は、イギリス、フランス、ポーランド、そしてソビエト・ロシアを主たる参加主体とするものである。この体系は、ソビエト・ロシア対西欧諸国の対抗関係によって構成される。しかしこの対抗関係は、ソビエト・ロシア対西欧各国という利益紛争ばかりではなく、ソビエト・ロシア対西欧各国というイデオロギーによる価値紛争にも彩られていた。したがって、対立が前者の側面よりも後者の側面によって特色づけられていた二〇年代前半においては、この体系からのドイツへの圧力は決して高いものではなかった。ここにドイツ東方政策の出発点があり、外交指導者が「可能性の技術」を発揮する舞台が与えられたのである[6]。以上のように、ドイツ外交は、異質の下位体系を環境として有し、主体にかかる入力《インプット》として西方政策は高い外圧を加えられ、その一方、東方政策は低い外圧を与えられたのである。

ところで賠償問題は、この高い外圧をうける西方政策の環境を織りなす国際体系内の一大争点であったことはいうまでもない。したがって、われわれはこの体系の各主体の外交政策の基調を、賠償問題という国際紛争の展開を理解するに必要な限りで、みてみることにしたい。その主体とは、フランス、イギリス、アメリカである。この主体のなかで、条約を規定通りに執行することを最も強く要求したのは、国土の北部を戦場とされ、戦死者および行方不明者計約一四〇万余人という犠牲を払ったフランスであった。フランスの戦後外交は、「勝利の父」クレマンソー(Georges Clemenceau)が「勝利を失った者」として失脚して以来、ブロック・ナシオナル(Bloc National)のいわゆる「右派」外交が展開された(7)。この「右派」外交は、《安全《セキュリテ》》を第一位の対外目標として、ヴェルサイユ条約の厳格な実施を要求していた。この安全保障政策は、二つの側面から構成された。一つは、ドイツの直接侵略に備えるものであり、独仏国境の安全を意図するものであって、「物理的防衛(garanties physiques)」と称される。この政策は、講和会議においてはラインラント分離構想として提案され、その挫折後はラインラント駐留となって実現された(8)。もう一つは、ドイツの間接侵略、すなわち東欧への進出に対抗するためのものであり、「補完的防衛(garanties supplémentaires)」と称される。これは、いわゆるフランスの東欧政策として展開され、まずポーランドへの接近が開始された。二〇年のソビエト＝ポーランド戦争に際して、また二一年のイーバーシュレージエンをめぐるドイツ＝ポーランド間の国境画定紛争に際して、ポーランド支援の政策をとり、二一年二月には秘密軍事同盟条項をもつ同盟条約を締結した。さらに、小協調《プチ・アンタンテ》の盟主たる地位を有し、その一方でポーランドとは国境問題で対立していたチェコスロバキアにも接近が試みられ、二四年一月に同盟条約が締結された。ここにフランスの東欧政策は、ロカルノ条約でその意味を変質させられることになるが、一応の完成をみたのである(9)。フランスはこの時期ヴェルサイユ条約と東欧同盟網とによって、大陸において「人為的なヘゲモニー」を確立したといえよう(10)。A・ウォルファーズは次のように評価している。「フランスは、最初のうちは、ドイツが再び侵入するかもしれないという恐怖からのみ行動していたかもしれない。しかし、フランスの安全のための政策は、フランスを現状維持の、そして西欧と中欧の全秩序の擁護者にしたのである」[11](傍点原文)と。

《安全《セキュリテ》》を最優先目標とするフランスの外交政策に対し、イギリスの政策は、大陸での《安定》を主要目標とする「勢力均衡政策」であったといってよい。[12] イギリスは、大陸においてフランスがヘゲモニーを確立することを抑制しようとしたのであり、それはフランスの安全保障政策に対する対応のなかに最もよく示されている。第一の例は、パリ講和会議におけるラインラント国境案に対する反応であり、第二の例は、英仏同盟構想に対する反応である。フランスが一九年春ラインラント国境案を提出したとき、イギリスは有名なフォンテーヌブロー覚書を提出し、ドイツと中欧のボリシェヴィキ化を指摘して、フランスに譲歩を求めた。その時、ロイドージョージ(David Lloyd George)はクレマンソーの面前でスマッツ(Jan C. Smuts)の書簡を読み上げ、ドイツは大陸における支配的な要素として引き続き存在するであろう、われわれがドイツの協力もなくして世界の再建を試みるとしたらそれは愚かしいことであろう、と主張した。[13] 第二の例である英仏同盟交渉とは、二一年九月フランスの非公式打診によって開始され、一二月から翌年の一月にかけて具体案の応酬がなされ、その後ポアンカレ(Raymond Poincaré)政府の出現とともに挫折するに至ったものである。[14] この交渉においてフランスは、東欧をも保障する、とくにポーランドを保障する条約案を提出したのに対し、イギリスはドイツ西部国境のみを保障する対抗案を提出した。この案を提出するに当たり、二二年一月一〇日の閣議において、ロイドージョージは次のように説明した。「このような保障は、われわれにドイツに対するフリーハンドを与えてくれることにもなろう。この国の多くの人々が、ドイツを支援するという考えに反撥していることは銘記されねばならない。しかしわれわれは、ドイツとの貿易という面からばかりでなく、ドイツがロシアとの関係においてキー・ポジションを占めていることからも、ドイツはヨーロッパにおける最も重要な国であることを認めなければならない。現情勢下では、ドイツを支援すると、フランスを見捨ててしまったと非難されることになろう。しかし、もしフランスがわれわれの同盟国であるならば、そのような非難もなされることはないであろう」[15]。この説明を貫く論理は、まさに「勢力均衡政策」のそれにほかならない。フランスの大陸でのヘゲモニーの確立をフランスとの接近によって抑制しようとしたのである。

以上、フランスおよびイギリス両国の外交政策の基調を概観してきた。さらに、この時期相対的に「ケイパビリティ」を増大させたアメリカの対ヨーロッパ政策を検討しなければならない。なぜならアメリカは「国際政治の舞台から離脱した」といわれるものの、経済的側面で深くヨーロッパに介入したからである[16]。それは、構造的に賠償問題と連関している「戦債問題」として現われた[17]。この問題は、すでに講和会議の際に、アメリカとイギリスおよびフランスとの間に対立を惹起していたが、二一年ハーディング政府が戦債回収の原則を明らかにしたとき、より深い対立を発生させた。二二年二月、アメリカ政府は、議会に妥協し、「戦時対外債務整理委員会」(the World War Foreign Debt Commission)を設け、柔軟性の乏しい回収原則をたてて債務国との折衝に当たったのである。この方針はイギリスとの対立を深め、二二年八月一日、イギリスは「バルフォア・ノート」(Balfour Note)を発表し、賠償金と戦債との相殺による賠償金削減の方針を明らかにした[18]。しかし、アメリカもフランスも拒否的な反応しか示さず、とくにアメリカの商務長官フーヴァー(H. C. Hoover)は、二二年一〇月一五日の演説のなかで、戦債と賠償との相殺という方針に強く反論した。その後、イギリスは保守党政府が成立するとともに、アメリカと支払い交渉を開く道を選んだ。二三年一月米英間で交渉がもたれ、一時中断を余儀なくされるほど難航したが、一月三一日にはいわゆる「ボールドウィン＝メロン協定」が調印された。この協定は、先のアメリカ側の回収原則を、償還期限および年利の点で緩和していた[19]。その一方、賠償支払いに最も厳しい姿勢をとるフランスとの交渉は、二二年七月のフランス大蔵省のパルマンティエ

(Jean Parmentier)による交渉が失敗して以降、二〇年代にわたって続けられることになった。二六年四月に調印された「ベランジェ＝メロン協定」がフランス議会の批准をうけたのは二九年七月二二日のことである。この間、ヨーロッパ各国からは、《Uncle Shylock》という非難がアメリカに向けられていた。

これまで、ドイツ外交の国際環境面での初期条件ともいうべき側面を略述してきた。しかし、一国の外交政策は、国際体系からの圧力への対応という側面とともに、国内体系からの圧力への対応という側面をも有している。以下、この後者の側面を、すなわち国内争点としての外交政策、とくに西方政策の置かれた条件を、構造的に分析してみたい。

外交政策は、国内政治体系と二つの面で連繫しているといえよう。第一は、体制の正当性の次元であり、第二は、その実効性の次元である。正当性の過程は、政治体系の政治風土《ポリティカル・カルチャー》を土壌として、象徴・神話による常なる支持調達の再生産過程として存在している。外交政策は、第一次的国家利益たる領土および文化の統一を課題とするかぎり、ナショナリズムを通して正当性と関係することになる。[20] この点においてワイマール共和国は、まさに敗戦とヴェルサイユ条約という旧体制の負《マイナス》の遺産を旧体制の責任として明示しうることなく、国民大の価値剝奪たるヴェルサイユ条約を承認したがゆえに、ナショナリズムとの乖離をまねかねばならなかった。共和国は共和国の象徴においてナショナリズムを動員しえなくなったのである。[21] なによりも、ワイマール共和国を通じて、「ドイツ」は「ドイツ共和国」としてではなく、「ライヒ」として国民の前に象徴されたのである。その反面は、希薄な敗戦意識をもち、ヴェルサイユ条約を《Diktat》として受け取め、「大国《グロースマハト》」への復帰すらをも夢に抱くドイツ国民のナショナリズムが、反共和制派によって動員されることになったということにほかならない。[22] とくに二三年までの政治過程のなかでは、「体制外存在」たる広大な極右勢力は、反ヴェルサイユと反ワイマールの主張を結びつけ「政治的暴力」という形で登場することになる。それがカップ(W. kapp)一揆であり、エルツベルガー(Matthias Erzberger)暗殺であり、ラーテナウ(Walther Rathenau)暗殺であり、バイエルン・ラント政府とライヒ政府の対立であり、そしてヒトラー(Adolf Hitler)一揆である。

第二の側面は、政治体系の実効性の次元である。この過程は、国民の要求から発生・噴出する政治争点をめぐるさまざまな紛争に対するエリート側の紛争解決の過程として存在する。この次元では、外交政策も他の政策と同様、争点を形成した場合、支持と反対の対抗の政治力学による解決をうけねばならないことはいうまでもない。しかし、外交政策をめぐるこのような支持と反対の各政治集団相互の連合《コアリション》も、一般条件によって制約されている(23)。それは、ワイマール共和国の政党体系《パーティ・システム》は、社会クリベイジを直接的に反映した多党制であったということにほかならない。「保守的＝封建的農業世界、国民自由主義的産業ブルジョワジー、民主主義的通商資本、そして社会主義的プロレタリアートが相対峙する」旧体制の政党構造はそのまま継続されたのである(24)。そして多党制下の安定条件が、妥協を志向するエリートの存在であり(25)、またプロレタリアートを代表するドイツ社会民主党(Sozialdemokratische Partei Deutschlands：以下ＳＰＤと略す。その他の政党名に関しても同様)と大農業および大資本を代表するドイツ人民党(Deutsche Volkspartei：ＤＶＰ)、ドイツ国家人民党(Deutschnationale Volkspartei：ＤＮＶＰ)との非妥協的な対立をみるとき、安定は妥協の政治指導が存在するか否かにかかることになる。このような条件は、外交政策、とくに西方政策をめぐる各党間の対立によってさらに加重されることになった。「ヴェルサイユの暴力的講和」に対して「復讐政治の告白」を行なったＤＮＶＰ(26)と「全力をあげて、諸民族間の対立のあらゆる激化と平和に対するあらゆる危険に対して戦う」ことを宣言したＳＰＤ(二五年ハイデルベルク党綱領(27))との亀裂はあまりにも鋭く深いものであった。

第二節　賠償問題の展開

「人々は新しい政府にプログラムを期待している。私はこのプログラムを短く三つの言葉にまとめようと思う。それは、協調(Verständigung)、再建(Wiederaufbau)、和解(Versöhnung)である。この言葉は外交政策ばかりでなく、われわれの国内政策にもあてはまる。このような定式のなかに表わされていること、それは、危機や崩壊という岩礁も多く波も高い航路にあるドイツという船を、平和的な発展という穏やかな航路へと救い導き出すことに、われわれは力のすべてを投入するということである。[28]」

一九二一年六月一日、首相ヴィルト(Joseph Wirth)は「履行政策」の基本を右のような一般的な方針でもって説明した。ロンドン支払い案は、ドイツという小船を、この「岩礁も多く波も高い航路」へと船出させたのである。では、ドイツは、この航路のなかでどのような航跡を描いていったのであろうか。本節の課題は、ロンドン支払い案の成立にまでさかのぼり、この支払い案の成立と実施にみられる国際紛争の政治過程を、ドイツを中心として略述することにある。

ヴェルサイユ条約は、その第八編「賠償」および第九編「財政条項」と、この両編に付随する膨大な付属書および特別規定とによって賠償問題の法的枠組みを形づくっていた。しかし、連合国間の対立のために、賠償金総額と支払い方法は決定に至らず、執行機関として設置された賠償委員会(Reparation Commission)が二一年五月一日までに決定を下すこととなった。そしてその期間の暫定措置として、二〇〇億金マルク(以下GMと略す)の現金・実物支払いと一〇〇〇億GMに相当する債券発行義務がドイツに課せられた。[29]

以上のような規定の執行が、二〇年一月一〇日から開始されたのである。(30)

この問題は、二三年一月のルール紛争の発生によって「戦闘なき戦争」という新たな段階をむかえることになるが、それまでの期間は次の三つの時期に区分されよう。

第一期——条約発効の時から二一年五月にロンドン支払い案が成立するまでの時期である。この時期の、賠償問題をめぐる紛争の展開パターンは、フランス側の強硬な要求→それに対するイギリス側の抑制→低減された連合国側の要求→この要求へのドイツ側の反撥→連合国側の武力行使の威嚇→ドイツ側の屈伏、である。その際、ドイツ側の対外目標は、ドイツ側が作成した賠償案を可能なかぎり連合国側に受け入れさせることにあった。

第二期——ヴィルト内閣によって「履行政策」が採用された時から、二二年七月、ドイツ側がモラトリアムを要請するまでの時期である。この紛争は、二二年一月までは、ドイツ側が履行意思を明示してきた実務レベルでの交渉によって妥協が成立したことにより、緊張緩和の様相を呈することになる。しかし二二年一月以降、ドイツ側が要請したモラトリアムと支払い能力の検討とを争点として、緊張を緩和する動きは停滞をみせ、さらにはその逆転の方向すらもみられるようになる。この後半の時期は、賠償問題の全面的解決を目標とするイギリスと、あくまでドイツ側からの支払いに固執するフランスとが直接対立するという紛争の展開パターンを示すことになる。そのなかにあってドイツは、履行もしくは履行意思の明示によって他国のドイツへの信頼を高め、それと同時に履行の限界—支払い能力の限界—を示すことを目標としていた。

第三期——二二年八月のロンドン会議から二三年一月のパリ会議に至るまでの時期であり、ルール紛争の直接の前史ともなる。この時期の紛争の展開パターンは、「第三者勢力」たるイギリスが介入の力を低減させていくに従い、ドイツ側のモラトリアム要請をめぐってドイツとフランスとが相互に対抗的な昂進のダイナミクスをみせるという形を示す。まさに、典型的なエスカレーションのダイナミクスが繰り広げられるのである。そしてこの時期のドイツ外交が「最終的解決」のスローガンに端的に示されるように、ロンドン支払い案の修正の方針を明示していったことも、進展を加速させた一要因を形成したといわなければならない。

このような時期区分にそって、以下、この国際紛争の展開を、前史という性格を越えないかぎりで分析・叙述することにしたい。

一　ロンドン支払い案の成立

この時期が「会議外交(conference diplomacy)」[31]の時代といわれるように、ロンドン支払い案の成立に至るまでには実におびただしい数の国際会議が開かれた。賠償問題を中心議題とする会議だけでも、サン・レモ会議(二〇年四月一八日—二六日)、第一回ハイズ英仏首相会談(五月一五日—一六日)、第二回ハイズ英仏首相会談(六月二〇日)、ブーロンニュ会議(六月二一日—二二日)、ブリュッセル会議(七月二日—三日)、スパ会議(七月五日—一六日)、ブリュッセル専門家会議(一二月一六日—二二日)、パリ会議(二一年一月二四日—二九日)、第一回ロンドン会議(二月一八日—三月一八日)、第三回ハイズ英仏首相会談(四月二三日—二四日)、そして第二回ロンドン会議(四月三〇日—五月五日)がある。そしてこのような一連の会議のなかでドイツ側が出席を許されたのは、スパ会議、ブリュッセル専門家会議、第一回ロンドン会議の三つにすぎなかった。その他の会議は、連合国内部での意見調整のために開かれたのであり、ドイツ側が出席を許された会議といえども、ドイツ側は決定された提案を言い渡されたにすぎないのである。このことがすでに敗戦国ドイツの地位を象徴的に表わしていた。事実、いわゆるスパ石炭協定を成立させたスパ会議もまた第一回ロンドン会議も、交渉ではなく、ルール占領という制裁措置発動の恫喝のもとでなされた連合国案の強制にほかならなかったのである。

このような《Diktat》は、早くも、二〇年七月のスパ会議でみられた。争点は、フランスの石炭不足によって表面化したドイツ側の石炭引き渡し不履行の問題である。(32) ドイツは、一九年八月の議定書に明示された引き渡し量の、また二〇年三月下旬に賠償委員会によって決定された引き渡し量の半分さえも履行していなかったのである。(33) フランスは早い時期からこの問題を取り上げ、例えば二月八日付けのドイツ政府宛てノートのなかでは引き渡し不履行の場合には制裁措置を発動すると威嚇し、二月二一日に開催されたロンドン会議の席上でもルール占領を制裁措置として実行するようイギリスに要求する等、解決を迫っていた。(34) そして第二回ハイズ会談およびブリュッセル会議で、イギリスはフランス側に譲歩し、スパ会議の議題としてこの問題を取り上げることを認めたのである。(35) この問題こそが、戦後はじめてドイツを対等国として参加させたスパ会議を決裂寸前にまで緊張させることになる。

七月九日、第一議題たる非武装化問題の検討を終えた会議は、石炭引き渡し問題の検討を開始した。しかし、フランスとドイツとの対立は深いものがあり、ミルラン(Alexandre Millerand)はドイツ側の不履行を非難し、ドイツの外相ジーモンス(Walther Simons)と戦時負担委員会委員長ベルクマン(Carl Bergmann)は履行不可能を主張し、一二日まで会議は空転を続けた。一二日、連合国の間に対立が起こった。この問題の検討をこの会議で続けることを諦め、自国の影響力の強い賠償委員会に検討を委ねようとするフランスと、この会議の成功に威信をかけこの会議でこそ解決をつけるべきとするイギリスとの対立である。このなかでフランスは譲歩し、連合国案が作成された。向こう六ヵ月間月二〇〇万トンを引き渡すという暫定案である。ここで紛争は、連合国間相互の段階から連合国対ドイツの段階に移行した。一二日午後三時、同案は非公式にドイツ首相および外相に伝達された。しかしドイツ側は即座に拒絶した。翌一三日、石炭専門委員および財政専門委員の間でも協議が重ねられたが、事態は進展をみせなかった。同日晩、連合国側は会議を開き、制裁措置たるルール占領の検討を開始した。[36] 一四日にはフォッシュ(Ferdinand Foch)、ミルナー(Alfred Milner)がスパに呼び寄せられた。ドイツ側は迅速な対応を迫られた。一四日午後、ラーテナウ(Walther Rathenau)の仲介によって、ロイド＝ジョージ＝ジーモンス会談が開かれ、ルール占領が検討されていることが伝えられた。この日の晩、ドイツ側は、スパの宿舎において緊急閣議を開き、イギリスに質問状を提示することを決定した。[37] しかし連合国側はこの閣議に先立つ午後六時、次のステイトメントに合意していた。それは、(1)以後六ヵ月間の暫定措置として月二〇〇万トンを引き渡すこと。(2)ドイツ政府が拒否した場合には、「連合国側の正当な権利たる月二〇〇万トンの通常引き渡しを確保するため、ルール地区を占領する」ことを明らかにしていた。[38] またこの晩提出された質問状も、月二〇〇万トンを引き渡すという暫定措置を承認するものであり、実質的にドイツ側の屈伏を意味していた。翌一五日は、実質的に合意を意味するドイツ案が提出され、また連合国間の石炭価格をめぐる主張の相違も解消され、その晩双方による議定書の作成が開始され、翌一六日の夜、いわゆる「石炭引き渡しに関するスパ議定書」が調印された。[39]

石炭引き渡し問題をめぐる紛争のこのような展開は、前述のようなこの時期の紛争の展開パターンを典型的に示している。そしてこのパターンは、より大きな規模とより高い緊張度をもって、賠償金の総額および支払い方法の決定をめぐる紛争のなかで示されることになる。

総額および支払い方法をめぐる紛争は、英仏間の構造的ともいえる賠償政策の対立を出発点としていた。すなわち、ヨーロッパ経済の復興を目標とするイギリスにとって、賠償政策はドイツ経済の復興を前提条件としていたのに対し、[40] フランスの賠償政策は、《安全《セキュリテ》》に奉仕するものとして現われ、しかも賠償金が財源として財政のなかに組み込まれてしまったため、きわめて柔軟性に欠けるものとなっていた。[41] このような相違は、この時期には次のような対立となって現われた。第一に、イギリス側は、総額はドイツ側の支払い能力の範囲内で定められるべきであるという立場をとるのに対し、フランス側は、自国の賠償要求額に相応しいものという立場を堅持していた。第二に交渉方式に関して、イギリス側は、連合国側とドイツ側との直接の話し合いを主張したのに対し、フランス側は、フランスとベルギーの影響力の強い賠償委員会による決定を唱えていた。最後に決定時期に関しても、イギリス側はドイツ経済の復興の促進という観点から早急に決定を下すべきであるという立場を採用したのに対し、フランス側はあくまで自国の賠償要求が最終的に確定されてから決定を下すべきと主張していた。(42) このように両国は対立をみせていたが、ロイドージョージの「会議外交」を操る外交指導の巧みさによって、対立は妥協の形成へと導かれるに至った。(43) サン・レモ会議におけるスパ会議開催の決定が、そして第二回ハイズ英仏首相会談での「ブーロンニュ案」(44) の決定が、その例である。(45)

一方、ドイツ側も賠償案の作成に着手していた。(46) しかし、作成作業中ドイツ側外交指導者は、連合国側の要求額とあまりにも大きくかけ離れた賠償額しか提示しえないため、連合国がいかなる反応を示すか、常に不安な面もちで過ごすことになった。とくにスパ会議の開催が伝えられてからは、ドイツにふたたび敗者として語りかけるかもしれないという懸念に支配されていた。この準備作業をへて、スパ会議に対するドイツ側基本方針が確立された。(47) 毎年一〇億GMを三〇年にわたって支払うというものであり、ブーロンニュ案の毎年三〇億GMの支払いに比べれば、わずかその三分の一の額を提案するものであった。

スパ会議では、予定に反して前述のように石炭問題が紛糾をみせたため、この問題の実質的審議はほとんどなされなかった。ドイツ側もその態度を明らかにすることはなく、外相ジーモンスが先の基本方針に従った説明を行なっただけであった。このため、問題は、二、三週間後にジュネーヴで開催される新しい会議に委ねられることになった。(48)

しかし、スパ会議以降、賠償問題の展開は停滞の様相を呈した。ジュネーヴで予定された会議は、開催を要求するイギリスと延期を図るフランスとの対立のために、延期を重ねた。そして一一月上旬になって、一二月中旬ブリュッセルで専門家会議が開催されることがやっと決定された。[49] その間、九月下旬から一〇月上旬にかけて、国際連盟の提唱による財政問題国際会議がブリュッセルで開催されていた。この会議は、賠償問題を直接討議することはなかったものの、実務的な雰囲気のなかで討論が行なわれたこと、そして連合国とドイツとがはじめて平等の立場にたって経済・財政問題を討論することができたこともあって、ドイツ側に、賠償問題が実務レベルで解決されうるとの期待を抱かせることになった。[50] 一二月、ブリュッセル会議が開かれ、ドイツ側の期待は一層強められた。[51] この会議は、落ち着いた雰囲気のなかで進み、ドイツ側の支払い前提条件（ドイツ側は、賠償案を提出する際の条件として、イーバーシュレージエン帰属問題、最恵国待遇の取り扱い、在外資産の取り扱い、そして占領費用の問題の解決を要求していた）[52] までも検討したのである。[53] その後専門家会議はパリへ移り、フランス側代表セイドゥ（Jacques Seydoux）提出の、「ドイツは五年間毎年三〇億GMを支払い、そしてこの期間内に賠償総額は決定されるものとする」という暫定案（いわゆるセイドゥ案）をめぐって交渉がなされた。[54] ドイツ側は、前述した前提条件との関連でこの案に反対したものの、当時イギリス側の代表委員としてパリに赴いていたダバーノン（Edgar D'Abernon）の仲介工作もあって、この案を基礎として交渉を継続させることには合意していた。[55] また、二一年一月一八日に提出された専門委員会の報告書もセイドゥ案にそったものであった。[56]

しかし、このような実務レベルでの検討の時期は去りつつあった。フランス側の政策がふたたび硬化したのである。一月一二日、レイグ（Georges Leygues）内閣は、経済政策と賠償政策を批判されて倒れ、一六日、ブリアン（Aristide Briand）内閣が成立した。大蔵大臣ドゥメール（Paul Doumer）、解放地区相ルシュール（Louis Loucheur）である。パリ会議が開催された二四日、ダバーノンはこの二人と会談した。そこで彼が見出したものは、総額二〇〇〇ないし二一〇〇億ＧＭ、年次金一二〇億ＧＭという、「ドイツの破産と賠償金の回収不能」をもたらすようなフランス案であった。[57] ここにおいて、スパ会議で示されたイギリス、フランス、ドイツ間の紛争パターンは規模をより大きなものとして展開されることになる。

一月二四日、パリ会議が開かれた。一月二九日にパリ決議という合意が成立するまで、連合国間の交渉は次のような過程をたどった。すなわち、フランスの強硬要求→イギリス側のドイツに対するより妥協的な姿勢→英仏間の交渉→妥協の形成である。二六日、フランス側は先の内容をもつ自国案を正式に提出した。フランス側提案者ドゥメールはその理由として、ドイツ経済は支払い能力を有すると主張した。さらに彼は、「とにかく、ドイツはいま支払わされねばならない。なぜか。連合国側はもはや待てないからである。フランスは、事実その資源を使い尽くす寸前である」と語り、[58] 国内の圧力を考えるとこの案以外のいかなる案も政府を打倒してしまうと強調した。[59] 二七日、イギリスとの対立が始まった。イギリス側の主張は、ロイド－ジョージの発言のなかに最もよく示される。彼は(1)早急な解決、(2)その前提としてのブーロンニュ案、(3)ドイツ政府との会議による交渉を主張した。早急な解決を主張する背後には、ヨーロッパ経済の復興の促進という要請があった。なぜなら、「ヨーロッパの復興が、イギリス経済を甦らせるための絶対条件であり、そしてそれは、ドイツの生産力の復興に依存している」[60] からである。ヨーロッパ経済の復興のためには、「敗者にその能力の範囲内で損害と諸経費を支払うように強要する」ことが必要であった。すなわち、「誇張された望み」を追いかけることをやめ、現実に可能な支払い案を考えることが必要とされた。これを保証するものこそ、ブーロンニュ案であり、ロイド－ジョージの指導能力を充分に発揮しうるドイツとの交渉であった。[61] これに対して、フランス側(ドゥメール)は、ブーロンニュ協定は協定として存在しないと、また、現在のフランス世論はこのようなドイツに有利な案では決して満足しないと反論した。フランス側の主張は、(1)総額決定を賠償委員会に委ねること、

(2)専門家会議は支払い方法を引き続き検討すること、(3)二月二一日からのロンドン会議で基本問題を再検討すること、であった。これを聞いたロイド－ジョージは、フランス側を激しく攻撃し始めた。われわれは長い間この問題を検討してきた、そしてこの会議でフランス側はイギリス案を一蹴した、その代案たるやブリュッセル専門家会議の継続ではないかと。ブリアンは狼狽した。この二国の激しい応酬のなかで、ベルギーが仲裁者の役割を演じた。仲裁は、原則としてこの会議で総額を決定すること、細部審議は小委員会で行なうことの線でなされ、イギリスもフランスも同意した。[62] 翌二八日、イギリス、フランス、ベルギー、イタリア、日本の各委員からなる小委員会と平行して首脳クラスの会議が開かれた。この会議は、午前一一時に始まり、基本的な合意をみたのは夜半のことであった。この会議中、主導権を握ったのはロイド－ジョージであり、仲介役を演じたのはベルギーであり、自己の要求を斟酌してくれと、まさに泣きつかんばかりに懇請していたのがフランスであった。[63] 二九日、パリ協定が調印された。総額を二二六〇億GMとし、支払い期間を五期に分け最初の二年間は年二〇億GMを支払うものとし、加えて付加額として輸出総額の一二%の支払いを課するものであった。そして、この協定はただちにドイツ政府に送付された。対立は、ここから連合国対ドイツの段階に移行する。

ドイツ政府は、この情報を受け取ったときまったくの恐慌状態に陥った。またドイツ世論も感情的な反撥を示した。[64] 一月三一日閣僚会議が開かれたとき、抗議のために内閣総辞職することや外相が辞任することとまで主張された。このパリ協定は彼らの予想に反しセイドゥ案を基礎とするものではなかった。そのうえ彼らは、パリ会議の現実を知らずに、この協定を「フランス側の見解が支配したもの」と考えていた。[65] しかし、感情的な反撥のみが支配した時期が過ぎると、対応をより現実的に検討する試みがなされた。一つは、賠償問題をふたたび実務レベルでの検討に引き戻すためにダバーノンを通して連合国側と非公式接触を開始することであり、もう一つは、独自の支払い案を作成することであった。[66] 二月八日、ドイツ政府は、「ドイツ側の対抗案もまた交渉されるべきこと」を条件として、ロンドン会議への出席を受諾した。以後ドイツ側の努力は、外務・大蔵・経済各省の代表者からなるグループを中心に、新しいドイツ案の作成に向けられた。二月二五日、ドイツ案は完成し閣議の了承をうけた。この案は提出の前提条件として、イーバーシュレージエンのドイツ帰属化および通商障壁の撤廃を掲げ、支払い総額および方法に関して次の三点を提案していた。⑴連合国案の支払い総額は現在価値に換算すると五〇〇億GMとなり、現在までのドイツ側の支払い額はドイツ側の計算によれば約二〇〇億GMとなるゆえに、この支払い済額が前記総額内に算入されるべきこと、⑵残余額の支払いのために八〇億GMの借款が与えられること、⑶一二%輸出税について異なった指標を用いることである。[67] またこの間、連合国側への打診も続けられた。フランス側には、ロンドン会議で譲歩を示すような兆しすらみられなかった。[68] また自国案を交渉の基礎とするようドイツ側から要請されていたイギリスも、[69] ロンドン会議でパリ協定にそう形で合意が達成されることに懐疑的であり、むしろドイツ側に対する制裁措置をも検討していた。[70]

パリ会議における連合国案、そして二月に作成されたドイツ案、この二案の対立は、紛争を高度に緊張をはらんだものとさせ、その展開パターンの最終的側面を辿らせることになる。すなわち、五月ドイツ側がロンドン最後通牒を受諾するまで、一方が武力行使を威嚇し他方がそれに対して屈伏か武力行使かという選択をせまられる「国際危機」(International Crisis)の状況が展開されることになる。同時にドイツ側は、意外性、時間の欠如、外からの高い脅威の三つをメルクマールとする「危機下の対外政策決定パターン」[71]で政策決定をなさざるをえなくなる。

三月一日午前一一時半、ロンドン会議はジーモンスによるドイツ案の提示で始まった。[72] 三月一日午後、三月二日、連合国側はこのドイツ案への返答を審議した。[73] しかし、連合国側の大勢はドイツ案拒否で固まっており、制裁措置の検討が中心となった。この当時連合国側は、二月ドイツに沸き起こった反ヴェルサイユの世論に刺激され、態度を硬化させていたのである。[74] 三月三日、連合国側はドイツに回答を与えた。それは、連合国の名においてドイツ案を拒否すること、三月七日までにドイツ側がパリ協定を受諾するかそれに代わる満足すべき案を提出しないときには、デュッセルドルフ、デュイスブルク、ルールオルトの三市を占領すること、を内容としていた。いわゆる「第一回ロンドン最後通牒」である。ここにおいてドイツ側は、ドイツ案の拒否という意外性、七日までの返答という時間の少なさ、占領という外からの脅威という典型的な「危機下の対外政策決定パターン」の状況に陥った。そして、三月七日までという限られた時間のなかで、ドイツ側は連合国側の制裁措置の実施を回避すること、連合国側にセイドゥ案にそった暫定的解決案を採用させることを目標として、ただちに翌四日から連合国側との非公式折衝を開始した。[75] 折衝は、パリ協定もしくはそれと同内容のものに固執するフランスと、パリ協定の受諾は不可能であることを原則としながらもみずからの案を放棄して五ヵ年の支払い計画案を暫定案として認めるまでに譲歩したドイツと、[76] この両者の間に入って妥協案を見出そうとするイギリスとによって進められた。[77] しかしこの間、ドイツ側ではこの状況において特有的にみられる政策の分裂――すなわちロンドンにいる代表団とベルリンとの政策の分裂――が生じ始めていた。ロンドンにいる代表団は暫定案の提出を主張し、ベルリンでは、一部のものは先のドイツ案に固執し、また一部のものは暫定案にイギリスおよびフランスの対米債務をドイツが肩代わりするという条件を加えたラーテナウの提案を支持していた。[78][79] 結局、六日午後六時に開かれた閣僚会議は条件付き(借款の承認、イーバーシュレージエンのドイツ帰属化等)暫定案を決定し、ロンドンに訓電した。[80]

七日午前、ジーモンスはこの条件付き暫定案を提出した。しかし連合国側はこの案をも拒否した。同日午後、連合国側は、「連合国の名において、この提案を不十分なものとみなし、先の制裁措置をとる」とドイツ側に通告した。[81] 三月八日、ラインラント駐留軍が、先の三都市を占領し、連合国ラインラント管理委員会がこの領域の関税権を掌握した。[82] 制裁措置の発動である。ドイツに残された選択肢は、連合国案の承認か第三国による仲裁かの二つに狭まった。
三月中旬から四月下旬にかけて、ドイツは第三国による仲介の道を模索し続けた。仲介の道は、アメリカに求められた。[83] 三月下旬、バチカンを経由してアメリカへの仲介要請が試みられたが、新聞に暴露されるという不手際が生じたために失敗に終わった。[84] 四月下旬、政府はアメリカとの直接交渉の道を選んだ。それは、アメリカを賠償問題に直接介入させようとする意図を背後にもってなされたが、アメリカ側は介入を避け、新しいドイツ案を連合国側に送付する役割のみを承諾した。[85] 新しいドイツ案は、四月二四日アメリカ側に送付された。この案は、賠償総額五〇〇億GM(現在価額)の支払いをなすというものであり、支払い済み二〇〇億GMの算入という先の条件をはずしていた。[86] しかしアメリカ側は、連合国側にもドイツ側にも利用されることを避け、積極的な仲介工作は行なわなかった。[87] 仲介の依頼は失敗した。五月三日、アメリカ政府は連合国側がドイツ案を拒否したと伝えてきた。[88]
ドイツ側がこのように仲介を模索し続ける間、連合国側も最終案を模索しつつあった。フランスは、議会からの突き上げもあって、制裁措置としてルール占領を実行すると公言し、事実、実行計画も作成していた。[89] その一方、ドイツとフランスの間に立たされたイギリスは、ルール占領という制裁措置に対する態度をきめかねていた。イギリスは、ルール占領を支持してイギリス経済にも悪影響を及ぼすドイツ経済の弱体化を引き起こすか、それともルール占領を拒否してフランスとの関係を悪化させそしてフランスに大陸でのヘゲモニーの確立を自由に許すかのジレンマに陥っていた。[90] イギリスにこのジレンマからの脱出の機会を与えたのが、四月二七日に完成された賠償委員会の賠償案であった。イギリスはこの賠償案を、四月三〇日から実質審議を始めた第二回ロンドン会議の基礎に据えた。[91] この会議ではフランス側は、パリ協定をドイツが拒否したことを理由としてただちにルール地区を占領することを主張した。[92] これに対してイギリス側は、賠償委員会が作成した賠償案を基礎として新たな賠償案を作成し、それをドイツ側に提示し、それがドイツによって拒否された場合に制裁措置としてルール占領を行なうことを主張した。(93) 会議の大勢はイギリス案に傾き、会議は賠償案の作成に取りかかった。五月四日、いわゆる「ロンドン支払い案」が完成された。(94) これは、非武装化問題および戦争犯罪者問題に関する連合国側の要求と一括され、そして一二日以前に返答すべきこと、拒絶の場合にはルール占領を行なうことという条件も加えられ、五日午後、いわゆる「ロンドン最後通牒」(95) となってベルリンに伝達された。(96)

一方、アメリカの仲介工作が思わしくないことが明らかになったとき、ドイツには内閣総辞職の動きが出ていた。(97) 五月三日、アメリカの回答が伝えられると、政府は辞任について検討を始めた。(98) 三日と四日の閣議においては、イーバーシュレージエンをめぐってポーランドと争っているこの最中に辞任すべきではないという見解と、賠償問題の解決に失敗した以上その責任をとり辞任すべきであるという見解とが表明され、閣内の意見は分裂をみせていた。結局、決定は、外相ジーモンスによるイギリス側およびフランス側との最後の交渉と、首相と政党指導者との協議の結果如何にかかることになった。(99) ジーモンスはこの二国と個別的に交渉したが、フランス側はアメリカに仲介を依頼した新提案を拒否すると答え、イギリス側もパリ協定案を示唆したにすぎなかった。(100) そして首相も、政党指導者と協議したとき、すべての政党指導者が新提案に反対しているという事実を見出しただけであった。ドイツ政府の状況打開の道は閉ざされてしまい、四日夜、フェーレンバッハ(Konstantin Fehrenbach)内閣は辞職した。

二〇年一月一〇日以降、賠償問題をめぐる国際紛争は、総額・支払い方法の決定を争点として、早くもスパ会議の石炭引き渡し問題で示されたように、フランスとイギリスの対立(フランスの強硬要求と、それに対するイギリスの抑制)と、連合国とドイツの対立とを連動させながら、イギリスの抑制力も一定の硬直性を有していたため、最終的にはルール占領という恫喝の前にドイツが Diktat を受けるという展開をみせることになった。この時期のイギリス、フランス、ドイツ間の交渉は、ロイドージョージが期待したような平等者間の交渉ではなく、戦勝国と敗戦国の交渉でしかなかった。そして、この平等者間の交渉による解決を期待させたのが、ロイドージョージ、ブリアン、ヴィルト、ラーテナウによる第二期の時代なのである。

二 「履行政策」の展開

第二期は、ドイツ政府の採用した「履行政策」、ブリアンに代表されるフランス「左派」外交の特色たる柔軟な賠償政策、ヨーロッパ経済復興のために賠償問題の全面的解決を目標とするイギリスの積極政策、という三つの政策によって織り成され、この紛争は緩和の様相を呈することになる。しかるにその後、フランス外交方針の転換——ポアンカレに代表される「右派」外交——のために、賠償問題がふたたび政治的緊張の源となり、紛争の緩和は停滞するに至る。つまり第二期は、二一年五月から二二年一月までの緊張緩和の時期と、カンヌ会議から始まりジェノヴァ会議を経て二二年七月までの緊張緩和の停滞および逆転の時期とからなるのである。そして、この時期における緊張の緩和と増大とを決定した中心争点は、いうまでもなく、ロンドン支払い案の諸義務が遂行されるか否かであった。

五月一〇日、中央党の領袖、前蔵相ヴィルトを首班とするワイマール連合内閣が成立した。議会(Reichstag)も二二〇対一七二、保留一で、「ロンドン最後通牒」を承認した。ヴィルト政府の採用した政策は、いわゆる「履行政策」であった。それは、「ライヒ政府の意図は単純かつ明白である。ドイツ政府は、受諾した義務を誠実にそして忠実に履行するつもりである。ドイツ政府は、ドイツ国民が確固たる勇気をもって最大限の引き渡しをなすよう努力することを、ドイツ国民に要求する。なぜなら、そのような意志をもって供給に取り組んだとき、最大限の引き渡しが可能となるからである。ライヒ政府は、ここに、ドイツにとって唯一可能な道を見出すのである」というものであった。[101]この履行の意志をより明白に示すべく、ラーテナウが、北フランスの戦災地域の復興を担当する復興相に任命された。ここに「履行政策」の担い手たるヴィルト＝ラーテナウのコンビが、ラーテナウの知性とヴィルトの実務能力という相互補完的な形で成立した。[102]しかしこの「履行政策」は、ロンドン支払い案の忠実な履行に尽きるものではなかった。たしかに、その出発点は、「われわれは、もはやこの総額がわれわれの給付能力に相応しているか否か争うことはできない。ある人は、その総額は支払うことができないと主張している。しかし、この理論的対立は何物をも生み出しはしない。われわれはまず実行し、その実行とわれわれの最上の意志でもって、われわれの給付能力がどれほどのものであるのかを示さねばならない」[103]というごとく、実行にあった。しかし、それは、「修正」をめざす実行であった。すなわち、忠実な履行によってイギリスおよびフランスのドイツに対する信頼を回復すると同時に履行の限界を明示し、それによって、まずはロンドン支払い案の部分的修正を、次にはその全面的修正を達成しようとしたのである。従って一二月までは、ドイツ側の「履行政策」は、忠実に履行することによってドイツに対する連合国側(とくにフランス側)の信用を増大させることと、ロンドン支払い案を部分的に修正することとを目標として推進されることになった。

まず忠実な履行がなされた。それは、ロンドン支払い案の当面における最大の義務たる、二一年五月三一日期限の一〇億GMの支払いであった。現金と外国為替によって一億五〇〇〇万GM、三ヵ月期限の大蔵省証券によって八億五〇〇〇万GMが期日までに支払われた。そして八月三一日に満期となるこの大蔵省証券も、マルク相場の下落および通貨獲得策の不調という苦しい財源のなかで、ライヒスバンクの準備金のうちから、期日通りに償還された。[104]このような連合国側の信用を獲得するための政策は、対仏接近によっても補強された。[105]端緒となったのは、北フランスの戦災地域復興にドイツを参加させようという計画であった。四月二三日、ドイツ政府は賠償委員会に対しノートを交付し、北フランス復興にドイツが参加する準備のあることを明らかにした。[106] これに対しフランス政府(解放地域相、ルシュール)も好意的な姿勢をみせ、賠償金勘定に復興費用を算入することなどについて、独仏間で直接交渉を行なう道が開かれた。交渉の担い手は、ドイツ側は復興相ラーテナウとパリの戦時負担委員会のヴォルフ(Wolf)であり、フランス側はルシュールであった。五月はパリにおける事務レベルでの折衝に費やされた。五月三一日、ヴォルフは、最終的な詰めのため、ラーテナウが直接交渉するよう具申する書簡を送ってきた。戦後復興構想の中心課題の一つとして、北フランスおよびベルギーの戦災地域の復興にドイツが参加し、そうすることによってフランスとの関係を改善することを主張していたラーテナウにとって、この機会は逃してはならないものであった。[107] 六月一二日、戦後はじめての独仏閣僚会談が、ヴィースバーデンにおいて、ルシュール＝ラーテナウ間で秘密裡に開かれた。[108] 会談は友好裡に進み、合意にこそ達しなかったが、「この会談とその推進はヨーロッパ大の出来事であり、全世界がその結果を期待している」(ルシュール)ものとして、開かれたこと自体に意義があるものであった。[109] その後交渉は、ドイツ側が復興のために供する各種生産物、すなわち現物支払いをどの程度現金支払いに振り替えることを認めるかを論点として、四ヵ月間続けられた。その結実が、一〇月六・七日のルシュール＝ラーテナウ会談の後に調印されたヴィースバーデン協定であった。[110] この協定は、独仏間の緊張緩和を示すものとして象徴的な意味をもつと同時に、賠償問題における「確固たる意志は、完全に非日常的ともいえる行動であり、それはわれわれにおいてのみでなく、むしろ敵対者側との関係においてそうであるべきである」[111] というラーテナウの言にもみられるような、修正のための信用獲得をめざす「敵対者側との関係における完全に非日常的な行動」の方針に沿った行動の一環として存在していたのである。

推定国民所得(一九二一年)三五〇億GM、一九二一年度財政赤字一七億GM、一九二〇年貿易収支赤字二億二三二〇万GMという経済情勢のなかで、毎年三〇億GM余の賠償支払い義務の履行に踏みきり、[112] フランスへの敵対感情が圧倒的に支配するなかでフランス接近の道を採用したヴィルト＝ラーテナウの「履行政策」は、その政策への支持を調達するためにも、成果を得る必要があった。それは、実務レベルでの微変的な政治によって獲得された。まず第一に、ドイツ側は保証委員との交渉において、二五％の輸出税支払いを、連合国側の直接徴収の方法から、ドイツ政府による相当額の分割支払いの方法に変更させることに成功した。[113]第二に、ドイツ側は、保証委員会の財政統制権に対して財政主権の侵害であると反論し、委員会側の譲歩をえることはできなかったが、統制権の事実上の行使に制約を加えることに成功した。[114]第三の成果はより大きなものであり、第一次ロンドン最後通牒に基づいて行なわれた制裁措置の一部が解除されたことである。[115]イギリスは、すでに第二次ロンドン最後通牒の受諾直後、ドイツ側に制裁措置の解除を約束し、次の最高会議でそれを実現するつもりであると伝えていた。[116]しかし、フランスは、最初は履行の実際の証拠をみるまでは制裁の撤廃には同意しないと主張し、[117]五月三一日の支払いの後は、フランス国内の世論を背景として、これ以上の譲歩をなしえない、ドイツの将来の支払いの担保として制裁措置を継続するという方針をとっていた。[118]その後、交渉は、ドイツ側の制裁措置解除の要求、イギリスの支持とフランスへの働きかけ、それに対するフランス側の拒否という過程を六月、七月と辿っていった。[119]この問題は、八月にパリで開かれた最高会議(八月八日—一三日)で検討された。この会議の主要議題は、イーバーシュレージエンの帰属問題であったが、最終日にこの問題が取り上げられた。会議では、それまでと同様、ドイツ側の履行に信頼を置くイギリスが軍事占領の解除を主張したのに対し、将来のドイツ側の履行に不信を抱くフランスは、経済制裁の条件付き解除のみを主張した。[120]結局、八月三一日満期の残額支払い義務を履行すること、占領地域にドイツの輸出入を管理する委員会を設立することを条件として、経済制裁は、九月一五日をもって解除されることになった。[121]しかし、このような部分的成果にもかかわらず、イーバーシュレージエンをドイツに帰属させるという「履行政策」の最大の補完的目標は達せられなかった。そのため、この措置に不満の意を示すデモンストレーションとして、一〇月二二日、ヴィルト内閣は辞任するに至った。

「履行政策」による限定的修正を目標とした第一次ヴィルト内閣は、補完的目標としてのイーバーシュレージエン問題の成果達成に失敗した後、第二次ヴィルト内閣へと代わり(一〇月二六日)、この内閣は、緊迫する国内経済情勢を反映して、従来までの履行によって得られた連合国側の信用を基礎としてロンドン支払い案の修正を最優先の外交目標に掲げた。しかし修正は、あくまでも履行意思を明示し、ドイツの経済状態が履行を客観的に不可能としていることを明示する方法で行なわれねばならなかった。それは、究極的には、支払いは客観的に不可能であるという確信を連合国側に抱かせることが成功するか否かにかかっていた。カンヌ会議、ジェノヴァ会議に至るドイツの外交指導は、㈠国内において履行継続のための努力を政治的に許容しうるかぎり行ない、そのなかで履行の意思を明示すると同時に、客観的に支払い不可能であることを立証すること、㈡当面の支払い義務を履行するために、一時的なモラトリアムの獲得もしくは借款の導入に努力すること、㈢「履行政策」とワシントン会議とに代表される国際政治の緊張緩和の方向を利用すること、の三点を中心として展開されることになる。とくに、第三の側面は、イギリスのヨーロッパ復興構想というさらに一層緊張緩和を促進するイニシアチブと協力し、「右派の多数派に基づいて左派の政策」を遂行しているブリアン政府には過度な譲歩を要求することを避け、またポアンカレ政府の樹立後は逆にフランスの過度な要求をイギリスの仲介を通して抑制するという政策をとり、加えて、アメリカが戦債＝賠償問題に介入してくるよう努力を重ねるという方針となって現われるのである。

第一の国内関連措置は、租税方針をめぐる妥協形成の試み(122)および国内借款とよばれる国内経済界からの融資の努力(123)となって展開された。とくに、一月一五日満期の支払い義務に対するモラトリアムを認める際の条件の一つとして、二二年度予算の確定があり、それは一月二六日、「租税妥協」として成立した。このときヴィルトは、議会で、現在の困難な状況からの脱出は平和によって達成しうるとし、それには各国間の友好と経済的理性が不可欠であると述べ、続けて「政治的暗雲が晴れ一掃された今こそ、経済界の各氏は会合をもち、互いに審議を重ね、世界の経済の実状を具に観察しなければならない、それも、国民の熱狂を排し一つの目標を達成するためになされる必要がある。その目標とは、真の再建であり、それによる国民の進歩の達成である」[124]と主張した。ここには、従来までの演説で強調された履行は背後に退けられ、ジェノヴァ会議への期待を述べるという形で修正の要求が強く前面に打ち出されていた。[125]

第二の側面は、一九二二年一月一五日満期の支払いをどのように行なうかをめぐってその展開をみることになった。二一年八月三一日に満期となる債務の償還のために費やしたドイツ側財源にみられるように、ドイツは完全な財政難に陥っていた。一一月上旬、政府はベルリンを訪問した賠償委員会とモラトリアムをめぐる交渉を開始した。交渉は、短期債という方法による財源調達を主張する委員会側と、その方法は返済の段階で経済をより悪化させることになると主張するドイツ側との対立のため、進展しなかった。[126]このため賠償委員会との関係は悪化し、一二月二日には、賠償委員会は次回の支払いを要求し、財源不足は財政政策の不備にあることを指摘したノートをドイツ側に手交した。[127]また当時、イングランド銀行とも借款交渉が行なわれていたが、イングランド銀行側からの回答は、貸出不能というものであった。[128]しかし、賠償委員会のノートもイングランド銀行の回答も、その文面のトーンは、ロンドン支払い案への懐疑を読みとらせるものであった。しかもイギリス側は背後では、モラトリアム受諾の線でイタリア、ベルギーと交渉を行なっていた。[129]この状況下において、一二月一四日、ドイツ政府は賠償委員会にあてて、一月と二月分のモラトリアムを要請したのである。[130]一六日、賠償委員会はドイツ政府に回答を与えた。それは、なんら拒否的な態度をみせることもなく、ただドイツ側のモラトリアム要請が具体的内容を欠いていることを指摘したものにすぎなかった。[131]またイギリス側、フランス側の反応も好意的なものであった。[132]そして一二月一九日、ロンドンで英仏首相会談が開かれた。この会談は、先のいかなる首相会談とも異なり、この当時の緊張緩和の状況を反映して、状況への対応よりも、将来に向けての状況の創出にその目的を置いていた。[133] すなわち、イギリスの主導の下に、ヨーロッパ経済復興の実現(東欧・ソビエト市場の開発と賠償問題の根底にあるドイツ経済の復興)[134]と前述した英仏同盟交渉の促進が話し合われたのである。会談では、このような将来に向けての長期的構想が中心として討議され、一月上旬にカンヌで最高会議を開催することが決定され、そこで承認をうけて国際経済会議の招集が決定されることになった。そのため、一二月二九日―三一日、連合国側専門家による予備会議がパリで開かれた(ラーテナウも非公式に参加した)。[135] ここにおいて、賠償問題は、長期的にはヨーロッパ再建構想の重大な一要因として第三の側面と連関することになり、事実ジェノヴァ会議まで、賠償問題は、常にヨーロッパ再建構想の文脈のなかで論ぜられる面を有することになる。

将来に向けての状況の創出という以上の文脈は、その背後に現在の当面する問題の解決という文脈も併せもっていた。ロンドン英仏首相会談は、この面でもさしあたって問題となっている、一月および二月分の支払いに関するドイツ側のモラトリアム要求を事実上承認することになった。この英仏間の非公式決定(最終的な正式決定は最高会議による)に基づいて、一二月二二日、財政改革等をすすめるという条件のもとに五億GMの四ヵ月分割払いを認める、いわゆる「ロンドン仮協定」がドイツとの間で形成された。[136] このように「履行政策」はこの時期、第三の側面たるヨーロッパ再建のための長期構想が実現されることを期待して支払い案の全面修正という長期的な目標を追求し、同時に、当面の課題としてよりよき部分的修正を獲得するという目標もねらい、この二つの目標を相互に連関させながら展開することになるのである。そこでの主役はラーテナウであり、そのパートナーはイギリスであった。

一月六日、カンヌ最高会議が開催された。そこで、三月六日にジェノヴァにおいて、ドイツ、ロシアおよびアメリカも参加する、ヨーロッパ経済復興のための世界経済会議を開催することが決定された。その一方、ラーテナウは、先の「ロンドン仮協定」を正式調印させるべく努力を重ねていた。しかし、フランス国内の反ブリアンの世論と「右派」を中心とする倒閣の動きも活潑化し、一二日にはブリアン内閣が辞任に追いこまれた。そのため「ロンドン仮協定」締結の見通しがなくなり、一五日の履行期限に間に合わせるべく、一つの暫定案がイギリスの圧力のもとに、かろうじて形成された(137)。それは、先の「ロンドン仮協定」を若干修正したものであり、一月および二月分の支払いにモラトリアムを認め、その代わりとして、その間一〇日ごとに三一〇〇万GMを支払うこと、予算および無準備発行紙幣の整理改革案と二二年度の現金および現物支払いの計画案とを二週間以内に賠償委員会に提出することを定めていた(138)。このようにカンヌ会議は一応の成功をもたらしたものの、フランス側の政権交代によるポアンカレ政府の出現は、第二の側面にも第三の側面にも、より困難な状況を生み出すことになった。その間ドイツ政府は、「租税妥協」を達成して履行意思を明示する一方、一月二八日、先の暫定案に従って、整理改革案と二二年の支払い計画案を賠償委員会に提出した。このノートは全三部からなり、第一部は予算および通貨の改革を取り扱い、国有企業の経営改善や増税等の財源確保の諸方策を採用していること、またライヒスバンクに金融政策の独立を認めることを明らかにした。しかしそれと同時に、以上の国内関連措置を採用しても賠償金の支払いをなしうるほど財源を確保することは不可能であることが述べられていた。第二部は、二二年の支払い計画を扱い、経済的には支払いをなしうる状態にはないが、政治的な考慮からカンヌ会議での連合国側要求に応じて七億二〇〇〇万GMの現金と一四億五〇〇〇万GM相当の現物とを支払う準備があると述べていた。そして第三部では、ドイツ側は明確に、長期的な支払い案の改訂を要求し、それと同時に借款の道をも要求した(139)。先年の一二月一四日のモラトリアム要求、そしてこの一月二八日ドイツ側支払い案と、「履行政策」は明確に部分的修正の面で成果をねらい始めたのである。

一月三一日、ラーテナウが外相に任命され、ますますこの事実が明白になった。賠償委員会との交渉が非公式に続けられた。委員会側は、先のドイツ案にインフレ対策、通貨改革等の保証措置が言及されていないことに不満をみせていた。[140] 賠償委員会側の見解は、当時フランス国民の間に流布していた「貧しき国民(フランス)と富める国民(ドイツ)」という考えに基本的に同調しているようにみえた。ドイツ政府内に不安と期待とが交錯するなかで、三月二一日、賠償委員会はドイツ政府に対し新たな賠償案を提示してきた。[141] それは、二二年の現金支払い額を七億二〇〇〇万GM、現物支払いを一四億五〇〇〇万GMと定めていた。ただし、この案はあくまで暫定措置であり、今後さらに検討を加えた後、五月三一日に確定案とされること、またドイツ側が不履行の場合にはただちにロンドン支払い案に戻ること、という二条件が加えられていた。この三月二一日の賠償委員会案は、内容的には確かにドイツ政府の主張を大幅に認めたものであった。しかしこの案に付け加えられた諸条件(ドイツ側の租税政策および借款方針を批判すると同時にその修正を要求し、さらには財政統制をも要求していた)が、ドイツ側を心理的にいたく刺激することになった。[142] これに対して四月七日、ドイツ政府は、賠償委員会宛てに拒否の回答を送ったのである。

ところで、この三月二一日ノートと四月七日ノートとの間に行なわれたドイツ政府内の審議がわれわれに、この時期のドイツ側の「履行政策」の論理を明らかにしてくれる。それは、第二の側面を極限にまで展開したもの、すなわち、部分的修正と借款の導入を越えてロンドン支払い案の根本的修正までも要求したものであった。二一年五月以降採用された履行政策の歴史のなかで、初めて拒絶の姿勢がとられるに当たっては、次のようなラーテナウ＝ヴィルトの㈠当時の状況認識、㈡目標、㈢決断、の三要素が絡み合っていた。状況認識は、明らかに当時の緊張緩和の一般状況を前提とし、また履行政策によってドイツに対する信用が各国内で蓄積されたことも前提としていた。ラーテナウは次のように説明している。履行政策の採用の結果、連合国側はドイツに対する共同行動を採用しえなくなっている、現内閣は世界中で信頼を勝ち得ており、それによって、戦争という手段を制裁とする連合国側の傾向は減少している、そしてジェノヴァ会議の開催は、「諸外国が賠償金支払い案をもはや遂行不能のものと認めていること」を意味するものにほかならないと。[143] 以上の状況認識は、当時の目標設定とも重なり合っていた。その目標とは、もはやドイツは履行能力の限界にあることを立証し、併せて譲歩なき修正を勝ち得ることであった。この立場からラーテナウは、三月二一日案の保証要求という条件(とくに六〇〇億GMの増税と財政統制)を拒否し、これからの「履行政策」は、積極的に「履行」を推進するものではなく――自己目的としての履行でもなく、全面的な受諾《ヤー》たる履行でもなく――今ではその限界が明らかになった以上、拒否《ナイン》による、連合国との力の争いによる履行でなければならないとした。[144] ここにおいて目標は、履行による信用蓄積という前年一〇月までの目標から、その後の履行と部分的修正という目標を経て、履行と同時に「力による戦い」という形をとるに至ったのである。言いかえれば、一方的譲歩から部分的譲歩と部分的成果へ、そしてそれから譲歩なき成果の獲得へと変容をみせたのである。しかしこの飛躍は論理的必然から生じたものではなかった。それは正しくラーテナウの「決断」によるものであった。これが「決断」たることは、彼自身がこの決定自体に内在するリスクの高さを明確に認識していたことから知りうる。「われわれが現在遂行しようとしている政策は高いリスクをもったものであることを知っている。……われわれは、この政策を採用するように余儀なくされたのであり、今はただこの政策が成功するよう願うほかはない。……(われわれは)今までのやり方にもはや戻ることはできないのだ」。[145] しかし、ラーテナウの「決断」も、政府内の慎重派(とくにベルクマン、大蔵省事務次官で戦時負担委員会委員フィッシャー(David Fischer)、彼らを支持した大蔵大臣ヘルメス(Andreas Hermes))の危惧の前に弱まらざるをえなかった。[146] 四月七日、前述のように拒否を伝えるドイツ側回答が出された。それは「拒絶」を基調として書かれていたものの、内容的には若干弱められ、三月二一日付け賠償委員会側ノートの条件は、一月二八日付けノートでドイツ側が提示したもの以上は認められないこと、現在のドイツ経済の困窮は賠償支払いと通貨価値の下落によるものであるから賠償委員会の調査を要求すること、そして二二年の支払いは借款によってのみ可能となるゆえ賠償委員会は借款委員会を設立すべきであることを主要点としていた。(147)

四月一三日、賠償委員会はふたたびノートを手交し、三月二一日案を認めるよう、より厳しい調子で要求した。以後、「履行政策」は、第二期の最終段階をなす譲歩なき履行の政策、すなわちドイツの履行能力が限界であることの立証と借款の導入の政策となって展開されることになる。前者の舞台はいうまでもなくジェノヴァ会議(四月一〇日—五月一九日)であり、後者の舞台は、四月四日に賠償委員会の小委員会として設置された借款委員会であった。

四月一〇日、ジェノヴァ会議が開催された。しかし、ジェノヴァ会議にかけるドイツ側の期待は、直接的なものから限定的・間接的なものへと移っていた。すなわち、全体的政治状況を緊張緩和の方向でさらに促進しそれとともに賠償問題を世界的視野で根底的に検討させるという当初の期待は、フランス側ポアンカレ政府の賠償問題切り離し要求(148)とアメリカ側の参加拒否(149)とによって薄れてしまい、会議直前にはこの会議で、ドイツ側の財政政策の理論的正当性を各国の専門家に認めさせること(もちろん、この目標の背後には、ドイツ側履行能力の限界の明示という目標が存在している)に目標が限定されてしまったのである。(150)会議は、全体会議の後、四つの委員会に分かれて別個に審議を続けることになった。ロシア問題を扱う第一委員会(政治委員会)、財政政策を検討する第二委員会、経済政策を担当する第三委員会、そして、運輸問題を扱う第四委員会である。ドイツ側にとって重要であったのは、財政問題を担当する(そのため間接的にではあるが、「議題となることを禁止された」賠償問題を取り扱わざるをえない)第二委員会であった。ドイツ側代表は外相ラーテナウと蔵相ヘルメスである。彼らの目的は、通貨悪化の原因は国際収支の赤字にあることを委員会に認めさせることにあった。そしてこの目標は、いわゆる「ロンドン・メモランダム」(151)のうちで唱えられたイギリス側の財政政策原理、すなわち通貨下落の原因は財政の赤字と信用の増大にあり、それの是正は財政均衡

（経費節減・増税）にあるとする見解に反証するという形で追求された。ドイツ側財政原理は、通貨下落は国際収支の赤字によるものであり、解決策は借款にあるというものであった。そしてこの問題は専門家からなる小委員会に移され、小委員会はドイツ側の主張を認めるに至った。加えて専門家たちは賠償金にも言及し、支払い額の削減の必要性までも唱えたのである。ここにドイツ側は、一応その所期の目標を達成するに至った。[152] 一方、第三・第四委員会においてはベルクマンが非公式に借款問題をめぐる折衝を開始していた。イギリス側は三月下旬、戦債との相互帳消しをねらうホーン案を提示しており、またフランス側もセイドゥが借款構想に妥協的な姿勢を示していた。そして会議中、ベルクマンとセイドゥとの折衝が行なわれていた。[153] そのなかで、四月一六日、突如としてラパッロ条約が締結されたのである。[154] 会議はラパッロの衝撃に蔽われた。四月下旬一杯、ドイツ側はショックの鎮静と条約の擁護に努めねばならなかった。[155] ドイツ側代表団にも動揺がみられた。蔵相ヘルメスは反対の立場をとっていたし、クーノ、メルヒオルらの代表団員は抗議して帰国してしまっていた。悪影響は会議の遅れだけにとどまらなかった。フランス側は、先のベルクマンとセイドゥの間で行なわれていた「小借款交渉」の中止を伝えてきた。[156] しかし、財政委員会（第二委員会）は、政治委員会の紛糾をよそに、一九日には審議を再開した。そして先の小委員会の報告をほとんどそのまま採択し、その後設置された信用問題を検討する委員会もドイツ側の主張を認めて、短期融資よりも長期融資のほうが借款として有利であることを承認したのである。これはドイツ側にとって勝利というべきものであった。この点は、ラパッロ条約に反対した蔵相ヘルメスも認めるところであった。「全体的にみて、ドイツの一般的状況を説明するという目的は、ジェノヴァでは達成されました。……私の見解によれば、ジェノヴァは世界経済回復のための第一歩であるともいえます」[157] と。また別の面で、ドイツは、地位を強化しうることになった。イギリスとソビエトとの仲介役という役割が与えられたのである。[158] このような進展をみせて、五月一九日、ジェノヴァ会議はその幕を閉じた。ヴィルトは五月二九日、議会でジェノヴァ会議を次のように評価した。「ジェノヴァ会議の成果は、決して多いといえるものではない、それは小さな、僅かばかりの成果でしかなかった。われわれはこのことを見誤ってはならない。しかし、全ヨーロッパを襲ったあの崩壊の後では、このささやかな進展すらも、将来に向けての意義深い進展となるのである」[159]と。ジェノヴァ会議がドイツにもたらしたものは、一体何であったのであろうか、ラパッロの衝撃による賠償問題の後戻りであったのであろうか、それともラパッロの衝撃にもかかわらず賠償問題は進展をみせたのであろうか。「履行政策」を克明に調べたラウバッハは次のように要約している。「ドイツ側代表団は確かに画期的な成果を上げることはできなかった。しかし彼らはドイツ側が会議の成果として期待していたものは達成することができたのである。ドイツにとって最も緊急な課題であったこの賠償問題は、議事日程から公式には除外されていたにもかかわらず、次のような進展をみることができたのである。それは、ドイツは賠償金支払いによる絶望的な国際収支の赤字から外国の援助によってのみ脱出できるという見解に、ヨーロッパ経済会議が理論的に承認を与えたことである。会議以降の展開をみるとき、われわれはジェノヴァ会議が、そこで勝ち得た理論的承認を現実政治のうちで効果的なものとするのにいかに大きな基礎を作り出していたのかを知るのである。このような方向の始まりを示したのが、四日後に審議を開始した賠償委員会の外債委員会であった。そしてさらに、ジェノヴァ会議はドイツの国際的威信を高めることになった。履行政策の推進者はこの威信を彼らの元本に加えることができたのである。ヴィルトとラーテナウこそが大きな尊敬を得たのであった。このような威信獲得を明確に示すのが、会議の最終総会でドイツ外相の演説が数分間にもわたる大拍手を浴びたという事実にほかならない。……ドイツの二、三の新聞が唯一の成果として掲げたラパッロ条約にしても、それはドイツの立場を悪化させるよりも、逆にドイツ外交の行動範囲を広げたのである。このことは、その後ただちにバルト三国との接近が容易に達成されたことによって示されている」[160]（傍点筆者）。

ドイツ政府はジェノヴァ会議以後、借款問題に取り組む前に、五月三一日を期限とする三月二一日案への返答を迫られた。四月七日のドイツ側ノートと四月一三日の賠償委員会側ノートの後、ドイツ政府と賠償委員会との関係は悪化していた。そのためジェノヴァにおいても、ドイツ側はイギリスに圧力をかける努力を重ねていた。その一方、政府はパリの賠償委員会との直接折衝をも再開させた。五月二日、ヴィルトはデュボア(Dubois：賠償委員会委員長(フランス側首席代表))に対して電報を送り、ジェノヴァ会議のため賠償委員会との交渉が中断してしまったことを詫び、ベルクマンとヘルメスを交渉に向かわせることを伝えた。五月一三日、ヘルメスはパリに着き、賠償委員会と交渉を開始した。この交渉において、ヘルメスは一つの妥協をつくり上げた。三月二一日付けノートに付けられたいわゆる保証要求(六〇〇億GMの増税および保証委員会の財政統制権限等)を緩和したものに譲歩する代償として、ドイツがジェノヴァ会議で勝ち得た財政原理、すなわち財政の建て直しは外債導入なくしては達成できないという見解を賠償委員会に認めさせたのである。[161] しかしこの妥協は、五月下旬ドイツ政府内に、あわや内閣辞任かと思わせるほどの激しい対立をひき起こすことになった。反対の急先鋒に立ったのはヴィルトであった。彼は、五月中旬ジェノヴァにおいてロイドージョージと交渉し、借款に関して彼からよりよい返事を得ていたのである。従って彼にとっては、このヘルメスの譲歩は、ジェノヴァでの彼の努力に対する侮辱と映ったのである。五月二二日の閣議において、彼は「二つの完全に別な政府が勝手に仕事をしている」ようなものだと述べ、怒りを示していた。[162] 一方、ラーテナウは、個人的にはヴィルトに共鳴しながらも、五月三一日という期限を考えるときヘルメスの妥協は認めねばならないという態度をとった。[163] この対立の続くなかで二七日ついに閣議は、パリでの妥協を認めることを決定した。翌二八日、ドイツ政府は、パリでの妥協を内容としたノートを賠償委員会に手交し、[164] ここに、二二年の支払い案が正式に成立することになった。

譲歩なき履行へと「履行政策」を変質させたヴィルト＝ラーテナウ政府にとって、ヘルメスの妥協を補塡するものとして期待されたのが、六月一日より正式審議を開始した借款委員会の動きであった[165]。とくにアメリカの銀行王J・P・モルガン(J. P. Morgan)の出席は、ドイツ側に大きな期待を抱かせた。しかし会議開催以前から、アメリカ側の構想とフランス側の構想とが対立していることが明らかとなっていた。アメリカ側は、外債発行の条件として賠償金額の削減を要求していたのである[166]。そのためドイツ側は会議前、このような理想的解決が現実性を欠いておりむしろ中間的な過渡的解決を考えるようモルガンを説得することを企てていたが、その機会がないままに会議に入ってしまった[167]。予想どおり、開会直後から委員会は、外債審議の前提条件をめぐって紛糾した。この問題は賠償委員会に移され、賠償委員会は借款委員会に自由権限(すなわち外債発行の前提としてロンドン支払い案の修正を検討すること)を与えたが、フランス政府はそれ以前からこのやり方に強い抗議の姿勢を示していた。このフランス側の姿勢の前にイギリス代表もアメリカ代表も会議を継続する意志を失ってしまった。この行き詰まりのなかで、賠償委員会ベルギー側首席代表のドラクロワ(Léon Delacroix)とベルクマンは、一〇億GMから一五億GM程度の小借款という暫定案を提出し、交渉をまとめようと努めた。しかし、アメリカ側はその原則を崩すことはなかった。打開の道がないまま借款委員会は六月一〇日、報告書を提出した(フランス側はこれに署名することを拒否した)[168]。それは、ロンドン支払い案の下では国際借款は不可能であること、この会議の失敗の原因は偏えにフランス側にあることを内容としていた[169]。借款委員会は、現実的にはなんら成果なく終わったのである[170]。しかし、譲歩なき履行を目標とするラーテナウにとっては、この会議は有意義なものであった。ジェノヴァ会議で財政原理が承認されたことに引き続いて、この会議では、ロンドン支払い案の不当さが認められたのである。六月一三日の閣議で彼は次のように述べている。

「私は、借款委員会の回答は、政府がロンドン最後通牒以来なしえた最大の進歩であると思う。もちろん、これは長期的な視野からみた進歩である。それはただちに効果を現わすものでもないし、それがどのように今後役立つものであるのか世論に認められてもいない。しかし、私は、この回答はロンドン最後通牒の破綻を示すものであり、支払い原則は不可能なものであるという判断を事実上くだしたものであると考えるのである。[171]」

そして、ドイツ政府は、以上の見えざる成果を将来において現実化すべく、ふたたび国内関連措置に着手しようとしたのである。しかしマルクは急速に下落し、「履行政策」への不満も増大していた。[172] 六月二四日午前、外務省へ出省の途次ラーテナウは凶弾に倒れた。ラーテナウの死は、象徴的に「履行政策」の死をも意味するものであった。それは続く第三期の展開が示すであろう。

ロンドン最後通牒の受諾からラーテナウの死にいたるまでの一年と二ヵ月は、ラーテナウ＝ヴィルトの「履行政策」によって支配された時期であった。それは、履行による信用獲得をめざした時期、履行と部分的修正の時期、譲歩なき履行をめざした時期、と変化をみせて展開していった。これは同時に、ヨーロッパの勢力均衡体系の緊張緩和を推進していくことになった。ドイツ外交の地位は強化され、戦勝国―敗戦国の関係様式は後景にしりぞき、対等国関係の交渉も展開され始めたのである。しかし、この地位上昇に大きな役割を果したラーテナウ＝ヴィルトの「履行政策」の背後を貫く論理をみるとき、信用の獲得による修正という方針は、「履行」という象徴による賠償問題という争点のセイリアンスの肥大化と、第三者勢力の主導性とを前提とするものであったのである。前者はそのために争点間の「補完性《コンプリメンタリティ》」を減少せしめ、後者は修正の側面を前面に出すにつれ、また第三者勢力の仲介機能の低下とともにゲームによる最適解の獲得という方針を固定化せしめることになった。ラーテナウは、その死の一ヵ月前、「従来までの政策（「履行政策」のこと――筆者）は続けられねばならない、敵側に対してドイツ領に進入する口実を与えてはならない」と「不可避性の技術」に必要なレアリズムを強調していた。[173] 彼の死後、「履行政策」はその柔軟性を喪失し、

「最終的解決」の名のもとにレアリズムを失うことになる。このラーテナウの遺産が負の遺産へと変質する過程を、われわれは次の第三期で観察することになるであろう。

三　ルール占領への道

第三期は、第二期の緊張緩和の方向を逆転させ、緊張増大の過程をたどることになった。それは、第一にドイツ経済の悪化を背景として、第二期の成果を基礎にドイツ側が柔軟性を欠いた賠償政策を推進したこと、第二に、全般的な緊張緩和化のイニシアチブをとったイギリスが、ジェノヴァ会議の失敗とギリシア＝トルコ間の紛争処理の失敗とによっていままでのような指導力を発揮しえなかったこと、第三に、フランスは、「右派」外交を変えることなく、ルール占領という制裁をより強く前面に出して頑な姿勢をくずさなかったこと、という要因の産物であった。そして、この要因の展開過程は、フランスとドイツの非和解的ともいえる妥協なき対立となり、それ以前イギリスが果たしていた仲介者の役割が機能低下するに従って、賠償問題は独仏双方のミラー・イメージによる紛争の自動進行というダイナミクスのうちに巻き込まれていくことになったのである。

緊張増大の発端は、七月一二日付けのドイツ側ノートにあった。このノートは、マルク急落のために一九二二年の残余の現金支払いにモラトリアムを要請し、加えてドイツ政府は一九二三年と二四年の現金支払いの免除を不可欠なものと考えると述べていた(174)。まさに、譲歩なき履行の路線をより前面に、すなわち現実的成果の獲得を目標とするという形で、押し出したものにほかならなかった。そしてこの路線のこのような形での飛躍は、第二期の見えざる成果をその前提とし、イギリス側において賠償問題の全面的解決の気運が出てきたこと、および賠償委員会内部でフランスが孤立化し始めたことという当時の状況に対応したものであった。しかし、それは当時のドイツの経済界の一部で主張された全面的拒否による賠償問題の解決という路線と比較して考えるとき、いまだ履行という側面を強くもつものであった。

この七月一二日のドイツ側ノートは、提案のための予備工作においても対英工作が中心となり、イギリスとの間ではモラトリアムについてはほぼ合意が達成されていた。[175] しかしフランス側は、六月二九日のポアンカレ演説で示されたように、ドイツ側は支払い能力を有しているという立場をくずしていなかった。[176] 七月一三日の賠償委員会の回答は、英仏の主張の対立を反映するものであり、最終的な回答を八月一五日まで延期するというものであった。そのなかで、期待は八月上旬のロンドン会議にかけられたのである。その期間まで、ドイツ側は対英工作を続ける一方、出来うるかぎり連合国側の信頼を獲得することにその努力をふりむけた。

その一つが、当時行なわれていた保証委員会との財政統制をめぐる交渉において譲歩をみせたことであった。[177] またベルギー工作、イタリア工作およびバチカンによる仲介工作も試みられた。[178] 七月二六日フランス政府は、七月一四日に出された清算費用支払いの月額削減要請に対して回答を与えてきた。それは、ドイツ側の要求を拒否し、一〇日以内に条約通りの履行を要求し、拒絶の場合には「ある種の一連の措置」をとることをほのめかしていた。[179] この措置は、オーストリアのセルビアへの最後通牒を髣髴させるものであった。[180] 独仏関係はここにおいてふたたび、制裁による威嚇とそれへの頑な拒否という対抗関係に入っていった。かくして事態は、七月三一日ドイツ政府の形式的な回答、翌八月一日フランス政府の「報復措置(Rétorsion)」をとるとの脅し、そして期限である八月五日の、フランスの要求の仕方は国際法上の慣行を無視したものであり、ドイツ側は現在まで国力の許すかぎり履行に努力した旨のドイツ側のノート、同日フランス側の報復措置を実行する旨のノートという展開を見るに至った。[181] 報復とはエルザス・ロートリンゲン地区のドイツ人に対する措置であった。[182] これは「履行政策」採用以後、フランスによってとられた最初の制裁措置であった。[183] 一方、英仏関係も、八月一日のバルフォア・ノートの提出以降悪化の方向を辿っていた。[184] このような独仏・英仏両関係の悪化のなかで、八月七日ロンドン最高会議が開かれた。

会議はロイドージョージによるドイツ側の履行を高く評価する演説で始まった。次いでポアンカレはロイドージョージに反論し、ドイツは悪意の債務者であると主張した。「ドイツは条約通り現金支払いを行なっていない。そして、ドイツは一九二二年の支払い額の削減を承認されるとしても、すぐにまた一九二三年と二四年の全面的なモラトリアムを要求するであろう」と述べ、続けて、バルフォア・ノートによってフランスの財政も危機に陥っていると主張した。アメリカとイギリスが戦債問題を勝手に処理しているのに、北部および東部に戦災を受け荒廃している一〇もの県をかかえているフランスは、なぜドイツに賠償義務の履行を要求してはならないのか、という激しい調子を彼はその演説の背後に漂わせていた。マルク低落そして支払い不能の状況に陥ったのはひとえにドイツの過ちなのであった。そして、「ドイツが状況の改善のために何の努力も払わないでいるのに、その状況の帰結をフランスが耐え忍ばねばならない」ということはフランスにとって耐えがたいことであった。最後に、彼はドイツにモラトリアムを認める代りとして、「生産的担保(les gages productives)」を要求したのである。[185] しかし同日午後、ロイドージョージはこの提案に反対すると演説した。その後この問題は専門家委員の討議に委ねられたが、英仏をともに満足させる意見は生まれなかった。[186] そこでロイドージョージは、モラトリアムの期間を二二年までに限定し、保証委員会によるドイツ財政の均衡とライヒスバンクの自律化という保証措置を条件とする代案を提出した。[187] しかしポアンカレは、このイギリス案の序文にあるドイツ批判――すなわちロンドン支払い案の不履行を確定し財政の均衡化措置をドイツ側が怠ったことを認めた部分――に同意を示したものの、それは、世界中の世論とりわけフランス側の世論にとって必要なドイツ側の悪意による不履行を確定したものではないとして、また保証措置もフランス側にとって不十分なものでしかないとして、この案を拒絶したのである。[188] 一四日、ロンドン会議はなんらの成果をみないまま幕を閉じることになった。この間ドイツ政府は、ベルクマンをロンドンに極秘に送りこみ、イギリス政府にドイツ側の見解を伝えていた。もちろん、その見解は「生産的担保」に反対するというものであった。またイギリス側の代案に関しても、国内的理由から先の保証委員会への譲歩以上の譲歩はなしえないとして反対し、一貫して譲歩なき履行の線をくずすことはなかった。[189] この路線は以後、「最初にパンを、次いで賠償を(Erst Brot, dann Reparationen)」というスローガンとなって打ち出されるのである。[190]

ロンドン会議が不成功に終わったため、七月一二日のドイツ側のモラトリアム要請の検討はふたたび賠償委員会の手に委ねられることになった。その間ドイツの経済情勢はますます悪化の方向を辿っていった。[191] 八月二〇日、賠償委員会を代表してイギリス首席代表ブラドベリイとフランス次席代表モクレール(Eugène Mauclère)がベルリンに到着した。八月三一日に賠償委員会がモラトリアム提案をめぐる審議の延期を決定するに至るまで、ベルリンそしてパリと舞台を移して必死の妥協工作が展開されるのである。交渉は、より緩和された形であれ「生産的担保」の原則を承認するか、あるいはドイツ側がそれに代わりうる新たな保証案を提出し連合国側の承認を得るかという、ドイツ側にとってきわめて狭い交渉範囲のなかで展開された。イギリス案は国有森林および鉱山のみを担保として提出させるというものであり、ドイツ案は木材および石炭の引き渡し不履行の場合の担保として現金五〇〇〇万ＧＭを提出するというものであった。[192] いずれの案も妥協基盤をみいだせないまま、賠償委員がパリに帰ろうとしているとき、ドイツ側は第二の妥協案を提出した。それは石炭・木材引き渡しを確保するために、政府は木材・石炭会社と私的契約を結び、これらの会社に履行の最終的責任を負わせるというものであった。[193] 交渉の場はパリに移された。しかしパリにおける交渉でも、この案は十分なものと認められなかった。そこでベルギー側は、ライヒスバンクの裏書をもつ大蔵省証券による満期額の支払いという案を提出してきた。しかしドイツ側としては、この案こそ認められないものであった。ヴィルトにとって、来たるべき冬に備えて食料を確保せねばならないとき、ライヒスバンクの裏書があるゆえに結局はライヒスバンクの保有金から償還せねばならなくなるようなこの案は、たとえルールを占領されるとしても認めることの出来ないものであったのである。[194] 八月三一日、賠償委員会は講ずべき方途を失い、ドイツの通貨と財政の安定化案を作成するまでモラトリアムの審議を延期することを決定した。[195] それと同時に賠償委員会は、当面の暫定措置として二二年一二月一五日までの支払いを六ヵ月満期の大蔵省証券による支払いでもって代えることを承認した。そしてこの措置は、ライヒスバンクの保有金との連動をたちきった点において、ドイツ側に事実上二二年分のモラトリアムを認めることになった。しかしドイツ側は、六ヵ月満期の切れる二三年に支払い義務を課せられることになるため、この点でなんらの解決がなされない場合には、より一層大きな危機を生み出す危険性をこの措置ははらむことになった。すなわち、この八月三一日の賠償委員会の決定は、七月一二日付けドイツ側ノートの要求点のうち、二二年七月以降の支払い延期を事実上承認したが、他の要求点たる二三年と二四年の支払い免除要請は無視し放置したのである。その一方、この八月三一日の賠償委員会の決定は、制裁を回避することができたという点で、譲歩なき履行の政策の成功を示すものでもあった。[196] しかしこの時、ドイツ側は「パンか賠償金か」というスローガンのもとに「安全価値」の維持を絶対条件として組み入れたことによって、逆に制約されることにもなったのである。以後のドイツ経済の展開は、賠償政策を「最初にパンを次いで賠償を」という選好順位の状況にではなく、パンか賠償かの二者択一の状況に陥らせるのである。

この八月に起きた二つの事件、すなわち戦債問題と賠償問題との連動をひき起こしたバルフォア・ノート、そして二二年支払いには暫定的解決をもたらしたものの二三年以降の支払いに関してはまったくの混乱の状態に陥らせることになった八月三一日の賠償委員会のノートが、緊張激化の過程の出発点となるのである。

八月三一日付け賠償委員会側ノートで懸案として残されていたベルギーとの保証問題に関する交渉は、フランス側の強硬な姿勢を背後にもち、ライヒスバンクの準備金によって保証される六ヵ月期限の大蔵省証券の発行を要求するベルギー側と、ライヒスバンクの準備金による保証を拒否ししかも六ヵ月という期限の延長を要求するドイツ側との対峙という形をとることになった。この交渉は、ブラドベリイの仲介によってライヒスバンクがイングランド銀行から借り入れるという妥協案の成立をもって終わった[197]が、次の二つの点が明示的に現われたことで、以後の交渉の前兆をみせていた。第一は、イギリスの仲介工作が成功したとはいえ、それは八月の賠償委員会の席上でイギリスがドイツ側に与えた仲介内容とは著しくかけ離れたものであったことである。イギリスは、イギリス政府による保証という仲介案を提示していたが、この案は、ベルギー側が(そしてその背後にあるフランス側が)ライヒスバンクによる保証を強硬に要求したために、一応ライヒスバンクの保証を認め、ただしその保証額をイングランド銀行が貸し出すという内容へと縮小されてしまったのである。このことは、イギリスの仲介機能が限界に達していたことを端的に示すものであった。事実、以後ロンドンは、近東問題のために、また閣内の対立のために、仲介機能の担当者としての役割までも放棄せざるをえなくなるのである。第二は、ベルギーとドイツのこのような妥協が成立する過程において、ヴィルトの「履行政策」に対する指導力の喪失が明らかになったことである。ブラドベリイの妥協案がドイツ側に提出されたとき、経済担当外務省事務次官ジムゾンはヴィルトを代弁して威信《プレステージ》という側面からこの妥協案も承認すべきではないと主張したが、この見解はライヒスバンク総裁ハーヴェンシュタイン(Rudolf Havenstein)の承認決定の前に敗退せざるをえなかったのである[198]。この二つの現象のうち、第一の側面——イギリスの仲介機能の低下——は、ドイツとフランスそれぞれのアメリカに対する仲介依頼となって現われ、第二の側面は、ドイツ重工業界による賠償問題解決のための独自の試みとなって現われてくるのである。

フランスは五月以降、パルマンティエをアメリカに派遣して、戦債問題に関する単独交渉を行なっていた。[199] 交渉は、賠償金支払いの不履行を理由に戦債償還に有利な条件を求めるフランス側と、あくまで戦債と賠償の連関を拒否するアメリカ側[200]との対立のなかで実質的な進展をみるに至らなかったが、バルフォア・ノートの公表によって英仏関係が悪化したため、[201] ポアンカレはアメリカとの交渉を継続した。[202] そして一〇月二二日、戦債問題を切り離した形で賠償問題解決のための独米間交渉が行なわれている最中、駐仏アメリカ大使はポアンカレに次のような国務省の見解を伝えた。「私は次の三点を強調する。第一、賠償問題と戦債帳消しとを結びつけることは不可能であること。第二、戦債問題に関しては、議会が合衆国における唯一の権限を有する機関であり、それはそのようなものとして活動を継続してきたこと。第三、ビジネスライクな方法によるビジネスマンによる早急な行動が必要であること」である。[203] このようにフランスの対米接近はアメリカ側の支持を得ないままに終わったのであるが、アメリカ側は戦債問題と賠償問題をいいいい切り離した範囲でフランスに対する牽制という形で、その仲介機能を作動させ始めていた。

一方、ドイツとアメリカとの交渉は、五月、クルップの理事ヴィートフェルト(Otto Wiedfeldt)が駐米大使に任命されて以来活発となっていた。[204] そして八月下旬にはドイツ側は、賠償委員会の決定に影響を与えるべく、ドイツの経済状況に憂慮を感ずる旨の大統領声明を出すよう、アメリカ側に依頼していた。[205] この要請は、アメリカ側が「より詳細な説明」のないかぎり行動をとりえないとしたため、具体的な行動となっては実現しなかった。しかしこの問題を扱う過程で、国務省内部では、フランスがルール占領等の措置をとったときにはラインラントのアメリカ駐留軍を撤退させるべきか否かが検討されたのである。[206] 九月七日アメリカ側は、賠償問題でイニシアチブをとるべくドイツ側に具体的な提案を提出するよう要求してきた。[207] このアメリカ側の申し入れは、いつアメリカがこのような態度を変更するかもしれないという流動的な状況下でなされたものであり、ドイツ側は早急な回答を迫られるとともに、アメリカ側の仲介機能にかける期待の真意をも問われることになった。回答は、一ヵ月余も経た一〇月三日に出された。それは、提出までに費やされた時間からも、またその内容からも、仲介依頼への真意を疑わせるものであった。具体的な賠償案を提示して賠償問題へのアメリカの介入を求めるのではなく、現在のヨーロッパ情勢においてアメリカがいかに重要な地位を占めているかを強調し、賠償問題に対する従来のドイツ政府の要求(モラトリアム要請、総額再検討のための委員会等の設置、外債導入のための銀行家会議の再召集)を訴えただけであった。その目的は、アメリカ側からモラルサポートを獲得することにあったのである。[208] 一〇月九日、ヒューズはこれに対して回答を与え、現今の情勢下では全面的な平和の問題を扱うことは時宜に適っていないとし、[209]「その国の政策にとって譲ることのできない立場に固執する方向へと個々の国家を導く政治的問題をもって処理の出発点とさせる」ことは愚かしいことであると述べ、より具体的かつ実現可能な道をとるよう示唆してきた。[210] このようにドイツ政府が、より長期的・包括的な内容の提案をなし、その実現よりも提出によるアメリカ側のモラルサポートを期待していたとき、その背後では、当時政府とは独自な道をとり始めていたドイツ重工業資本を代表するシュティンネスの対仏接近工作が行なわれていたのである。そしてその過程のなかで、アメリカはふたたび大きな役割を期待されることになる。

九月から一〇月にかけて独米政府間で工作が行なわれていた時、それと平行してシュティンネスは独自な活動をより積極的に開始していた。[211] フランス重工業界・アメリカ国際金融資本(とくにモルガン財閥)との、シュティンネスによるこの交渉は、内容においても交渉の過程においても、ヴィルトの指導力の喪失を端的に示すものとなった。

八月中旬シュティンネスはフランス重工業界と接触を行ない、それは九月四日、シュティンネス＝リュベルサック協定として公表されていた。[212] このドイツ重工業資本とフランス重工業資本(ド・リュベルサック(G. J. de Lubersac)はフランス罹災地域復興事業団(la Confédération générale des Coopératives de Reconstruction des Régions dévastées)の会長である)との現物供給に関するこの私人間の契約をきっかけとして、シュティンネスは政府間レベルでの賠償問題の解決に取り組むことになった。この私人間レベルから政府間レベルへの移行の努力に対してフランス政府もまたドイツ政府も好意的な態度を示した。[213] しかし、シュティンネスがそのイニシアチブにおいて進めようとした計画の内容が明らかになるにつれて、このような方向に対する反対の声も出てくることになった。この計画は、「シュティンネス大計画」といわれるものであり、第一に、ラインラントおよびザールからの駐留軍の撤退と制裁措置の廃止という対外的要求があり、第二に、それに対応するものとして国内で経済安定化措置を取るものとし、その措置は、八時間労働日の事実上の撤廃、産業解体命令等の政府の通商統制政策の廃棄、加えてストライキの禁止や私有財産制の擁護にまで及んでいた。言い換えれば、社会化および労働政策等の革命による労働者側の既得権の廃棄を国内的条件として掲げたのである。[214] さらにこの計画は先のシュティンネス＝リュベルサック協定と読み合わせるとき、「シュティンネス・コンツェルンを花崗岩の如く堅固な基礎の上に[215]」築くために「巨人の如きトラスト、フランスの尻尾をつけたドイツのトラスト(gigantic trust, a German trust with a French tail)[216]」を目標とするものでもあった。シュティンネスは、計画実現の努力を一〇月上旬に開始した。その交渉範囲は、フランス政府、フランス重工業界、アメリカ国務省にわたり、交渉ルートは、対仏関係はリュベルサック、対米関係は駐独アメリカ大使ホートンおよび駐米ドイツ大使ヴィートフェルトであり、ヴィルトは交渉から除外されていた。しかし、その対外要求をフランス側に受諾させるために必要なラインラントの安全保障についてアメリカ側はコミットすることに難色を示したために、[217] また一〇月上旬エーベルト(Friedrich Ebert)、ヴィルトとリュベルサックとの間で会談がもたれたとき、現物供給をめぐる再交渉要請と関連してこのシュティンネス案が政府レベルに現われたが、フランス側はこのような交渉に応じることを拒否したために、(218)この計画はその出発点で壁につき当たってしまった。

八月三一日に賠償委員会がドイツ側のモラトリアム要請に対して審議の延期を決定して以降、九月と一〇月の時期は、将来の賠償支払い計画が未定という状況のなかで、対外面ではイギリスの仲介機能の低下を補うべくアメリカに仲介の要請がなされる一方、対内面ではヴィルトの「最初にパンを、次いで賠償を」という譲歩なき履行の政策に同調しない独自の交渉も展開され、政府の指導力が失われていく過程であった。しかしこのような試みはいずれも、フランス側の強硬な履行要求の前になんらの成果も見出せなかったのである。かくして賠償問題はふたたび賠償委員会の手に戻ってくることになった。

当時賠償委員会では、ドイツ財政の建て直しという問題を扱うに当たって、その中心的人物であるドラクロワとブラドベリイの見解が対立していた。ドラクロワは、ドイツ財政の救済措置として借款導入という方法をとるべきだと主張し、国際銀行家会議の再招集を提案していた。これに対しブラドベリイは、ドイツ財政の安定はライヒスバンクの準備金の投入措置等によるドイツ政府自体の安定化政策によってまず始められるべきであるとし、そのために、ドイツ側に二年間から四年間程度の現金支払いの免除を与えるべきであると主張していた。(219)このブラドベリイ案は、ドイツ側から否定的な反応しかうけなかった。ドイツ側の考えでは、ライヒスバンクの準備金に手をつけるということは、通貨不安をますます拡大するものであったのである。(220)一方、賠償委員会のうちでも、ブラドベリイの案は強い反対に会っていた。このような状況のもとでフランス政府は一〇月二〇日、賠償委員会宛てに一つのメモランダムを提出し、モラトリアムを拒否することをふたたび強調し、ドイツ財政安定化のための措置を提案するどころか、きびしい財政監視措置すらも要求していた。(221)このようになんら具体案も生まれないまま、賠償委員会は一〇月二四日、マルク安定化措置と財政均衡化措置に関してドイツ政府と検討をなすべくベルリンに赴くことを決定し、二九日ベルリンに出発した。

一方ヴィルトは、国内において指導力を喪失している状況にあり、この一〇月下旬には内閣改造を示唆していた。そのなかで彼が期待をかけたのは、マルク安定国際専門委員会の審議であった。これは、ヴィルトが一〇月中旬、マルク安定措置を審議検討してもらうために、著名な経済学者と銀行家七名にドイツを訪れるよう依頼したことによって生まれたものであった。[222] ヴィルトはその審議段階で必然的にふれざるをえない賠償問題に関する彼らの見解をドイツ政府の主張の強化のために使用するつもりであった。一一月上旬、賠償問題は、ベルリンを舞台とする二つの委員会の活動を中心に展開することになる。

ドイツ側は一〇月三〇日、賠償委員会のベルリン訪問に備えるため、専門家をまじえた会議を開いた。会議ではまず、この機会にドイツ側からマルク安定化措置と賠償支払いに関するなんらかの提案を行なうことで、そして提案をなすに当たってはマルク安定国際専門委員会の報告を待つことで一致をみた。[223] ついで、賠償委員会に対する提案として、マルク安定と財政均衡という問題の解決にはモラトリアムとロンドン支払い案の修正とが不可欠であると主張することで一致をみた。しかしマルク安定のためのさしあたっての方針については、専門家の間でも一致をみなかった。多数派ともいえる支配的見解は、マルク安定のためには外債導入が不可欠であり、外債を導入するためにはロンドン支払い案の修正が前提となるとして、マルク安定と修正要求とを直接結びつけていた。[224] 一方、少数派は、マルク安定のために外債導入を直接不可欠なものと考えることに反対し、国内措置をとることによって自力でも安定が可能であると考えていた。[225] この対立は、通貨安定政策をめぐる経済理論上の対立であると同時に、連合国側に賠償政策を提示する際の説得の弁証の相違でもあった。前者は自力救済不能を前提として、連合国側の承認を得ようとするものであり、後者は自力救済の可能性を模索し、そこで連合国側に善意を示し、その信用を元本として修正を得ようとするものであった。そして前者は、当時も国際銀行家シンジケートによる外債導入を唱え、この賠償問題の行き詰まりをロンドン支払い案の抜本的修正ではなく暫定的解決によろうとしている賠償委員会ベルギー首席代表ドラクロワと共鳴し、後者は、ドイツの通貨安定に対する自力救済を期待し、その一方でロンドン支払い案の根本的修正を指向しているイギリス側首席代表ブラドベリイと共鳴していたのである。[226] このように専門家の間で対立があるとき、ドラクロワはドイツ政府に、外債によるマルク安定化案を支持するように極秘に要請していた。[227] この案は、モルガンがこれを支持することを明らかにしていたことで実現可能性が高いものと考えられ、この点がベルクマンらを引きつけていた。しかし、しかしヴィルトは、ポアンカレがこの案に必要な条件を認めるまで譲歩するか否かについて懐疑的であった。しかし、逡巡することは許されなかった。三一日、賠償委員会を歓迎するレセプションが首相官邸で開かれ、ドイツ側の提案を賠償委員会側が期待していることが明らかとなった。[228] 一一月一日、賠償委員会との実質審議が始まった。ドイツ側はドラクロワ案を選び、ヘルメスは外債導入によるマルク安定化の方針を明らかにした。これを聞いた賠償委員会委員長で新しいフランス側首席代表バルトゥー(Jean Louis Barthou)は、舞台裏でドイツと残りの連合国は外債導入のための秘密裡の工作を進めているのではないかという危惧感を抱き始めた。そして彼は、ドイツ側により具体的な案をただちに提出するよう求めた。しかしドイツ側は、その主張を補強するはずである国際専門家委員の報告書を待ちたかった。一層事態を悪化させたことは、賠償委員会側がこの委員会の活動自体に、そしてとくにカッセルとケインズが委員であることに反感を抱いていたため、ドイツ側は提出を延期したいことを率直に述べることができないということであった。[229] ドイツ側の作戦は、引き延ばすこと以外になかった。三日、ドイツ側は、先日のヘルメスの説明を繰り返したにすぎない「マルク安定化に関する一般的報告」という報告書を提出した。バルトゥーはこれに対し明らかに不満の意を示し、このような引き延ばしはドイツ側の誠意を疑わせることになるとして、具体案の提示をふたたび要求した。[230] ヘルメスは五日までに具体案を提示することを確約せざるをえなかった。しかし、五日までにマルク安定国際専門家委員会の報告書が完成する予定はなかった。したがってドイツ側は、次の案でも、将来の道を残しうるような「戦術的幕間劇(ein taktischer Zwischenakt)」(ヴィルト)を演ずることになった。四日、ドイツ側は具体案を提示した。それは、外債委員会の開催を要求すると述べたものの、最も重要な外債導入のための保証条件については言及していなかった。ただし、外債成立後の方針、すなわちライヒスバンクの国際金融シンジケートへの参加、マルク安定、国際収支の改善、は明らかにしていた。[231] この案に対する大部分の委員の反応は、きびしいものであった。とくにフランス側は、この案に幻滅しているとすら述べた。[232] 賠償委員会側の反応が懸念された。ヘルメス、ベルクマン、シャハトらが個人的に委員の怒りの鎮静に努めた。六日、賠償委員会の回答が提出された。四日のドイツ側ノートに不満の意を表わしていたが、制裁の威嚇はなかった。それはマルク安定のために、「明確かつ詳細なプラン」を提示することをドイツ側に義務付けていた。[233]

一方、二日に審議を開始していたマルク安定国際専門家委員会はこの時点で審議を終え、ドイツ政府に報告書を提出していた。専門家は、財政の赤字、貿易収支の赤字、流動負債の増大という現在の状況下ではマルク安定は不可能なこと、これを解決するためには、マルク安定化措置の実施期間中現金支払いから解放されること、また通商面で平等待遇が得られることが必要であることについては一致していた。しかしマルク安定化の具体的方針に関しては、ケインズおよびカッセルとデュボアの間で対立が生じ、そのため二つの報告書が作成された。前者の報告書は、マルク安定のためには、賠償支払い案の最終的改訂が不可欠であるとし、そのためには、ドイツ政府みずからライヒスバンクの準備金投入による安定化措置をとるべきであると主張していた。[234] これに対し後者の報告書は、賠償支払い案の抜本的修正に反対し、マルク安定も外債導入によって行なうべきであると主張していた。[235]

これを受けた政府は、八日、帰国直前の賠償委員会に新たなドイツ案を提示した。これは四日のドイツ案を補強し緻密にしたものであった。八日付けノートは四日のノートと同様、まずマルク安定が最大にしてかつ緊急な課題であると訴えた。そして慎重な形で「全賠償問題の最終的解決がただちに検討され、可及的速やかに結論が出される」ことが必要であると強調し、しかしマルク安定のために現段階では「ライヒスバンクと外国の銀行シンジケート」の協力が可能な道であると主張した。そして後者の道が経済理論上可能であることの立証をフィセリングとデュボアの付属ノートとブラントのそれとに求め、[236]またライヒスバンクもこの措置に参加する旨を述べた。そして最後にドイツ側は、専門家委員の見解を紹介するという形で、現金支払いおよび現物支払いの免除という要求を述べたのである。[237]このノートは、慎重な配慮のもとに作成されていた。まず第一に、最終的解決の要求は傍論の位置に置かれた。第二に、モラトリアム要請は除かれた。第三に、ケインズ、カッセルの名前は意識的に避けられ、彼らの見解を代弁するものとしてブラントが利用された。しかしこのような慎重な配慮にもかかわらず、提案は各国から逆の反応を呼び起こすことになった。パリではポアンカレが、この提案はあまりにも曖昧であると述べ、ボナ・ロー保守党政府も、ドイツ側の消極さに期待を裏切られたと伝えてきた。[238]これを受けたドイツ側は、内閣の拡大工作に失敗して辞任する前日である一三日に、新たな「明確かつ包括的な提案」[239]を作成した。このノートは、先の専門家委員の二つの報告書とともに一四日手交された。それは、マルク安定のために外債導入が必要であることを訴えることを基調としている点では前の二つのノートと変わりはなかったが、より明確な形でドイツ側の要求を明示し、より具体的にライヒスバンクの協力の方法と外債導入の方法を述べ、より譲歩した形で、国内関連措置を導入することを明らかにしていた。その要求とは次の三点であった。第一に、ドイツ側支払い義務の支払い能力までの削減、第二に、被災地域への支払いを除

いて、三年から四年にわたる期間の現金・現物賠償の免除、最後に、借款のための銀行家会議の即時招集であった。(240)

その日、ヴィルトは辞任した。この一四日ノートは文字どおり「履行政策」の終焉を意味した。賠償問題を経済問題化し、信用によってその修正を意図したヴィルト内閣は、その問題の政治問題化と信用ならぬ不信の増大をもって終わったのである。賠償問題は、七月一二日ドイツ側モラトリアム要請以後、純粋なロンドン支払い案の一時期の修正からロンドン支払い案全体の修正へというかたちで問題を拡大していき、加えて、悪性インフレにともないどのようにマルクを安定させるかという新たな問題をも重畳させることになったのである。ドイツ側のロンドン支払い案の部分的停止要求に対するフランス側の代償要求が「生産的担保」であるとき、ドイツ側の要求の拡大とマルク安定という問題の加重は、当然のことながら、独仏間の紛争解決の道を一層困難なものとすることになった。加えて、ロイド・ジョージ失脚後のイギリス外交に紛争仲裁の役割は期待すべくもなく――また現実に保守党外交はそれを拒否していた――、この仲裁機能の代替を期待されたアメリカもいまだ介入の姿勢をみせていなかったのである。

第三期の前期たる紛争の静かなる拡大という静的状況は、後期においては、紛争の激しい尖鋭化という動的状況へと変化する。

二二日、クーノを首班とし、政党の基盤をもたない専門家内閣が発足した。(241) 二二日に開かれた最初の閣議において、クーノは、ヴィルト内閣の賠償政策をそのまま引き継ぐことを明らかにし、この継続性を明らかにするために、就任演説では一四日付けドイツ側ノートをその賠償政策の基礎に置くと宣言することを決定した。事実、二四日、クーノは就任に当たっての所信表明の中で、「(ノートに)含まれている方針を全面的に維持しそれを実行に移す決意」のあることを公然と明らかにした。(242) この方針は、ドイツ共産党(Kommunistische Partei Deutschlands：ＫＰＤ)を除く全政党から支持された。二七日、政府は以上の方針をフランス政府に通告した。(243)

この時、フランス政府は、ルール占領の方針を明らかにした。二七日、フランス政府は、クーノ内閣が一四日付けノートの方針を引き継ぐことは賠償義務を免れようとするものにほかならないとして、フランスの利益を擁護するために、ラインラントのフランス占領地区の全面的押収、とくにドイツ側官吏のフランス側官吏による交代という措置と、とくに賠償金勘定で支払いを認められている石炭とフランス重工業にとって不可欠な精練用コークスとを確保するために、エッセンとボッフムを含むルール領域の三分の二の地区の占領という措置をとることをも辞さないと述べた。[244] この声明は、政府の直接の公式声明ではなく政府系通信社(アバス通信)によるものであるにせよ、ポアンカレの首相就任いらい非公式な形で伝えられていたルール占領という措置が、はじめて明確な形で発表されたのである。そしてこの発表に先駆けて、ミルラン、フォシュらが参加した会議が開かれたことを考え合わせると、[245] この発表が単なる威嚇ではないと考えられたとしても不思議はないであろう。[246] 外相ローゼンベルク(Frederic Hans von Rosenberg)は、「フランスにとって重要なのは、金ではなくライン国境である」と述べている。[247]

このようなミラー・イメージのなかでドイツ政府は、自己の賠償政策の正当性を立証すると同時に敵側の主張にも反証を突きつけるという方針をとることになった。一四日のドイツ側新提案以降、きたるべきロンドン会議が焦点となってきた。しかし、外債導入のさい中心となるはずのモルガンとポアンカレの会談を行なわせようとする試みもポアンカレの拒絶によって失敗してしまったいま、この問題の解決はもはやほとんど期待できなくなっていた。[248] そのなかで一一月下旬ベルクマンは、ドラクロワから受けた勧告どおりロンドン会議に新案を提出するよう政府に要請した。[249] 一二月に入り、専門家による検討が開始された。新案の基礎となったのは、ドイツ銀行(die Deutsche Bank)理事ヴァッサーマン(Oscar Wassermann)の提案であった。その骨子は、第一に、マルク安定化措置を国内手段のみでとりあえず始めること、ただしそのために以後数年間の賠償義務は実行不可能なものとされること、第二に、賠償支払いは外国および国内からの借款によるものとし、外国からの借款はその全額が、国内からの借款はその半額が、賠償支払いに振り向けられるものとすること、第三に、二年間の現金支払いのモラトリアムを要請すること、であった。この案は、一一月一四日のノートを基調とするものの、譲歩の側面をより多くみせていた。(250) しかし、この新案の提出を決定した六日の閣議は、異なった目的をこの新案に期待した。まず、この提案はフランス側の「担保政策」を出し抜くためのものと位置づけられた。その目的は、フランスを「実質的な解決の意志をもっているのか、それとも現実にドイツ解体を目的としているのか」の選択の前に立たせることにあった。従って、この新案が受け入れられる可能性が低いことは無視しうるものであった。なぜなら、この案は、「われわれが現実に履行という意志をもつことの証拠を与え、場合によっては敵の密接方陣(Phalanx)に混乱を引き起こす」という「政治的目的」を達成してくれるはずであったからである。そのために、そしてその限りで、「われわれの負う負担の総額はそれほど大きい必要はなかった」、ただ諸外国に与える「印象はよりよいもの」である必要があった。(251) ドイツ政府の意図は、賠償問題の解決にはなかった。それは、譲歩によってドイツ側の善意を印象づけ、フランス側の悪意をきわだたせることにあった。

一二月九日、ロンドン会議が始まった。ドイツ側の新案は賠償委員会に手交されるはずであった。しかし、ボナ・ロー(Andrew Bonar Law)政府とフランスの関係を考慮に入れるとき、たとえカーゾンがフランス政府の「冒険政策」に反対すると述べていたとしても、慎重な配慮が必要とされた。(252) とくに、会議にドイツ側が直接新案を提出し、それをボナ・ローが個人的にであれ代弁するというようなことは、ベルリンとロンドンに密約があるのではないかという危惧をフランスに抱かせる恐れがあると、ドイツ側は考えた。(253) 英仏関係が緊張している状況下にあっては、イギリスの仲介もフランス側の反撥を買う恐れが強かったのである。そのため新案は、ボナ・ローに対するドイツ首相の個人的書簡という形をとることになった。(254) 会議は、ポアンカレがその演説において「生産的担保」を要求することによって始まった。[255] 一〇日、ボナ・ローは先のドイツ案を提示した。しかし会議は全員一致でこの案を、現今の情勢下では不十分なものと判断した。会議は何の成果もなく、一月二日のパリ会議まで延期されることになった。[256] 会議後、ボナ・ローは下院で、ドイツが条約の義務をもはや履行できない事実を認め、またドイツが意図的にマルク安定の措置を怠っているというフランス側の見解には同意し難いことを述べ、必要なことは英仏が協力してドイツの安定の道を捜し出すことであると主張し、当時完成されていたブラドベリイ案[257]を暗示させる演説を行なった。[258] イギリスは、新たな支払い案をもってふたたび仲介の役割を演じようとしていたのである。一方、一五日、ポアンカレも外交方針を明らかにするよう求めていた下院で、次のような演説を行なった。まず戦債問題に関しては、「フランスはドイツ側の支払いを確保しうるまで、法律上《デ・ユラ》もまた事実上《デ・ファクト》もフランスの戦争債務を支払うつもりはない」と従来からの立場をふたたび繰り返した。次いで賠償問題に移り、まず一九二二年のドイツ側の支払い状況について述べ、総額二〇億GM以上の支払い義務のうち約一四億GMしか支払われていないと述べた。従って、「ドイツ国民の全財産は差し押えられることになろう。この点に関して、フランスとイギリスは若干の見解のくい違いをみせている。しかし、国際法によってもまた民法によっても、債務者の財産はつねに債権者の担保となるのである。フランスは、軍事的性格をもつ軍隊の派遣を行なう意図は今までも持たなかったし、これからも持つつもりはない。またフランスは、ドイツに刑事的な制裁を課するつもりもない。ただ、可能な範囲内において支払いがなされることを願うだけである。われわれは、連合国の利益のために、ドイツ全土を保管しよう(konservieren)とするだけである。われわれは連合国同胞とともにこの措置をとることにしたい、またわれわれに対する援助が拒まれることがないよう期待したい。そして、たとえ、単独で行動し単独で措置を講ぜざるをえないという最も懸念する状態に陥るにしても、われわれは、連合国全体の支払いという観点に立ってその措置を講じるつもりである」。[259] これは正しく、ルール占領の正当化の論理であった。債権者フランスは、法律的論理によって、ルール占領を担保確保の手段として正当化したのである。ただ、これには、対英関係への配慮という政治の論理が修辞となって加わっていた。そしてこの日、フランス国内の政治的休戦の必要を強調するポアンカレの要請に従って、フランス下院は、五一二対七六の票決をもって政府に信任を与えたのである。二一日の上院におけるポアンカレの演説も、ふたたび、ドイツ側の意図的かつ体系的な不履行を非難しルール占領の決意を明らかにしたものであった。[260]

一一月下旬以降のフランス政府によるこのような直接的な形でのルール占領の発言は、ドイツ側からより現実的なものとして受け取られることになった。このなかでドイツ側は、ルール占領への対策を準備し国内統合の手段を施す一方、対外的には一月二日からのパリ会議に備えて、賠償問題の「最終的解決」を目標とする新たなドイツ案の作成に着手し、加えていわゆる「ラインラント条約構想」に代表されるような仲介機能の復原と第三国からの支持の調達とを目標とする政策を遂行していった。ルール占領への対策は、すでに一二月上旬より政府によって意識され始めていた。[261]そして一九日の閣議において、その基本要綱が決定されるに至った。この基本要綱は、ラインラントで占領の強化等が行なわれる場合を想定してその対策を考えていた。要綱は、まず基本的なものとして、占領地区の指導的官吏はいかなる状況においてもその地位にとどまるべきであると定めた。次いで、具体的措置として、①占領による被害の補償、②河川運航の確保、関税の維持、生活必需品の供給等の経済関連措置、③失業対策、小金利生活者対策等の社会厚生面の措置、④新聞に対する援助、フランスの宣伝に対する反宣伝活動の実施、そして文化団体(オーケストラ、劇場等)の支援等からなる文化政策面での措置、⑤宣伝団体、官吏への指示等の政治的側面での措置、にわたる大綱を決定した。[262]以上の措置は、各関係官庁によって、より具体的なプログラムに練り上げられることになった。このようにクーノ政府は、ルール占領を予想して、より具体的な対策を検討していたのである。その一方、政府は、賠償問題の「最終的解決」のために国内各団体に支持を要請していた。一二月下旬、一連の会談が、ドイツ全国工業連盟の代表、ドイツ労働組合総同盟(Allgemeiner Deutsche Gewerkschaftsbund：略称ＡＤＧＢ)等の組合代表、各党領袖との間にもたれた。[263] とくに二八日の組合代表との会談においては、クーノは、「賠償問題の最終的解決をめざす道は捜し求め続けられねばならない」とし、現在の情勢を次のように報告した。「われわれは二つの偶発的事態を区別しなければならない。一つは、ラインラントを考慮したときドイツ政府が受諾することのできない解決策がパリで成立する場合であり、もう一つは、相手側との交渉の道が開かれるという場合である。現政府は後者にその期待をかけている。しかし、い、ず、れ、の場合においても必要なことは、ドイツ国民がそのすべての力を祖国への奉仕のために提供することである」[264]と。まさに、賠償問題の最終的解決のための協力の要請とは、ルール占領か最終的解決かという二者択一の状況分析を前提とした上での要請であったのである。[265] この多難な年も暮れようとする一二月三一日、クーノはハンブルクで有名な演説を行なった。主題は、いうまでもなく、die Quadratur des Zirkels たる賠償問題である。この演説のライトモチーフは、賠償問題の「最終的解決」の要求であった。「われわれの活動の目標は、ドイツ側の支払い能力の確定であり、賠償問題の最終的解決のためにこの支払い能力を全回転させる手段と方法を見出すことである」。この最終的解決は、ドイツ国民には自由の回復をもたらし、ヨーロッパには強制と力の行使からの解放をもたらし、またその工業の中心たる独仏間の経済協力をもたらすはずのものであった。そしてこの最終的解決は正しいものであった。なぜなら、非党派的な立場をとる世界的な経済専門家による六月の外債委員会の報告も一一月のマルク安定専門家委員会の報告も、それを認めていたからであった。この論証は、反論への逆襲によってさらに強化された。「われわれは、可能な支払いを不可能とするために、このような(経済的)破滅を求めている」というフランス側の主張に対し、彼は反証した。「国民間の経済的平等を奪い、その経済の基盤を奪い、われわれの通貨を揺るがし、われわれの経済学者から明確な計画を奪い去った」ヴェルサイユ条約にその責任があると。この演説の基底音は、「すべての勢力の統一」であった。国民の統一を鼓舞するために、最終的解決は、ロンドン支払い案の全面改正から、条約によって課せられた全負担からの解放へと拡大された。それは経済的自由であり、経済的平等であり、ラインラントの解放であり、デュッセルドルフ等の三都市からの占領軍の撤退であり、制裁と報復の禁止であった。要求の拡大によって支持を獲得しようとする努力は、クーノ政府のある対外政策上の努力によって補強されることになった。「アメリカの政治家の考え方はわれわれときわめて近いものである」とクーノに評された、アメリカ国務長官ヒューズのニュー・ヘイブン演説が、政府の政策の正しさを証明するものとされ、「戦争の代わりに平和をもたらし、考えうるかぎり最も確実な平和保障条約」たるラインラント条約が、フランスによって拒否されたことが、平和のドイツと戦争のフランスというイメージを作るために利用された。そしてこのフランスは、「われわればかりでなく他の人々も、この強制措置の効果のなさとそこに潜む危険を認めている」「担保政策」を、「経済的目的ではなく政治的目的のために」追求している国だったのである。この国民統一の要求は、演説の最後には、「祖国と国民」という象徴による統合への要請となる。

「われわれドイツ国民はすべて、われわれの希望が実現された場合には、より多くの犠牲を払う、より多くの労働をなす協同体となって団結するつもりである。しかし新たな幻滅が襲う場合には、われわれドイツ国民はすべて、何物によっても分裂させられず、何物をも分裂させないという確固たる決意をもって団結し、団結と正義の下で祖国と国民の自由のために闘うつもりである。」[266]

演説は、全国民に対する統一の訴えを、「最終的解決」というドイツ側要求の正当性の立証と、「善」たるドイツ政府と「悪」たるフランス政府というステレオタイプの修辞とによって行なったのであった。

では、この「最終的解決」の具体的内容をなすドイツ政府作成中の賠償案とは、いかなるものであったのであろうか。われわれは、この賠償案の作成過程とその内容を検討することによって、当時、ドイツ政府が規定した「最終的解決」かルール占領かという二者択一状況が、実際にはルール占領を覚悟した「最終的解決」であることを知るのである。一月二日からのパリ会議に備えて、ドイツ側は一二月中旬以降、専門家による賠償案の作成作業にとりかかっていた。この案はおそらくは一二月末日ころには完成され、[267]一月二日にはベルクマンがこの案を携えてパリに到着していた。しかし、パリ会議の進展がこの案の提出を許さなかったのである。[268]この案の基本方針は、すでに一六日付けの賠償問題専門委員の審議報告書に示されており、一一月一四日のノートの方針に沿い、それをさらに積極的なものとしていた。[269]すなわち、一一月一四日のノートに盛りこまれた、ロンドン支払い案の全面改正、三—四年の支払い免除、借款導入の三点を基本要求として、いわゆる保証条件をより詳細にし、新たにラインラント撤退等の政治的要求[270]を加味したものであった。[271]そして提案された賠償案自体も、ドイツ側の「思い上がり」という感を連合国側に抱かせるであろうと思われるほどのものであった。[272]それは、支払い総額こそ確定しなかったものの、基本的には、外債によって賠償支払いをなそうというものであった。二三年から二七年までに二〇〇億GMの外債を受けそれによってマルク安定をなしとげ、二七年以降は、三一年まで五〇億GMの外債によって、三一年以降も五〇億GMの外債によって、賠償支払いをなそうとするものである。[273]まさにベルクマン自身も、このような提案を「要請なくして提出することは、戦術的に大失敗であるばかりでなく、ドイツの利益もいたく傷つけざるをえない」と評価せざるをえなかったのである。[274]このように、作成されたドイツ案は、その方向において一一月一四日付けノートをより積極化したものであり、その内容において、とうてい現実的な賠償案といえるものではなかった。このことから、われわれは、クーノ内閣のこの時期の賠償政策は、「最終的解決」のために最善の努力をつくしておりそれが受け入れられないときはルール占領もやむをえないというクーノ演説とは逆に、ルール占領をやむをえないものと判断してドイツ側の要求の極大化に努めたものにほかならなかったということができよう。[275]

またクーノ内閣は、ロンドン会議の失敗後、一二月一三日、駐米大使ヴィートフェルトに二つの訓令を与えていた。一つは、ラインラント安全保障条約構想であり、もう一つは、モルガンに対して提示された借款に関する質問状であった。一五日、ヴィートフェルトはヒューズと会談し、この二点をアメリカ政府に伝達した。前者のラインラント安全保障構想とは、アメリカ政府を「信託者」として、「ラインに特別な関心をもつ諸国、すなわちイギリス、フランス、ドイツ、イタリアの諸国は、次のような協定を締結すべきものとする。以上の諸国のうちのいずれの国も、一世代(後にドイツ側は三〇年と具体化する――筆者)に渡り、国民投票によることなく、以上の諸国内の他の国々と戦争してはならない」というものである。[276]この提案に好意をみせたアメリカ政府は、一八日、非公式にこの提案を駐米フランス大使に伝達した。しかし、二一日、フランス政府は、提案を拒否した。提案拒否の表向きの理由は、人民投票による決定方法はフランスにとって憲法修正を必要とする、というものであった。[277]しかし、その日の会談と二六日の会談でフランス側はより根本的な拒否理由を説明した。それは、ドイツは信頼することができない、彼らは人民投票によって戦争に訴えることができるのではないか、ドイツにとってより必要なことは、フランスに対する憎しみに満ちた態度を全面的に改めることである、というものであった。[278]ラインラント安全保障構想は行き詰まりに陥った。一月二日、アメリカ国務省は、この構想とその失敗を新聞に公表した。[279]しかしそれに先立つ一二月三一日、クーノは、前述したハンブルク演説で、フランスによってこの構想が拒否されたと国民に伝えていたのである。先の「最終的解決」の実現性が低いものであったのと同様、この構想も実現性が低いものであった。われわれは、すでに一〇月シュティンネス構想においてこの問題が取り上げられ、それが挫折したことを知っている。そして今回の提案は、アメリカを「信託者」という事実上なんら介入の義務をもたない第三者とすることによって、アメリカの仲介を取り付けることには成功していた。しかし、そうであるからこそ、アメリカの介入を絶対的条件としていたフランスにとって、より受諾できないものとなっていた。敵対するフランスに、絶対にフランスにとって承認できない「平和の構想」を第三国アメリカを仲介して伝達し、後にその挫折――平和の試みの挫折――を演説によって公表する、このシナリオが意図的なものであれまた偶然的なものであれ、われわれはここにドイツ政府による、「平和」の象徴による国際世論に対する「宣伝」をみるのである。

一五日のヴィートフェルトとヒューズとの会談において、ドイツ側は、質問という形で五点からなる外債導入の構想を提示した。第一点は、モルガンもしくはモルガン系の銀行シンジケートがドイツをふたたび「自由な国家(a free country)」にするために、マルクの安定とすべての賠償義務の履行を可能にするほどの借款を引き受けてくれるか否かを、第二点は、その額の明示を、第三点は、それに対して必要とされる保証は何かを、第四点は、その保証の具体的方法を、第五点は、全ヨーロッパの再建構想に融資するか否かを尋ねていた[280]。これに対してヒューズは、この質問は非現実的であること、そして確実な解答は得られないであろうことを、すでにその席上で伝えた[281]。一六日、モルガンとヴィートフェルトとが会談した。モルガンの返答は、ヒューズと同様否定的なものであった。彼は、従来どおりの原則、すなわち「賠償金確定の道が開かれたとき、国際借款のための国際借款委員会に協力する」準備があると述べ、さらに、賠償額の確定という仕事は政治家の仕事であると述べた[282]。このようなアメリカ側の否定的な反応に対し、ドイツ大使はさほど驚きも示さなかった。なぜならその提案は、「最終的段階でアメリカを介入させる」(L. Zimmermann[283])ことを目的とはしていなかったからである。この質問は、世界で最も有力な銀行王から借款額(そして間接的に賠償額)と保証条件を聞き出し、それをドイツ側最終案の形成に役立たせ、さらには交渉の際に有利な切り札として利用することをねらっていたからである[284]。

以上のように、国内における国民の統合のための努力、そして「最終的解決」という名のもとの非現実的なドイツ側賠償案、加えて国際世論向けの宣伝をねらった仲介工作をみると、ルール占領の直前一ヵ月余のドイツ側の賠償政策は決してルール占領の回避のための方向にあるのではなく、むしろ逆に、ルール占領を前提として行なわれたものであった、という先の結論を、われわれは確証しうるであろう。一二月一六日、ライヒスラートの席上、外相ローゼンベルクが「軟弱な態度を非難されることによって危機を招くよりも、その提案を拒否されることによって危機に陥る方が好ましい事態である」と述べているのはまさに象徴的である。[285]

ドイツ側の政策がより硬直化していく間、事態はルール占領の方向へと決定的に進んでいた。一二月二六日、賠償委員会はドイツ側の木材供給に関してその不履行を認定した。ただイギリスのみが反対票を投じた。[286] 一月二日から始まったパリ会議は、英仏間の対立のためになんらの成果もなくわずか二日でその幕を閉じた。[287] 一月九日、賠償委員会は、ふたたびイギリス側の反対票一票を除いて、ドイツ側の石炭供給の不履行を認め、条約第八編第二付属議定書第一七項および第一八項に従った措置をとることを決定した。[288] ここに、ルール占領の法律的根拠が与えられることになったのである。[289]

フランスとドイツの硬直的な態度によって紛争がルール占領へと進展する間、その間に立つ第三国たるイギリスとアメリカはどのような姿勢を示していたのであろうか。この時期のイギリスとアメリカは、紛争の進展の阻止という仲介機能を展開することはなかった。しかし、この両国は、介入の度合いを低く保ちながらも、その基本方向をロンドン支払い案の全面的改正に向け始めていた。それは、パリ会議に提出されたイギリス案と、一二月二九日のヒューズ演説が明らかにしてくれる。イギリス側はロンドン会議の挫折以降、ブラドベリイの手によるロンドン支払い案の全面改正案を中心にして、新案作成の努力を重ねていた。[290] 一月二日から始まったパリ会議に提出されたイギリス案は、ドイツの支払い総額に関して画期的な削減を認め、ロンドン支払い案の支払い総額一三二〇億GMに代えて、総額を六七三億一〇〇〇万GMと確定し、しかも支払い方法についても、最初の四ヵ年間の支払いを免除していた。[291] しかし他の連合国はこの案に反対し、パリ会議は決裂するに至ったのである。このイギリス案がパリ会議で承認されるとは、イギリス側も考えてはいなかった。[292] フランス側の賠償政策との相違があまりにも明白であったこのとき、イギリス側はパリ会議で合意を達成するよりも、履行可能な賠償案を提示しその線にそって最後まで努力を続けてきたことを世界に明示するつもりであったのである。ルール占領前のイギリスの賠償政策は、対仏関係の悪化という状況のなかで、「ヨーロッパに混乱をもたらすことになるフランスとの断絶を選ぶか、それとも多大な不幸をもたらすフランスへの譲歩を選ぶかという二つの悪」[293] の間での選択というジレンマに陥りながら、仲介の機能を低下させる一方で、その基本方針――履行可能な賠償支払いという基本方向――を明示していったのである。[294]

イギリスが、基本方向を明示しながらも、その方向での介入の力の絶対値を低くしていったのに対し、この時期のアメリカは、依然として介入の力の絶対値は低いというものの、方向を明示する動きを示していた。一九二二年の後半には、アメリカにとって賠償問題に関与する条件が明らかとなってきた。それは、第一に、従来どおり賠償問題と戦債問題とを分離して扱うという原則であり、第二に、外債を融資するためには新たな賠償案を必要とするという原則であり、第三に、そのために専門家による国際的な委員会の招集を提案するというものであった。[295] ルール占領の危険が高まるにつれて、アメリカ側の憂慮も深くなっていった。[296] そのなかでヒューズは駐米フランス大使と一連の会談をもち、フランスのルール占領に対して憂慮の念を示すと同時に、先の条件の第三たる専門家による国際会議の招集を提案した。[297] しかし、それに対するフランス側の返答は満足のいくものではなかった。[298] この極秘の対仏交渉の失敗によって、また国内の世論およびヨーロッパ大陸への政府の無関心に向けられた上院の批判の高まりを受けて、一二月二九日、ヒューズは、先の第三の条件を明示した演説をニュー・ヘイブンの「アメリカ歴史学会(American Historical Association)」の席上で行なった。

「なぜ、政治家はおのおのの国の財政問題の最高の権威者を招集しないのか、高い威信と経験と名誉をもつがゆえに、支払い額と支払いのための財政計画に関する彼らの合意が、世界中で最も権威のある決定とみなされるような人々の招集をである。政府は、彼らの決定を受け入れると前もって拘束される必要はない。しかし、少なくともその調査を可能とし、その国を代表する委員を外務省の責任やその他の政治的な指示に従う義務からは解放することはできるはずである。……私は著名なアメリカ人が喜んでそのような委員会のために奉仕しようとしていることに疑いをもたないのである。[299]」

ここにアメリカは、国際専門家委員会の招集というその基本方向を全世界に明示することになったのである。

第三期の後半ともいえる一一月から一月に至るまでの国際政治過程は、フランス側とドイツ側の硬直した、そしてその中に相互離反の動学《ダイナミクス》をも含む対立の深化の過程であった。それは、フランス側の「生産的担保」要求から「ルール占領」へのエスカレーション、ドイツ側のモラトリアム要求から「最終的解決」へのエスカレーションであった。この独仏間の深い溝を架橋する第三国イギリスと、この期になってその重要性を増したアメリカも、おのおのロンドン支払い案の全面修正もしくは国際専門家委員会の招集という介入の——仲介としての——基本方向を明示したものの、その溝を架橋するに足るほどの介入の力の絶対値の高さをみせていなかった。このようにして国際政治体系は、賠償問題そのものに加えてルール占領という新たな問題によっても、さらに紛争を加重されることになるのである。

(1) Harry Graf Kessler, *Aus den Tagebüchern 1918–1937*, München 1965, S. 96.

(2) Morton A. Kaplan, "Variants of Six Models of the International System," in: J. N. Rosenau ed., *International Politics*

and Foreign Policy, rev. ed., New York 1969, S. 291 ff.

(3) William D. Coplin, "International Organizations in the Future International Bargaining Process: A Theoretical Projection," in D. S. Sullivan and M. J. Sattler eds., *Change and the Future International System*, New York 1972, S. 81 ff.

(4) この問題に関しては次の研究書がある。Michael Salewski, *Entwaffnung und Militärkontrolle in Deutschland 1919–1927*, München 1966.

(5) ラインラント問題に関する最近の研究として、Charles R. Weikardt, *Das Rheinland in den deutsch-britischen Beziehungen 1919–1923*, Diss., Bonn 1967; Keith L. Nelson, *Victors Divided: America and the Allies in Germany*, Berkeley 1975.

(6) この時期のソビエト外交に関しては、以下の文献を参照されたい。E. H. Carr, *The Bolshevik Revolution 1917–1923*, Vol. 3, paper ed., Harmondsworth 1966; Ders., *The Interregnum 1923–1924*, paper ed., Harmondsworth 1969; Adam B. Ulam, *Expansion and Coexistence: The History of Soviet Foreign Policy 1917–1967*, New York 1968, S. 46 ff.; Dieter Geyer hrsg., *Sowjetunion: Außenpolitik I 1917–1955*, Köln 1972, S. 86 ff.

なお、独ソ関係の展開に関する文献については、本章注(154)を参照されたい。

(7) 戦後フランス外交については、標準的なものとしてArnold Wolfers, *France and Britain between the Two Wars*, New Haven 1940; François Goguel, *La politique des partis sous la III*e *République*, 4e éd., Paris 1958, S. 168 ff.; Maurice Baumont, "Die französische Sicherheitspolitik, ihre Träger und Konsequenzen 1920–1924," in: Hellmut Rößler hrsg., *Die Folgen von Versailles 1919–1924*, Göttingen 1969, S. 115 ff.; Jacqués Néré, *The Foreign Policy of France from 1914 to 1945*, London 1975, S. 26 ff. 横山信『フランス政治史』福村出版、一九六八年、一三三ページ以下、浜口学「両大戦間期フランスの外交指導——不安定のなかの安定——」『東大教養学部社会科学紀要』第二〇巻・第二一巻、一九七〇年・一九七一年があり、最近の研究成果を取り入れたものとして、Stephen A. Schuker, "Frankreich und die Weimarer Republik," in: Michael Stürmer hrsg., *Die Weimarer Republik. Belagernte Civitas*, Königstein/Ts. 1980, S. 93 ff. がある。

長い間フランスの賠償政策は本格的に研究されることのないまま、概説的に扱われてきたが、近年次のような研究が公刊され、新しい事実を指摘するとともに、伝統的な解釈の部分的ないしは全面的修正を迫るようになっている。Stephen A. Schuker, *The End of French Predominance in Europe: the Financial Crisis of 1924 and the Adoptation of the Dawes Plan*, Chapel

Hill 1976; Marc Trachtenberg, *Reparations in World Politics: France and European Economic Diplomacy, 1916–1923*, New York 1980.

なかでも問題作として取り上げざるをえないのが、Marc Trachtenberg の研究であり、この時期のフランスの賠償政策についての従来の解釈を根本的に修正している。その主張の主要点は次のようにまとめられる。①フランスの〝安全〟要求と賠償要求は、少なくとも一九二二年夏ごろまでは直接関係をもたず、従って従来の解釈のように、〝安全〟要求を実現する手段として賠償要求を考えることは誤りであること、②賠償要求に関しても、その要求の規模は決して過大といえるものではなく、過大であると主張する従来の解釈は、ケインズ流の誤ったトランスファー理論にひきずられたものであり、ドイツ経済のストックという点からみればドイツ側は支払い能力を有していたと判断しえること、③要求を実現しようとするに際しても、フランス側は履行を頑なに要求していたとはいえず、早い時期から確実な履行を可能とするオールタナティブ(例えばセイドゥ案)を主張していたこと、④賠償問題の解決が長びいたのは、フランスの要求が「苛酷」であったことよりも、イギリスのロイド・ジョージが一貫性に欠けた政策をとったことと、ドイツの重工業界がいかなる支払いも拒否して政府に協力しなかったこと、によるとしている。

(8) J. C. King, *Foch versus Clemenceau: France and German Dismemberment 1918–1919*, Cambridge (Mass.) 1960. フランスのラインラント政策に関する優れた文献として、Walter A. Mcdougall, *France's Rheinland Diplomacy, 1914–1924: the Last Bid for a Balance of Power in Europe*, Princeton 1978 がある。

(9) Piotrs S. Wandycz, *France and her Eastern Allies 1919–1925: French-Czechoslovak-Polish Relations from the Paris Peace Conference to Locarno*, Minneapolis 1962. 横山信「第一次大戦後におけるフランスの東ヨーロッパ政策」『国家学会雑誌』第八〇巻一—四号、一九六七年。

(10) Hermann Gramml, *Europa zwischen den Kriegen*, München 1969, S. 92 ff.

(11) Arnold Wolfers, *a. a. O.*, S. 20.

(12) この時期のイギリスの外交政策については次の文献を参照されたい。W. M. Jordan, *Great Britain, France, and the German Problem 1918–1939*, reprint ed., London 1971; F. S. Northedge, *The Troubled Giant: Britain among the Great Powers 1916–1939*, London 1966; W. N. Medlicott, *British Foreign Policy since Versailles 1919–1963*, second ed., London 1968; Arnold

Wolfers, *a. a. O.*, S. 201 ff.; Gottfried Niedhart, "Multipolares Gleichgewicht und weltwirtschaftliche Verflechtung: Deutschland in der britischen Appeasement-Politik 1919–1933," in: M. Stürmer hrsg., *Die Weimarer Republik*, S. 113 ff.

(13) H. I. Nelson, *Land and Power: British and Allied Policy on Germany's Frontiers 1916–1919*, London 1963, S. 224 ff., besonders S. 226; C. R. Weikardt, *a. a. O.*, S. 18 ff.

(14) 英仏同盟交渉については、J. W. Wheeler-Benett and F. E. Langermann, *Information on the Problem of Security 1917–1926*, London 1927, S. 47 ff.; C. J. Lowe and M. L. Dockrill, *The Mirage of Power*, Bd. 2: *British Foreign Policy 1914–22*, London 1972, S. 354 ff., Bd. 3: *British Foreign Policy 1902–22, The Documents*, S. 730 ff.; J.-B. Duroselle, *Histoire diplomatique de 1919 à nos jours*, 6ᵉ éd., Paris 1973, S. 60 ff. 浜口学「カンヌ会議と第七次ブリアン内閣(一)(二)(三)」『国学院法学』第一一巻一・三・四号、一九七四・七五年。

(15) C. J. Lowe and M. L. Dockrill, *a. a. O.*, S. 356.

(16) この時期のアメリカの対ヨーロッパ政策については、J.-B. Duroselle, *From Wilson to Roosevelt: Foreign Policy of the United States 1913–1945*, translated by N. L. Roelker, New York 1968, S. 110 ff.; Melvyn P. Leffler, "Political Isolationism, Economic Expansionism, or Diplomatic Realism: American Policy toward Western Europe, 1921–1933," in: *Perspectives in American History*, VIII (1974), S. 413 ff.; Werner Link, "Die Beziehung zwischen der Weimarer Republik und den USA," in: Manfred Knapp, Werner Link, Hans-Jürgen Schröder, Klaus Schwabe, *Die USA und Deutschland 1918–1975. Deutsch-amerikanische Beziehungen zwischen Rivalität und Partnerschaft*, München 1978, S. 62 ff.

(17) 戦債の各国間の関係は、単純化すると次の図のようになる。
Alfred Sauvey, *Histoire économique de la France entre lex deux guerres*, Bd. I: *1918–1931*, Paris 1965, S. 169.

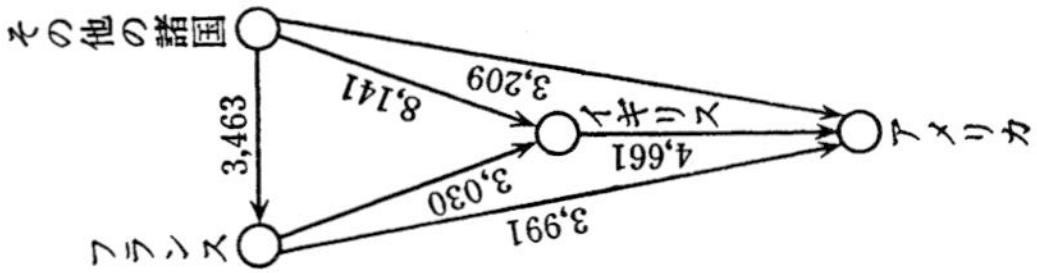

〔単位 100万ドル〕

「戦債問題」に関しては、Harold G. Mouton and Leo Pasvolsky, *War Debts and World Prosperity*, Washington 1932, S. 71 ff.; Herbert Feis, *The Diplomacy of the Dollar: First Era 1919–1932*, Baltimore 1950, S. 20 ff.; Benjamin D. Rhodes, "Re-assessing 'Uncle Shylock': The United States and the French War Debt, 1917–1929," in: *Journal of American History*, 55 (1969), S. 787 ff.; Melvyn P. Leffler, "The Origins of Republican War Debt Policy 1921–1923," in: *Journal of American History*, 58 (1972), S. 585 ff. 岡野鑑記『賠償及戦債問題』森山書店、一九三二年、三九七ページ以下。楊井克己編『世界経済論』東大出版会、一九六一年、一〇〇ページ以下。加藤・馬場・渡辺・中山『世界経済』青木書店、一九七五年、一八ページ以下。

(18) イギリスは、二二年五月で一九年から三ヵ年の利子支払い猶予期間が満了し、約三億ポンドの利子支払いを迫られることになった。そこで大蔵大臣ホーン(R. S. Horne)は七月一四日に対米債務償還を宣言し、首相ロイドージョージも、九月早々債務整理委員を派遣すると声明していた。この状況下で、突如八月一日、この「バルフォア・ノート」が発表されたのである。このイギリス側の矛盾した態度は、閣内の意見対立に根ざすものであった。ホーン、ボールドウィン(Stanley Baldwin)は債務償還を主張し、バルフォア(Arthur J. Balfour)、チャーチル(Winston S. Churchill)、ゲッデス(E. Geddes)らは賠償金と戦債との相殺を主張し、後者が七月二五日の会議でロイドージョージの説得に成功したのである。岡野、前掲書、四二九ページ以下; K. Middlemas and J. Barnes, *Baldwin: A Biography*, London 1969, S. 132 ff.; Sydney H. Zebel, *Balfour: A Political Biography*, London 1973, S. 275 f.

(19) この交渉では、イギリスは償還期限六六年、年利三分を主張し、アメリカ側の償還期限五〇年以内、年利四分二厘五毛の案と対立していた。協定はこの対立の妥協として成立したのである。A. J. P. Taylor, *English History 1914–1945*, paper ed., Harmondsworth 1970, S. 262 ff.; Robert Blake, *The Unknown Prime Minister: The Life and Times of Andrew Bonar Law 1858–1923*, London 1955, S. 491 ff.; H. M. Hyde, *Baldwin: The Unexpected Prime Minister*, London 1973, S. 125 ff.; Thomas Jones, *Whitehall Diary*, Bd. I, London 1969, S. 225 ff.; K. Middlemas and J. Barnes, *a. a. O.*, S. 136 ff.

(20) Herbert C. Kelman, "Patterns of Personal Involvement in the National System: A Social-Psychological Analysis of Political Legitimacy," in: J. N. Rosenau ed., *International Politics and Foreign Policy*, rev. ed., S. 276 ff.

(21) Arthur Rosenberg, *Geschichte der Weimarer Republik*, Frankfurt a. M. 1961, S. 91 ff.(吉田輝夫訳『ヴァイマル共和国史』東邦出版、一九七〇年、一一二ページ以下)。

(22)　この問題と関連して、いわゆる外交政策の連続性問題が考えられるが、この問題に関しては以下の文献がある。Andreas Hillgruber, *Kontinuität und Diskontinuität in der deutschen Außenpolitik von Bismarck bis Hitler*, Düsseldorf 1969.

(23)　ドイツ、とくにワイマール期の政党論は枚挙にいとまがないが、基本的なものとして以下の文献を参照されたい。Sigmund Neumann, *Die Parteien der Weimarer Republik*, zweite Aufl. Stuttgart 1970; Oswald Hauser hrsg., *Politische Parteien in Deutschland und Frankreich 1918–1939*, Wiesbaden 1969; Heino Kaack, *Geschichte und Struktur des deutschen Parteiensystems*, Opladen 1971, S. 79 ff.; K. D. Bracher, *Die Auflösung der Weimarer Republik*, S. 26 ff.; M. Rainer Lepsius, "Parteisystem und Sozialstruktur: zum Problem der Demokratisierung der deutschen Gesellschaft," in: Gerhard A. Ritter hrsg., *Die deutschen Parteien vor 1918*, Köln 1973, S. 56 ff.; Gerhard A. Ritter, "Kontinuität und Umformung des deutschen Parteiensystems 1918–1920," in: Eberhard Kold hrsg., *Vom Kaiserreich zur Weimarer Republik*, Köln 1972, S. 244 ff.

(24)　Sigmund Neumann, *a. a. O.*, S. 23.

ドイツ政党体系論の代表的文献として、Sigmund Neumann, "Germany: Changing Patterns and Lasting Problems," in: Sigmund Neumann ed., *Modern Political Parties*, Chicago 1956, S. 354 ff.; Otto Kirchheimer, "Germany: The Vanishing Opposition," in: Robert A. Dahl ed., *Political Oppositions in Western Democracies*, S. 237 ff.

なお、各ブルジョワ諸政党および利益団体については次のハンドブックがある。*Die bürgerlichen Parteien in Deutschland: Handbuch der Geschichte der bürgerlichen Parteien und anderer bürgerlicher Interessenorganisationen vom Vormärz bis zum Jahre 1945*, 2 Bde., Leipzig 1968/1970.

(25)　エリート間の妥協(accomodation)が、あるタイプの民主政にとっては、政治的安定のために不可欠であるという主張は、《多極共存型民主政(consociational democracy)》の研究で唱えられた。

Arend Lijphard, *The Politics of Accomodation: Pluralism and Democracy in the Netherlands*, Berkeley 1968; Ders., *Democracy in Plural Societies*, New Haven 1977; Kenneth McRae ed., Consociational Democracy: *Political Accomodation in Segmented Societies*, Tronto 1974. 田口晃「〝多極共存型〟デモクラシーの可能性」『思想』一九七七年一一月号。

(26)　Werner Liebe, *Die deutschnationale Volkspartei 1918–1924*, Düsseldorf 1956, S. 20 f.

(27)　*Ursachen und Folgen*, Bd. VII, Dok. Nr. 1580–d, S. 276.

(28) *Ursachen und Folgen*, Bd. V, Dok. Nr. 962, S. 352.

(29) 講和会議における賠償問題に関する最近の研究として、Peter Krüger, *Deutschland und die Reparationen 1918/19*, Stuttgart 1973; Ders., "Die Reparationen und das Scheitern einer deutschen Verständigungspolitik auf der Pariser Friedenskonferenz im Jahre 1919," in: *Historische Zeitschrift*, 221(1975), S. 326 ff.; Robert E. Bundselmeyer, *The Cost of the War 1914–1919*, Hamden 1975; Marc Trachtenberg, *a. a. O.*, Chap. 1 and 2.

(30) この問題の実務レベルの担当機関は、連合国側は賠償委員会であり、ドイツ側は戦時負担委員会(Kriegslastenkommission)であり、ともにパリに設置された。しかし重要な決定は、連合国側では、英仏首相会談、最高会議によって下され、ドイツ側でも閣議によってなされた。またドイツ側のこの問題への取り組みは、問題が政治的経済問題であるために、外務省ばかりでなく、大蔵省、経済省、経済復興担当委員会等によってもなされた。ちなみに、戦時負担委員会は大蔵省の管轄であり、その委員長は、事務次官もしくはそれと同等の地位を与えられていた。

当時の大蔵省については、Peter-Christian Witt, "Reichsfinanzministerium und Reichsfinanzverwaltung 1918–1924," in: *Vierteljahrshefte für Zeitgeschichte*, 23(1975), S. 1 ff.

(31) Harold Nicolson, *Curzon, The Last Phase 1919–1925: A Study in Post-War Diplomacy*, London 1934, S. 187 ff.

(32) この問題はいうまでもなく一九年から二〇年の冬に生じた「石炭危機」と関連している。そしてこの「石炭危機」をもたらした要因として次のような事実が指摘されている。第一は、フランスは基幹エネルギーたる石炭を自国内で完全に供給しえないこと、一九一三年水準で、フランスの年間石炭消費量は約六五〇〇万トンであり、そのうちの約三分の一である二四〇〇万トンを輸入にたよっていた。戦後になって、戦争による鉱山の破壊およびアルザス・ロレーヌ地区の併合により約二二〇〇万—二七〇〇万トンの輸入の増大をしいられ、この時期フランスは総計約五〇〇〇万トンの石炭の輸入を必要としていた。第二に、一と関連して戦後復興の中軸となる製鉄部門は、フランスでは採掘されない高質のコークス炭を必要としたこと、第三は、当時国際市場でも石炭供給は不足し石炭は高価格にあったことである。しかし、最近の研究は、この事実はあくまで「石炭危機」の原因を説明するものであって、直接フランス政府の対外要求を説明するものではないことを強調している。というのは、石炭の安定供給をもとめる方策は、産業部門によって、また経営規模によって、また関係官庁によって異なっており、政策の形成過程をより慎重に分析すべきであるとしている。

Charles S. Maier, *a. a. O.*, S. 194 ff.; "Coal and Economic Power in the Weimar Republic: The Effect of the Coal Crisis of 1920," in: H. Mommsen u. a. hrsg., *a. a. O.*, S. 530 ff.; Georges Soutou, "Problemes retablissement des relations économiques franco-allemandes 1918–1920," in: *Francia: Zeitschrift des Deutschen Historischen Instituts in Paris*, 2(1975), S. 580 ff.; W. A. McDougall, *a. a. O.*, S. 103 ff.; Marc Trachtenberg, *a. a. O.*, S. 110 f., Vgl. L. Zsigmond, *Zur Deutschen Frage 1918–1923*, Budapest 1964, S. 130.

(33)　石炭引き渡しに関する取り決めは、一八年一二月一五日に調印されたルクセンブルク議定書があり、ヴェルサイユ条約調印後には、一九年八月二九日に調印された議定書がある。この議定書は、ヴェルサイユ条約で決定された月約二三〇万トンの引き渡し量を月約一六六万トンへと引き下げたものであった。しかし、ドイツ側は、二〇年一月の炭鉱ストやカップ一揆に対抗するゼネスト等の影響もあって、月七〇万トンほどしか引き渡していなかった(Carl Bergmann, *Der Weg der Reparationen*, Frankfurt/M. 1926, S. 45 ff.)。

	決定量	履行量
四月	一五八万トン	約　八〇万トン
五月	二一二万トン	約一〇九万トン
六月	二三〇万トン	約　四〇万トン

(ただし、六月の履行量は一九日までのものでしかない)

賠償委員会によって決定された暫定引き渡し量と、ドイツ側が履行した引き渡し量は以上の通りである。*Documents on British Foreign Policy 1919–1939, First Series*, Bd. VIII, Appendix to Nr. 38, S. 398 f.(以下、*Documents on British Foreign Policy* は DBFP と略記する)。

(34)　フランス側は、対独交渉の解決の方法としてルール占領を行なうことをつねに意識していた。ミルランによるこのルール占領の主張も、決して単なる外交上の交渉手段としてのみ存在していたのではない。例えば、三月下旬に彼は、軍部にルール占領のための検討を命じており、そして三月カップ一揆の際にも、現実にはマインガウ地域の占領となったが、ルール占領を計画している(W. A. McDougall, *a. a. O.*, S. 108 ff.)。

因みに、ルール占領に対するフランス側の位置付けは、二〇年一〇月のセイドゥの次の発言に典型的に示されている。「それ

（ルール占領のこと——筆者）は、乱暴な解決であります、しかしそれはすべてを解決するでしょう。われわれはドイツの支配者になるでしょうし、イギリスに依存しないですむようになるでしょうし、第一級の工業国となるでしょう。それが唯一の解決策であると考えている人間はフランスには多くおります……」と。ただし彼自身は、これが危険に満ちた方法であるとして、その前に「和解のための一切の方策」を尽くすべきとしている（*a. a. O.*, S. 136; Marc Trachtenberg, *a. a. O.*, S. 163 ff.）。

(35) この問題が、フランスにとっていかに重要なものと考えられていたのかは、七月三日、ブリュッセル会議の席上でのミルランの次の演説に示される。

「石炭の問題は、単に経済なり産業なりの面でのみ重要なのではない、社会的な面でも死活問題なのである。もし、フランスが今年の冬石炭を手に入れることができない場合、私は、一体何が起こるか保証できない。その結果は、フランスの隣国にも友好国にも及ぶことになろう。フランスは石炭を必要とする、石炭はフランスに引き渡されるべきである」(DBFP, Bd. VIII, Nr. 42, S. 409 ff., besonders S. 417)。

(36) このルール占領の提唱者は、ロイド＝ジョージであった。彼は、ソビエト赤軍のポーランド進攻、イギリスのソビエト＝ポーランド間の仲介工作の失敗というなかで、独ソ接近の危険性を感じていた(DBFP, Bd. VIII, Nr. 67, S. 582 ff., Vgl. Jordan, *a. a. O.*, S. 72; Gisela Bertram-Libal, *Aspekte der britischen Deutschlandpolitik 1919–1922*, Diss. Thübingen 1972, S. 46 f.)。

(37) これは、ロイド＝ジョージ＝ジーモンス会談の席上、ロイド＝ジョージが与えた示唆に基づいてなされたものである。彼は先日までの双方の対立を不毛なものとみなし、次のように述べて、ドイツ側に妥協を要請した。それは、「炭鉱労働者の食糧を海外から輸入するための信用を連合国側が与えるという条件で、あえて危険といえども、月二〇〇万トンの石炭引き渡しを行なうことが、ドイツ側からみて賢明ではないのか」というものであった(DBFP, Bd. VIII, Nr. 74, S. 617 ff., besonders S. 620)。

(38) DBFP, Bd. VIII, Appendix to Nr. 72, S. 611 ff.

(39) 議定書の内容は次の通りである。

ドイツ政府は、六ヵ月間月二〇〇万トンの石炭を連合国側に引き渡すこと（第一条）。連合国側に特別の品質と量の石炭を供給する反対給付として、一トン当たり五マルクの割増金が、鉱山労働者の食糧調達のために支払われること（第二条）。以上の問題を検討するためエッセンに委員会を設置すること（第五条）。そして、引き渡し不履行の場合にはルール地区等を占領すること、が明記されていた(*Ursachen und Folgen*, Bd. IV, Dok. Nr. 946-g, S. 293 f.)。

(40)　Gisela Bertram-Libal, *a. a. O.*, S. 39.

(41)　楊井克己編『世界経済論』九六―一〇〇ページ。この解釈に対する異論として M. Trachtenberg の研究がある。注(7)参照。

(42)　このような両国の主張の相違は、サン・レモ会議、第一回および第二回ハイズ英仏首相会談におけるロイドージョージとミルランの発言のなかに最もよく示されている。

これらの会談については DBFP, Bd. VIII の各会議を扱っている各章を参照されたい。

(43)　彼は、「交渉のテーブルにつくときの彼自身の才能に、まさに正当ともいうべき信念を抱いていたがゆえに、会議による外交に引き寄せられていた」。ちなみに、その才能とは、「彼の迅速な同化力、(会議の)雰囲気に対する感覚の鋭さ、説得のうまさ、(相手側の)弱点を嗅ぎわけ(自分の)強みを押し通す能力」であった(Thomas Jones, *Lloyd George*, London 1951, S. 179 f.)。

(44)　第一回ハイズ会談では、スパ会議で総額および支払い方法の最終的合意を達成すべく、連合国側は支払い案の作成に着手した。しかしイギリス側は最低総額一〇〇〇億GMの支払い案を提出したが、フランス側は最低総額一二〇〇億GMの支払い案に固執し、検討は財政専門家に委ねられた(DBFP, Bd. VIII, Chap. II, S. 253 ff.)。

この財政専門家による試案は、六月二〇日の第二回ハイズ英仏首相会談に覚書として提出され、スパ会議においてドイツ側賠償案に対する対抗提案(counterproposal)たることで合意をみた(DBFP, Bd. VIII, Nr. 30, S. 328 ff.)。そして翌二一日のブーロンニュ最高会議で連合国案として合意をみた(DBFP, Bd. VIII, Nr. 34, S. 359 ff.)。

(45)　イギリスとフランスは、以上述べた総額のほかに、分配比率をめぐっても対立していた。第一回ハイズ会談で、フランス側は、フランス五五%、イギリス二五%の分配案を提出したが、イギリスは、自治領を考慮に入れると低率すぎると拒絶した。その後の会議でもこの問題は引き続き話し合われたが成果はなく、スパ会議においてドイツ側との交渉がもたれる直前になって合意をみた。いわゆる「スパ比率」である。それによれば各国の分配比は次のとおりである(DBFP, Bd. VIII, Nr. 39–41, Nr. 44, S. 400 ff., S. 425 ff.)。

イギリス	二二%	ベルギー	八%
フランス	五二%	日本およびポルトガル	〇・七五%
イタリア	一〇%	その他の諸国	六・五%

(46) ドイツ側は、ヴェルサイユ条約付属議定書第五項に従って、「賠償金に関係する諸々の作業を迅速に進め、調査期間を短縮しかつ決定を急がせるため」に、三月上旬から、資料の提出とドイツ案の作成の準備を始めていた。この任についたのが、その後もドイツ側の専門委員として活躍することになるC. Melchior, Prof. M. J. Bonn である。ドイツ側は、彼らを中心として報告書を作成させ、五月上旬には三つの報告書を完成させていた。

(47) Vorschlag C. Melchiors zur Verhandlungsführung auf der Konferenz von Spa, 21. 6. 1920, in: *Akten der Reichskanzlei Weimarer Republik, Das Kabinett Fehrenbach, 25. Juli 1920 bis 4. Mai 1921*, bearb. Peter Wulf, Boppard 1972, Dok. Nr. 1, S. 1 ff.(以下 *Akten der Reichskanzlei Weimarer Republik* は AdR の後に首相名を並記して引用する)。

(48) DBFP, Bd. VIII, Nr. 77, Nr, 78, S. 636 ff.

(49) DBFP, Bd. X, Nr. 390, Nr. 400, S. 535 f., S. 549 f.

(50) Carl Bergmann, *a. a. O.*, S. 66 f.

(51) Entwurf von Richtlinien für die Delegierten zur Brüsseler Sachverständigenkonferenz, in: AdR Fehrenbach, Dok. Nr. 129, S. 330 ff.

(52) ジーモンスはこのような前提条件を提出することについて、「対外的にも対内的にも完全なフリーハンドを再び」手に入れるため、と説明している(Georges Soutou, "Die deutschen Reparationen und das Seydoux-Projekt," in: *Vierteljahrshefte für Zeitgeschichte*, 23(1975), S. 249)。

(53) ボンは、この会議に関する報告書のなかで、「私の印象が間違っていない限り、われわれの方から肯定的な返答を出し供給を行なう約束を出せば、われわれの前提条件が認められるだろうという見通しは存在する」と述べている(Bericht Prof. Bonn über den Verlauf der Brüsseler Sachverständigenkonferenz, in: AdR Fehrenbach, Dok. Nr. 145, S. 385)。

(54) Carl Bergmann, *a. a. O.*, S. 75; G. Soutou, *a. a. O.*, S. 244 ff., S. 254 f.

セイドゥ案は、従来まで総額決定の妥協案として位置づけられていたが、注(7)で述べたように、Marc Trachtenberg は、セイドゥ自身も、そしてフランス政府も、現物引き渡しの新しい制度を確立することを目標としていたとし、この目標は、ヴェルサイユ条約の賠償条項を、現実により実現しやすい方法で実際に履行させることを考えていたこの時期のフランス側の賠償政策に沿うものであったと主張している。そして、この現物引き渡しの新制度が確立されていたならば、賠償問題のその後の展開は確実に異なった道をあゆんだであろうと解釈している(Marc Trachtenberg, *a. a. O.*, Kap. 4, besonders S. 166 ff., S. 182 ff.)。

この解釈は、現物引き渡しという Low Politics でもって総額決定という High Politics 上の目標を達成する戦略をフランスは採用していたとまとめることができる。しかしこの戦略の成功のための条件は、(1)相手国側——すなわちドイツ政府——に、フランス政府側と同様の現物引き渡しを Low Politics とし現金総額を High Politics とする政策順列が共有されていること、(2)相手国側にこの政策順列を明確に伝達しその点の誤解(正確にいえば misperception)を生じさせないようにすること、であると考えられるが、条件が満たされていたか否かは今後さらに検討する必要があると思われる。

このような条件は、国際政治学の統合論研究および Bargaining の研究が明らかにしているところのものである。

(55) ダバーノンとベルクマンを中心とするセイドゥ案のための工作については、E. D'Abernon, *An Ambassador of Peace*, London 1930, Bd. I, S. 113 f.; DBFP, Bd. XVI, Dok. Nr. 423–427, S. 443 ff.

(56) DBFP, Bd. XVI, Dok. Nr. 429, S. 449 f.; D'Abernon, *a. a. O.*, S. 116 f.

(57) D'Abernon, *a. a. O.*, S. 116 f.

(58) DBFP, Bd. XV, Nr. 5, S. 39 ff.

(59) DBFP, Bd. XV, Nr. 7, S. 56 ff. この時期のフランスの政策については、G. Soutou, *a. a. O.*, S. 261 ff.; Marc Trachtenberg, *a. a. O.*, S. 198 ff.

(60) Hajo Holborn, *The Political Collapse of Europe*, New York 1951, S. 122.

(61) DBFP, Bd. XV, Nr. 8, S. 58 ff., besonders S. 59–66.

(62) DBFP, Bd. XV, Nr. 8, S. 68 ff.

(63) DBFP, Bd. XV, Nr. 9, Nr. 11, S. 73 ff., S. 89 ff.

(64) DBFP, Bd. XVI, Nr. 433, Nr. 434, S. 453 ff.; D'Abernon, *a. a. O.*, S. 120 f.

(65) Ministerratssitzung, 31. 1. 1921, 12 Uhr, Ministerratssitzung, 31. 1. 16 Uhr, in: AdR Fehrenbach, Dok. Nr. 165, Nr. 166, S. 440 ff.

(66) Kabinettssitzung vom 4. 2. 1921, in: AdR Fehrenbach, Dok Nr. 169, S. 452 ff.; DBFP, Bd. XVI, Nr. 436, S. 458 ff.; D'-

Abernon, *a. a. O.*, S. 121 f.

(67) Entwurf für die Gegenschläge, in: AdR Fehrenbach, Dok. Nr. 181, Anlage, S. 489 ff.

(68) DBFP, Bd. XVI, Nr. 442, S. 466.

(69) DBFP, Bd. XVI, Nr. 445, S. 468 f.

(70) DBFP, Bd. XVI, Nr. 446, S. 469 ff., Vgl. Gisela Bertram-Libal, *a. a. O.*, S. 55; C. R. Weikardt, *a. a. O.*, 117 f.

(71) Charles F. Hermann, "International Crisis as a Situational Variable," in: J. N. Rosenau ed., *International Politics and Foreign Policy*, rev. ed., S. 409 ff.

(72) DBFP, Bd. XV, Nr. 27, S. 216 ff.

(73) DBFP, Bd. XV, Nr. 28–30, S. 225 ff.

(74) DBFP, Bd. XV, Nr. 31, S. 257 ff.; *Ursachen und Folgen*, Bd. IV, Dok. Nr. 955, S. 352 f.

(75) この折衝の担い手は、ドイツ側はジーモンス、ベルクマン、シュレーダー(Franz Schrœder)大蔵省事務次官であり、イギリス側はダバーノン、フランス側はルシュールであった。折衝は、ドイツ側代表者とダバーノン、ダバーノンとルシュールという独英、英仏という二本のルートを中心としてなされ、その成果が英仏首相会談に提示されるという形をとった。この中で、中心的な役割を果たしたのは、いうまでもなく「仲介者」の立場に立っていたダバーノンであった。

(76) Der Reichsminister des Auswärtigen an RK, 4. 3. 1921, in: AdR Fehrenbach, Dok. Nr. 192, S. 515 ff.; Bericht des Auswärtigen Amt über die inoffiziellen Verhandlungen während der Londoner Konferenz 15. 3. 1921, in: AdR Fehrenbach, Dok. Nr. 205, S. 564 ff.

(77) 例えば、ダバーノンは、パリ協定の原則的承認、ただし五年以降の総額はドイツ側と再検討をするという線で、妥協を形成することを目標としていた。DBFP, Bd. XV, Nr. 37–42, S. 286 ff.; D'Abernon, *a. a. O.*, S. 128 ff., S. 142 ff.

(78) Walther Rathenau, *Tagebuch 1907–1922*, Düsseldorf 1967, S. 241 f.

(79) Besperechung mit Führern der Parteien, dem Reichsbankpräsidenten Havenstein und W. Rathenau, 6. 3. 1921, 18 Uhr, in: AdR Fehrenbach, Dok. Nr. 198, S. 536 ff.

(80) Ministerratssitzung vom 6. 3. 1921, 20 Uhr, in: AdR Fehrenbach, Dok. Nr. 199, S. 540.

(81) DBFP, Bd. XV, Nr. 45, S. 326 ff.

(82) Vgl. C. R. Weikardt, *a. a. O.*, S. 123 ff.

(83) アメリカへの仲介要請の展開について詳しくは、Dieter Bruno-Gescher, *Die Vereinigten Staaten von Nordamerika und die Reparationen 1920–1924*, Bonn 1956, S. 49 ff.; Werner Link, *Die amerikanische Stabilisierungspolitik in Deutschland 1921–32*, Düsseldorf 1970, S. 44 ff.

(84) D. B.-Gescher, *a. a. O.*, S. 57 ff.; W. Link, *a. a. O.*, S. 45 f.

(85) Tagesbuchaufzeichnung des Reichsminister Koch über die Kabinettssitzung vom 23. 4. 1921, in: AdR Fehrenbach Dok. Nr. 238, S. 651; D. B.-Gescher, *a. a. O.*, S. 61 ff.; W. Link, *a. a. O.*, S. 47 ff.

(86) *Ursachen und Folgen*, Bd. IV, Dok. Nr. 957-a, S. 336 ff.

(87) D. B.-Gescher, *a. a. O.*, S. 64 f.; W. Link, *a. a. O.*, S. 49 f.

(88) *Papers Relating to the Foreign Relations of the United States*, 1921, Bd. II, S. 54 f.(以下、*Papers Relating to the Foreign Relations of the United States* は FR と略す)。

(89) 舛添要一「安全と強制——フランスの安全とブリアン(一九二一年一月—一九二二年一月)」『東京大学教養学部社会科学紀要』第二六輯(一九七七年)、一四二—一四八ページ; W. A. McDougall, *a. a. O.*, S. 151 ff.

(90) G. Bertram-Libal, *a. a. O.*, S. 58 ff.

(91) F. Purlitz(hrsg.), *Deutsche Geschichtskalender 1921*, Bd. 1, *Ausland*, Leipzig o. J., S. 340(以下このシリーズはWPとして引用する)、DBFP, Bd. XV, Dok. Nr. 74, S. 488 ff.; G. Bertram-Libal, *a. a. O.*, S. 64.

(92) DBFP, Bd. XV, Kap. III, S. 453 ff., Vgl. Ferdinand Siebert, *Aristide Briand*, Stuttgart 1973, S. 233 ff.

(93) G. Bertram-Libal, *a. a. O.*, S. 64 f.

(94) 周知のようにロンドン支払い案の概要は次のようなものである。

(1) 賠償金総額を一三二〇億GMとすること(一条)。

(2) 支払い方法として、前記の額をおのおのA債券、B債券、C債券とし、その支払いという形をとるようにしたこと(二条)。

(3) 右の債券弁済まで、毎年二〇億GMとドイツの輸出額の二割六分に相当する金額を支払うこと(四条)。ただし二一年五月三一日まで、一〇億GMの金貨または外国為替もしくは三ヵ月後支払いのドイツ大蔵省証券を支払うこと(五条)。
(4) 支払いの実行とドイツの財政を監視するために保証委員会(the Committee of Guarantees)を設置すること(六条)。

Ursachen und Folgen, Bd. IV, Dok. Nr. 950–a, S. 340 ff.; Schedule of Payments prescribing the time and manner for securing and discharging the entire obligation of Germany under articles of 231, 232 and 233 of the Treaty of Versailles, in: Reparation Commission, *Official Documents*, Bd. 1, London 1922, S. 1 ff., Vgl. J. M. Keynes, *A Revision of the Treaty*, London 1922, S. 58 ff. 岡野、前掲書、四〇―五三ページ、楊井編、前掲書、八八―九三ページ。

(95) DBFP, Bd. XV, Appendix 2 to Nr. 85, S. 579 f.; *Ursachen und Folgen*, Bd. IV, Dok. Nr. 959, S. 339 f.

(96) DBFP, Bd. XV, Nr. 87, S. 584 ff., AdR Fehrenbach, Dok. Nr. 247, Anmerkung 1, S. 665.

(97) 駐独イギリス代理大使キルマーナク(Lord Kilmarnock)は、信頼できる筋からの情報として、「そのような最後通牒は、ドイツ側に受諾されるでしょう。しかしそれとともに政府は交代するでしょう。ジーモンス博士は、彼の過去の発言からみて責任をとることはないでしょう」と伝えている(DBFP, Bd. XVI, Nr. 548, S. 584 f.)。

(98) Kabinettssitzung vom 3. 5. 1921, in: AdR Fehrenbach, Dok. Nr. 243, S. 661.

(99) Tagesbuchaufzeichnung des Reichsinnenminister Koch über die Kabinettssitzung vom 3. 5. 1921, vom 4. 5. 1921, in: AdR Fehrenbach, Dok. Nr. 244, Dok. Nr. 245, S. 662 f.

(100) DBFP, Bd. XVI, Nr. 551, S. 588.

(101) *Ursachen und Folgen*, Bd. IV, Dok. Nr. 962, S. 352 ff., Vgl. *Ursachen und Folgen*, Bd. IV, Dok. 960–a, S. 345 f.

(102) Ernst Laubach, *Die Politik der Kabinett Wirth 1921–1922*, Hamburg 1968, S. 37 f.; David Felix, *Walter Rathenau and the Weimar Republic: The Politics of Reparations*, Baltimore 1971, S. 60 ff.

(103) *Verhandlungen des Reichstags: stenographische Berichte, 1ste Wahlperiode 1920–1924*, Bd. 349, S. 3711(以下、*Verhandlungen des Reichstags* は RT と略して引用する)。

(104) Der Reichskanzler an den britischen Botschafter, 16. 8. 1921, in: AdR Wirth, Nr. 68, S. 199 ff.; E. Laubach, *a. a. O.*, S. 66 ff.

(105) 早くも、ブリアンは五月二四日の下院演説で次のように述べている。「ヴィルト博士は、ドイツ政府の首相となって以来、偉大な率直さと完全な忠誠を示している。彼は、義務を引き受け、その義務をただちに履行しようと努力している」(E. Laubach, *a. a. O.*, S. 45)。

(106) WP, 1921 Ausland Bd I, S. 338 f.

(107) ラーテナウの戦後ヨーロッパ復興構想に関しては、James Joll, *Intellectuals in Politics*, London 1960, S. 112; D. Felix, *a. a. O.*, S. 68.

(108) Kabinettssitzung vom 14. 6. 1921, in: AdR Wirth, Dok. Nr. 29, S. 64 ff.; Walther Rathenau, *a. a. O.*, S. 243 ff.

(109) E. Laubach, *a. a. O.*, S. 43, Anmerkung 88.

(110) この交渉は主としてパリ、ヴィースバーデンで行なわれ、八月二七日には協定の原案が完成しており、九月二二日にはドイツ側では閣議で検討がなされている(Kabinettssitzung vom 22. 9. 1921, in: AdR Wirth, Dok. Nr. 97, S. 280 ff.)。

なお、この協定の特色は次の三点にあると思われる。(1)ドイツ側の現物引き渡しのために私的法人を設立したこと。これによってこの問題が完全に実務レベルで扱いうる道を開いたこと。(2)総額七〇億GMに値する現物支払いを、四ヵ年半の間に、つまり二一年一〇月一日から二六年五月一日までに行なうことを決定したこと。(3)以上の引き渡しを賠償勘定に算入することが認められたこと。すなわち、最初の三年間、その引き渡し額の三五%(一〇億GM以上に達するときにはこの額まで)は年次支払い額に算入し、残りの六五%はその利子を含めて賠償勘定に算入することが認められたのである。

ただし、この第三点は、連合国内の賠償の分配と方法に関する協定と抵触することになり、賠償委員会がこの協定に同意したのは翌二二年の春のことであった(Vgl. C. Bergmann, *a. a. O.*, S. 122 ff. 岡野、前掲書、五三—五四ページ)。

(111) E. Laubach, *a. a. O.*, S. 75.

(112) D. Felix, *a. a. O.*, S. 25 ff. この時期のドイツの財政・貿易情勢については、岡野、前掲書、一一七—一一九ページ、加藤栄一『ワイマル体制の経済構造』東京大学出版会、一九七三年、一〇五—一二六ページ。

(113) Das Garantiekomitee der Reparationskommission an den Reichskanzlei, 28. 6. 1921, Note Nr. 2, Nr. 3, in: AdR Wirth, Dok. Nr. 39, S. 106 ff.; E. Laubach, *a. a. O.*, S. 44.

(114) DBFP, Bd. XVI, Nr. 648–649, S. 700 ff.

(115) この地域は、関税が及ばなかったため、ドイツ国内では禁止されていた多くの奢侈品が流入し、それを求めてマルクが流出することになった。そのため、この地域は「西方の穴」と呼ばれていた。

(116) C. R. Weikardt, *a. a. O.*, S. 135 f.

(117) DBFP, Bd. XVI, Nr. 620, S. 671.

(118) DBFP, Bd. XVI, Nr. 633, Nr. 635, S. 684, S. 685 f.

(119) DBFP, Bd. XVI, Nr. 641–644, Nr. 651–652, Nr. 663, Nr. 666, S. 695 ff., S. 703 f., S. 724 f., S. 736 f.

(120) DBFP, Bd. XV, Nr. 104, S. 732 ff., besonders S. 738 ff.

(121) DBFP, Bd. XV, Appendix 8 to Nr. 104, S. 758 f.; Bd. XVI, Nr. 670, S. 733. その後この条件をめぐって、イギリス、ドイツ、フランス間で交渉が繰り返され、九月三〇日、経済措置が解除された。DBFP, Bd. XVI, Nr. 692–693, Nr. 698, Nr. 706, Nr. 709, S. 760 ff., S. 767, S. 775 f., S. 777 f.

(122) 租税方針をめぐる対立は、五月履行政策が採用された直後から始まり、必要な財源の確保をもとめて、閣内では経済省と大蔵省が、政党レベルではMSPDとDVPとが鋭く対立した。経済省側は「社会化」に近い形での財源捻出案、すなわち土地および企業の所有権の一部制限、具体的には土地に対する強制抵当と企業の優先株の国有化、を主張したのに対し、大蔵省に代表される経済界は、税率引き上げおよび新税の導入という単純な増税案を主張した(Denkschrift des Reichswirtschaftsministers zur Erfüllung des Londoner Zahlungsplanes, 19. 5. 1921, in: AdR Wirth, Dok. Nr. 6, S. 7 ff.; Denkschrift des Reichsfinanzministeriums über den Ausbau und die Veredelung des Reichsnotopfers, 27. 6. 1921, in: AdR Wirth, Dok. Nr. 38, S. 91 ff.; Kabinettssitzung vom 29. 6. 1921, in: AdR Wirth, Dok. Nr. 40–a, S. 115 f.; Kabinettssitzung vom 30. 7. 1921, vom 1. 8. 1921, in: AdR Wirth, Dok. Nr. 60, Nr. 61, Nr. 63, S. 168 ff., S. 187 ff.; E. Laubach, *a. a. O.*, S. 61 ff.; Charles S. Maier, S. 254 ff.)。そして二一年の秋以降、経済界側の犠牲の実証をもとめる形で、国内借款要請が行なわれたが成功をみず(注(123)参照)、二二年一月下旬、MSPD側の譲歩によってかろうじて妥協が成立した(Kabinettssitzung vom 9. 1. 1922, in: AdR Wirth, Dok. Nr. 184, S. 506 f.; Besprechung mit Parteiführern vom 9. 1. 1922, in: AdR Wirth, Dok. Nr. 185, S. 507 ff.; Besprechung mit Führern der Gewerkschaften, 12. 1. 1922, in: AdR Wirth, Dok˙ Nr. 187, S. 513 f.; Besprechung mit Vertretern der Gewerkschaften, 17. 1. 1922, in: AdR Wirth, Dok. Nr. 191, S. 520 ff.; E. Laubach, *a. a. O.*, S. 146 ff.; C. S. Maier, *a. a.*

O., S. 269 f.)。

(123)　二一年八月三一日満期分の残額支払いの後、政府は自己財源のみでは次回の支払いが困難であることを察し、九月から、ドイツ工業全国連盟(der Reichsverband der deutschen Industrie)・銀行界・農業界と融資調達をめぐる交渉を開始した。その際ヴィルトは、イギリス側は次の冬にも支払い案修正の交渉を開始してもよいとほのめかしており、問題は、産業界の融資如何にかかっていると指摘した(Besprechung mit Vertretern des Reichsverbandes der deutschen Industrie, 7. 9. 1921, in: AdR Wirth, Dok. Nr. 82, S. 237 ff.; Besprechung mit Vertretern der Banken und der Industrie, 14. 9. 1921, in: AdR Wirth, Dok. Nr. 91, S. 265 ff.; Besprechung mit Vertretern deutscher Banken, 17. 9. 1921, in: AdR Wirth, Dok. Nr. 93, S. 271; Besprechung mit Vertretern der Landwirtschaft und landwirtschaftlichen Organisationen, 26. 9. 1921, in: AdR Wirth, Dok. Nr. 100, S. 286 ff.)。しかし、一〇月から一一月にかけて対政府援助をめぐる審議がドイツ工業全国連盟で行なわれたとき、シュティンネス(Hugo Stinnes)に代表される、国有鉄道の私企業化および八時間労働日の改訂等の要求を抱き合わせる条件付き政府援助案が多数を獲得した(Besprechung mit dem Interfraktionellen Ausschuß, 18. 10. 1921, in: AdR Wirth, Dok. Nr. 115, S. 325 ff.; Besprechung mit Vertretern der Industrie und der Gewerkschaften, 10. 11. 1921, in: AdR Wirth, Dok. Nr. 133, S. 368 ff.; Besprechung mit Vertretern der Industrie, 10. 11. 1921, in: AdR Wirth, Dok. Nr. 135, S. 375 ff.)。これに対し労働組合側は、このような案は「生産に従事するすべての国民への挑発」であるとし、MSPD側は「これはとりわけ金銭共和国《ゴルトレプブリーク》に導くもの」であるとして、激しい反撥を示し、逆に企業の所有権の一部制限を主張した(AdR Wirth, Dok. Nr. 133, Anm. 5, S. 370; Besprechung mit Vertretern der Gewerkschaften, 11. 11. 1921, in: AdR Wirth, Dok, Nr. 137, S. 383 ff.; Besprechung mit Vertretern der Regierungsparteien, 11. 11. 1921, in: AdR Wirth, Dok. Nr. 138, S. 385 f.; Der Allgemeine Deutsche Gewerkschaftbund an den Reichskanzler, 21. 11. 1921, in: AdR Wirth, Dok. Nr. 150, S. 415 ff.)。このように、この問題はワイマール共和国の基幹的なクリベイジたる資本と労働との対立という争点を浮上させ、成功をみないまま、一月の租税妥協によって辛うじて妥協の形成をみるに至った。Vgl. E. Laubach, *a. a. O.*, S. 84 ff., S. 120 ff.; C. S. Maier, *a. a. O.*, S. 257 ff.; Peter Wulf, *Hugo Stinnes. Wirtschaft und Politik 1918–1924*, Stuttgart 1979, S. 266 ff.

(124)　*Ursachen und Folgen*, Bd. IV, Dok. Nr. 973–a, S. 381 f.

(125)　E. Laubach, *a. a. O.*, S. 147.

(126) この対立のうちで、ドイツ政府はイギリス側代表と接触をはかったが、イギリス側は当時ヨーロッパ復興構想を抱いていたため、次回の支払い義務のみは履行するようドイツ側に伝えてきた。これを受けて政府は一一月一五日、短期債への優先償還を条件として次回分の支払いをなすことを決定した。そして経済界に短期債引き受けを要請したが、それも拒否されたため、一一月二二日交付のノートでは対外借款の導入を、残された方法として示唆した(Ministerratssitzung vom 15. 11. 1921, in: AdR Wirth, Dok. Nr. 145, S. 403 ff.; Chefbesprechung vom 19. 11. 1921, in: AdR Wirth, Dok. Nr. 147, S. 411 f.), Vgl. E. Laubach, *a. a. O.*, S. 122 ff.

(127) WP, 1921, Ausland Bd. II, S. 331.

(128) AdR Wirth, Dok. Nr. 166, Anm. 7, S. 465.

(129) DBFP, Bd. XVI, Dok. Nr. 744–747, S. 823 ff.

(130) このモラトリアム要請は、一二月上旬イギリスを訪れ政府および金融界と交渉していたラーテナウが、ロイドージョージおよびルシュールとの会談において示唆されたことに基づく。なおラテナウは、帰国後、「イギリスのわれわれに対する見解は、休戦条約締結以来のいかなるときよりも良い」と報告している(Chefbesprechung vom 12. 12. 1921, in: AdR Wirth, Dok. Nr. 166, S. 463 ff., besonders S. 464; Chefbesprechung vom 13. 12. 1921, in: AdR Wirth, Dok. Nr. 168, S. 469; *Ursachen und Folgen*, Bd. IV, Dok. Nr. 970, S. 369 f.)。

(131) *Ursachen und Folgen*, Bd. IV, Dok. Nr. 970–a, S. 370 f.

(132) イギリス側は、例えばバーケンヘッド(Earl of Birkenhead)は、いままでの支払い案はユートピア的であり、支払い案の修正に関して英仏独間で直接の合意を得るべきであると唱えていた(E. Laubach, *a. a. O.*, S. 136)。また、フランスでも、「ドイツ側の支払いに対するモラトリアムという考えは、一般的には不適当であるが、一定の条件の下ではそれは認めてもよい」という論調も現われてきていた(DBFP, Bd. XVI, Dok. Nr. 763, S. 853 f.)。

(133) ロイドージョージは会議の劈頭でルーマニア外相(Take Ionescu)が彼に語った次のような言葉を引用している。「あなたがた(英仏両首相——筆者)は、ヨーロッパに残るたった二つの大国である。あなたがたが協力するとき、われわれは安心する。しかしあなたがたが協力しないとき、われわれは絶望を感じてしまう。あなたがたの協力のなかにこそ、ヨーロッパの唯一の希望が存在しているのだ」と(DBFP, Bd. XV, Nr. 105, S. 760 ff.)。

(134) ロイド－ジョージは、フランスの最大の課題は北フランスの復興であり、そのためにはドイツの賠償支払いが必要であるとし、そのためにもドイツの貿易振興が必要条件であり、東欧・ロシアの復興がなされなければならないという論理でもって、ヨーロッパ復興構想を主張した(DBFP, Bd. XV, Nr. 107, S. 768 ff.)。そしてこの構想は、ラーテナウ、ルシュール、ホーンの三者の間の非公式折衝のなかで具体化されていった(DBFP, Bd. XV, Nr. 108, S. 774 ff.; Walther Rathenau, *a. a. O.*, S. 272 f.)。

(135) DBFP, Bd. XV, Nr. 111, Kap. III, S. 806 ff.; W. Rathenau, *a. a. O.*, S. 274.

(136) DBFP, Bd. XV, Nr. 111, S. 789 ff., besonders Appendix 2 to Nr. 111, Appendix 3 to Nr. 111, S. 800 ff.; Kabinettssitzung vom 26. 12. 1921, in: AdR Wirth, Dok. Nr. 174, S. 485 f.

(137) DBFP, Bd. XIX, Nr. 24, Nr. 25, Appendix to Nr. 25, S. 127 f., S. 133, S. 135 f.: Chefbesprechung vom 14. 1. 1922, in: AdR Wirth, Dok. Nr. 190, S. 517 ff.; E. Laubach, *a. a. O.*, S. 140 ff.

(138) *Ursachen und Folgen*, Bd. IV, Dok. Nr. 972-c, S. 380 f.

(139) Kabinettssitzung vom 26. 1. 1922, in: AdR Wirth, Dok. Nr. 194, S. 528 ff.; *Ursachen und Folgen*, Bd. IV, Dok. Nr. 974, S. 385 ff.

(140) C. Bergmann, *a. a. O.*, S. 161; E. Laubach, *a. a. O.*, S. 161.

(141) *Ursachen und Folgen*, Bd. IV, Dok. Nr. 975, S. 388 ff.

(142) C. Bergmann, *a. a. O.*, S. 153 f.; E. Laubach, *a. a. O.*, S. 164 f. この時期フランス側は、モラトリアムを承認する代償として、ドイツ側の財政・貿易のコントロールを要求していた。そしてイギリス側もドイツ財政の建て直しのためにはコントロールが必要であると認めながらも、そのような措置が政治的にドイツ側を刺激し政府の弱体化を引き起こすことを懸念していた(Marc Trachtenberg, *a. a. O.*, S. 219 ff., S. 224 ff., S. 241 ff.)。

(143) Kabinettssitzung vom 24. 3. 1922, in: AdR Wirth, Dok. Nr. 230, S. 630; E. Laubach, *a. a. O.*, S. 165.

(144) Ministerratssitzung vom 24. 3. 1922, in: AdR Wirth, Dok. Nr. 231, S. 636 f. 同趣旨の発言として、三月二八日のヴィルト演説および二九日のラーテナウ演説がある。*Ursachen und Folgen*, Bd. IV, Dok. Nr. 976-a, Dok. Nr. 976-e, S. 390, S. 392 ff.

(145) Chefbesprechung vom 1. 4. 1922, in: AdR Wirth, Dok. Nr. 237, S. 662; E. Laubach, *a. a. O.*, S. 170.

(146) 当時ベルクマンは、パリで賠償委員会側(ブラドベリイ〔Sir John Bradbury：イギリス側首席代表〕およびドラクロワ

〔Léon Delacroix：ベルギー側首席代表〕）とドイツ側回答に関して非公式な折衝を行なっていた。賠償委員会側は、このドイツ側の回答に驚きを示し、彼らの真の意図は、このノートについてドイツ側とさらに交渉を重ねることにあり、三月二一日のノートがきびしい調子で書かれているのは、フランス側を宥和するためであって、そのことはドイツ側も理解するところであると考えていたと、述べた（AdR Wirth, Dok. Nr. 243, Anm. 18, S. 695; E. Laubach, *a. a. O.*, S. 171; D. Felix, *a. a. O.*, S. 157）。

(147) C. Bergmann, *a. a. O.*, S. 157.

(148) フランス側は、まず一月二九日の議会演説で、ヨーロッパ法体系の基礎をなす条約が間接的であれジェノヴァ会議で討議されることは許されないと、賠償問題の切り離し要求を明示した（WP, 1922, Ausland Bd. I, S. 42 ff.）。

ついで二月五日付けノートでもって、フランスはイギリス側に、以上の要求が認められないかぎり参加を拒否すると通告した（WP, 1922, Ausland Bd. I, S. 101 f.; DBFP, Bd. XIX, Nr. 26, Nr. 30, S. 137 ff., S. 156 ff.）。

そして二月九日には、フランス下院外交委員会は、有名な「ビビアンニ決議」を採択した。それは次のような内容のものである。「委員会は、国民感情を鑑み、戦争後締結された条約が、条文もその内容も変更されないことを要求する。委員会は、この条約は、何百万人もの人間を大義のために死に至らしめたあの強制された戦争に勝利を収めたことの結果として生まれたものであると考えるがゆえに、この条約を無意味とするようなことは許すことができない。委員会は正当な要求たるこの賠償金を放棄・変更・緩和するような解釈は絶対に許すことができないのである。したがってフランスはヨーロッパの復興には協力する用意はあるが、賠償金要求を否定するようなことは認めることができないのである」（WP 1922, Ausland Bd. I, S. 102 f.）。

二月二五日、ブーロンニュにおいて英仏首相会談が開かれ、ロイドージョージはジェノヴァ会議の開催のためにフランス側の要求を承認するに至ったのである（DBFP, Bd. XIX, Nr. 34, S. 170 ff.）。

(149) アメリカは、このブーロンニュ会談の後、ジェノヴァ会議はもはや世界経済会議ではなく政治会議となったがゆえに、参加を拒否すると通告してきた（FR 1922, Bd. I, S. 384）。

(150) ラーテナウは、四月二日付けロイドージョージ宛ての書簡のなかで、現在のドイツの経済的混乱は、財政政策によるものではなく国際収支によるものであり、したがって増税よりも国際収支改善が重要であると訴えていた（E. Laubach, *a. a. O.*, S. 176; D'Abernon, *a. a. O.*, Bd. I, S. 290 f.）。

そして四月五日の閣議において、ラーテナウは、「ヴェルサイユ条約と賠償問題が全経済問題の核心たることを世界中に明らかにすることで満足せざるをえない」と述べている(Ministerrat vom 5. 4. 1922, 10. 30 Uhr, in: AdR Wirth, Dok. Nr. 241-a, S. 677; K. D. Erdmann "Deutschland, Rapallo und der Westen," in: *Vierteljahrshefte für Zeitgeschichte*, 11(1963), S. 115)。

(151) 三月下旬、連合国側専門家によって作成された覚書で、ジェノヴァ会議の議事内容を具体的に取り扱っていた。覚書は二部からなり、第一部はロシア問題を、第二部はヨーロッパ再建問題を扱い、この第二部の通貨と信用に関する項が、間接的にドイツの通貨および借款問題と関係を有した。Vgl. K. D. Erdmann, *a. a. O.*, S. 118 ff.

(152) K. D. Erdmann, *a. a. O.*, S. 125 ff.; E. Laubach, *a. a. O.*, S. 194 ff.

(153) K. D. Erdmann, *a. a. O.*, S. 112 ff.; E. Laubach, *a. a. O.*, S. 197 ff.; C. Bergmann, *a. a. O.*, S. 160 f.

(154) ラパッロ条約の形成過程に関しては、戦間期独ソ関係のもつユニークな性格によって(例えば秘密軍事協力関係の側面)、また「平和共存」の先例として、第二次世界大戦後の早い時期から多くの研究がなされてきた。そして最近では各国の資料が公開されるにつれ、より実証的な研究も数多く出ている。しかし、(1)ドイツ外交総体のなかでのこの関係の位置付け、例えば、(i)西方政策と東方政策との関係、そしてその内政との連関、(ii)東方政策のうちでの対ソ政策の位置付け等に関する側面、(2)異質体制主体間関係としてのこの関係のイデオロギー構造およびその発現形態としての外交エリートの思考様式、目標措定の論理構造に関する側面は、いまだ着手されたばかりであり、今後の研究にまつことにしたい。独ソ関係を扱ったおもなものとして、E. H. Carr, *German-Soviet Relations between the Two World Wars 1919–1939*, Baltimore 1951. 富永幸生訳『独ソ関係史』サイマル出版会、一九七二年; Lionel Kochan, *Russia and the Weimar Republic*, Cambridge 1954; Theodor Schieder, *Die Probleme des Rapallo-Vertrags: Eine Studie über die deutsch-russischen Beziehungen 1922–1926*, Köln 1956; Kurt Rosenbaum, *Community of Fate: German-Soviet Diplomatic Relations 1922–1928*, New York 1965; Harvey L. Dyck, *Weimar Germany and Soviet Russia 1926–1933: A Study in Diplomatic Instability*, London 1966; Martin Walsdorff, *Westorientierung und Ostpolitik: Stresemanns Rußlandpolitik in der Locarno-Ära*, Bremen 1971; Gaines Post Jr., *The Civil-Military Fabric of Weimar Foreign Policy*, Princeton 1973; Klaus Hildebrand, *Das Deutsche Reich und die Sowjetunion im internationalen System, 1918–1933*, Wiesbaden 1977; Hans W. Gatzke, "Von Rapallo nach Berlin: Stresemann und die deutsche Rußlandpolitik," in: *Vierteljahrshefte für Zeitgeschichte*, 4(1956), S. 1 ff.; H. W. Gatzke, "Russo-German Military Collaboration during the Weimar Republic," in: *American Historical Review*, 63(1958), S. 565 ff. 富永幸生『独ソ関係の史的分析一九一七―一九二五』

岩波書店、一九七九年。鹿毛達雄「独ソ軍事協力関係一九一九―一九三三」『史学雑誌』第七四編第六号（一九六五年）。

ラパッロ条約に関しては、Herbert Helbig, *Die Träger der Rapallo-Politik*, Göttingen 1958; Horst G. Link, *Deutsch-sowjetische Beziehungen bis Rapallo*, Köln 1970; Marie-Luise Goldbach, *Karl Radek und die deutsch—sowjetischen Beziehungen 1918–1923*, Bonn 1973; K. D. Erdmann, *a. a. O.*; Th. Schieder, "Die Entstehungsgeschichte des Rapallo-Vertrags," in: *Historische Zeitschrift*, 204(1967), S. 545 ff.; Hans Graml, "Die Rapallo-Politik im Urteil der westdeutschen Forschung," in: *Vierteljahrshefte für Zeitgeschichte*, 18(1970), S. 366 ff.; P. Alter, "Rapallo, Gleichgewichtspolitik und Revisionismus," in: *Neue Politische Literatur*, 19(1974), S. 509 ff.; Robert Himmer, "Rathenau, Russia, and Rapallo," in: *Central European History*, 9(1976), S. 146 ff.; Hartmut Pogge von Strandmann, "Großindustrie und Rapallopolitik: Deutsch-sowjetische Handelsbeziehungen in der Weimarer Republik," in: *Historische Zeitschrift*, 222(1976), S. 265 ff.; Hartmut Pogge von Strandmann, "Rapallo-Strategy in Preventive Diplomacy: New Sources and New Interpretations," in: Volker R. Berghan and Martin Kitchen eds., *Germany in the Age of Total War: Essays in Honour of Francis Carsten*, London 1981, S. 123 ff.

(155) H. G. Kessler, *a. a. O.*, S. 143 ff.; K. D. Erdmann, *a. a. O.*, S. 131 ff.; E. Laubach, *a. a. O.*, S. 210 ff.

(156) この交渉の中止の原因については、ラパッロ条約締結にどの程度の責任を負わせるかに関して異論がある。Vgl. C. Bergmann, *a. a. O.*, S. 164; K. D. Erdmann, *a. a. O.*, S. 144 ff.; E. Laubach, *a. a. O.*, S. 217.

(157) Kabinettssitzung vom 3. 5. 1922, in: AdR Wirth, Dok. Nr. 259, S. 749, Vgl. Besprechung mit Parteiführern, 3. 5. 1922, in: AdR Wirth, Dok. Nr. 260, S. 751 ff.; K. D. Erdmann, *a. a. O.*, S. 134.

(158) E. Laubach, *a. a. O.*, S. 219 ff.

(159) *Ursachen und Folgen*, Bd. IV, Dok. Nr. 979, S. 399 ff.

(160) E. Laubach, *a. a. O.*, 222 f.

(161) 交渉は、ドイツ側の説明が拒否された後、外債導入による支払いを可能とすべく、外債と新しい課税案とを抱き合わせたブラドベリイの原案をもととして妥協の形成へと進んだ。Der Reichsminister der Finanzen an die Reichsregierung, Paris, 17. 5. 1922, in: AdR Wirth, Dok. Nr. 275, S. 791 ff.; Der Reichsfinanzminister an die Reichsregierung, Paris, 20. 5. 1922, in: AdR Wirth, Dok. Nr. 276, S. 797 ff.; C. Bergmann, *a. a. O.*, S. 166 f.; E. Laubach, *a. a. O.*, S. 228 ff.; D. Felix, *a. a. O.*, S. 149 f.

(162) Kabinettssitzung vom 22. 5. 1922, in: AdR Wirth, Dok. Nr. 277, S. 809; E. Laubach, *a. a. O.*, S. 231 ff.; D. Felix, *a. a. O.*, S. 152 ff.

(163) ラーテナウは、この妥協案は一国の蔵相が同意を示し、しかもロイド－ジョージまでが賛意を示した権威のあるものとなっている、そしてこの案を拒否したときその後にくるものはフランス側の制裁措置でしかないだろうと述べ、「この案は、鋭い危機よりも耐えられるものであるがゆえに、この協定を承認せざるをえない」と主張した(Kabinettssitzung vom 22. 5. 1922, in: AdR Wirth, Dok. Nr. 278, S. 814 f.)。Vgl. E. Laubach, *a. a. O.*, S. 231 ff.; D. Felix, *a. a. O.*, S. 152 ff.

(164) Besprechung mit Parteiführern vom 26. 5. 1922, in: AdR Wirth, Dok. Nr. 284, S. 834 ff.; Kabinettssitzung vom 27. 5. 1922, in: AdR Wirth, Dok. Nr. 286, S. 839 ff.; E. Laubach, *a. a. O.*, S. 234 ff.

(165) この委員会は、五月二四日にパリですでに開催されていたが、賠償委員会とドイツ政府との交渉の成り行きを見守るべく、本格的な審議はみあわせていた。

委員会は七名からなり、ドラクロワ(Delacroix: ベルギー)を議長とし、他の六名は、モルガン(J. P. Morgan: アメリカ)、キンダスリイ(Sir Robert Kindersley: イギリス)、セルジャン(Sergent: フランス)、ダメリオ(D'Amelio: イタリア)、フィセリング(Vissering: オランダ)、そしてドイツ代表のベルクマンであった。この委員会は、世界中の有力な銀行家を結集したため「国際銀行家会議」とも称せられていた。

(166) W. Link, *a. a. O.*, S. 126 ff.

(167) E. Laubach, *a. a. O.*, S. 236 ff.

(168) Kabinettssitzung vom 13. 6. 1966, in: AdR Wirth, Dok. Nr. 291, S. 855 ff.; C. Bergmann, *a. a. O.*, S. 168 ff.; E. Laubach, *a. a. O.*, S. 238 ff.

(169) WP, 1922, Ausland Bd. I, S. 415 ff.

(170) このような借款交渉の失敗が明らかになった六月七日、ポアンカレは上院外交・予算合同委員会(秘密会議)において、政権担当後はじめて、ルール占領の可能性を明らかにするに至っている(Denis Artaud, "A propos de l'occupation de la Ruhr," in: *Revue d'histoire moderne et contemporaine*, 17(1970), S. 7 ff.; W. A. McDougall, *a. a. O.*, S. 205 f., S. 214 ff.)。

そのさい注意すべきことは、五月下旬フランスの政策決定者の間で、のちにルール占領のさいに展開されることになる具体的な占領計画が考案され合意をみていたことである。この計画の立案に参画したものは、軍部・関係経済各省であり、その基本方針は、従来までのように軍事＝政治目的にではなく、ルールの経済をいかに搾取するかという経済目的におかれていた。ことに石炭税の考えがこの計画ではじめて導入されている(W. A. McDougall, *a. a. O.*, S. 217 f.)。

(171) Kabinettssitzung vom 13. 6. 1922, in: AdR Wirth, Dok. Nr. 291, S. 867.

(172) *Ursachen und Folgen*, Bd. IV, Dok. Nr. 980, S. 402 f.

(173) Kabinettssitzung vom 23. 5. 1922, in: AdR Wirth, Dok. Nr. 279, S. 817.

(174) WP, 1922, Ausland Bd. II, S. 1 f.; Vgl. L. Zsigmond, *a. a. O.*, S. 226 f.

(175) Kabinettssitzung vom 6. 7. 1922, in: AdR Wirth, Dok. Nr. 313, S. 939 ff.; Kabinettssitzung vom 7. 7. 1922, 16. 30 Uhr, in: AdR Wirth, Dok. Nr. 314, S. 944 f.; E. Laubach, *a. a. O.*, S. 247, S. 253.

(176) WP, 1922, Ausland Bd. I, S. 440; Vgl. Ludwig Zimmermann, *Frankreichs Ruhrpolitik: Von Versailles bis zum Dawesplan*, Göttingen 1971, S. 49 ff.

(177) Chefbesprechung vom 15. 7. 1922, in: AdR Wirth, Dok. Nr. 319, S. 954 ff.; Kabinettssitzung vom 16. 7. 1922, in: AdR Wirth, Dok. Nr. 321, S. 956 f.; Kabinettssitzung vom 16. 7. 1922, in: AdR Wirth, Dok. Nr. 322, S. 957 ff.; WP, 1922, Ausland Bd. II, S. 3 ff.

(178) その一環たる国際世論への訴えかけのなかで、ヴィルトは次のように主張した。「もし、ロンドン会議がわれわれに幻滅をもたらすことになったら、ドイツ人は仕事用具を放り出し、勇気をも失ってしまうであろう。……ドイツ共和国の存続はひとえに賠償問題の成り行きにかかっているのである」と(E. Laubach, *a. a. O.*, S. 257 ff.)。

(179) *Ursachen und Folgen*, Bd. IV, Dok. Nr. 981, S. 404 ff.

(180) D'Abernon, *a. a. O.*, Bd. II, S. 72 f.; Staatssekretär A. D. Bergmann an den Reichskanzler, Paris, 29. 7. 1922, in: AdR Wirth, Dok. Nr. 329, S. 978 ff.

(181) 七月三一日ドイツ側ノート、八月一日フランス側ノート、八月五日ドイツ側ノートについては、WP, 1922, Ausland Bd. II, S. 16, S. 63 f. を参照。八月五日フランス側ノートについては、*Ursachen und Folgen*, Bd. IV, Dok. Nr. 983, S. 408 f. を参照されたい。

(182) エルザス・ロートリンゲン在住のドイツ人五〇〇人余が、財産を差し押えられたうえその地域から追放された。これに対して、ドイツ政府は八月一二日、二つの抗議ノートを提出した。WP, 1922, Ausland Bd. II, S. 65 ff.

(183) 一月、ポアンカレ政府が出現して以来、独仏関係は、以前のブリアン期に比べれば逆調にあったといえる。しかし、この時期までのフランス外交は、ジェノヴァ会議および借款委員会を舞台とした、イギリスが主導する賠償問題の全面的解決の方向への抵抗という面を強くみせており、いわば、緊張緩和化のための解決案に対して「拒否集団」的役割を果たしていたのみであった。Vgl. L. Zsigmond, *a. a. O.*, S. 232 f.; L. Zimmermann, *a. a. O.*, S. 53 f.; Denise Artaud, *a. a. O.*, S. 7 ff.

現在、このような評価以上に、六月までのポアンカレの外交政策はブリアンのそれと継続性をもっていたとする見解がある。このような見解は、次の要約に示される。「ポアンカレは、武力に依拠することに熱心であったというよりも、イギリス、ドイツ、アメリカとの合意に至る平和的な方策を開拓しようとしていた。そしてこれらの国々が、条約の執行に、またフランスの死活的利益を満足させることに不熱心であることが証明された後になってやっと、首相はルール占領や履行されざる条約の修正を考慮したのである」(W. A. McDougall, *a. a. O.*, S. 178、さらに Marc Trachtenberg, *a. a. O.*, S. 239 f.)。

有名な四月二四日のポアンカレのバール・ル・デュック演説については、WP, 1922, Ausland Bd. I, S. 297 ff. を参照されたい。

そして、この清算問題をめぐる独仏間の紛争は、紛争規模は小さいといえるが、次の二点において象徴的にルール占領の出発点を形成していたといえよう。第一は、独仏両政府が直接に相互対抗の関係に入ったことである。第二は、対立の原点として、フランスはドイツは悪意による不履行であると主張し、ドイツは不履行は善意であり、経済状況の悪化という必然から生じたものであると主張したことに現われているように、相互の主張が非和解的といえるものとなったことである。

(184) 前述のように、バルフォア・ノートは、イギリスの対米債務をそのヨーロッパ各国への債権によって支払うというものであり、債務国フランスの反撥を招いた。この時期のフランスの戦債支払い方針については、Denis Artaud, "Die Hintergründe der Ruhrbesetzung 1923. Das Problem der interalliierten Schulden," in: *Vierteljahrshefte für Zeitgeschichte*, 27(1979), S. 242 ff.

(185) 「生産的担保」は次の七要求にまとめられた。㈠ライヒスバンクの統制監理、㈡輸出入の統制監理、㈢ドイツの外国為替取引の統制監理、㈣賠償金財源として、ルール石炭業界に対する特別課税、㈤占領地区と一九二〇年および二一年の占領地区との双方に対する関税障壁の設置、㈥国有鉱山および国有森林からの収入に対する統制監理、㈦賠償委員会が二六%株式を所有する形態でのドイツ工業への資本参加、である(WP, 1922, Ausland Bd. II, S. 78 ff.)。Vgl. C. Bergmann, *a. a. O.*, S. 234 f.; E. Laubach, *a. a. O.*, S. 260 f.

(186) この専門家会議の報告書は、WP 1922, Ausland Bd. II, S. 82 f. を参照。

(187) この案にカーゾンは反対した。カーゾンと外務省は、ポアンカレの要求の背後にあるものは、一九年来のフランスの要求、すなわち「フランスの対外膨脹の対象たるラインラント」であると把握していたが、ここで英仏関係を悪化させれば逆に大陸においてフランスが自由にヘゲモニーを確立することを許すことになると考えたのである。このイギリスの対仏政策がもつジレンマは、対仏譲歩によるフランスの抑制か、それとも対仏牽制によるフランスの抑制かであり、ロカルノ条約までのイギリスの基本的矛盾を構成する。G. Bertram-Libal, *a. a. O.*, S. 92 ff.; Denis Artaud, "Die Hintergründe der Ruhrbesetzung 1923," S. 248 ff.

(188) L. Zsigmond, *a. a. O.*, S. 236.

(189) E. Laubach, *a. a. O.*, S. 261 f.

(190) ヴィルトは、イギリスの『Daily Chronicle』紙との会見で、ロンドン会議の失敗とそれの今後への影響にふれて、次のような見解を示した。

「われわれは、国民の生存にとって不可欠なパンの供給事情が許すかぎり、今後数ヵ月もわれわれの義務を果たすつもりである。まず国民へパンを、次いで復旧を(Erst Brot für das Volk, dann Wiederherstellung)が、われわれの方針なのである。……われわれは履行する意思もまたそれに耐える勇気もかなりもっている。しかしいまや、われわれの力はその限界に達しているといわねばならない。われわれは、純粋に人道的な立場から、わが国民が惨めで絶望的な生活に陥ることのないように、国民にパンを確保しなければならない」と(E. Laubach, *a. a. O.*, S. 262)。

(191) 六月から八月の間に、割引大蔵省証券は、二九五二億マルクから三三一六億マルクに増加し、紙幣発行総額も一八〇〇億マルクから二五二二億マルクと増大し、卸売物価指数(一九一三年を一として)も七〇・三〇から一九二へと上昇した。加えて、マルク相場に至っては(一九一三年を一として)、八九・二一から四一〇・九一八へと急落した(岡野、前掲書、一〇九ページ)。また、ヴィルトは、八月一六日ダバーノンに、現在は彼の生涯で最悪のときであると嘆いている(D'Abernon, *a. a. O.*, Bd. II, S. 84)。

(192) Chefbesprechung vom 23. 8. 1922, in: AdR Wirth, Dok. Nr. 349, S. 1040 ff.; Kabinettssitzung vom 23. 8. 1923, in: AdR Wirth, Dok. Nr. 350, S. 1042 ff.; Kabinettssitzung vom 24. 8. 1923, in: AdR Wirth, Dok. Nr. 351, S. 1045 ff.; D'Abernon, *a. a. O.*, Bd. II, S. 89 f.; E. Laubach, *a. a. O.*, S. 270 ff.

(193) Kabinettssitzung vom 24. 8. 1923, in: AdR Wirth, Dok. Nr. 353, S. 1049 f.; Kabinettssitzung vom 25. 8. 1923, in: AdR Wirth, Dok. Nr. 354, S. 1051 ff.; E. Laubach, *a. a. O.*, S. 272; Vgl. C. Bergmann, *a. a. O.*, S. 381.

(194) この期間ドイツ側指導者の間では、フランス側は「悪意」を確定しドイツに進入するのではないかという悪夢にとらわれていた。例えばライヒスバンク総裁ハーヴェンシュタイン(Rudolf Havenstein)は「問題は、今が履行政策を終えるときか否かということである」と述べ、ヘルメスに至っては、「闘争《カムプ》を開始し、闘争プログラムを明確にし、それを断固遂行せねばならない」と主張した(Kabinettssitzung vom 30. 8. 1922, in: AdR Wirth, Dok. Nr. 361, S. 1070 f.)。C. Bergmann, *a. a. O.*, S. 383; E. Laubach, *a. a. O.*, S. 273 f.

(195) WP, 1922, Ausland Bd. II, S. 72 f.

(196) Kabinettssitzung vom 1. 9. 1922, in: AdR Wirth, Dok. Nr. 364, S. 1077 f.

(197) Kabinettssitzung vom 9. 9. 1922, in: AdR Wirth, Dok. Nr. 370, S. 1088 f.; Besprechung mit belgischen Delegierten der Reparationskommission vom 9. 9. 1922, in: AdR Wirth, Dok. Nr. 371, S. 1090 ff.; Kabinettssitzung vom 18. 9. 1922, in: AdR Wirth, Dok. Nr. 375, S. 1098 ff.; E. Laubach, *a. a. O.*, S. 276 ff.

(198) E. Laubach, *a. a. O.*, S. 279.

(199) FR, 1922, Bd. I, S. 404 f.

(200) FR, 1922, Bd. I, S. 1412 f.

(201) WP, 1922, Ausland Bd. II, S. 92 ff.; WP, 1922, Ausland Bd. II, S. 138 f.

(202) Denis Artaud, "Die Hintergründe der Ruhrbesetzung 1923," S. 251 f.

(203) FR, 1922, Bd. II, S. 175.

(204) われわれは、このヴィートフェルトの行動のなかにも、「履行政策」をとるヴィルト＝ラーテナウの指導力の低下をみることができる。ヴィートフェルトは着任以前からシュティンネスの路線に近い立場にあり、着任後もその第一課題であった借款委員会における対米工作に際して、「このような中間的・部分的解決」に反対の姿勢を示していた(W. Link, *a. a. O.*, S. 129 f.)。

(205) 駐独アメリカ大使ホートン(Alanson B. Houghton)は、この要請は、「賠償委員会に提出された提案(八月二六日ドイツ提案のこと――筆者)を受諾するようアメリカが働きかけることを要請する、(首相の)個人的なアピールである」と国務省に報告している(FR, 1922, Bd. II, S. 160 ff., besonders S. 162)。

(206) W. Link, *a. a. O.*, S. 150; E. Laubach, *a. a. O.*, S. 82.
なお、八月上旬アメリカ側は、すでに賠償問題にイニシアチブをとる計画を進めていた。それはアメリカ側賠償委員会オブザーバー、ボイドン(Roland Boyden)の発案によるものであり、この計画が具体化され公表されたのが、二二年一二月二九日のヒューズ(Charles Evans Hughes)の「ニュー・ヘイブン演説」である(W. Link, *a. a. O.*, S. 138 ff.)。

(207) FR, 1922, Bd. II, S. 162 f.

(208) D. B.-Gescher, *a. a. O.*, S. 114 ff.; E. Laubach, *a. a. O.*, S. 282; W. Link, *a. a. O.*, S. 152 ff.; Ludwig Zimmermann, *Deutsche Außenpolitik in der Ära der Weimarer Republik*, Göttingen 1958, S. 129.

(209) ドイツ側は、一〇月三日の回答のなかで、ヨーロッパにおいてアメリカの占める位置の重要性を指摘するために、ラインラントの安全保障等の政治的問題の処理の必要性を指摘していた。

(210) FR, 1922, Bd. II, S. 163 f.

(211) 二一年のヴィースバーデン協定に反対の立場を示していたドイツ重工業界のこのような立場への変身は、ドイツ経済情勢の変化に求めることができる。すなわち、ヴィースバーデン協定の締結当時、ドイツ重工業資本は、国内市場の拡大と輸出増大とによって利潤拡大と集中化の道を辿っていた。しかし二二年に入ると、インフレーションがハイパー・インフレーションと化し、国内市場も縮小の様相を呈することになった。そのため、シュティンネスは、市場獲得を目的として対仏接近を試みるに至った。G. W. F. Hallgarten, *Hitler, Reichswehr und Industrie: Zur Geschichte des Jahres 1918–1933*, Frankfurt a. M. 1955, S 11 ff.(富永幸生訳『ヒトラー・国防軍・産業界』未来社、一九六九年、一一ページ以下); Zsigmond, *a. a. O.*, S. 242 ff.; K. Gossweiler, *Großbanken, Industriemonopole, Staat*, Berlin (Ost) 1971, Kap. IV; Gerald D. Feldman, *Iron and Steel in the German Inflation 1916–1923*, Princeton 1977, S. 327 ff.; Peter Wulf, *a. a. O.*, S. 325 ff.

(212) *Ursachen und Folgen*, Bd. IV, Dok. Nr. 987, S. 411 ff.

(213) G. Hallgarten, *a. a. O.*, S. 14(邦訳一七ページ); E. Laubach, *a. a. O.*, S. 286.

(214) G. Hallgarten, *a. a. O.*, S. 50 ff.(邦訳一四四ページ以下)。

(215) G. Hallgarten, *a. a. O.*, S. 14(邦訳一七ページ)。

(216) G. Hallgarten, *a. a. O.*, S. 56 f.(邦訳一五〇ページ); Peter Wulf, *a. a. O.*, S. 341 f.

(217) G. Hallgarten, *a. a. O.*, S. 16, S. 58 f.(邦訳二〇ページ以下、一五〇ページ以下); W. Link, *a. a. O.*, S. 157 f.

(218) G. Hallgarten, *a. a. O.*, S. 16 f., S. 45 ff.(邦訳二一ページ以下、一三九ページ以下); L. Zsigmond, *a. a. O.*, S. 245 f.; Peter Wulf, *a. a. O.*, S. 338 ff.
また、駐仏ドイツ大使マイアー(Wilhelm Friedrich Mayer)は、フランス政府は「武力政策・厳密履行政策」を変更する意図はない、と報告している(E. Laubach, *a. a. O.*, S. 286 f.)。九月以降フランスとドイツの両経済界の間で多くの接触ないしはその試みがなされていた(Peter Wulf, *a. a. O.*, S. 331 ff.)。

(219) FR, 1922, Bd. II, S. 165 ff.; C. Bergmann, *a. a. O.*, S. 191; L. Zimmermann, *Deutsche Außenpolitik*……, S. 129.

(220) E. Laubach, *a. a. O.*, S. 288 f.

(221) WP, 1922, Ausland Bd. II, S. 175 ff.; L. Zsigmond, *a. a. O.*, S. 249.

(222) 専門家七名とはブラント(R. H. Brand: イギリス)、ケインズ(J. M. Keynes: イギリス)、カッセル(G. Cassel: スエーデン)、ジェンクス(J. Jenks: アメリカ)、デュボア(L. Dubois: スイス)、フィセリング(Vissering: オランダ)、カメンカ(B. Kamenka: ロシア、ただし当時フランス在住)であった。このなかで、ケインズとカッセルは、それまでの賠償案批判によって親独的とみなされており、またフィセリングも借款委員会の一員で報告書の署名者であったことから、親独的とみなされていた。これに対し、デュボアは明らかに親仏的とみなされており、ヴィルトは彼の参加によってこの委員会の中立的性格を示そうとした(E. Laubach, *a. a. O.*, S. 287 f.; D'Abernon, *a. a. O.*, Bd. II, S. 114, S. 120)。

(223) 国際専門家委員会は、スエーデンの経済学者カッセルが都合により一〇月には訪独できないため延期され、審議が開始されたのは一一月二日のことである。

(224) ベルクマン、メルヒオルらがこの見解を主張していた(C. Bergmann, *a. a. O.*, S. 190; E. Laubach, *a. a. O.*, S. 298 ff.)。

(225) ボン、ヒルファーディング(Rudolf Hilferding)らがこの見解の代表者である。

(226) この当時、マルク安定＝賠償問題に対する経済政策上の考え方は、次の三つの方向が存在したといわれている。第一は、ドイツ側の政策決定者によって広く抱かれていたもので、財政の赤字は、貿易収支の赤字が続き、賠償支払いによる国際収支の赤字も続くかぎり不可能であると考えるものである。その最も極端な主張者は、ライヒスバンク総裁ハーヴェンシュタインである。第二は、このマルクの低下は、ドイツの財政当局の政策の誤りによるものであり、ことに増税政策を実施しなかったことによると考えるものである。イギリス側の政策決定者(ブラドベリイら)はこの見解をとっている。第三は、マルク低落は金融政策によるものではなく、経済外的要因たる政治的要因によると考えるものである。例えば、フランス側(J・セイドゥ)は、ドイツは賠償支払いを回避するため「意図的な破産」を企てていると考えていた(Stephen A. Schuker, "Finance and Foreign Policy in the Era of the German Inflation," in: Otto Büsch und G. D. Feldman eds., *Historische Prozesse der deutschen Inflation 1914 bis 1924*, Berlin 1978, S. 352 f.)。

(227) E. Laubach, *a. a. O.*, S. 299 f.

(228) WP, 1922, Ausland Bd. II, S. 178 f.

(229) C. Bergmann, *a. a. O.*, S. 192; D'Abernon, *a. a. O.*, Bd. II, S. 128.

(230) Vgl. H. G. Kessler, *a. a. O.*, S. 165.

(231) Kabinettssitzung vom 4. 11. 1922, 16. 30 Uhr, in: AdR Wirth, Dok. Nr. 396, S. 1148 f.; Kabinettssitzung vom 4. 11. 1922, 20. 30 Uhr, in: AdR Wirth, Dok. Nr. 397, S. 1149 ff.; WP, 1922, Ausland Bd. II, S. 181; Hans Ronde, *Von Versailles bis Lausanne*, Stuttgart 1950, S. 68 f.; C. Bergmann, *a. a. O.*, S. 193.

(232) AdR Wirth, Dok. Nr. 397, Anm. 5, S. 1151 f.; E. Laubach, *a. a. O.*, S. 303.

(233) WP, 1922, Ausland Bd. II, S. 183 f. この会談におけるバルトゥーに関しては、D'Abernon, *a. a. O.*, Bd. II, S. 124 ff.

(234) ケインズ、カッセル、ブラント、ジェンクスの報告書。WP, 1922, Ausland Bd. II, S. 188 ff.

(235) デュボア、カメンカ、フィセリングの報告書。WP, 1922, Ausland Bd. II, S. 192 ff.
なお、この二つの報告書については、C. Bergmann, *a. a. O.*, S. 195; D'Abernon, *a. a. O.*, S. 126 ff.; M. J. Bonn, *The Wandering Scholar*, New York 1948, S. 276.

(236) ブラントのメモランダムは、ロンドン金融界が支援する可能性のあること、六月の借款委員会の報告はいまだ有効なることを述べていた。

(237) Kabinettssitzung vom 7. 11. 1922, in: AdR Wirth, Dok. Nr. 398, S. 1152 ff.; Besprechung mit den Parteiführern vom 7. 11. 1922, in: AdR Wirth, Dok. Nr. 399, S. 1154 ff.; Kabinettssitzung vom 8. 11. 1922, in: AdR Wirth, Dok. Nr. 401, S. 1158 f.; WP, 1922, Ausland Bd. II, S. 184 ff.; H. Ronde, *a. a. O.*, S. 69 ff.; C. Bergmann, *a. a. O.*, S. 194.

(238) E. Laubach, *a. a. O.*, S. 306.

(239) "*Vorwärts*" vom 15. 11. 1922, zitiert in E. Laubach, *a. a. O.*, S. 307.

(240) WP, 1922, Ausland Bd. II, S. 198 ff.; H. Ronde, *a. a. O.*, S. 73 ff.

(241) クーノは、Reichs-Schatzamt(主計庁)の有能な官僚であり、戦時中ドイツ最大の商船会社 HAPAG の社長 Albert Ballin に認められ彼の会社に転出し、彼の死後(一九一八年)社長に就任した。戦後は商船業界の代表者として、またかつての経歴から、賠償問題のドイツ側専門委員として多くの会議に出席した。また会社の関係からアメリカとの関係も深く、知米派の一人としても知られていた。ことに駐独アメリカ大使ホートンとは個人的にも親密な関係にあった。

クーノの首相就任にあたって、彼を強く推薦したのは大統領エーベルトであり、クーノがラパッロ条約を批判してジェノヴァ会議から引き上げたことを高く評価していた。Hermann J. Rupieper, *The Cuno Government and Reparations 1922–1923: Politics and Economics*, the Hague 1979, S. 14 ff.

(242) Kabinettssitzung vom 22. 11. 1922, in: AdR Cuno, Dok. Nr. 2, S. 4; *Ursachen und Folgen*, Bd. IV, Dok. Nr. 990–a, S. 420.

(243) WP, 1922, Ausland Bd. II, S. 202.

(244) C. Horkenbach hrsg., *Das Deutsche Reich von 1918 bis heute*, Berlin 1930, S. 153; AdR Cuno, Dok. Nr. 8, Anm. 5, S. 20.

(245) フランス側は、二三日にベルギー首相、外相、駐仏大使をまじえた会議を開き、ルール占領を実行する旨を伝え意見交換を行なっており、二七日エリゼ宮で閣議を開きルール占領実行を決定している(L. Zimmermann, *Deutsche Außenpolitik*……, S. 186 f.; Ders., *Frankreichs Ruhrpolitik*……, S. 59 f., S. 88 ff.; W. A. McDougall, *a. a. O.*, S. 237 ff.)。

フランスのルール占領計画について、次の点で研究者は一致をみせているものの、ポアンカレの態度に関しては見解は分かれている。一致をみせている点は、注(170)でも説明したように、フランス政府内で五月よりルール占領の方針が検討され始め、七月一二日にはこの問題を取り扱う関係省庁の協議機関として「ルール委員会」が設けられ、八月中旬より本格的に、占領の方法について審議されたことである。
そしてポアンカレの態度に関しては、次のような解釈がある。
①ポアンカレは首相就任以来、ルール占領を考えており、この目標に向けて準備を進めていたという伝統的な解釈である。
②この解釈と正反対に立つものであり、ポアンカレは一月パリ会議にいたるまで、占領するか否か決断しかねていたという解釈である。Marc Trachtenbergがこの解釈をとっており、その根拠として、政府部内でルール占領の方法について基本的な対立があり、そのため占領の具体的な措置は確定されえなかったこと、またポアンカレ自身もルール占領の明確な目的をもてず、したがって占領開始後、占領政策は一貫したものとはなりえなかったことをあげている(Marc Trachtenberg, *a. a. O.*, S. 265 ff., S. 282 ff., S. 291 ff.)。
③より説得力のある解釈は、Walter A. McDougallが示したものであり、「ポアンカレは、一九二二年六月までルール占領を近い将来ありうるものとは考えていなかった。六月以降も、占領が不必要であることを示すようなサインを注意深く探していた。しかしその一方、彼がルール占領を実行しなければならない日に常に備えていた」というものである。そしてポアンカレをルール占領の決定へと導いた要因として、イギリスに保守党政権が、イタリアにムッソリーニ政権ができ親独的な傾向をみせなかったこと、イギリスはギリシア＝トルコ戦争を解決するローザンヌ会議においてフランスの協力を必要としたこと、アメリカとの戦債問題の解決が失敗に終わり財政的に苦しい状況に追いこまれたこと、国内において大統領、議会、軍、外務省は強硬策を主張しており、ルール占領を実行しない場合には政権から追い落とされる危険が生じたこと、最後にイギリスの非協力およびアメリカの利己的な態度に対してポアンカレは怒りを感じていたこと、をあげている。少なくとも「ルール占領を防ぐために彼がなしえるすべてのことを彼はやらなかった。占領が始まったとき彼はそれを喜んで迎えたのである」とはいえよう(Walter A. McDougall, *a. a. O.*, S. 224 ff., besonders S. 239)。
(246) このような見解は、とくにラインラントにおいて強くみられた。当時、ラインラントの状況を観察していた内務省占領ライン地区担当事務次官ブルガー(Philipp Brugger)は次のように報告している。当地の住民は、情勢をきわめて深刻なものと受けとっている。今度こそ本物であり、今度こそ単なる威嚇ではすまないという受け止め方が支配的である。いまや、フランスは、その目標たるなんらかの形でのラインラントの分離を、緩衝国家の樹立なり、さもなければライヒ内の特別邦という形での分離なりを、実行しようとしている(Besprechung zwischen Staatssekretär Hamm und Staatssekretär Brugger vom 4. 12.

1922, in: AdR Cuno, Dok. Nr. 9, S. 21 f.); Vgl. F. P. Kahlenberg bearb., *Die Berichte Eduard Davids als Reichsvertreter in Hessen 1921–1927*, Wiesbaden 1970, Dok. Nr. 38, S. 63; D'Abernon, *a. a. O.*, Bd. II, S. 135 ff.

(247) Besprechung mit den Ministerpräsidenten der Länder vom 5. 12. 1922, in: AdR Cuno, Dok. Nr. 11, S. 31 f.

(248) Staatssekretär Bergmann an den Reichsfinanzminister, Paris, 24. 11. 1922, in: AdR Cuno, Dok. Nr. 5, S. 10 f.; C. Bergmann, *a. a. O.*, S. 197 f.

(249) *Ebenda.*

(250) Staatssekretär Bergmann an den Reichskanzler und den Reichsfinanzminister, Paris, 7. 12. 1922, in: AdR Cuno, Dok. Nr. 15, S. 48 f.; C. Bergmann, *a. a. O.*, S. 200 f.; L. Zimmermann, *Deutsche Außenpolitik*……, S. 137 f.

(251) Kabinettssitzung vom 6. 12. 1922, in: AdR Cuno, Dok. Nr. 12, S. 37 f.

(252) 一一月八日、カーゾンは、フランスとの友好関係の維持を強調する一方、フランスの「冒険政策」――ルール占領という単独行動――に反対する旨の演説を行なっていた(WP, 1922, Ausland Bd. II, S. 291 ff.)。

(253) AdR Cuno, Dok. Nr. 6, Anm. 5, S. 16.

(254) *Ursachen und Folgen*, Bd. IV, Dok. Nr. 991, S. 433 ff.

(255) ポアンカレは、ボナ・ローとの最初の会談の際にすでに、「何事が起ころうとも、私は、一月一五日にルールに侵入することになろう」と述べている(D'Abernon, *a. a. O.*, Bd. II, S. 193)。

(256) L. Zsigmond, *a. a. O.*, S. 258 f.

(257) ブラドベリイは、この頃から最終的な―抜本的改正たる―支払い案の作成にとりかかっていた。これは、後にパリ会議においてイギリス案となって提出されることになる(Staatssekretär Bergmann an den Reichskanzler, London, 11. 12. 1922, in: AdR Cuno, Dok. Nr. 19, S. 61 ff.)。

(258) WP, 1922, Ausland Bd. II, S. 264 ff.; Vgl. Friedrich Stampfer, *Die vierzehn Jahre der ersten deutschen Republik*, Hamburg 1947, S. 314.

(259) WP, 1922, Ausland Bd. II, S. 264 ff.; F. Stampfer, *a. a. O.*, S. 314.

(260) WP, 1922, Ausland Bd. II. S. 271 f. このような演説の背後では、一二月中旬より毎日のように関係各省間の会議がもたれ、ルール占領のための準備が進められていた(W. A. McDougall, *a. a. O.*, S. 241 f.)。

(261) Besprechung zwischen Staatssekretär Hamm und Staatssekretär Brugger, 4. 12. 1922, in: AdR Cuno, Dok. Nr. 9, S. 21 ff.; Kabinettssitzung vom 16. 12. 1922, in: AdR Cuno, Dok. Nr. 23, S. 72.

(262) Kabinettssitzung vom 19. 12. 1922, in: AdR Cuno, Dok. Nr. 26, S. 81 ff.

(263) AdR Cuno, Dok. Nr. 28, Anm. 5, S. 92; Besprechung mit Vertretern der Gewerkschaften, 28. 12. 1922, in: AdR Cuno, Dok. Nr. 30, S. 95 ff.

(264) *Ebenda*, S. 95 f.

(265) このような交渉の強調は、組合からの支持を取りつけるためのものと思われる。その草稿には次のように書かれている。「われわれは、パリにおいて、より協調的な解決がなされるよう全力を傾けなければならない。しかし、相手側との協調が失敗に終わっても、世界中の道義的な評価が少なくともわれわれに好意的たるように、努力しなければならない」(傍点筆者)と(*Ebenda*, Anm. 4, S. 96)。

(266) Rede des Reichskanzlers in Hamburg, 31. 12. 1922, in: AdR Cuno, Dok. Nr. 32, S. 103 ff.; *Ursachen und Folgen*, Bd. IV, Dok. Nr. 992, S. 435 ff.

(267) AdR Cuno, Dok. Nr. 31, Anm. 2, S. 101.

(268) C. Bergmann, *a. a. O.*, S. 206.

(269) Besprechung mit Reparationsverständigen, 16. 12. 1922, in: AdR Cuno, Dok. Nr. 24, S. 73 f.; 会議は一三日にも行なわれ、この一六日の会議では、基本方針は決まったものの、細目についての意見対立が残り、結局は二九日 Carl Melchior の原案がドイツ案となった。Hermann J. Rupieper, *a. a. O.*, S. 65 ff.

(270) 報告書第六項は次のように述べている。「賠償問題の最終的解決は、それと同時に、次の点においても合意がみられたときにのみ可能となる。すなわち、ライン左岸地域の占領が解除され、それに付属する全施設もただちに一段階的であれ一撤去されること、そして、デュッセルドルフ、デュイスブルクの占領という、国際法に違反する行為をただちに停止することである」(*Ebenda*, S. 73)。Vgl. L. Zimmermann, *Deutsche Außenpolitik*……, S. 139 ff.

(271) ベルクマンに手渡されたドイツ案の最終案には、この政治的要求は盛りこまれていなかった。しかし、後の二三年四月一六日、外相が演説のなかでこの提案を説明する際、この要求を含めて説明している。AdR Cuno, Dok. Nr. 34, Anm. 4, S. 114 f.

(272) C. Bergmann, *a. a. O.*, S. 214.

(273) Deutsche Note zum Pariser Konferenz, 4. 1. 1923, in: AdR Cuno, Dok. Nr. 34, S. 113 ff.; C. Bergmann, *a. a. O.*, S. 213 f.

(274) C. Bergmann, *a. a. O.*, S. 213.

(275) 一一月一三日、ドイツ側がノートを手交して以来、ドイツ側の要求とフランス側の要求とが絶対的に非和解的であることが明白となっていた。またこの当時、ルール占領も実際に起こりうると考えられていた。このような状況のなかで、ドイツ側がその要求を非和解性を融和する方向においてではなく、むしろそれを高める方向において形成・提出したということは、われわれをして、前述した「最終的解決」のための国民の統一の訴えをも、ルール占領のための訴えと解釈させるのである。

(276) のちにアメリカ政府に手交されたメモランダムは次のようになっている。

「フランス、イギリス、イタリア、ドイツは、戦争に訴えることが当該諸国の国民による人民投票によって正当とされることのないかぎり、一世代の期間、互いに戦争に訴えかけるものではないことをこれらの諸国と合意し、米国政府に約束するものである」(FR, 1922, Bd. II, S. 205; *Ursachen und Folgen*, Bd. IV, Dok. Nr. 315, S. 310)。

(277) FR, 1922, Bd. II, S. 206 f.

(278) FR, 1922, Bd. II, S. 206 f. S. 208 f.; L. Zimmermann, *Deutsche Außenpolitik*……, S. 142 f.

(279) FR, 1922, Bd. II, S. 211; D. B.-Gescher, *a. a. O.*, S. 135 ff.

(280) L. Zimmermann, *Deutsche Außenpolitik*……, S. 138 ff.; W. Link, *a. a. O.*, S. 160 f.

(281) W. Link, *a. a. O.*, S. 161.

(282) W. Link, *a. a. O.*, S. 161 f.

(283) L. Zimmermann, *Deutsche Außenpolitik*……, S. 138.

(284) W. Link, *a. a. O.*, S. 161.

(285) W. Link, *a. a. O.*, S. 163. Rupieper は、クーノが新賠償案を作成し、またラインラント不可侵条約を提案したことをもって、交渉によって状況の打開に努めたと解釈し、好意的に評価している(Hermann J. Rupieper, *a. a. O.*, S. 48, S. 57)。

(286) L. Zsigmond, *a. a. O.*, S. 272; C. Bergmann, *a. a. O.*, S. 203 ff.

(287) WP, 1923, Ausland Bd. I, S. 1 ff.; C. Bergmann, *a. a. O.*, S. 206 f.

(288) L. Zsigmond, *a. a. O.*, S. 278 f.; F. Stampfer, *a. a. O.*, S. 316 f.

(289) このような些細な不履行によってフランス側にルール占領の口実を与えたことを批判するものとして，M. J. Bonn, *a. a. O.*, S. 279.

(290) Staatssekretär Bergmann an den Reichskanzler, 11. 12. 1922, in: AdR Cuno, Dok. Nr. 19, S. 60 ff.

(291) この支払い案によれば，ドイツ側の支払いは以下のようになる。

最初の四年間	支払い免除
次の四年間	年二〇億ＧＭ
次の二年間	年二五億ＧＭ
以　後	年三三億ＧＭもしくは仲裁裁判所の決定に従った年二五億ＧＭ以上，三三億ＧＭ以下の額

さらにこの案は，支払いの保証条件として，ドイツ国内の通貨・財政・租税を監督する財政委員会の設置を主張していた(C. Bergmann, *a. a. O.*, S. 206 ff.)。

(292) イギリス首相ボナ・ローは，パリ会議の直前，外相カーゾンに次のように書き送っている。「私は，予期せざる事態が生じないかぎり，一月二日の会議に何の期待ももっていない」と(Robert Blake, *Unknown Prime Minister: The Life and Times of Andrew Bonar Law 1858–1923*, London 1955, S. 486)。

(293) *Ebenda*, S. 487.

(294) イギリス保守党のこの時期の対外政策は，ロイドージョージのそれと比較して，親仏的といわれている。しかし問題は，親仏的か親独的かという次元にあるのではない。むしろ，保守党外交は，基本方向はロイドージョージのそれと一致させたまま，その基本方向のベクトルの絶対値を縮小させたものであったといえよう。Vgl. W. N. Medlicott, *a. a. O.*, S. 44 f.; F. S. Northedge, *a. a. O.*, S. 184 ff.; L. Zimmermann, *Deutsche Außenpolitik*……, S. 134 f.; L. Zsigmond, *a. a. O.*, S. 247.

(295) このような方針がすでに八月に確立されていたことは注(206)参照。

(296) L. Zimmermann, *Deutsche Außenpolitik*……, S. 141; D. B.-Gescher, *a. a. O.*, S. 132 f.

(297) FR, 1922, Bd. II, S. 187 ff.; D. B.-Gescher, *a. a. O.*, S. 133.

(298) FR, 1922, Bd. II, S. 197 f.; L. Zsigmond, *a. a. O.*, S. 271 f.; D. B.-Gescher, *a. a. O.*, S. 134 f.; W. Link, *a. a. O.*, S. 168 f.

(299) FR, 1922, Bd. II, S. 199 ff., besonders S. 202.

第二章 「戦闘なき戦争」の開始

一九二三年一月一一日、フランス軍三万余人ベルギー軍二五〇〇余人の兵力が、ルール河を渡り、ドイツ最大の工業地帯たるルール地区に侵入した。ルール占領の開始である。このような行動に対するドイツ側の反応は、受動的抵抗(der passive Widerstand)と呼ばれる住民の不服従行動であった。ここに、二〇年一月一〇日、ヴェルサイユ条約が発効して以来、連合国とドイツとの間で展開されてきた賠償問題をめぐる紛争は、新たな様相をおびることになった。それは、第一に、賠償問題それ自体をめぐる対立に、新たに占領と受動的抵抗という武力行使をめぐる紛争が加重されたことである。従って、以後、賠償問題はこのルール紛争と密接な関係をもって展開することになる。第二に、このような紛争の加重によって、ドイツにかかる「外圧」はきわめて高いものとなり、この紛争の処理のために、全政治体系が動員されたことである。そのために、ドイツは、後述するように、戦時体制にも準ずる体制をとらざるをえなくなった。では、このような紛争は、どのように開始され、展開され、終結されたのであろうか。これが、本章以降の課題にほかならない。まず、この新たな紛争の開始の状況を分析することから始めることにしたい。

第一節　受動的抵抗

一　占領とその対応

一月四日、パリ会議が挫折したとき、ルール地区の住民の間には不安が支配していた。この不安は、将来を見通せないことからくるものであった。「明日、そして来週、一体何が起こるのであろうか。ルール領域の残された地域は占領されるのであろうか、それとも今回もまた占領を免れうるという希望に期待をかけることができるのであろうか」[1]。不安を裏づけるかのように、一月八日以降、フランス軍の動きは活潑化した。占領下にある、デュイスブルク、デュッセルドルフの両都市にフランス軍が集結しつつあるという報告が、ベルリンに寄せられていた[2]。一月九日、政府はルール地区の住民に向けて、大統領と首相の連名による呼びかけを発し、落ち着きと団結を訴えた[3]。その日、ルール地区の経済界も政治団体も事態への対応策をとるに至っていた。エッセンでは石炭シンジケートの構成企業による緊急大会が開催され、全員一致で(フランス系企業三社の保留)、本部をハンブルクに移転することを決定した。翌一〇日には、事務局は書類・職員の移転をほとんど完了させた[4]。一方、同日、ラインおよびルール地区の自由労組とSPDも、一五日、一一時から一一時半までの三〇分間、占領地区の全企業において作業停止という抗議行動を実行することを決定した。それは、ドイツ経済の解体・講和条約・フランス軍国主義に反対する抗議行動であった[5]。しかし、ルール地区においては、占領の不安とともに、生活必需品が値上がりをみせ(例えば、マーガリン・肉は三〇—四〇%値上がりしていた)、大多数はアパシーの状況に陥っていた。そのような状況のなかで、ドイツ共産党(Kommunistische Partei Deutschlands：ＫＰＤ)も労働組合への浸透を深めていた。(6) ＫＰＤは、一〇日、ドイツ全土において、フランス帝国主義によるルール占領阻止、クーノ内閣打倒、労働者政府樹立、をスローガンとするゼネストを呼びかけていた。(7)

一月一〇日、ドイツ政府が、フランス政府およびベルギー政府からノートを交付されたとき、占領は確かなものとなった。一一日未明、完全武装したフランス、ベルギー両軍は、デュッセルドルフ、デュイスブルク方面からルール河を渡り、ルール地方へと侵入した。フランス軍は、二個歩兵師団と一騎兵師団からなり、ベルギー軍の主力は、二個歩兵大隊であった。侵入軍の最高司令官は、ライン軍総司令官ドグット(Jean Marie Degoutte)であった。(8) 同日午後、フランス軍はエッセン市に入り、市民が沈黙のうちに見守り商店が扉を閉ざすなかで、駅、郵便局、電報局等の公共施設を占領し、秩序維持のために戒厳令を布告した。(9) そしてこのエッセン市占領の時、後の展開を予見させるような事件が発生した。市長ルター(Hans Luther)は、まず最初、フランス軍との面会を拒絶し、次には、市当局の名においてこの武力使用に抗議したのである。(10) さらにその晩には、ルター出席のもとに集会が開かれ、ドイツへの忠誠が熱狂的に示されたのである。(11) 占領地域は拡大されていった。一二日には、ゲルゼンキルヘン市が占領され、一五日には、ボッフム市を中心とするルール中心部まで占領された。そして同日ボッフム市では、ドイツ側住民と占領軍との間に最初の流血事件が発生した。約五〇〇人のデモ隊が《Siegreich wollen wir Frankreich schlagen》の歌とともに行進しているとき、フランス兵がデモ隊に発砲し、死者一名、重傷者二名を出したのである。(12) 一六日には、ドルトムント市も占領された。ここにおいて、三一四万九〇〇〇人が居住し三三九一平方キロの広さにわたる領域が、占領軍によって占領されることになったのである。(13)

しかし占領の成否は、一〇日付けフランス、ベルギー両政府の付属ノートにも記されているように、不履行の賠償義務を実行させるために派遣した工場鉱山監督連合国使節団(Mission Inter-Alliee de Contrôle des Usines et des Mines：略称ＭＩＣＵＭ、以下ＭＩＣＵＭと略す)の活動がどれほど成功するかにかかっていた。[14] このＭＩＣＵＭは、それが必要と認めた統計資料・報告書等を行政機関、商業会議所、雇用＝被雇用者団体、商工業者、商人等から入手する権限を与えられ、また占領地域の、事務所、鉱山、工場、駅等に自由に出入りして調査する権限も与えられていた。そしてこの活動に対する非協力は、軍法会議の対象となった。これと関連して、フランス側は同日布告第二号を発し、石炭分配の統制権をエッセンに置かれるエッセン工業使節団(Industrielle Mission in Essen)に委ね、この使節の採用する措置に対する不服従には、一層強い制裁措置をとると発表した。[15] しかし、ドイツ政府もその日、石炭分配担当ライヒコミサール、シュトゥツ(Ernst Stutz)の名による指令を与え、フランス、ベルギー両国への賠償用石炭の引き渡しを停止するよう通告していた。さらにこの指令は、フランス、ベルギー両国に引き渡された石炭および差し押えられた石炭にはいかなる支払いをもなさないことも伝えていた。[16] ここに、ルール石炭業界の指導者たちは、一つの決断を迫られるに至った。フランス側の通告に従い、引き渡しを継続し、しかし引き渡しの代金を得ることができないという選択と、ドイツ政府の通告に従い引き渡しを停止し、差し押えをうけ、この場合にも、代金を獲得しえないという選択のいずれを選ぶかという決断である。[17] このような経済的に不合理な選択を前にして、彼らはいかなる決断を下したのであろうか。一二日以降、占領軍およびＭＩＣＵＭの代表者と、ルール経済界の代表者との間で一連の会議がもたれた。一二日午前、まずエッセン市役所において、フランス側とルール経済界の代表者の会談が、ひき続き、石炭シンジケート事務局において石炭工業界の代表者との会談、[18] またそれと平行して銑鉄連盟(Roheisenverband)の代表者との会談が行なわれた。[19] この一連の会談は、実質的な協議を行なったのではなく、今後の会談の進行方法等を扱っていた。翌一三日、一二日のフランス側の申し入れに沿って、新旧両占領地域内にある鉱山会社の、責任と全権をもつ代表者との会談が、午前一〇時から開始された。[20] フランス側はMICUMの代表者が出席し、ドイツ側はルールの主要鉱山会社の代表者(クルップ、テュッセン、シュティンネスの巨大三社の代表も出席していた)が出席し、その代表はテュッセン(Fritz Thyssen)であった。この二者間の交渉は、占領に対応する側の強さと弱さとを象徴的に示した。強さとは、いうまでもなくナショナリズムであった。ドイツ側を代表したテュッセンは次のように述べた。「われわれは、ドイツ臣民として、従来どおりドイツの法律を尊重することを義務づけられている。……私は、いかなる強制措置も、ドイツ臣民として私がその義務を遂行することをさまたげえるものではないと宣言する。もし私が異なった道を選んだとしたら、私自身を軽蔑せざるをえなくなるだろう。ドイツ人として果たすべき義務を怠るなら、私は、フランスを前にして、また私が個人的に面識のあるミルラン氏を前にして、軽蔑されるべき存在となってしまう。私にとって重要なことは、まさにこのようにならないことなのである」と。そして弱さとは、不服従のもつ経済的不合理であった。「われわれは、もし賃金を支払えないとしたら、石炭を供給することはできない。われわれは(石炭に対する──筆者注)支払いを受けねばならない」。事実、ドイツ側企業が賃金支払いのために有する現金は、僅か四日で枯渇するほどであった。先述した経済的に不合理な二つの選択肢の間のジレンマのなかにあって、ルール石炭業界が見出した脱出路は、フランス、ベルギー政府と私的契約を結び、時価の八〇%の代金で石炭を引き渡すことであった。まさにこれは、一一日付けドイツ政府通告が賠償用石炭の引き渡しのみを禁じたことをついた、脱法行為にほかならなかった。ルール石炭業界からのこのような提案に対して、フランス側代表は「従来どおりの支払い方法」に固執したが、最終的には、ドイツ側の申し入れに同意した。より詳細な検討は、一五日以降の会談に委ねられることになった。[21]

このような取り決めが成立したことによって、一五日以降、引き渡しが再開されると予想された。一四日、政府は会議を開き、新たな政府通達を発することを決定した。それは、ライヒ石炭コミサールの名において、「フランスおよびベルギー両国が前払いもしくは支払いを約束した場合でも、これらの国に石炭とコークスを引き渡すこと」をきびしく禁止したものであった。(22) この通達は、同日中に各鉱山会社に電報で伝えられた。(23) 一五日、ふたたびフランス側とルール石炭業界の代表との間で会談が開かれた。その劈頭、一四日付け石炭コミサールの通達を察知していたフランス側代表は、石炭引き渡しの再開命令を伝えた。これに対し、石炭業界の代表(テュッセン)は、ヴェルサイユ条約第二四八条に基づくこの制裁措置は合法であるのかと問い、この命令に対して拒絶の姿勢を明らかにした。(24) 彼らにとって、先の脱法措置が政府によって禁じられた以上、「まず第一にドイツの法律に従わなければならない、第二に、われわれは企業の指導者として企業に責任をもつ」(25) というテュッセンの発言に示されるように、経済的合理性は、ナショナリズムの前に姿を隠さざるをえないものであった。翌一六日、占領軍は、各鉱山会社代表にそしてまた労働者代表に石炭引き渡しの再開を命令し、ルール地区の各炭鉱には、より具体的に、一七日午前より当該各炭鉱は連合軍に対してコークスと石炭の引き渡しを再開すること、そしてそのさい引渡量を二〇％増大することを命令した。(26) そしてこの日、引渡命令拒否に対する制裁として、ドルトムント市が新たに占領された。

その一方、労働者は占領開始のときから、フランス側から大きな期待をかけられていた。(27) しかしこのような期待もただちに失望へと変わった。一一日、ドグットの名のもとに出された戒厳令に関する布告は、その第一条において、ドイツ革命の成果であり経済界から変更を要求されていた、八時間労働日の原則を堅持すると宣言した。しかし一二日、金属労組書記ヴォルフ(Karl Wolf)はこの布告に対し強く反撥した。彼は、ドイツ労働者は八時間労働日を維持するためにフランスの力を必要とするものではない、組合は、たとえ生産縮小という事態が生ずるとしても、占領軍に資料・統計を提供することは断固拒否する、この工業地帯への侵入によって生じるであろう難局の一切の責任はまさに彼ら占領軍にある、と非難した。(28) 一三日午後、ＭＩＣＵＭ側代表と鉱山労組側の代表との間で会談がもたれた。ドイツの三大鉱山労組代表(自由組合系のドイツ鉱山労働同盟＝Der Verband der Bergarbeiter Deutschlands、キリスト教系労組たるドイツキリスト教鉱山労働者組合＝Der Gewerkverein christlicher Bergarbeiter Deutschlands、そしてヒルシュ・ドゥンカー労組である)のほかにも、ポーランド系労働者の組合の代表が出席していた。この会談でMICUM側は、占領の理由を説明すると同時に、秩序を保ち、労働を続け、引き渡しを再開するよう要請した。しかし、このような要請も空しかった。労働者側は、この占領に激しく抗議し、逆に、講和条約とくにスパ石炭協定によって、いかに鉱山労働者が悲惨な立場におかれるに至ったかを訴えた。なかでもキリスト教労組代表のインブッシュ(Heinrich Imbusch)は、「ルール領域の住民は奴隷の心性をもちあわせてはいない、彼らは、武力によって、より多くの生産をなすようにもまた搾取されるようにもならないであろう」と、労働者の心情を象徴的に代弁した。[29] 一六日の会談でも、フランス側は、現在の状況の責任は経営者側とドイツ政府にあると主張し、デュッセルドルフでの労働者と占領軍との好ましい関係をあげ、フランス政府は決して労働者の敵ではなかったことを強調し、労働者に協力を求めた。しかし、労働者側の回答は、占領軍との折衝拒否であった。[30]

このように、占領政策の中核をなすMICUMによる石炭の引渡要請はなんらの成果をみることもなく、約一週間が過ぎようとしていた。これまでの経過を、ライン軍総司令官ドグットは、一九日の軍務省宛て秘密報告書のなかで次のようにまとめている。

「軍事占領に対しては、なんらの抵抗も起こってはいない。それに反し、経済占領に対しては、きわめて激しい抵抗が、とくに官吏・経営者・労働者から起きている。彼らがわれわれに対して形成したブロックは、現時点においてはなんらの分裂もみせてはいない。われわれは戦闘へとまきこまれつつある。[31]」

一七日以降、フランスの占領政策は、それまでの交渉による経済占領から、より物理的な力による経済占領へと移行し、それとともにドイツ側住民との間で「戦闘(fight)」が展開されることになる。

一七日、フランス側の制裁措置が予想されるなかで、占領地域には、静けさが支配していた。(32) そのなかで、ルール石炭業界の指導者たちは、国際法学者グリム(Friedrich Grimm)の手を借りた、占領軍命令に対する声明を発表した。それは、占領軍の措置はあらゆる法に照らしても違法であると宣言し、その結論において、「われわれは、祖国に背くような行動そして名誉を傷つけるような行動を、力によってなさしめられることはない」と強調した。(33) その日、予想された制裁措置はとられなかった。石炭を満載した列車は、いつものとおり非占領地区へと向かっていた。しかしただの一台も、フランスとベルギーに向かう列車は見あたらなかった。(34)

一八日午前、フランス側の占領政策は武力による目標達成へと強化された。ランゲンドレール駅とヘルネ駅では、石炭運搬列車が押収された。(35) このような押収措置とともに、石炭税の押収に関する布告も出された。(36) 一九日朝、ルール地区の国営鉱山が石炭引き渡しを拒否し、地区の鉱山管理局の官吏が逮捕された。(37) 国有鉱山の労働者たちは、武力の下における就労を拒否し、管理局員の釈放を要求した。その日の午後、レクリングハウゼン地区では、経営協議会の特別大会が開かれ、この日のフランス側の押収措置に激しく抗議し、逮捕者の釈放と鉱山に対するフランス側のあらゆる武力行使の中止とを要求し、以上の要求が受け容れられない場合には経営協議会は経営者とともにより適切な措置をとるものであると宣言した決議を発表した。「労働者は、フランスの銃剣の下においては、いかなる場合でも就労するものではない」、これがこの決議の結びであり、協議会はただちに二四時間の抗議ストライキに突入した。(38) ルール占領開始以来、はじめての抗議ストライキであった。

二〇日、石炭引き渡しを拒否した理由で、ルール石炭業界の指導者が逮捕された。(39) 彼らは、軍法会議のため、マインツに移送された。この事件は、ルール地区をナショナリズムの嵐で包むことになった。テュッセン系の鉱山会社の各組織が、また各地の経営評議会が、抗議電報や抗議声明を占領軍に送りつけた。例えば、二三日付けの労働者側の声明は次のように抗議している。「われわれは、六〇万人の鉱山労働者・職員、何千万人のラインラント・ヴェストファーレンの製鉄会社労働者、そして何千という、ライヒ・ラント・地方自治体職員および私企業職員・吏員の名において、この平和時に、ドイツ国法を遵守したドイツ市民を軍法会議に赴かしめるという試みに対して、厳重に抗議を申し入れるものである」と。[40] このような状況のなかで、二四日午後、マインツで、軍法会議が開廷した。彼らに対する起訴理由は、占領軍命令に対する服従拒否であった。[41] 審理のなかで、被告たちは、テュッセンの発言に代表されるように、ドイツ人としてドイツ法を遵守したのみであると抗弁した。弁護人グリムは、「被告全員の名において、また私が愛する故郷エッセン市およびルール全地区の名において、そして全ドイツの名において」、フランス軍のルール占領は違法であると攻撃した。判決は、主訴因たる調達命令違反にのみ罰金刑を課するというものであった。[42] 判決は、ナショナリズムを一層昂進させることになった。軍法会議が開かれた建物の前では、フランス側の集会禁止の命令にもかかわらず、群集は集まり、その数は、夕刻仕事の終わる頃になると二万人余にも達していた。彼らは、判決言い渡しの際、一致して、《Siegreich wollen wir Frankreich schlagen》と、そして《Weh, oh, weh Franzosenblut》と唱和していた。判決後、駅前広場では、この産業界指導者を、政府を、そして祖国を支援する熱狂的な集会が開かれた。[43] 集会は午後九時、フランス軍の介入にあって散会した。しかし、夜半まで、若い国家社会主義者が《Siegreich wollen wir Frankreich schlagen》と歌いながら町のうちを行進していた。このナショナリズムは、当地の当局者も憂慮するほど過熱していた。[44] 群集は、この釈放された被告たちを乗せた特別列車が着く所着く所、彼らを熱狂的に迎えた。群集のうちに起きた歌声は、まさに《Deutschland, Deutschland, über alles》であった。[45]

二六日、『エッセン労働者新聞』は、このような熱狂を、「英雄喜劇(Heldenkomödie)」と論評し、「ある種のグループは、鉱山資本の代表者がフランスに支払わねばならないこの二、三〇〇〇フランをあたかも英雄的な偉業であるかのように取り扱うことによって、殉教者を作り上げようとしている」とナショナリズムの過熱に警戒を示した。[46] また、デュッセルドルフのADGB書記マイアー(Heinrich Meyer)も、二七日、首相宛てに次のような書簡を送った。彼は、現在、ナショナリズムを象徴するような《Siegreich wollen wir Frankreich schlagen》の歌声が流れるという状況のなかで、デュッセルドルフの労働者はきわめて強い不安を感じ始めていると述べ、政府がこのようなナショナリズムを鼓舞するような広報活動を慎しむよう要望した。そして続けて、もし政府が以上のような措置をとらないときには、ルールの労働者の大多数は、この統一戦線を離脱し独自の道をとることになろうと警告した。彼ら労働者にとって重要なことは、「フランスと戦い勝利を収めることではなく、ドイツ民主共和国(die deutsche demokratische Republik)を維持すること」(傍点筆者)であったのである。[47] プロイセン公安担当コミサール、ヴァイスマン(Robert Weismann)は、三一日、ルール地区の労働者の状況を次のように報告している。

「一般的にみて、労働者の一部にはある種の宿命論が支配的となっている。ショービニスティックで国粋的《ナチオナリスティッシュ》な努力は、各地で、経営者に対する不信を、またライヒ政府に対する不信を広げることになるであろう。未組織労働者、統一社会民主党(VSPD)支持者、左翼的労働者は、もはやショービニズムに酔いしれることはない。国粋的な陰謀はあらゆる手段によって食い止められねばならない。さもなければ、労働者はますます正義のための闘争から身をひくことになろう。[48]」

一月下旬、ルール地区は占領軍の軍事占領下におかれるに至った。そしてこの過程のなかでルール地区がみせた反応は、それ以後の反応の位相をすでに示していた。フランス軍、ベルギー軍という外敵の侵入によって極限的な形にまで「浸透された」ルール地区では、初発の対応として自然発生的なナショナリズムによる統合がみられた。しかしこの統合の契機は即自的に分裂の契機を内在させていた。一方における《Deutschland, Deutschland, über alles》の歌声に象徴されるナショナリズムの過熱化であり、他方におけるドイツ共和国に忠誠を誓う社会主義諸政党および労働運動側の警戒である。そして占領の継続とともに、前者はサボタージュに代表されるいわゆる「積極的抵抗」となって現出し、後者は紛争終結のための交渉開始要求となって現出し、分裂は実相へと化するのである。

では、一体このような、国民国家の一領域への外敵の侵入に対して、クーノ政府はどのように対応したのであろうか。以下、クーノ政府の対応を中心として、ライヒ全体の反応をみることにしたい。

二 政策としての「受動的抵抗」

ルール占領は、ドイツの最高政策決定者にとって決して、意外性・決定時間の制限・脅威の高さという「危機下の対外政策決定パターン」を迫るものではなかった。意外性は、クーノ内閣成立時にすでに始められていたフランス側の公然たるルール占領の主張によって弱められており、決定時間も、約一ヵ月余という検討時間を与えられており、ただ、ドイツ最大の工業地帯に対する侵入という点のみが脅威の高さを与えていた。それは、《deliberative situation》という決定状況を形成したのである。したがって占領に対してドイツ側は、とるべき政策について検討を重ねる時間を与えられている状況にあった。その政策は、「受動的抵抗」と総称されるものであった。それは、第一に、ルール占領地区でのフランス側の占領政策に対して、つねに受身の立場から行動することであった。このことを、すでに一月五日、外相ローゼンベルクは、次のように駐仏大使に述べている。「われわれは、可能なかぎり受身の立場から行動するつもりである。内外政上の理由からして、われわれはストライキ等を煽るつもりはない」(49)と。第二に、政府がより重視した政策は、国民の統合であった。一月九日、大統領および国防軍最高司令官の出席の下に会議が開かれ、全出席者は、ルール占領に関する基本要綱ともいえる文書に同意した。文書は、冒頭で次のことを強調していた。「ラインラントで制裁措置がとられ武力行使が発動されたとき、その次にくるものは、おそらく強烈なナショナリズムの波であろう。そのとき重要なことは、この波を国家に役立つようにすることである。それは、この波を放置し、この波をハーケンクロイツや黒白赤旗の象徴の下にゆだねることではない。逆に、それは、この波がドイツ国民間の和解と統一に役立つように、そしてこの波が盲目的な熱狂となることなく、来たるべき苦境に耐える意志を強化するよう心がけることである」[50]と。そして第三に、外交面での対応であった。この九日の会議は、駐フランス大使と駐ベルギー公使の召還をも決定していた。そしてさらに、フランス側の行動は、法律的に違法であり経済的に非合理的であることを、世界中に訴えることも考えられた。早くもこの九日、クーノは、この考えにしたがって、アメリカの特派員と会見し、このことを強調している[51]。

では一体、占領開始後、クーノ政府はどのように、フランスの占領に対応したのであろうか。まず最初に、ルール地区でのフランスの占領政策に対して、クーノ政府がどのように対応したのか、すなわちどのような種類の命令・通達をどのように決定し発表したのかを、みることにしたい。

それは、次のような特色をもって行なわれた[52]。まず、第一に、このルール占領は前述のように予期されたものであり、またこの占領が予期されてから現実に実施されるまで少なくとも一ヵ月余の期間が存在した、それにもかかわらず、ルール地区の住民に関する具体的な政策は、なんら検討されてはいなかったのである[53]。したがって、占領開始後のドイツ政府の政策は、つねにフランス占領政策への対応としてのみ存在することになった。この第二の特色は、より具体的に述べるならば、あるフランス側の占領政策が占領軍司令官命令等によって明らかになった時、ドイツ政府側は、この命令に対する拒否命令を出すという形をとるものであった。そして第三の特色として、このような受身の立場からの対応は、その結果として、占領軍側の要求→ドイツ政府側の拒否命令→占領政策の強化という悪循環をもたらすことになった。(54)

このような特色は、すでに、一一日以後の最大の課題であった石炭引渡問題のうちに見出される。前述したように、一一日、ライヒ石炭コミサールは、フランス、ベルギー向けの賠償用石炭の引き渡しを禁止したが、ルール石炭業界の脱法行為の動きをみて、一四日政府は閣議を開き、石炭の有償による引き渡しをも禁止することを決定した。この最初の政府の政策こそが、政府の具体的な対策の欠如と受身の立場からの対応を端的に示していた。そして、これに続くものは、占領軍側の支配の強化であり、前述した、石炭引渡命令であり、究極には不服従者の逮捕であった。加えて、占領軍は、支配の対象分野をも拡大していった。一八日、占領軍は布告第一号を発表し、占領地区内で石炭税の政府納入の差し止めを命じ、MICUMに、租税に関する権限を与え、この布告の違反者には、最高一億マルクの罰金と五年の懲役を課するとした。(55)また、一九日の布告第二号は、関税に関しても同様の措置を採用した。そして、二〇日の布告第三号は、森林管理業務を占領軍下に置いた。(56)同日第四号は、以上の布告の担当機関をコブレンツに設置することを発表した。(57)このように、占領軍による支配は石炭を中心とする分野から、石炭税・関税・森林管理の分野にまで及ぶようになり、それは、占領地域内の行政機関とも対峙することになった。まさに、悪循環は深く広いものとなっていった。

一七日以降、占領軍は、石炭差し押えを行ない、国有鉱山を自己の管理下においた。これに対し二六日、政府は占領軍に対して燃料の一切の供給を拒否するよう指令した。違反者に対しては、最高一年の懲役と一〇万マルクの罰金が課せられた。(58)これに対する占領軍側の反応は、石炭の自力による調達であった。石炭はすべて、ボタ山のなかであれ、燃料会社のものであれ、貨車のうちのものであれ、差し押えられた。(59)そして、一月三一日にはフランス政府は、石炭とコークスを非占領地域へと輸送することを禁止する旨を通告した。(60) 同日、占領軍司令官もルール地域で同様の命令を発表した。(61) 二月三日、閣議において食料および農業担当大臣ルター（エッセン市長でもある）は、この二六日の措置がもたらした占領政策の強化は、家庭用燃料の欠乏をもたらすことになったと憂慮を示したものの、他の出席者は、この措置を続けること以外に解決の道を見出しえなくなっていた。(62)

運輸関係の対策も同様なパターンを辿った。占領の始まる前日の一〇日、運輸省で開かれた会議は、国鉄の抵抗はなんら益するところなく、むしろ国民の負担を増大するだけであるとして、国鉄は受動的抵抗を含めた一切の抵抗を行なわないことを決定していた。(63) しかし一六日の閣議は、この問題をもう一度取り上げ、占領軍への全面的な非協力論と無抵抗論とが対立をみせた。すなわち、石炭業界が引き渡しを拒否している以上、鉄道もフランス、ベルギーへの輸送を拒否すべきであるという主張と、鉄道の輸送拒否は鉄道の占領をもたらし、その結果として、占領地域と非占領地域との交通が遮断され、占領地域の食料確保も非占領地域の石炭供給も困難となる、したがって、従来のまま無抵抗で行なうべきである、という主張との対立であった。(64) この日の結論は、受動的抵抗がなされるべきであるというものであり、その理由は、公然たる抵抗によって、ただちに鉄道を占領軍下に置かせるよりもこの措置の方がよりよいというものであった。(65) この決定に従って、運輸省は一九日、国鉄と国有水路管理局に、フランスとベルギー向け石炭の輸送を拒否することを命ずる通達を発した。(66) 二一日、鉄道労組は、この運輸省通達を支持する声明を発表し、あわせて、占領軍は鉄道の管理・運営部門への介入をとりやめるよう要求し、ドイツ鉄道はドイツ鉄道労働者のものである、と宣言した。(67) その間、ライン＝ヘルネ運河の管理はフランス軍の手に落ち、エッセン鉄道管理局長も逮捕・追放された。そして三〇日には、フランス占領地区たるマインツにおいて、鉄道労働者は抗議ストライキに突入した。(68)

さらに、布告第一号の発表以後、占領地区公務員への指令も問題となっていた。一七日の閣議において、大蔵大臣ヘルメスは、占領地区の財務担当公務員に対して、「侵入者のすべての決定に――とくに石炭税の徴収に――抵抗を行なう」よう通達を出したことを報告した(69)。しかし、事態は、受動的抵抗命令を単に財務担当公務員に限定しうるようなものではなかった。一七日、占領地区の行政指導者はミュンスターで連絡会議をもち、出席者は全員一致で、占領軍命令はドイツの法律・命令に抵触しないかぎりにおいてのみ遂行されるにすぎないと決定し、とくにヴェストファーレン地区の公務員組合の代表者は、公務員は無条件でドイツ政府を支持するものであると語った。占領地区の公務員にとって、とるべき態度を決定するものは、「権力と武力はフランス側にあり、正義と良心はドイツ側にある」という信念にほかならなかった(70)。このような下からの自発的ともいえる占領軍に対する不服従のエネルギーを受けて、また各占領地区から、政府は公務員に指令を出すべきであるという要求が表明されるにいたって(71)、一九日、政府は閣議で問題を検討するに至った。そこにおいて全員一致をもって出された結論は、他国に国際法を犯して侵入した占領軍に対して、ルール地区ではあらゆる領域において抵抗を行なうこと、旧占領地区ではドイツ法に抵触する命令にのみ抵抗を行なうことであった(72)。この決定に基づいて、一九日、首相クーノはプロイセン邦首相ブラウン(Otto Braun)、バイエルン邦首相クニリング(Eugen von Knilling)、ヘッセン邦首相ウルリッヒ(Carl Ulrich)、オルデンブルク邦首相タンツェン(Theodor Tantzen)の連名で、「占領当局の命令に従わず、政府の命令にのみ従う」よう布告を発した(73)。これに応じて、中央各省および各ラント政府も同様の通達を管轄下公務員に発した(74)。しかし、このような各省の通達は決して統一のとれたものではなかった。早くも二二日には、エッセン市副市長(Bürgermeister : Schäfer)は、各行政当局への指令がまちまちであると不満を表明している(75)。

以上のように、クーノ政府のルール政策は、つねに占領軍命令に対する対応にすぎなかった。そして、その対応を決定するために必要な情報収集の一元化と担当専門部局間の相互連絡もほとんどなされず、それが実現されたのは、占領開始後一〇日余もたったときであった。情報収集の一元化が整備されたのは一八日のことであり、一八日付け官房長官ハムの各省宛て回状は、「現在の政治情勢の要請に従い、暴力下にさらされている領域に関するすべての情報、そして、そこから発せられるすべての通信と報告は、政府の一部局に集められるものとする」と報告し、ケンプナー(Franz Kempner, Ministerrat in der Reichskanzlei)をその任にあてることを伝えていた。[76] また二一日になって、各省のルール対策担当者が決定され、[77] 彼らが各省間の連絡会議を開いたのは、二三日のことであった。[78]

石炭引き渡し拒否命令、鉄道・運河使用拒否命令、公務員への服従命令等としてみられたいわゆる受動的抵抗は、以上のように、決して、政府があらかじめ予期して定めた事前対策の上にたつ一貫した政策ではなかった。その政策は、あくまで微変的なそしてまた受身的なものとして決定され通達されたのである。そして、このような、政策のパターンは、以後も改められることなく続けられていくのである。

三　仮象としての「政治統合」

前述したように、ルール地区住民の抵抗のエネルギー、すなわちライヒ政府への服従を支えるエネルギーの源泉は、彼らの間に生じた自然発生的ナショナリズムであった。そして、まさに、外敵の侵入を契機とするナショナリズムの昂揚であったがゆえに、それはショービニズムと化し、政府への忠誠を抑制する側面をもあわせもっていた。このような相矛盾した促進と抑制の二要因によって構成される統合のダイナミズムは、そのままライヒ政治体系においても作動することになった。

自然発生的ナショナリズムを基底とする政府への支持の動きは、占領の直後から始まった。それはラント諸政府のライヒ政府への支持、そして議会によるクーノ政府への支持という形をとって現われた。ドイツ内の最大のラントたるプロイセンでは二一年一一月以降、大連合内閣のもとにブラウン＝ゼーヴェリング体制が形成されていたが、一〇日、ラント議会の再開にあたって首相ブラウンは、フランス政府の行為を違法なものとして激しく攻撃し、プロイセン政府のライヒ政府への協力を強調した。また、ラント議会も政府に協力を表明した[79]。翌一一日、プロイセン政府は、ライヒ政府宛てに書簡を送り、この緊急事態にあたって、政府の決定にプロイセン政府も参加しうるよう要請した[80]。これを受けて一二日、政府は回答を送り、プロイセン政府の参加に同意を表明した[81]。以後、ライヒ政府の閣議には、プロイセン政府から首相・内相をはじめとする代表者が出席することになった。また社会民主党左派の牙城たるザクセンでも、一二日、内相リピンスキー(Richard Lipinsky)はラント議会において声明を発表した[82]。それは、フランスの行動が違法であることを訴えライヒ政府を支持することを表明する一方、ナショナリズムによる統合には冷静な姿勢を示すものであった。「ドイツ国民は、きわめて困難な状況に直面している。このような難局は、ライヒ政府が共和国を堅持し強化することによって、また国民すべてがその能力に応じて講和条約の負担を負いドイツ国民経済の再建に参加することによって、よりたやすく克服されることになろう[83]」(傍点筆者)と。一方、革命以後極右派の牙城と化していたバイエルンでも、ラント議会が再開された九日、バイエルン政府はライヒ政府への支持を明らかにした。首相クニリングはこの日、ラント議会で次のような演説を行なった。彼はまず、フランス側の行動を条約違反として批判した。しかし批判はそこにとどまらなかった。ヴェルサイユ条約もこの行動によって無効になったと宣言したのである。続けて彼もまた統合を主張した。「われわれは、ライヒ政府が、このような強制下という最も酷しい状況にあって、その揺ぎなき態度を堅持するよう期待する。いまやドイツに、醜い国内の争いもこせこせした政党間の争いも許されない時がきた。われわれが必要とするものは、ドイツ国民の力強い決意にほかならない[84]」と。一一日バイエルン政府は、その住民に対して呼びかけを発し、書きとらされた平和の不当性を激しく非難し、一四日を、国民と祖国の不幸を悲しみ同時に国民の堅い団結を示す「悲しみの日(der Trauertag)」とすることを告げた。(85) そして、一二日には、各ラント政府首相とライヒ政府との会議が開かれ、この会議でも、ラント側は政府の方針説明に満場一致の支持を与えた。(86)

一三日に国会が開催された。この国会は、ＳＰＤの要請によって開かれた特別国会であった。まず、首相クーノが登壇した。彼の演説は、明らかに国内統合の必要性とその正当性を訴えることを意図したものであった。そのためには、今回のフランス側の行動は違法なものであり、それ以上に「ドイツ帝国とその存在を抹殺せんとする」政策に由来するものとされねばならなかった。「われわれがいま直面しているフランス側の行動において重要なのは賠償金ではない。重要なのは……四〇〇年以上にもわたってフランスの政策の独自性を形成したあの古い目標なのである。その政策とは、今日のフランスの権力者も追求しているルイ一四世とナポレオン一世の政策なのである」と。国民は、国家の最高責任者の口から明確に、フランスの今回の政策はフランス四〇〇年来のドイツ解体政策なのである、と伝えられたのである。それに対してドイツは無防備であった。フランスの政策は、「ドイツ国民自身が不能となったとき」成功するものであった。そのためにもドイツは統合されねばならなかった。「諸君、その精神と肉体のすべてを我が民族と祖国のために捧げようではないか」と。そして、最後に彼は、演説を簡潔に次のようにまとめた。「不法・苦境・欠乏、これが今日のわれわれの運命である。正義・自由・生活、これがわれわれの目標である。その道程、それは統一である」(87)と。次いで、外交委員長であり、以後もクーノ政府のために政党間の統一に尽力することになるシュトレーゼマン(Gustav Stresemann)が登壇した。(88) 彼は、中央党、ＤＶＰ、ＤＤＰ(ドイツ民主党、Deutsche Demokratische Partei)、ＢＶＰ(バイエルン人民党、Bayerische Volkspartei)、ＤＮＶＰと他の二党を代表していた。彼もこの危機に際して国民の統合を強調した一人であった。(89) 彼の論理もクーノと同様であった。フランスの占領は違法であり、「フランスの目標は、ドイツの解体である。フランスは、ドイツ国土を長期的に占領し同時にわれわれを経済的に扼殺することによってドイツの統一を破壊し、ドイツ国民に彼らの措置を強制的に認めさせようとしている」とフランスの占領目標を説明した。彼にとっても必要なのは国内の統一であった。「この苦境はますます酷しくなる、したがって、われわれはそれだけ真剣に結集しなければならない。政治上の対立も宗教上の対立も、ドイツ人であることに、民族に忠誠を保つという崇高な感情の前に席を譲らなければならない(90)」と。彼をついだ者は、SPDのヘルマン・ミュラー(Hermann Müller)であった。SPDは、クーノ政府の賠償政策には容認(Tolerierung)の姿勢を示し、今回二一年五月の対独統一戦線の形成に比して、占領がフランスの孤立した行動としてなされたことを、履行政策の成果と評価していた。その反面、SPDは、このフランスの単独行動がドイツ国内にショービニズムを巻き起こすことに警戒を示していた。一月七日、『フォアヴェルツ』はブライトシャイト(Rudolf Breitscheid)の論説を載せ、占領とナショナリズムの高まりが予想されるなかで、次のようなSPDの方針を明らかにした。「ドイツは来たるべき事態に対してあらゆる側面から抗議を起こすことになろう、その際ドイツは、いままで採用されてきた履行意思という方針を大体において堅持しなければならない。国粋的な扇動や単純なあきらめほど致命的なものはないだろう(91)」と。占領開始の日、SPD指導部は「呼びかけ」を作り、一二日の『フォアヴェルツ』に発表した。それは、フランス帝国主義の侵略とその違法な行動を非難する一方、ナショナリズムの高まりに、次の二面において警戒を示した。一つは国際協調主義、とくに国際プロレタリアートの支持の強調であり、他は、「新占領地区(ルール地区をさす――筆者)の労働者も、ライン左岸の労働者が戦後一貫して示してきたドイツ共和国への忠誠を示すことをわれわれは確信するものである」(傍点筆者)という一文に示されるように、共和国への忠誠であった(92)。この立場は、一三日のこのミュラー演説で端的に示されることになる。彼の主張したことは、ドイツ側の履行意思の強調であり、フランス側の行動の違法性であり、「平和愛好国たるドイツに対するこのような新たな侵略に対してわれわれが抗議するとき、その声は海外でも反響をえるものと確信する」という平和主義であった。[93] このように、SPDは、クーノ政府に支持を与えたものの、それはきわめて抑制されたものであり、ナショナリズムがショービニズムに転化することに大きな警戒を示したのである。[94] その後、国会は中央党のマルクス(Wilhelm Marx)の提案に基づくクーノ信任案を、賛成二八三、反対一二、保留一六で可決した。反対票は共産党が、保留票はSPDが投じたものであった。[95]

以上、ラント政府と政党の統合の様相をみてきた。そして政府の政策決定に大きな影響力を与えるこの二つの政治集団は、自発的に政府を支持するという点で一致していた。しかし、ザクセン政府およびSPDのショービニズムへの警戒に示されるように、「城内平和」は決して一枚岩といえるものではなかった。この城内平和は、ナショナリズムを積極的に喚起しようとするナショナリズム指向のグループと、城内平和を一応支持しながらもそのナショナリズムの過熱に警戒を示す非ナショナリズム指向グループとによって構成されていたのである。

この二つのグループの相違は、一四日の抗議集会において端的に示されるに至った。一四日、フランス政府に対する抗議集会が全国各都市で開かれたが、政府与党を中心とするナショナリズム指向グループの集会にSPDは参加を拒否し、独自の集会を開催したのである。[96] その後ナショナリズムは急速に過熱していくことになった。一九日、全国農業連盟(Reichslandbund)は、声明を発表したが、それはナショナリズムの高まりを示すものであった。「いかなる国際法にも反し、そしてまた、ヴェルサイユ条約にも反する異国軍のドイツへの侵入は、それ自体戦争行為にほかならない。そのような行為に対して、国民は最大の力と決意をもって、しかも世界史の名において対抗するものである」[97]（傍点筆者）と。ライヒ公安担当コミサールも二四日、このような好戦的なナショナリズムが各層に広がっていると報告している。[98] ダバーノンも二一日には、愛国的なうねりが広がりをみせていると観察し、「このうねりは突然変化するやもしれない、ドイツ人の心の中には、自滅的な傾向に近いものがある」と、危惧感すらも抱いていた。[99] この二つのグループの相違は、一月下旬に行なわれた国会の予算審議のうちで再び鮮明になった。二五日、ヴェルス(Otto Wels)はナショナリズムの過熱によるファシズムの擡頭に警告を発し、(100) 二六日、ブライトシャイトは、フランスの侵入に対する防衛という面では、政府およびブルジョワ諸政党と立場を同じくするが、彼らと完全に同一であることは望むところではないと述べ、われわれはフランスのナショナリズムと戦っているばかりでなく、ドイツ・ナショナリズムとも戦わねばならないとして、より明確にナショナリズムの過熱に警告を発したのである。(101)

以上のように体制内の政治集団の統合は、表層においては城内平和を形成したものの、その深層においてみるならば、ナショナリズムをめぐって、それを維持・増大させ同時に統合のための支持調達に利用しようとする集団と、それとは逆にナショナリズムに対して拒否的な姿勢を示し、しかし有効な対抗象徴を作りえないまま留保付き支持をみせる集団とに亀裂をみせたのである。

このような体制内諸集団のいわば下からの統合に対して、クーノ政府は一貫してナショナリズムの喚起による統合を試みていた。統合はクーノ政府にとって、ルール対策にもまして重要なものとして位置付けられていた。前述したように、一月九日の閣議に提出された基本要綱は、ナショナリズムのうねりの維持とその指導とを第一の政治課題として掲げ、その方法として、法と歴史的道義の強調をあげていた。(102) それ以後の統合の試みはこの方針に従って行なわれることになった。その一つは、国民へのアピールであった。一月九日、政府はルール住民に対し、大統領首相連名の呼びかけを発した。それは、フランス側の武力行使は条約違反の行為であり、正義はドイツにあると述べるとともに、住民に、ドイツ人としての共通の意識と、犠牲をも辞さない祖国愛とを要求していた。さらに一一日、占領の開始にあたって、全ドイツ国民に向けて声明が発表された。この大統領と全閣僚の署名をもつ声明は、フランス側の行動の不当性を説き、国内の統一を訴えることにおいては、九日の声明と同内容であった。しかし、この侵入は予期されてはいたが意外なものであったとして、政府の予防措置のなさを正当化したこと、現在は戦後最も困難な状況であるとして危機の深さを強調したこと、そして国民の名誉と正義とを統合の呼びかけの中心においたこと、の点で先の声明と若干の相違をみせていた。[103] そしてこの呼びかけは、一四日日曜日を「かなしみの日」とし、集会を全国各地で行なうことを伝えていた。一四日、集会は各地で開かれた。ベルリンで政府と与党の主催のもとにとり行なわれた集会には五〇万人が参加し、「条約違反者の銃剣の下で労働する」ことを拒否することが宣言された。[104] またミュンヘンでは、この日、バイエルン統一祖国連盟(バイエルン最大の愛国団体)の主催のもとに集会が開かれ、一〇万余の大衆が集まっていた。[105] その後、自然発生的ナショナリズムは、一七日以降の占領政策の強化、テュッセンらのマインツ裁判を契機として、そのうねりを強めていった。この状況のなかで、二四日、政府はふたたび声明を発し、「ドイツの現在と将来のために、そしてライヒと国民の自由のために、国民の統一と犠牲とが」必要であると訴えたのである。[106]

政府は、ナショナリズムの喚起による統合の保持の努力に加えて、各種の団体とも接触をはかり政府への支持の調達を試みていた。前述した一二日のラント政府との会談もその一つであった。この席上、首相クーノは次のように説明している。「現在重要であるのは落ち着きであり、現在敵は国内にではなく国境の彼方にあるという決意である、さらに、現在のこの国家が、すなわちドイツ共和国が、国家の統一と国民の復興のための唯一の基礎であることを理解し、それをすべての力を結集して擁護せんとする意志である」[107]と。また、一三日の議会も前述したように支持調達の場となった。一七日以降、占領の本格化とともに、各種の団体へも支持要請が試みられた。二三日には、ドイツ労働組合総同盟(Allgemeiner Deutscher Gewerkschaftsbund：ＡＤＧＢ)、ドイツ労働組合連盟(Deutscher Gewerkschaftsbund：ＤＧＢ)等の労働組合代表との会談がもたれた。[108] この会談のなかで、政府は現在までの経過と方針とを説明し、ＤＧＢ側は、政府に全面的な支持をよせた。しかしＡＤＧＢ側は政府に支持を与えるにあたって、二つの留保条件を加えた。一つは、エッセン地区の書記長マイアーの発言に示されたように、ナショナリズムの過熱化に対する留保であった。もう一つは、労働者のストライキに関するものであり、政府の抑制の要請に対して、ADGB側はゼネストを行なうに相応しい状況ではないことを認めながらも、ストライキ権は労働組合側が保持するとして、政府の介入を断固拒絶した。しかしながら、基調において、労働組合側の政府支持の態度は変わることはなかった。翌日、公務員の諸団体との間に会談がもたれ、政府側は彼らに支持を要請し、公務員団体側は、現在の状況は大戦時の最終段階のそれと同様であり、いま行なわれているのは他の手段による、すなわち経済的手段による戦争であるとして、断固たる支持を政府に確約した(109)。

一月下旬には、政府は、自然発生的ともいえるラントと政党の下からの支持に加えて、労働組合と公務員の各団体からの支持の獲得に成功したことによって、戦後最強ともいえる統合を達成した。ゲルラッハ(Hellmuth von Gerlach)は次のように当時の状況を記録している。「休戦以来一度もありえなかったことが、いまポアンカレの政策によって、事実となりつつある。すべての政党間の抗争は停止されるに至った」と。しかし、同時に彼は次のようにも書いている。「ルールの労働者およびドイツ労働者は圧倒的に反資本主義的である。彼らはテュッセン、シュティンネスを階級敵とみなしている。……また戦争の結果として彼らの軍国主義に対する反対はきわめて強いものがある(110)」と。この彼らから、その後交渉要求が表出され、「城内平和」は解体していくのである。

四 戦闘に従属する和平交渉

クーノ内閣のルール紛争に対する反応の第三の側面は、いうまでもなく外交面にある。パリ会議以降、賠償問題という争点をめぐる勢力均衡体系内の各主体の配置状況は、解決の難しさを端的に示すものとなっていた。賠償問題をめぐる英仏間のコンセンサスはほとんど失われた状況にあった。二一年ロンドン支払い案の事実上の全面改正を提案したイギリスと、二一年ロンドン支払い案に固執しそれに基づいてドイツ側にさらに大きな譲歩を要求する生産的担保の実現をめざしてルール占領へと進んだフランスとの間には、対独賠償政策の共通項は、ほとんど失われていたのである。このコンセンサスの欠落と近東問題における英仏間の対立とを考えるとき、賠償問題の行き詰まりの打開はこの二国に期待しえないものとなっていた。そしてアメリカも、ニュー・ヘイブン演説のなかで国際専門家委員会構想を明らかにしたものの、それはあくまで解決のための一案の提示にしかすぎず、そのための積極的なイニシアチブの発動をみせるまでには至っていなかった。賠償問題は、二三年一月のパリ会議終了の時点では、解決の基礎となる方向すらも失われてしまっていたのである。この方向喪失の賠償問題に、新たに制裁措置をめぐる紛争を加重したのが、二三年一月一〇日、フランス政府とベルギー政府のノート交付によって開始されたルール占領であった[(11)]。

ルール占領に対するドイツ政府の対外措置は、その国内措置と同様、重点を対策に置くものであった。その基本方針は、年頭の在外大公使宛ての回状で示されたように、紛争を「受動的・道義的抵抗(passiv-moralische Widerstand)」に限定するというものであった[(112)]。外交レベルでの「受動的抵抗」とは、具体的には、占領参加国に対して賠償支払いを停止することであり、大使召還であり、「道義的抵抗」とは、占領の違法性を各国に訴えることであった。一月九日、先述の基本要綱が決定された閣議において、賠償支払い停止と大公使召還という措置が決定された[(113)]。一月一一日、駐仏大使マイアー(Wilhelm F. Meyer)とベルギー公使ランツベルク(Otto Landsberg)は召還され、駐仏代理大使には、のちに駐仏大使となる大使館参事官ヘッシュ(Leopold von Hoesch)が任命された。一一日、ドイツ政府はフランス、ベルギー政府にノートを送り、両国政府の今回の行動は、ヴェルサイユ条約に違反するものであり、両国政府の主張とは逆に明らかな軍事行動であるとして、これら二国に対する賠償支払いを停止すると伝達した[(114)]。大使召還と占領参加国への賠償支払いの停止、これが、占領国に対するドイツ側の対外措置のすべてであった。[115]ドイツ政府は、フランスとの外交関係を断絶する意図も、また賠償委員会と接触を絶つ意図も有してはいなかった。[115]以後ドイツ政府は、ルール占領という行動が違法であり軍事行動であると反論し、占領の強化のたびに抗議ノートを提出していった。[116]一月一六日、占領軍がドルトムント市を越え、ヴェルサイユ条約で定められたライン河東岸五〇キロメートルの非武装地帯をも越えて国防軍の基地にまで接近してきたとき、ドイツ政府はその旨の注意を喚起する抗議ノートをフランス側に提出した。[117]この抗議ノートを契機として、フランス政府とドイツ政府の間には、抗議ノートによる反論の応酬が繰り返されることになった。一七日フランス政府は、先のノートに対して、この行動は軍事行動ではないこと、現在のルールの受動的抵抗を遺憾とし占領をさらに拡大することを伝えてきた。[118]これに対して一九日ドイツ政府は、この行動は明らかに軍事行動であり、フランス政府は全世界を前にしてこの事実を隠蔽し取り繕ろおうとさえしていると極言し、ふたたび抗議を繰り返した。[119]一八日以降、占領がルール地区の官吏の逮捕・追放および石炭の差し押えにまで強化されるにつれて、このノート戦争(der Notenkrieg)はほぼ毎日のごとく繰り返された。これらのノートはきわめて形式的に手交されただけであり、両国の間には不毛とも思われる口頭による戦争が続けられた。[120]そして一月三一日、フランス側がエッセン市の病院のベットを差し押えたことに対し、それは人道に悖る行為であるとドイツ側が抗議ノートを提出したとき、フランス側はこのノートを受理しえないとして返付し、以後すべてのノートを返付すると伝達してきた。[121]三一日、フランス政府は占領地区から非占領地区への石炭とコークスの移送を禁止する旨を伝えてきたが、[122]これに対するドイツ側の抗議ノートにも、[123]フランス側はノート受理の拒否をもって応えただけであった。[124]二月九日、ドイツ政府はノート受理拒否に対する抗議ノートを送り、それ以降も抗議を続けたが、フランス側からの返答はもちろん皆無であった。[125]

ルール占領後、ドイツの対仏政策は、大使召還、支払い停止、抗議ノートの手交という形をとって現われた。そして、この抗議ノート戦争は、事実上口頭による戦争であり、フランス外務省との接触はほとんど断ち切られ、対仏関係は、外交のコミュニケーションの面でみるかぎり、外交関係の断絶とほぼ等しい状況を呈することになった。このような対仏政策は、次のようなヘッシュの本省宛てメモランダムに要約されるフランス認識に基づいていた。[126] 彼はまず、「一般的にみて、ルール行動はその本来の目標（木材・石炭引き渡しの確保）に関するかぎり失敗であったということができます。この事実に対応して、このような目標はいまではほとんど語られなくなっております。むしろこのルール行動は、世論に対しては、ますますフランスとドイツの間の力くらべ（Machtprobe）として示されるようになっています。……人びとは、フランスは軍事的にも経済的にもそして財政的にも優位にあると考えており、それゆえ、ドイツ側の自滅に至るまでこの力くらべを続けるという断固たる決意をもってすれば、ドイツとの戦いはこの優位によってやりとげられるであろうと考えております」（傍点原文）とフランス国内の世論を分析し、次いでフランスのルール政策の中心は労働者と経営者との分断にあると指摘し、最後に次のような展望を示した。「以上述べたように最初の措置の失敗が認識されているにもかかわらず、現段階では撤退等ということは考えられておりません。ただ将来ありうることとして考えられることは、戦いが成果のないまま続き、そして財政的・道義的な失敗が明らかになったとき、政府が倒れ、新たな政府が新たな基礎の上にたって賠償問題の検討をなすということのみかもしれません」。彼はポアンカレ政府の失脚という事態にのみ希望を託した。[127] ルール紛争は威信をかけた力くらべであり、解決の道はフランスの自滅による敗北しかないという認識が対仏政策を支配したのである。このような認識のもとにおいては、対仏政策の重点は対仏外交よりもルール政策と国内の統合という対仏戦争に置かれざるをえなかったのである。

では、対戦国とは外交よりも戦争の側面にその政策の重点が置かれるなかで、外交の可能性が開かれている第三国に対するドイツの政策はいかなるものであったのであろうか。それは、みずから積極的に第三国に介入を要請しそれとともにその方向へと向かう外交交渉を展開することではなく、第三国からの介入を期待しその方向に従って外交交渉をなすことにあった。そのさい介入を期待された第三国とは、アメリカでありイギリスであった。(128)

一〇日、政府は在外公館宛てに、書面によるノートと口頭によるノートを当地の政府に伝達するよう訓電した。この書面によるノートは、フランスおよびベルギーによる今回の行動は次の三点において国際法に違反していることを各国に訴えることを目的としていた。まず第一点は、二二年三月二一日付け賠償委員会ノートに従えば、ドイツ側の石炭・木材引き渡しの不履行に関しては、賠償委員会はその履行を要求する権限しか与えられていないこと。第二点は、ヴェルサイユ条約はいかなる場合においても、領土を侵犯する制裁を認めていないこと。そして第三点は、同条約によって許される対独措置は連合国全体によって決定され実行されるものであって、各国政府が単独で決定実行することを許すものではないこと、であった。(129) そして続けて口頭ノートは、「この不幸な闘争にあってドイツ側の唯一の武器は法と道義である。ドイツ政府の方針は、受動的な、すなわち一切の攻撃を避ける純粋に防衛的な、抵抗を行なうということである」と伝えた。(130) また同日付けの在外公館宛ての極秘の方針説明書は、ドイツ側の仲介に関する態度をより明確に示すものであった。それは次のように述べている。「ドイツは、ドイツが孤立していること、そしてドイツは己れの力にしか頼ることができないことを知っている。ドイツは、諸外国の援助を求めるつもりもないし、また求めることができるものでもない。ドイツ国民は、その力が衰える前に、世界中の関心がドイツへの自発的援助へと向かうことを期待して、道義的抵抗を推進すべく残された力を結集するつもりである」(131)(傍点筆者)と。まさに、ドイツの仲介に対する考えは、海外では法と道義を訴え、国内では統合を維持することによって抵抗を持久し、そうすることによって第三国が自発的に介入してくるのを待つというものであった。このような自発的介入への期待は、一月下旬になされたイタリアによる仲介工作に対するドイツ側の反応のなかで明確に示されることになる。ＭＩＣＵＭに二人の技術者を派遣したイタリア政府は、一〇日、イタリア駐在ドイツ大使ノイラート(Konstantin Freihr. von Neurath)にその事情を次のように説明した。イタリアはパリ会議においてイギリス側がボナ・ロー提案を提出したために、このような措置を余儀なくされたのであり、その行動は消極的なものである、そして、イタリアは、フランスの政策を緩和するように働きかけるつもりであるし、フランスとドイツとの間で和解が達成されるよう期待していると。(132)その後イタリア政府は、ルール占領と同時に提案したイギリスを除くフランス、イタリア、ベルギー、ドイツによる大陸同盟の構想を放棄し、フランスとドイツとの仲介に進み出た。(133)一八日、ドイツ駐在イタリア大使ボズダーリ(Conte Alessandro de Bosdari)は、ドイツ政府に、ドイツ政府が交渉条件を明らかにしてくれれば、その条件をパリとロンドンに伝えるつもりであると、仲介の役割を果たす意図のあることを伝えてきた。(134)その日、ドイツ政府は、このイタリア側の申し入れに感謝の意を示したものの、正式回答を保留し、「フランスの軍事的圧力のもとではいかなる交渉にも応ずるつもりはない」と返答したにとどまった。(135)その一方、ローゼンベルクは、「交渉は、イギリスが、そして出来るならばアメリカも参加したときにのみ、成功すると思われる。ドイツは、今後の賠償問題に関するいかなる交渉においても、ルール地方からの占領軍の撤退を交渉の前提条件とする」という方針を固め、その旨を在外大使に伝えると同時に、その地の状況を判断して意見を返電するよう訓電した。(136)この要請に対して、駐英大使シュタマー(Friedrich Sthamer)は、この方針原案に賛成する旨を伝え、同時に「イギリスはアメリカとともにでなければ、いかなる行動も起こすつもりはない」と状況を分析してきた。(137)そのアメリカからも駐米大使は、ヒューズは会談のさいイタリア仲介案には言及しなかった、と伝えてきた。(138)本省側の回答原案を覆すような情報はなかった。二二日、ドイツは回答をイタリア側に口頭で伝えた。(139)回答は、原案と骨子において変化はなかったが、その拒否のニュアンスは著しく弱められていた[140]。それは、「われわれは、この拒否の回答がとくにイギリスとアメリカに悪い印象を与えることのないよう、断固たる拒絶は避けなければならない」という理由に基づくものであった[141]。ルール地方からの占領軍の撤退を交渉の前提条件としたドイツ政府にとって、期待はこのアメリカとイギリスの自発的介入にかけられた。

パリ会議の席上独自の賠償修正案を提出し、賠償問題に新たな方向を示唆していたボナ・ロー保守党政府は、ルール紛争に対しては積極的な介入の姿勢をみせなかった。イギリス政府は、当時、ローザンヌ会議とアメリカとの戦債問題の解決をより重視していたのである[142]。ルール紛争により低い政策選好位置を与えていたイギリスの政策は、「Wait and See」という待機主義であり、それと同時に紛争が拡大されることに懸念を示すかぎりにおいて、ドイツ側の対応を抑制しようとするものであった[143]。それに反して、ドイツ政府はイギリス側の直接的・積極的介入を期待していた。一〇日、外相ローゼンベルクは、ダバーノンと会談したとき、ロンドンから情報ないしは命令が出ているか否かを尋ねたが、それはこの期待の大きさを象徴的に示すものであった[144]。また、ドイツ側は、みずからの法的主張に対するイギリス側の姿勢に注目していた。一一日、駐英大使は、一〇日付けノート交付の際のクロー(Sir Eyre Crowe：イギリス外務省事務次官)との会見内容を伝えてきた。クローは、ドイツ側の法律上の主張を支持すると非公式に伝えたが、フランスとの関係が悪化することを避けるため抗議声明を出すことは差し控えたいと述べていた[145]。占領が本格化した一八日以降、ドイツ政府は占領軍によるこのような逮捕および追放等の措置は違法であるとロンドンにも伝えた[146]が、イギリス側は、ドイツ側の法律解釈とほぼ同様の法律解釈を示したものの、それをそれ以上積極的に取り上げようとはしなかった[147]。そして、二三日、『デーリー・テレグラフ』は、フランスの行動はヴェルサイユ条約違反であるとするイギリス政府の法律見解を公表したが、ロンドンのドイツ大使館はその確認を直接政府から取り付けることはできなかった[148]。その間、駐英大使と外相ローゼンベルクはおのおの、ロンドンとベルリンでイギリスが直接介入するつもりであるのかどうか打診を続けていた。打診のさいきっかけとなったのは、アメリカ国務長官ヒューズのドイツに好意的な発言であり、またイタリア政府の仲介工作であった[149]。しかし、その結果は思わしいものではなかった[150]。二五日、外相ローゼンベルクはダバーノンと会い、間接的な形で、ドイツ側の交渉条件は交渉前にルールが解放されることであると伝えたが、ダバーノンは、「いまは、イギリスやその他の国が介入する時期ではない」と、自発的介入に消極的な態度を示した[151]。イギリス側のこのような態度は、その後も変化することはなかった。二月八日、シュタマーは、クローとの会談の模様を伝えてきた。クローは、仲介は双方がルール行動の展望を失ったときにのみ可能であり、従って時機はいまだ熟してはいない、と考えていた。そして、一般的に仲介を行なうつもりがあるのかという問いに対しては、クローは肩をすくめるばかりであった[152]。

国際専門家会議の招集案を発表したアメリカも、ドイツ政府の目には、介入が期待できる国と映っていた。駐米大使は、七日、このヒューズ案を「大国の承認をうけやすく、われわれにも都合のよい可能性を与えてくれ、しかも真の解決への道を開くものである」と評価し、この案を実現させるべくドイツ側も全力を傾けるべきであると報告してきた[153]。そのアメリカは、一〇日、ラインラント駐留軍の撤退を決定した[154]。この撤退は、アメリカ国内に早くからあった撤退要求に従ったものであり、ルール占領に対する抗議の意思表示を直接に意図したものではなかった[155]。アメリカ政府も、ルール紛争に積極的に介入する姿勢をみせなかった。一五日、当時独自の交渉を開始していたラインラント管理委員会アメリカ代表アレン(H. T. Allen)は、いかなる見解を公表することもいかなる提案を示すことも差し控えるよう国務省から訓電された[156]。そして二五日の駐米イギリス大使との会談のなかでも、ヒューズは、独仏間が現在のような状況にあっては、どのような仲介工作も成功の見通しはもてないと思うと述べていた[157]。

しかし、ドイツ政府は、アメリカの仲介に期待をかけていた。八日、駐米大使は、ヒューズは記者会見の席上で、ルール行動は誤りであるという見解をフランス側に伝えたと発表した、と伝えてきた。[158] これに応じて、クーノは、早速駐米大使に訓電し、正式の抗議を出すか少なくともルール行動の不当性を正式に言明するよう極秘にアメリカ側に要請せよと命じた。[159] またイタリアが仲介を申し入れてきたとき、それに対するアメリカ側の反応を観測すべく、駐米大使は二〇日ヒューズと会談したが、ヒューズはイタリアの仲介にはまったく言及せず、ただ単に「占領の長期化は状況を混沌へと導くことになろう」と憂慮を示しただけであった。[160] 二三日、イタリアによる仲介が失敗した後、バチカンによる仲介工作が開始された。その時、ドイツ側は交渉の前提条件をアメリカ側にも伝え協力を要請した。[161] また、クーノ自身も、ドイツ駐在アメリカ大使に、フランス側に対してより厳しい態度をとるよう要請した。[162] ドイツ側にとってアメリカは、ヒューズ案の提唱国であるばかりでなく、フランスの債権国でもあり、その債権国たる立場を利用してアメリカがフランスに圧力をかけることも期待していたのである。[163]

以上のように、クーノ政府の国際体系に対する初発の対応は、占領当事国(フランスとベルギー)に対しては事実上の国交断絶ともいえるノート戦争となって、第三国に対してはその国の自発的介入への期待となって現われた。そしてこの対応は、あくまで紛争への対応であり、決してその終結を志向する積極的な行動ではなかったのである。

賠償問題はルール紛争へと形を変え、ルール地区、ライヒ政治体系、勢力均衡体系の三つのレベルにまでその争点領域を拡大するに至った。この紛争に対する政府の対応は、受動的抵抗、国内統合、第三国の直接的・自発的介入への期待、という形をとるものであり、その中心を国内統合におくことによってドイツ国内政治体系は、戦時体制にも準ずる体制へと変化していった。すなわち、受動的抵抗を「武器」とするルール地区における「戦闘」であり、城内平和という「銃後」であり、第三国の介入への期待という「和平交渉」であった。そして、一般に戦時体制は強力な政治指導を必要とするものであるということを考えるとき、ルール対策はあくまでも受身的であり、国内統合は下からの自発性によるものであり、和平交渉は他国の自発性への期待にとどまっていたということは、われわれにクーノ政府の今後の「戦争指導」と指導力に対する疑いの念を抱かせるのである。事実その三ヵ月後、クーノは、国内そして海外からも政策の転換を要求されることになる。

第二節　交渉要求の表出

一　占領の強化と反対派の擡頭

二月以降も変わることなくルール地区では、占領軍はその政策を強化し、住民はその不服従を強めていった。占領政策の強化は、まず、占領地の拡大となって現われた。二月四日、バーデンの、ケール、アッペンヴァイアー、オッフェンブルクの三つの町が占領された。一三日、ベルギー軍はライン河航行の要であるヴェーゼルとエンマーリッヒの各港を占領した。二五日、ケルン、コブレンツ、マインツの各橋頭堡の間にある領域が占領された。このことは、ライン河にそってエンマーリッヒからスイスの国境に至るまで、占領地区と非占領地区との間に封鎖ラインが完成されたことを意味した。(164)

加えて、占領地域と非占領地域の交通も遮断され始めた。石炭とコークスをルール地区から非占領地区へと輸送することが禁止された一月三一日以来、輸送禁止対象品目は増加をみせていった。二月三日、石炭の副産物の輸送が禁止され、一三日には金属製品の輸送も禁止された。[165] 遮断は物品のみにとどまらず、人間の通行も禁止され始めた。二月一五日、ルール地区住民は占領軍から通行証を発行され、ルール地区外への通行は占領軍の許可が必ず必要となった。[166] その後、この措置はさらに強化され、全占領地域に適用された。四月二七日、ラインラント管理委員会(Interalliierte Rheinlandkommission)は布告一六七号を発し、占領地区と非占領地区との通行を、すなわち非占領地区から占領地区への通行をも、管理委員会の発行する通行証によるものとした。[167] このようにして、ルール地区は、さらに旧占領地区も、人的・物的の二側面にわたってその通行を遮断されることになった。

このように隔離されたルール地区では、占領は、ますます長期的な軍事占領の様相を呈していった。石炭は差し押えという強制措置によって徴収され、鉄道・運河などの交通機関も占領軍統制下におかれていった。占領軍は、二月にはまだ、占領軍用の燃料を確保するために小規模な差し押えを実施するにとどまっていた。三月に入ると、占領軍は、石炭の徴収を本格的に開始した。三月中旬、ヴェスターホルト国有鉱山の石炭が差し押えられ、その後、多くの国有鉱山の石炭が同様の措置をうけた。[168] そして、四月に入ると、占領軍は、三月一五日満期の石炭税の徴収が鉱山会社の抵抗にあって失敗に帰したため[169]石炭税の不払いを理由として、民間の鉱山会社の石炭をも差し押えることになる。[170]

このように石炭の徴収が本格化するとともに、運河および鉄道が重要な意味をもつようになった。占領軍によって一月下旬に統制下におかれたライン＝ヘルネ運河は、二月中旬ドイツ側が船を爆破して沈めたため、航行不能に陥った。[171] このような妨害活動に対して、占領軍は、その予防のため、妨害活動が行なわれたときはその地区の市長もしくは駅長等を逮捕するという連座制(Gieselsystem)の導入を決定した。[172] その後、運河は復旧され航行は再開されたが、四月上旬、ドイツ側はふたたび船を爆破して沈め、運河を通行不能の状態に陥れた。[173] もはや、占領軍は、デュイスブルク、エッセン、ゲルゼンキルヘン、ヘルネの各市を横断するこの運河を使用できなかった。それにつれて、鉄道はますます大きな意味を与えられることになった。占領開始以来、占領軍は、ドイツ側鉄道労働者の受動的抵抗に会いながらも、鉄道部隊を投入して細々と差し押えた石炭を本国に運んでいた。[174] しかし、石炭差し押えの本格化とともに、その輸送能力があまりにも低いことが明らかとなった。三月上旬、ラインラント管理委員会は、布告一四九号と一五〇号を発し、全占領地区にわたって鉄道管理局(Régie、以下 Régie と略す)を設置すること、そしてこの Régie に非協力的な鉄道関係者を解雇・追放に処することを明らかにした。[175] これに対して、三月二五日、ライヒ運輸相は通告を発し、ふたたび鉄道関係者に、占領軍に対する不服従・非協力を継続するよう命じた。[176] ルール地区の鉄道関係者の受動的抵抗は続けられた。加えて、ルール地区の鉄道網は迷路のように入り組んでいたため、円滑な輸送はドイツ側の協力なくしては不可能であった。そのため、占領軍は Régie を設置したものの、確固たる成果をあげることはできなかった。こうした石炭の徴収・運送のための諸措置とならんで、占領軍は、この時期、郵便その他の通信機関もその統制下においていった。[177]

占領軍の統制は、一般市民の日常生活にも及んでいった。二月三日、布告第六号は、ドイツ側が決定した法律は、それが発効する以前に占領軍司令官に提出され占領軍の検討をうけなければならないと定めていた。また、二月一四日の布告第一一号は、占領軍命令に違反する者は占領軍の軍法会議によって審理されると定めていた。[178] 二月一九日には、集会の自由も奪われた。同じころ、新聞各紙も、「兵士の安全と名誉を守る」という一般条項の下に、発行禁止処分を加えられるに至っていた。[179] 行政機関への圧迫も強められた。その中心となった措置は、警察の解体と占領地区の行政指導者の追放であった。二月一四日、エッセン市の警察が解体され、その後一部回復されたものの、治安維持は六〇〇〇人余の自警団の手に委ねられた。この警察の解体措置は、その後二月下旬から三月上旬にかけて、ドルトムント、オーバーハウゼン等の各市にまで広げられた。[180] 行政指導者も、占領軍命令の拒否を理由として、逮捕・拘禁もしくは追放の措置に処せられていた。二月一日、ライン州州長フックス(Johannes Fuchs : Oberpräsident der Rhein-provinz : 彼はその後シュトレーゼマン内閣で、新設された占領地区担当相の職につくことになる)が追放され、二月一八日には、デュッセルドルフ郡郡長グリュツナー(Grützner)が追放された。ルール地区の各市の市長も逮捕・拘禁された。二月九日オーバーハウゼン市の市長が、二月一二日にはエッセン市副市長シェーファー(Schäfer)が逮捕・拘禁された。デュイスブルク市長ヤレス(Karl Jarres)の場合は、センセーショナルなものとなった。彼は一月下旬に逮捕され追放されたのだが、それにもかかわらず二月上旬ふたたびデュイスブルクに戻り市長席についたとき、再度逮捕され、今度は拘禁されたのである。彼はその後釈放されてから、ベルリンにあって占領地区を代表する「声」となる。そしてこの「名声」は、彼を一九二五年の大統領選挙の候補者にしたてることになる。その後、行政指導者の逮捕・拘禁もしくは追放は下級行政官にも及ぶことになった。国有鉱山の行政官、税務関係の行政官(二月下旬、ルール地区の税務署は占領軍によって占領された)、そして鉄道関係の行政官および労働者が、その犠牲者となった。[181] 四月中旬までに、追放者の数は二万四〇〇〇人に及び、そのうち鉄道関係者が一万四〇〇〇人を占めていた。[182]

このようにして二月から四月に至る間、人口三一五万余のルール地区は、残与のドイツから物的にも人的にも遮断され、そのうちにおいては、占領軍はその物理的暴力を背景として軍事占領を展開していったのである。そしてこの軍事占領は、石炭の徴収・運送という直接の目標のほかに、ドイツ経済の「心臓」たるこの地区を他の地区から遮断することによってドイツの経済的・政治的屈伏をもたらすという目標をも実施しようとしていたのである。

軍事占領のうちにあって、ルール地区住民は、占領軍命令に対する不服従という受動的抵抗を中心として、非協力・ボイコット等をも含む「防衛闘争(Abwehrkampf)」を展開していった。

二月、ルール地区の主要都市では、ボイコットが広がっていた。例えば、二月一〇日、エッセン市の指導的な小売商たちは、一二日以降占領軍に物品を販売することを拒否するよう呼びかける回状を同業者に配布していた。また一三日には、エッセン市の貿易業者および商店経営者も、為替業務等の取引を一切拒否することを決定していた。[183] ボイコットは、この時期、ボッフム、レクリングハウゼン、ドルトムントの各市にまで広がっていた。非協力は、占領軍が駐留する際に必要となる水・電気等を主要各市の当局が供給を拒否するという形で、また三月にみられたように主要各駅が占領されたときその業務を拒否するという形で、そして Régie の設置以降はそれへの就業拒否という形で展開された。[184] 三月中旬、占領軍が鉱山の石炭およびコークスの差し押えを開始したとき、ルール石炭業界が、それに対して石炭採出の削減措置でもって応えたのもその一例であった。[185]

占領軍への不服従あるいは非協力という「防衛闘争」はナショナリズムによって支えられていたが、この時期に出された夥しい数の各種団体のアピールがこの事実を示している。二月上旬、石炭業界の労使双方はハムで会合をもち、この闘争を最後まで継続することを決定しており、またヒルシュ゠ドゥンカー系の労働組合も同様な行動をみせた。[186] そして二月二二日には、石炭業界の各労働組合は共同で、占領軍の暴虐行為を批判するアピールを発表した。このアピールは、フランスの行為は占領地区を経済的に悲惨な状況に陥れるばかりか文明すらも破壊するものである、と激しく批判し、「占領軍の行為はドイツ労働者の抵抗の意志を弱めるどころか逆に強化することになろう。われわれは断固たる決意をもって、軍国主義と帝国主義に対する闘争を最後まで継続する」と宣言していた。[187] 鉄道労組も三月三日には、占領軍の Régie 設置に反対し、非協力者を死刑までをも含む罪に処するというラインラント管理委員会の布告第一四七号に抗議し、ルール地区鉄道労働者に「従来までの勇気ある行動を継続する」よう訴えていた。[188] ナショナリズムは、偶発的な流血事件によっても強化された。三月下旬、占領軍が石炭税徴収のために各会社の運送手段の凍結を試みた際、クルップ社では労働者が抵抗し、一三名が死亡し四〇名以上が重軽傷を負うという事件が発生した。

この事件は「エッセンの虐殺」と呼ばれ、ナショナリズムをふたたび強化した。四月一〇日、犠牲者の葬儀が行なわれ、エッセンでは四〇万人がこの葬儀に参加し、ベルリンでは葬儀に全政党の指導者が顔をみせた。[189]それに先だって四月四日には、ADGB、DGB等の各労働組合もこの「虐殺」に激しい抗議声明を発表していた。[190]ルール地区のKPDの機関紙『ルール・エコー』ですら、エッセンのこの「虐殺」はフランス帝国主義の本質を示すものであるとして、ルール全領域で二四時間抗議ストライキを実行するよう訴えていた。[191]

しかし以上のようなナショナリズムをその源泉とする「防衛闘争」は、それを弱体化する要因も内在させていた。[192]抵抗は生産力の弱化そのものの行為である以上、悪性のインフレと重なって、地区住民の生活条件は加速度的に悪化せざるをえなかったのである。早くも二月には、食糧不足について不満が訴えられていた。ルール各地からライヒ政府に送られてくる報告書は、ルール地区の食料確保が緊急課題となっていることを伝えていた。[193]二月一九日、プロイセン通商相ジーリング(Willy Siering)はルール地区を回り各界の代表者と懇談したが、その席上で述べられたことは、食糧に関する不安であり、ボイコットによって占領軍に差し押えられた商品等への補償に関する不満であった。[194]また追放と失業も不安の源泉となっていた。すでに二月下旬にはルール地区では、食糧に関する現在の不安と、占領に関する未来の不安とが広がりをみせていたのである。そしてそれは、紛争終結への期待を導き出すことになる。このことは、二月二六日、首相と会談したADGB議長ライパルト(Theodor Leipart)が伝えるところであった。彼は、いまルール地区では交渉問題が論じられるに至っており、それは政府は占領軍の撤退という条件と関係なく交渉を開始すべきであるという内容のものだ、と伝えていた。[195]

一方、このような不満と不安は、KPDの支持者を増大させることにもなった。二月中旬、テュッセン社ミュールハイム機械工場で経営評議会選挙が行なわれたとき、KPDは得票数で第一位となり代議員もSPDと並んで六名を獲得した[196]。三月一一日、ラインラント＝ヴェストファーレン地区の経営評議会一二三人委員会は、一七日から開催予定のルール紛争を議題とする国際労働者会議の予備会議をエッセンで開いた。この予備会議はＫＰＤ主導の会議であったとはいえ、その出席者六六九名のうち、四七七名がＫＰＤ系の評議会代議員であった。一七日、この国際労働者会議は開催地をケルンからフランクフルトに移して開かれたが、ここでもＫＰＤ系の代表が多数を占めた(二四三名中二一三名)[197]。このころになると、ＫＰＤの直接行動もめだち始めた。三月上旬には、ゲルゼンキルヘンとローテンハウスにおいて、ＫＰＤの活動家と市の自衛団との間に武力衝突が発生した[198]。そして三月下旬には、コンコルディア鉱山において、ＫＰＤの指導のもとに従業員の就業拒否が実行された[199]。四月上旬、ルール地区では、「エッセンの虐殺」によるナショナリズムの嵐が支配した。しかし四月中旬には、ミュールハイムにおいて、失業者が市役所を襲うという事件が発生し、失業者と市職員の双方で死者六名重軽傷者四四名を出した。この暴動自体は自然発生的なものであったが、四月二五日、ＫＰＤはラインラント＝ヴェストファーレン地区の鉱山企業経営評議会大会を開き、「ルール地区の労働者・サラリーマン・公務員のために安く石炭を配給せよ」との訴えを決議させ、労働者の結集と行動を訴えた。これに対し、鉱山労働者の各組合は連名で、鉱山労働者に秩序ある行動を訴えねばならなかった[200]。

生活条件の悪化にともなう不満と不安は、四月になるとＳＰＤを支持する労働者にも広がりをみせ、交渉開始要求となって表出することになる。四月五日、ＳＰＤの『エッセン労働者新聞』は、政府は「ドイツ共和国を守りドイツ国民の生活を守ることを前提として、ルール地区のドラマに早急に終止符をうつべく、いかなる交渉の機会をも利用すべきである」と主張した[201]。そしてルール地区のドイツ鉱山労働者連合(Verband der Bergarbeiter Deutschlands)は、四月中旬、会議を開き、交渉を開始するよう政府に要求することを正式に決定した。四月一四日、彼らは政府に要求書を送り、受動的抵抗を継続することを告げるとともに、交渉の基礎を作るべく早急に賠償案を提出するよう要求し

たのである。(202)

このように四月中旬にもなると、ルール地区では、ナショナリズムは受動的抵抗を維持・継続させていたものの、生活条件の悪化はKPDを擡頭させるとともに、SPDに交渉開始要求を表出させるに至っていたのである。

一方、ライヒレベルでも、この時期にはゆるやかなテンポではあるが、交渉開始要求が表出・統合されるに至った。その中心にあったのは、受動的抵抗に限定的な支持を与えていたSPDであった。

SPDは政府の外交政策に関して、二月にはまだ限定的な支持を与え、受動的抵抗政策支持を前面に押し出していた。二月一二日、ヒルファーディング(Rudolf Hilferding)は政府にフランス訪問の報告を行ない、その際「交渉開始の前提として、受動的抵抗を中止するという立場に反対である」と主張していた。(203) また、議会においてもSPD議員は限定的支持を引き続き取り続けることを明らかにしていた。二月一二日、ゾルマン(Wilhelm Sollmann)は、「われわれは、もしドイツがルールで敗北するならば、それはドイツ労働者に新たな窮乏をもたらすことを理解している。したがってわれわれは、全力でもってフランスに対抗しなければならない」と述べる一方、一九一四年八月のムードを再生しようとする試みに警告を発し、この闘争は「われわれが現実に履行しうるような条約義務をわれわれに課することになるような交渉」のために存在しているのであると強調した。(204) 二月二七日、キュンストラー(Franz Künstler)も、「ルールのプロレタリアートは、国粋的な訴えや目標のために戦っているのではない。ルールのプロレタリアートは、わが国民の正義と自由のために戦っているのである。彼らは、ドイツの抑圧者と戦う時に示すあのエネルギーと同じエネルギーでもってフランス帝国主義と戦っているのである」とショービニズムに警告を発すると同時に、「フランス帝国主義＝軍国主義」と戦うことを強調していた。(205) しかし、受動的抵抗への限定的な支持が唱えられる一方、SPDの原則的な立場である履行政策に基づいて、より積極的に交渉を開始すべきであるという見解も現われ始めた。ブライトシャイトは二月上旬イギリスを訪問し主として労働党と接触をとってきたが、二月二一日外務省に覚書を提出し、状況の許すかぎり交渉を開始するための努力をなすべきであると提言した。[206] 三月以降、SPDは受動的抵抗の継続を主張する一方、交渉を開始することをも要求することになった。三月二日、シュトレーゼマンは外務省に、SPD議員団の内部で交渉開始要求が強まりつつあると報告している。[207] 三月六日、クーノは国会で演説し、受動的抵抗を継続することを強調し占領継続中はいかなる交渉をも拒否すると述べた。[208] 七日、ルール紛争をめぐる外交論争が始まった。DDPのデルンブルク(Bernhard Dernburg)、中央党のマルクス(Wilhelm Marx)、DVPのシュトレーゼマンはクーノ演説に支持を表明した。一方DNVPのヘルクト(Oskar Hergt)は、より強硬な方向を指向し、受動的抵抗に加えて、フランスおよびベルギーとの国交断絶を主張した。またKPDのツェトキン(Clara Zetkin)は、資本主義に対抗するパリからモスクワまでのプロレタリアートの統一戦線を主張した。その中でSPDを代表したダビッド(Eduard David)のみが、履行政策の正しさを主張しフランスに交渉の用意を示すよう要求した。[209] その後も、SPDは交渉を開始するよう要求し続けた。三月中旬『フォアヴェルツ』は、交渉を開始するため、その第一歩として賠償案をフランスに提出するよう主張した。[210] しかし、首相クーノは三月二二日ミュンヘンで演説し、受動的抵抗の継続を国民に呼びかけるとともに、次のような政府の交渉方針を明らかにした。「現在の紛争を終結させるための交渉は、いかなるものであっても占領地区からの占領軍の無条件撤退をその前提条件とするものでなければならない」というものである。[211] 二七日、外相ローゼンベルクも、国会の外交委員会の席上でこの方針を繰り返した。「敵国側が原状(status quo ante)を回復するという方針を取ることのないかぎり、政府は、ドイツ国民の有する唯一の武器たる受動的抵抗を中止するつもりはない」[212](傍点筆者)と。続けて行なわれた討論は、SPDと他党の見解の相違を鮮明に浮かび上がらせた。SPDを代表したヘルマン・ミュラーとブライトシャイトは、この紛争の中心問題は賠償問題であり、政府は占領軍のルール地区からの撤退を前提条件とすることを止め、ただちに賠償案を提示すべきであると主張した。これに対して、DNVPのヘルフェリッヒ(Karl Helferich)とシュトレーゼマンは、中心問題はライン地域とルール地区をドイツに留めておくことであり、交渉開始の前提条件はルール地区から占領軍が撤退することであるとして、政府の見解を支持した。交渉開始論はまだ議会では少数派であった[213]。翌二八日、官房長官ハムと会談したライパルトは、ふたたびSPDと同様の交渉開始論を展開した。彼は「日々の観測によれば、ルール地区のバロメーターは上昇するどころか下降し始めている。それはその最下点を越えてしまったとは思われないが、いまその最下点にあることは確かである」と、ルール地区の状況は深刻であると判断し、「力が目にみえて低下しはじめ敵側がこのような麻痺状態に気づく以前に、交渉を開始すること」が望ましいとして、政府に強く交渉開始を要求した[214]。閣内にも、交渉開始論に近い立場をとる者が現われた。二九日、政府がルール問題、とくに受動的抵抗の今後の方針を検討したとき、労働大臣ブラウンス(Heinrich Brauns)は、抵抗の緩和を主張したのである。しかし確認された結論は、従来の方針を継続すること、すなわち占領の強化には抵抗の強化をもって応えることであった。その理由をハムは次のように説明している。「なんら新しい方針をとる必要はない。確かに、抵抗を軟弱な姿勢のものへと変更すれば、抵抗はより長期に持続しうるものとなるかもしれない、しかしフランスは、(この軟化をみて――筆者)攻撃意欲をますます高めることになろう[215]」と。

四月上旬、ドイツは「エッセンの虐殺」によってふたたび高揚したナショナリズムの嵐に包まれたが、外国の動きも活潑化していた。四月上旬ルシュール(Louis Loucheur)はイギリスを訪問し、新聞はラインラント分離構想を中核とするルシュール案なるものを報ずるに至った。そして四月一五日には、ポアンカレはダンケルクで演説し、ドイツの賠償支払いに応じて占領軍はルール地区から撤退するという段階的撤退論を提案した。この状況のなかで、四月一五日から一八日にかけてドイツ国会は、外相ローゼンベルクの演説をきっかけとして、三日間にわたる外交論争を展開した。一六日、外相ローゼンベルクはフランス側の外交攻勢に反撃を試みた。演説は、賠償問題を前面に押し出したこと、そして簡単ではあるが独仏間の協調の道を説いたことで、一方的にフランスを攻撃したいままでの演説とはそのニュアンスを異ならせていた。しかし、ドイツ側の基本的な主張は変わっていなかった。彼は、ルシュールのラインラント分離案には「ラインラントはドイツのものであり、ラインラント住民はドイツに属しまた属し続ける」と反論し、ポアンカレの段階的撤退案には「われわれは彼ら(ルール地区住民のこと——筆者)を犠牲にすることは出来ない」と反駁し、フランスが協調の姿勢をみせないかぎりドイツは受動的抵抗を堅持する、と宣言したのである。[216] このような本質的には従来となんら変わることのない演説に対してまず、SPDが強く反撥を示した。ヘルマン・ミュラーは、フランスがルール地区を撤退した後に交渉は開始されるべきだという見解もあるが、ルール地区の労働者はもはやそのような見解を支持してはいないと、政府を激しく批判した。続けて彼は「どのような交渉であれ、交渉がまず第一の目標であり、(交渉が開始されれば——筆者)ルール地区からの撤退は早急に実現されることになろう」と公然と交渉開始を政府に要求した。[217] 論争の三日目の一八日、今度はブライトシャイトが演説した。彼は、それに先立って演説したDNVPのヘッチ(Otto Hoetzsch)らの主張の基調たるナショナリズムに、SPDのインターナショナリズムを対置した。そしてこのインターナショナリズムの立場から、政府に独仏和解のために積極的な行動をとるよう要求した。[218] SPDの要求は全面的な政府の外交批判となっていた。しかしSPDはもはや少数派ではなかった。四月一二日、ダバーノンはその日記に、「中央党、民主党、そしてまた社会民主党のなかで、いまでは交渉を望む見解がしばしば唱えられるようになっている」と記している。[219] 事実、中央党とDDPは交渉開始論へと移行していた。中央党のマルクス、ラウシャー(Albert Lauscher)の演説は交渉開始を望むものであった。[220] DDPのゴートハイン(Georg Gothein)も、「ルール住民の苦難は出来うるかぎり早急に終わらせなければならない」と主張し、さらには交渉の具体的な戦術にも言及した[221]。ワイマール連合は交渉要求で一致をみせた。一方、ＤＮＶＰは政府以上に交渉に拒否的であった。とくにヘルフェリッヒは、フランスの目標は賠償金でも安全保障条約でもなく、ドイツの弱体化と分裂であり、したがって賠償案はどのようなものであれ拒否されることになろうと述べ、われわれに必要なのは国民の抵抗を強化する積極的な行為であると、政府により強硬な外交政策を要求した[222]。このような論争のなかで、諸外国からも注目を浴び政党の大勢を交渉開始論へと決定づけたのは、一七日のシュトレーゼマン演説であった。彼は政府に対して明らかに距離をおき、ＳＰＤに近い交渉開始論を唱えたのである。彼は、現在なすべきことは、「ルール地区とラインラントに自由をふたたび取り戻すために、国際協定への道を切り開くことであり、賠償問題を最終的に解決することである」とし、受動的抵抗の目的はフランスを交渉のテーブルにつけることにあると主張した。そのためには、占領軍が撤退する以前にも受動的抵抗は中止されねばならなかった[223]。彼のこのような方針転換は、明らかにルシュールのイギリス訪問に英仏接近の危険を感じとったことによるものであった。彼は、ルシュール案が報道された直後、交渉開始論を新聞に発表していた[224]。このような外交論争の結果、政党は交渉要求という点で「大連合」を形成したのである。

そしてこのシュトレーゼマンの方針転換は、彼が占領開始以降政府と協力し、政府の外交政策を支持する演説、執筆活動を行なっていただけに、政府にとって衝撃的なものとなった[225]。四月下旬、クーノ政府は、議会に彼の外交政策に反対する多数派を見出したのである。

四月二一日、ＡＤＧＢのライパルトは、政府に「フランスおよび他の国々とただちに交渉を開始する」(傍点筆者)ことを要求した[226]。

二　待機主義のなかの外交

二月以降、ルール紛争は「武力なき戦争」となって展開していった。占領軍の支配の強化に対するドイツ側の対応は、ひき続きフランス政府およびベルギー政府に抗議ノートを手交することであり、第三国に、占領軍の違法な行動について注意を喚起するノートを手交することであった。

ドイツ政府は、占領政策が拡大・強化されるたびに、フランス政府とベルギー政府に抗議ノートを手交していた。それは毎日のごとく出され、その数は夥しいものに達した。しかし、フランス政府はそれに対して回答したことはほとんどなかった。そのなかで、あの一月下旬のノート戦争を想起させるほどの激しいノートの応酬合戦を両国に繰り広げさせたのは、三月三一日に起こった「エッセンの虐殺」であった。ドイツ、フランス両政府は、この事件の原因をめぐって互いに激しく反駁し合ったのである。四月四日、ドイツ政府はノートをもって、この事件の責任はひとえにフランス側にあり、この事件こそフランスの占領政策の暴虐性を典型的に示すものであると、フランス側を非難した。そして同内容のノートを、イギリス、アメリカ等の第三国にも手交した。[227] 四月一一日、フランス政府は、簡単なノートをもって、この主張に反論した。[228] ドイツ側は抗議を繰り返した。一四日には、エッセンでの葬儀に出席予定のライヒ政府とプロイセン政府の閣僚がルール地区に入ることを占領軍から拒否されたことに対する抗議ノートが、一七日には、一一日付けノートに反論するノートが提出された。[229] 一八日フランス政府は本格的に反論を試み、本事件の責任はすべてクルップ社にあると主張するノートを手交した。[230] 二〇日ドイツ政府は、ふたたびこのノートに反論するノートを提出した。[231] 不毛とも思われるこのような「ノート戦争」は、当時の独仏両政府間の距離を象徴的に示すものでもあった。両政府の間には、「戦闘」こそあれ、「交渉」は存在する余地もなかったのである。

ドイツ政府は、このようにフランスおよびベルギー政府に抗議ノートを手交する一方、第三国に対しても、占領軍の違法な行為を訴えるノートをたびたび提出していた。二月一五日、クーノは、われわれは我慢に我慢を重ねているがいつの日か国民の怒りが爆発するかも知れず、その際の責任はすべてフランスにあるとのノートを主要国に提出し、その注意を喚起した[232]。また、二月二六日にも外相ローゼンベルクは、当時発生した偶発事件に関して、それはフランス側の挑発によるものであり、今後のこのような事件の責任は一切フランス側にあると他国へ訴えた[233]。同様な訴えはその後も、主としてラインラント管理委員会の布告が出されるたびに、それへの抗議と併せて行なわれた。ドイツ政府はこのような一連のアピールによって、フランス、ベルギーの占領は違法であり、その「証拠」として個々の占領政策を取り上げ挙証しようとしたのである。それはまさに、「戦闘」を有利な方向へと導こうとする「戦闘」の延長の上にたつ外交行動にほかならなかった。

以上のように、二月から四月にかけて、ドイツ政府は、ルール地区での「戦闘」の側面援助の行動を主たる外交活動として行なっていた。しかし、ドイツ政府はこの間、「和平交渉」に対しては一貫して消極的な態度をとっていた。そのため、ドイツはこのルール紛争の期間中最良ともいえる終結の好機を失ってしまうことになるのである。

二月上旬、パリのヘッシュとブリュッセルのレーディガー(Rödiger：ベルギー駐在代理公使)は、占領の第二段階として行なわれた強硬策に対する悲観論がそれぞれの国で支配的になりつつあると報告してきた[234]。このような悲観論の擡頭は、二月中旬になるとフランスとベルギーの占領政策をめぐる対立となって現われた。二月一一日、ヘッシュは、「戦闘」の持久を指向するフランスと、早期終結を指向するベルギーとの相違が顕著になりつつあると報告し、ベルギー外相ジャスパール(Henri Jaspar)は占領政策の強化を主張すると同時に、「現在の紛争状態の解決のために詳細な計画の作成を要求している」と伝えてきた[235]。また一九日レーディガーは、彼と会見したベルギー外務省高官は、べルギーがこの占領に参加したのはフランスの野望を牽制するためであり、ベルギーの目標は賠償金であって領土併合ではないと述べた、と伝えてきた。[236] 伝統的に対英協調政策をとり、戦後の賠償問題においてはイギリスとフランスの間の仲介者の役割を演じていたベルギーは、フランスとの共同行動に参加したものの、軍事占領と紛争の長期化という様相を前にして微妙な態度をとり始めたのである。二月下旬、ベルギーではフランスに対する不満が新聞に公然と現われていた。[237] フランス国内でも悲観的観測が強まりをみせていた。ヘッシュは、「(フランス)世論はますますルールの紛争の見通しに悲観的になっている。……国民は、フランスは搾取しようとしているのではない、ただ単にルールの石炭を統制しようとしているだけであるというポアンカレの(抑制的な——筆者)発言にすら幻滅を感じ始めている」と報告していた。[238] そして三月上旬には、フランス、ベルギー両軍のなかで暴動が発生したと伝えられた。この情報を裏づけるかのように、ベルギー駐留軍のローテーション化とフランス駐留軍の一万五〇〇〇人の増員がみられた。[239]

三月一二日、ブリュッセルにおいて、占領国相互の意見対立と今後の占領政策を検討すべく、ポアンカレとベルギー首相トゥニス(Georges Theunis)との会談が開かれた。会談後発表された共同コミュニケは、両国が石炭およびコークスの運送措置について合意をみ、Régie の設置を正式に決定したこと、占領軍への敵対的行動に対しては強い措置をもって臨むことで合意をみたこと、ルールからの撤退はドイツ側が賠償義務を履行したときにのみ段階的に行なわれるものと決定したことを、明らかにした。[240] しかしベルギーは、ルール占領によってドイツの石炭供給能力が低下し、そのため主力産業たる機械工業に影響が出はじめたこともあって、会議前からフランス側に早期終結を要求しており、この会議で交渉の見通しがたたなかったことに強い不満を抱いていた。レーディガーは次のように報告している。「ベルギーは、ブリュッセル会議のコミュニケにもかかわらずルールにおけるフランスの目標に対して相変わらず強い不満を示しております。会議での一致点は逆に背後にある両国の食い違いを示すことになりました[241]」と。首相会談が開かれたにもかかわらず、両国の政策上の相違はそのまま残されたのである。

この間イタリアは、一月その仲介申し入れを断わられたにもかかわらず、ドイツ側に好意的な姿勢を示していた。[242] そして三月下旬にはムッソリーニは、仲介工作の用意があることをふたたびベルリンに伝えてきた。しかし、ベルリンは一月と同内容、つまりルール撤退がなされないかぎり交渉には応じないという内容の回答を与えたのみであった。[243]

しかし、そのころイギリスとの秘密交渉が活溌になり始めていた。ルール占領の開始以来、中立の姿勢をとり続けていたボナ・ロー政府は、二月一三日、国会が再開されたときも、「政府は、フランス政府に敵対的な態度をとることがイギリスの利益にも世界の利益にも適うことであるとは考えていない」と述べ、中立の姿勢を変えようとはしていなかった。それに対して野党、ロイドージョージ自由党・アスキス(Herbert Asquith)自由党・労働党は、より積極的に介入するよう、政府に反対し、とくにマクドナルド(James Ramsay MacDonald)は、「好意的中立は不可能である。政府は新たな交渉の基礎を作り出すべく何事かをなさねばならない」と非難した。[244] 野党の政府批判が強まるなかで、ケスラーとラインバーベン(Werner Freihr. von Rheinbaben：ＤＶＰ議員。のちの第一次シュトレーゼマン内閣の官房長官)はイギリスに渡り、ドイツ大使館と接触をとりながら議会工作を開始した。とくに、ケスラーはアスキス派自由党の領袖サイモン(John Simon)と接触をとり、イギリス政府の態度を変更させるべく努力を重ねた。そのサイモンは、二月下旬シュタマーに、イギリスとアメリカの世論に決定的な印象を与えるべく次のような内容の声明をドイツ政府が発表するよう勧めてきた。第一に、ドイツ政府の現在までの履行量を明らかにすること、第二に、ドイツの経済状態を検討するためアメリカを含む国際専門家委員会の招集を提案すること、第三に、この委員会が提出する支払い案を受け入れる準備のあることを約束することであった。[245] しかし、三月六日のクーノ演説は、前述のようにこの点には一言も言及しなかった。受動的抵抗に加えて積極的な外交行動を行なうよう期待する声がイギリスに強いことを理解していたロンドンのドイツ大使館にとって、この演説は期待はずれのものであった。[246] 三月八日、ケスラーとデュフール(Albert Dufour-Feronce：駐英ドイツ大使館参事官)はベルリンに打電し、クーノがボナ・ローに宛てて書簡を送るよう要請した。その書簡は、先述のサイモンの勧告をいれて国際専門家委員会の招集を提案するものであった。このクーノ書簡には側面工作が計画されていた。この書簡は一二日までにボナ・ローのもとに届けられねばならなかった。なぜなら、翌一三日、サイモンは下院で政府に、㈠ドイツ案が提出されたのか、㈡提出されているとしたらそれはいかなる内容のものであるのか、㈢イギリス政府はそれをフランス政府に伝達する意思があるのか、を質問する手筈になっていたからである。[247] 九日、ベルリンは書簡を送付すると伝えてきたが、その側面工作には全面的には賛成しえないゆえ、あらかじめイギリス政府の意向を尋ねるよう訓令してきた。[248] 一〇日、シュタマーは不在のカーゾンに代わってクローと会見しこの計画を伝えた。当然のことながらクローはこの方法を一蹴し、それはイギリス政府を窮地に陥らせることになると語った。[249] 翌一一日、シュタマーはドイツ政府よりイギリス政府宛てのメモランダムを受けとり、同時にドイツ側が「背後で野党とともに政府への反対を企てている」という印象をイギリス政府に与えることを極力避けるようにという訓令も受けとった。[250] 同日、シュタマーはケスラーに訓令を伝え、翌日ケスラーは先の質問を若干修正するようにサイモンに申し入れた。[251] 一三日、サイモンは、イギリス政府の消極的な姿勢に対する抗議として外務省予算の削減案を提出した。それは否決されたものの、結果は二四九対二〇一の四八票差であり、ケスラーは、それが計画どおり行なわれていたならば、事態はさらにセンセーショナルなものになったであろうと述懐している。[252]

ところでこの一一日に送付されたメモランダムは、サイモンの勧告と骨子を同じくするものであり、ヒューズ提案に従って公平中立な国際専門家委員会の招集を提案するというものであった。しかし三月八日のケスラーとデュフールの要請にはない、受動的抵抗の継続が織り込まれていた。「ドイツ国民は、敵側が原状に復することのないかぎり、その唯一の武器である受動的抵抗を手放すつもりはない」と明言したのである。[253] その意図をローゼンベルクは駐米大使に次のように説明している。「われわれはこの勧告に従うことによって次のことを立証しようと思う。それは、われわれは受動的抵抗を固い決意をもって最後まで貫くつもりであるということであり、そしてそれとは関係なく、賠償問題の合理的な解決のために以前と同様努力する用意があるということである」[254] と。ドイツ政府は、この機会を紛争解決のために積極的に利用しようとはしていなかった。ドイツ政府は、その解決の熱意を疑われていたがゆえに、その熱意のあることを示そうとしたにすぎなかったのである。

この意図を知るかのように、このメモランダムをもって打診を試みられた国々の反応は冷たかった。一四日、シュタマーはカーゾンにこのメモランダムを手交した。しかしこの日、カーゾンはドイツ側により積極的なイニシアチブを要求したにすぎなかった。[255] 翌日、シュタマーはボナ・ローおよびカーゾンと会談した。ボナ・ローの反応は厳しいものであった。彼は今回のドイツ提案はなんら役に立つものではないと述べ、なぜならこの提案はすでに拒否されたものをふたたび提案したにすぎないからであると説明した。そして彼は、交渉が開始できるような案をドイツが提示するよう要求したのである。[256] また、ドイツ側はこのメモランダムを一六日アメリカにも手交したが、ヒューズの反応も冷たいものであった。彼は、現在の状況はニュー・ヘイブン演説を行なったときとは完全に変化してしまっているとして、積極的な行動をとることを拒否した。そしてそれ以上に彼は、このような提案がなされたことによって独米間の秘密接触という あらぬ噂が立つことを恐れて怒りさえも示した。[257] 三月二〇日、ローゼンベルクはヘッシュに以上の経過を説明し、この打診が失敗したことを認めた。「彼ら(イギリス政府とアメリカ政府——筆者)はここ当分積極的な行動をとることはないであろう」[258] と。

これが、この時期クーノ政府が行なった唯一の積極的ともいえる外交交渉であった。しかしこれといえども、イギリスの野党議員の提案への反応にしかすぎなかった。この交渉が行なわれていたときローゼンベルクは、コッホーヴェーザー(Erich Koch-Weser)に「われわれにもう一週間なり一〇日なりを与えてくれれば、イギリスとアメリカは介入してくるであろう」と述べていた。[259] クーノ政府にとって第三者介入は、積極的にこちらから申し入れるものではなく、自然と彼らが自発的に行なってくれるものであったのである。

三月三一日、ヘッシュは長文のメモランダムをベルリンによせ、ドイツの取りうる選択肢は、降伏か、受動的抵抗の無限の継続か、交渉かの三つしかないと分析し、今こそ賠償案を提出する時期であると具申してきた。[260] またイギリスでは、三月二八日下院で外交論争が起こり、ルール問題が討議され、そのなかでボールドウィンは、時期が来ればイギリスは仲介の労をとる用意があると語っていた。「もし、政府がなんらかの提案なり、介入なり、もしくはその他の措置によって事態の進展を計ることができるような時期が来れば、政府はそのように実行するつもりであり、ヨーロッパ中が期待している平和の回復に努力するつもりである」と。[261] シュタマーも、イギリス政府がはじめて公然と仲介に言及したことに注目して、この事実を積極的に評価するよう報告してきた。[262] このように、積極的な外交を説く意見が在外公館から送られはじめてきたとき、前述したように、ルシュールがイギリスを訪問したのである。[263] 四月四日、ルシュールはイギリスを訪れ、ロイドージョージ、ボールドウィン、ボナ・ローと会談し、新聞にルシュール案なるものが発表された。それは、発表した『デーリー・テレグラフ』によれば、賠償金に関しては戦債との相殺を条件として五〇〇億GMまでへの総額削減を承認する一方、安全保障に関しては不可侵条約の締結とともにライン左岸の分離を要求するものであった。[264] ドイツ側はこのルシュール訪問に驚き、全力を傾けてルシュールとポアンカレとの関係およびイギリスでの成果について情報を得るべく努力したが、成功しないままそれは英仏接近の兆しとして理解されることになった。[265] 四月七日、シューベルト(Carl von Schubert:外務省第三局長。第三局は主としてイギリスとアメリカを担当する)は「ルシュールのイギリス訪問によって、もしわれわれが合理的な提案をその前に提出しない時には、フランスがイギリスとともにわれわれに対抗する危険性が高まってきた」(傍点原文)と状況を分析した。[266] フランスの動きは活溌化した。ポアンカレは四月一三日・一四日、ブリュッセルを訪問してベルギー首相と会談し、両国のルールでの政策に変更はないこと、三月一二日のブリュッセル会談共同コミュニケは維持されることに合意したと発表した。[267] そして一五日には、ポアンカレはダンケルクで演説し、「フランスはその担保を約束のみで手放すつもりはない、フランスはドイツ側の支払いの程度に応じてルール地区から撤退するつもりである」と宣言した。[268] このような四月上旬のフランス側の動きによって、ドイツは明らかに孤立感を抱き始め、それを深めていった。[269] この孤立感は、フランスとベルギーの間で新たな賠償案が形成されそれにイギリスも加わり、二一年のロンドン会議の状況が新たに作り出されるのではないかという不安にまで深められたのである。[270]

このような新たな国際情勢の展開とドイツ側における孤立化の不安の高まりのなかで、四月二〇日カーゾン演説が行なわれたのである。

この時期ドイツ外交は、一貫して外交的待機主義の姿勢をとっていた。三月一一日、ケスラーは次のように書いている。「私が提案した提案の形態等は重要なことではない、重要なことは、クーノがその消極性から一歩踏み出すことである。さもなければ、戦争中と同じように和平のすべての機会を失ってしまうであろう」[271]と。事実ドイツは、その三月、和平の機会を失ったのである。

(1)　The German Foreign Ministry, Microfilm T-120, Reichszentrale für Heimatdienst an RK, 5. 1. 1923, Roll 5353, Series L 1496, Frame L 437195–437198 (以下、マイクロフィルム資料 T-120 からの引用は、次のように略記する'5353/L 1496/L 437195–98).

(2) Mitteilung von Oehme, 9. 1. 1923, 5353/L 1496/L 437202; Preußische Innenminister an RK, 1. 9. 1923, 5353/L 1496/L 437205.

(3) Aufruf des Reichspräsident an die Ruhrbevölkerung, 9. 1. 1923, 5353/L 1496/L 437209–11.

(4) *Ursachen und Folgen*, Bd. V, Dok. Nr. 996, S. 13 ff.; Jean-Claude Favez, *Le Reich devant l'occupation franco-belge de la Ruhr en 1923*, Genève 1969, S. 66.

(5) WP, 1923, Inland Bd. I, S. 234.

(6) 注(1)参照。ワイマール期のルール地区のＫＰＤについては、Siegfried Bahne, "Die KPD im Ruhrgebiet in der Weimarer Republik," in: Jürgen Reulecke hrsg., *Arbeiterbewegung in Rhein und Ruhr: Beiträge zur Geschichte der Arbeiterbewegung in Rheinland-Westfalen*, Wuppertal 1974, S. 315 ff.

(7) *Geschichte der deutschen Arbeiterbewegung*, Bd. III, Berlin(-Ost), S. 378.

(8) 最高司令官の下には、軍司令官としてボンに司令部をもつ第三三軍司令官 Henrys が着任し、その下の師団指揮には、Fournier と Laignelot が歩兵師団を担当し、Ranapon が騎兵師団を担当した。一方、ベルギー占領軍は、ブリュッセルにある第一一師団師団長 Borremanns が指揮をとっていた(5353/L 1496/L 437249–50)。

(9) *Ursachen und Folgen*, Bd. V, Dok. Nr. 998–b, S. 18 ff.

(10) Hans Luther, *Politiker ohne Partei*, Stuttgart 1960, S. 99 ff.; Auswärtigen Amt an RK, 11. 1. 1923, 5353/L 1496/L 437241–44.

(11) J.-C. Favez, *a. a. O.*, S. 70.

(12) WP, 1923, Inland Bd. I, S. 126 f.; Hans Spethmann, *Zwölf Jahre Ruhrbergbau*, Bd. III, Berlin 1929, S. 52 ff.

(13) Cuno Horkenbach, *Das Deutsche Reich von 1918 bis heute*, Berlin 1930, S. 156.

(14) *Ursachen und Folgen*, Bd. V, Dok. Nr. 998–a, Dok. Nr. 998–c, S. 16 ff., S. 20 f.

(15) H. Spethmann, *a. a. O.*, Bd. III, S. 322.

(16) H. Spethmann, *a. a. O.*, Bd. III, S. 321.

(17) Handelskammer für die Kreise Essen, Mühlheim-Ruhr und Oberhausen zu Essen an RK, 13. 1. 1923, 5353/L 1496/L

437259.

（18） *Ebenda*, 5353/L 1496/L 437273–74.

（19） *Ebenda*, 5353/L 1496/L 437286–89.

（20） H. Spethmann, *a. a. O.*, Bd. III, S. 61.

（21） 注(17)参照。5353/L 1496/L 437275–85.

（22） Besprechung in der Reichskanzlei, 14. 1. 1923, in: AdR Cuno, Dok. Nr. 44, S. 145 f.

（23） この通達は一六日には文書によって伝達され，それには，違反者には一年以内の懲役および一〇万マルク以下の罰金を課することも付け加えられていた(H. Spethmann, *a. a. O.*, Bd. III, S. 323)。

（24） J.-C. Favez, *a. a. O.*, S. 75; H. Spethmann, *a. a. O.*, Bd. III, S. 71 ff.

（25） H. Spethmann, *a. a. O.*, Bd. III, S. 75.

（26） Bericht aus Düsseldorf, 16. 1. 1923, 5353/L 1496/L 437312.

（27） J.-C. Favez, *a. a. O.*, S. 76.

（28） *Ebenda.*

（29） H. Spethmann, *a. a. O.*, Bd. III, S. 68 ff.

（30） Bericht von Mehlich aus Dortmund, 17. 1. 1923, 5353/L 1496/L 437332.

（31） L. Zimmermann, *Frankreichs Ruhrpolitik*……, S. 103.

（32） Bericht von Brammer aus Essen, 17. 1. 1923, 5353/L 1496/L 437333–35/L 437340.

（33） Bericht von Brammer aus Essen, 17. 1. 1923, 18 Uhr, 5353/L 1496/L 437337–38, Vgl. Bericht aus Yögler in Dortmund, 17. 1. 1923, 5353/L 1496/L 437342; H. Spethmann, *a. a. O.*, Bd. III, S. 82 ff.

（34） Bericht von Brammer aus Essen, 17. 1. 1923, 13 Uhr, 5353/L 1496/L 437334.

（35） H. Spethmann, *a. a. O.*, Bd. III, S. 84.

（36） H. Spethmann, *a. a. O.*, Bd. III, S. 324 f.

（37） 主要な逮捕者は，レクリングハウゼン地区プロイセン鉱山管理局長 Raiffeisen，ブウェル第三管理部の職員 Ahrens と

Ruffel であった(AdR Cuno, Dok. Nr. 49, Anm. 7, S. 175)。

(38) H. Spethmann, *a. a. O.*, Bd. IV, S. 105.

(39) 逮捕者は、Fritz Thyssen, Wilhelm Kasten(Dahlbusch 鉱山会社社長)、Paul Wüstenhöfer(Essener Bergwerkverein 社長)、Tengelmann(Essener Steinkohlenbergwerk 社長)、Hermann Olfe(Bonifacius 鉱山会社理事)、Walter Spindler(die Bergwerk der Familie Stinnes 総支配人)の六人であった。

(40) H. Spethmann, *a. a. O.*, Bd. III, S. 92.

(41) *Ursachen und Folgen*, Bd. V, Dok. Nr. 1004, S. 42 f.

(42) H. Spethmann, *a. a. O.*, Bd. III, S. 101.

(43) *Die Berichte Eduard Davids als Reichsvertreter in Hessen 1921–1927*, Wiesbaden 1970, Dok. Nr. 48, S. 73 f.

(44) ベルリン駐在ヘッセン代表部の所長は、「ここにおいて必要なことは、政府がそのような呼びかけによって、この国家社会主義の不法者どもを攻撃することである。さもなければ、ドイツにとってまた占領地区の民衆にとって、憂慮すべき重大な事態が生じるであろう」と報告している(Bericht des hessischen Gesandten von Biegeleben über nationale Ausschreitung, 25. 1. 1923, in: AdR Cuno, Dok. Nr. 54, S. 194 f.)。

(45) H. Spethmann, *a. a. O.*, Bd. III, S. 104 ff.

(46) H. Spethmann, *a. a. O.*, Bd. III, S. 110.

(47) AdR Cuno, Dok. Nr. 52, Anm. 8, S. 188 f.

(48) Preußische Innenminister an RK, 13. 1. 1923, 5353/L 1496/L 437587–90.

(49) AdR Cuno, Dok. Nr. 57, Anm. 10, S. 126.

(50) AdR Cuno, Dok. Nr. 37, Anm. 3, S. 122 f.

(51) WP, 1923, Inland Bd. I, S. 2 f.

(52) 以下の分析は、占領されたルール地区の住民に対する政府側の個々の政策(対策)の決定過程そのものを捉えることを目的とするのではなく、そのような個々の政策の決定過程を貫く共通の特色を抽出することにある。いわば、ルール対策の決定過程のパターンを剔出することにあるのである。それは次のような理由に基づく。第一に、一月において示された特色は、その後も変わることなく示されたことによる。第二に、このような特色をもつ政策決定のあり方は、ルール紛争の解決に対する政府の解決能力を暗示してくれるからである。

(53) 前述の一月九日の、基本要綱とも名づけるべき文書は、ライヒ全体の統合政策にその中心を置くものであり、ルール対策を具体的に取り上げたものではなかった。また一月一七日、フランス側が占領政策を強化する段階で出された官房長官ハム(Eduard Hamm)の要綱も、国内統合を中心に置くものであって、具体的な対策を提示したものではなかった(Aufzeichnung vom Staatssekretär(以後 StS と省略する)Hamm über notwendige Maßnahmen der nächsten Zeit, 17. 1. 1923, in: AdR Cuno, Dok. Nr. 48, S. 159 ff.)。

(54) われわれは、このようなパターンを、現代行政の政策決定によくみられる incremental politics の産物ということができるかもしれない。Vgl. David Braybrook and Charles E. Lindblom, *A Strategy of Decision*, New York 1963, Chap. 4, S. 61 ff.

(55) H. Spethmann, *a. a. O.*, Bd. III, S. 85 f., S. 324 f.

(56) J.-C. Favez, *a. a. O.*, S. 105.

(57) H. Spethmann, *a. a. O.*, Bd. III, S. 327 ff.

(58) H. Spethmann, *a. a. O.*, Bd. III, S. 330.

(59) H. Spethmann, *a. a. O.*, Bd. III, S. 115.

(60) *Ursachen und Folgen*, Bd. V, Dok. Nr. 1016, S. 60 f.

(61) H. Spethmann, *a. a. O.*, Bd. III, S. 331.

(62) Ministerbesprechung vom 3. 2. 1923, 11 Uhr, in: AdR Cuno, Dok. Nr. 63, S. 212.

(63) Besprechung in Reichsverkehrsministerium, 10. 1. 1923, 5353/L 1496/L 437227–28.

(64) AdR Cuno, Dok. Nr. 45, Anm. 8, S. 149.

(65) Ministerbesprechung vom 16. 1. 1923, 18 Uhr, in: AdR Cuno, Dok. Nr. 45, S. 148 f.

(66) 注(64)参照。

(67) Der Aufruf der Eisenbahngewerkschaften, 21. 1. 1923, 5353/L 1496/L 437392–94.

(68) Kabinettssitzung vom 30. 1. 1923, 18 Uhr, in: AdR Cuno, Dok. Nr. 59, S. 203.

(69) Kabinettssitzung vom 17. 1. 1923, 18 Uhr, in: AdR Cuno, Dok. Nr. 47, S. 159. この通達は一月二〇日、内容をより詳しいものとして、占領地区の各財務関係行政官に伝えられた(5353/L 1496/L 437416–20)。

(70) Niederschrift über die am 17. 1. im Oberpräsidentum zur Münster stattgehebte Besprechung, 5353/L 1496/L 437373–84.

(71) 例えば、バイエルン政府は、ライヒ政府に公務員の対応措置を至急決定するよう要請している(5353/L 1496/L 437370–71)。

(72) Ministerbesprechung vom. 19. 1. 1923, in: AdR Cuno, Dok. Nr. 49, S. 176 ff.

(73) H. Spethmann, *a. a. O.*, Bd. IV, S. 247 f.

(74) H. Spethmann, *a. a. O.*, Bd. IV, S. 248. プロイセン内務省の占領地区の警察に対する訓令については、5353/L 1496/L 437455–58.

(75) Schäfer an RK, 22. 1. 1923, 5353/L 1496/L 437440–43.

(76) Rundschreiben des RK, 18. 1. 1923, 5353/L 1496/L 437355–56.

(77) Aufzeichnung von Kempner, 21. 1. 1923, 5353/L 1496/L 437405–06.

(78) Referantsbesprechung, 23. 1., 5353/L 1496/L 437444–46.

(79) WP, 1923, Inland Bd. I, S. 105 ff.

(80) Der preußische Ministerpräsident an RK, 11. 1. 1923, 5353/L 1496/L 437236.

(81) RK an dem preußischen Ministerpräsident, 12. 1. 1923, 5353/L 1496/L 437237–39.

(82) 一九二二年一一月五日の選挙の結果は下表のとおりである。この結果に基づいて、ＳＤＰは単独内閣を形成した。その信任投票の際、ＫＰＤはこの内閣を支持した。Vgl. Klaus Hohlfeld, *Die Reichsexekutionen gegen Sachsen im Jahre 1923: Ihre Vorgeschichte und politische Bedeutung*, Diss., Erlangen 1964, S. 17 ff.

(83) WP, 1923, Inland Bd. I, S. 200.

1922年11月5日ザクセン邦議会選挙結果

政党名	得票数	議席数	得票率(%)
KPD	266,684	10	10.5
SPD	1060,247	40	41.8
DDP	214,189	8	8.4
中央党	22,611	0	0.9
DVP	474,708	19	18.7
DNVP	482,469	19	19.0
その他	16,495	0	0.7
総計	2537,583	96	100

(出典: *Ursachen und Folgen*, Bd. VII, S. 670 f.)

（84）　WP, 1923, Inland Bd. I, S. 183 f., Vgl. Wolfgang Benz hrsg., *Politik in Bayern 1919–1933 : Berichte des württembergischen Gesandten Morser von Filseck*, Stuttgart 1971, S. 119 f.

（85）　WP, 1923, Inland Bd. I, S. 185 f.

（86）　Besprechung mit dem Ministerpräsidenten der Länder, 12. 1. 1923, 15 Uhr, in : AdR Cuno, Dok. Nr. 43, S. 141 ff.

（87）　RT, Bd. 357, S. 9418–9423.

（88）　H. A. Turner, Jr., *Stresemann and the Politics of Weimar Republic*, Princeton 1963, S. 105 f.

（89）　Michael-Olax Maxelon, *Stresemann und Frankreich*, Düsseldorf 1972, S. 126 f.

（90）　RT, Bd. 357, S. 9423–9424.

（91）　"*Vorwärts*" vom 7. 1. 1923, zitiert in Rheinmund Klinkhammer, *Die Außenpolitik der Sozialdemokratische Partei Deutschlands in der Zeit der Weimarer Republik*, Diss., Freiburg 1955, S. 101.

（92）　H. Spethmann, *a. a. O.*, Bd. IV, S. 369 f.

（93）　RT, Bd. 357, S. 9424–9434.

（94）　彼らは、その行為の違法性を非難するという立場からフランスを批判しており、その立場は、「善であれ悪であれ我が祖国」というものではなく、「祖国であれ他国であれ、正義は正義である」というものであった(R. Klinkhammer, a. a. O., S. 102)。

（95）　RT, Bd. 357, S. 9437–9439.

（96）　J.-C. Favez, *a. a. O.*, S. 84.

（97）　WP, 1923, Inland Bd. I, S. 224 f.

（98）　J.-C. Favez, *a. a. O.*, S. 84.

（99）　D'Abernon, *a. a. O.*, Bd. II, S. 159.

（100）　RT, Bd. 357, S. 9498–9506.

（101）　RT, Bd. 358, S. 9526–9532.

（102）　この方針に立脚した具体的な政策として、要綱は、㈠法律面の抗議、㈡対外的には抗議声明の発表、㈢国内的には統合強化のための声明の発表、(四)抗議集会の開催、(五)「悲しみの日」の設定、(六)映画館・劇場の一時閉鎖、ダンスの禁止、音楽の制限等の文化措置等を掲げていた(注(50)参照)。

(103) *Ursachen und Folgen*, Bd. V, Dok. Nr. 990–a, S. 21 f.

(104) J.-C. Favez, *a. a. O.*, S. 83.

(105) Harold J. Gordon Jr., *Hitler and the Beer-Hall Putch*, Princeton 1972, S. 185.

(106) WP, 1923, Inland Bd. I, S. 12 f.

(107) Rede des RK vor den Ministerpräsidenten der Länder, 12. 1. 1923, in : AdR Cuno, Dok. Nr. 42, S. 135 ff.

(108) Besprechung mit Vertretern der Gewerkschaften, 22. 1. 1923, 5353/L 1496/L 437495–501. なお、ＡＤＧＢはすでに、一一日、占領に反対する抗議声明を発表していた(*Ursachen und Folgen*, Bd. V, Dok. Nr. 999–d, S. 23 f.)。

(109) Besprechung mit Vertretern der Beamtenorganisation, 24. 1. 1923, 5353/L 1496/L 437505–08.

(110) Karl Holl und Adolf Wild hrsg., *Ein Demokrat kommentiert Weimar : Die Berichte Hellmut von Gerlachs an die Carnegie-Friedensforschung in New York 1922–1930*, Bremen 1973, S. 69 f.

(111) フランス政府とベルギー政府の一〇日付けノートは、*Ursachen und Folgen*, Bd. V, Dok. Nr. 998–a, S. 16 ff.

(112) L. Zimmermann, *Deutsche Außenpolitik*……, S. 145. また一月四日、パリ会議が成果なく終わった日、ベルクマンはブラドベリイの質問に答えて、ドイツは受動的・道義的抵抗を行なうつもりであると述べている(Tel. 4. 1, Paris, 1524/3116H/D 635759)。

(113) Ministerrat beim Reichspräsidenten, 9. 1. 1923, in : AdR Cuno, Dok. Nr. 37, S. 122 ff.

(114) フランス政府宛てノート、1524/3116H/D 635888–91、ベルギー政府宛てノート、1524/3116H/D 635891–95.

(115) Aufzeichnung vom Gespräch zwischen Malzan und D'Abernon, 9. 1. 1923, 1524/3116H/D 635805–06 ; Rosenberg an Dr. Simon, 16. 1. 1923, 1524/3116H/D 635977–78 ; Tel. 12. 1, Rosenberg an Paris(Fischer), 1524/3116H/D 635901.

(116) Ministerbesprechung vom 19. 1. 1923, in : AdR Cuno, Dok. Nr. 49, S. 175 f.

(117) Tel. 16. 1, Rosenberg an Paris, 1524/3116H/D 635959, Vgl. Tel. 17. 1, Rosenberg an Hauptmission, 1524/3116H/D 635990–91.

(118) Tel. 17. 1, Paris, 1524/3116H/D 635995.

(119) Tel. 19. 1, Rosenberg an Paris, 1524/3116H/D 636047–49.

(120) このノート戦争が形式的なものでしかなかったことは、このノート(口頭・書簡を問わず)の手交にあたって書かれた本省宛ての報告が示してくれる。というのは一般にノートの手交にあたっては、相手国の外交担当者のそのノートに対する反応が本国に報告されるのが常である。しかしこのノート戦争においては、ノートの受理者の名前も、従ってその反応もほとんど報告されなかった。このことは、この一連のノートの重要性が低いものであったことにもよるが、それよりも、この当時の状況、すなわちヘッシュからの報告にはほとんどフランス外務省との接触が語られていないということに示されている状況、により多く帰因するものであった。当時フランス外務省とドイツ側外交機関とのコミュニケーションは、事実上、国交断絶の状況にあったのである。

(121) Tel. 31. 1, Rosenberg an Paris, 1524/3116H/D 636267–68; Tel. 2. 2, Paris, 1524/3116H/D 636296.

(122) Tel. 31. 1, Paris, 1524/3116H/D 636274–75.

(123) Tel. 3. 2, Rosenberg an Paris, 1524/3116H/D 636301–03.

(124) Tel. 4. 2, Paris, 1524/3116H/D 636323; Tel. 4. 2, Paris, 1524/3116H/D 636330; Tel. 9. 2, Paris, 1524/3116H/D 636387–88.

(125) Tel. 9. 2, Paris, 1524/3116H/D 636383–85.

(126) 駐仏代理大使ヘッシュは、その分析の方法において、明らかに、他のドイツ大使(駐英大使シュタマー、駐米大使ヴィートフェルト、駐伊大使ノイラート)とは違いをみせていた。他の大使はほとんど圧倒的にエリート志向——その国のエリートの動向報告に分析の中心をおく——であるのに対し、彼はフランスの政治をより構造的に分析する報告を送っていた。Vgl. Johan Galtung, "Patterns of Diplomacy: A Study of Recruitment and Career Pattern in Norwegian Diplomacy," in: *Journal of Peace Research*, 2(1965), S. 101 ff. 因みに、Hajo Holbornは、彼を「両大戦間におけるドイツの最大の職業外交官」と評価している(Hajo Holborn, "Diplomats and Diplomacy in the Early Weimar Republic," in: G. Craig and F. Gilbert eds., *The Diplomats 1919–1939*, Princeton 1953, S. 151)。

(127) Tel. 23. 1, Paris, 1524/3116H/D 636133–36.

(128) シュトレーゼマンも、占領に先立つ六日、その書簡のなかで、このようなアングロ・サクソン国への期待を披瀝している

(G. Stresemann, *Vermächtnis*, Bd. I, hrsg., Henry Bernhard, Berlin 1932, S. 30(以下 VM, Bd. I, S. 30, と略記して引用する))。

(129) Die Note vom 10. 1.(Abschrift), 1524/3116H/D 635830–32.

(130) Die Note vom 10. 1.(mündlich) (Abschrift), 1524/3116H/D 635833–34; FR 1923, Bd. II, S. 50 f.

(131) Rosenberg an Hauptmission, 10. 1.(Abschrift), 1524/3116H/D 635828–29.

(132) Tel. 10. 1, Rom, 1385/2784/D 537366; Aufzeichnung vom Gespräch zwischen Bosdari und Rosenberg, 12. 1. 1923, 1385/2784/D 537369–70; Tel. 13. 1, Rosenberg an Hauptmission, 1524/3116H/D 635934.

(133) Alan Cassels, *Mussolini's Early Diplomacy*, Princeton 1970, S. 61 ff.; Christopher Seaton-Watson, *Italy from Liberalism to Fascism*, London 1967, S. 669; L. Zimmermann, *Deutsche Außenpolitik*……, S. 137.

(134) Aufzeichnung vom 18. 1, 1524/3116H/D 537378–79. ただし、イタリア側は、一八日以前にも独自の仲介工作を行なっていた。このことは、次の二つの事実から確認しうる。第一に、一七日米国務長官ヒューズが、駐米大使ヴィートフェルトに、イタリアの仲介案が提出されたか否か尋ねていること(Tel. 17. 1, Washington, 1385/2784/D 636003)、そして第二に、一八日ノイラートが、外務次官コンタリーニ(Salvatore Contarini)と会談した際、「イタリア政府は、現在までヨーロッパ全体に迫りくる危険を指摘して、イギリスがイタリアの仲介工作に参加するよう努力を重ねてきたが、成果のないままに終わった」と伝えられたことである(Tel. 18. 1, Rom, 1385/2784/D 636017)。Vgl. A. Cassels, *a. a. O.*, S. 63.

(135) Tel. 19. 1, Rosenberg an Hauptmission, 1385/2784/D 636040–41.

(136) *Ebenda.*

(137) Tel. 20. 1, London, 1385/2784/D 636076.

(138) Tel. 20. 1, Washington, 1385/2784/D 636081.

(139) Tel. 22. 1, Rosenberg an Hauptmission, 1385/2784/D 636104–05.

(140) Aufzeichnung vom 21. 1, 1524/3116H/D 537382–83.

(141) Tel. 19. 1, Rosenberg an Hauptmission, 1385/2784/D 636040–41.

(142) 占領開始直後、ボナ・ローの秘書ウォーターハウス(Waterhouse)はリヒトハルト(Lichthardt)に次のように伝えている。
「イギリスは、フランスとの外交折衝を開始する前に、イギリスの世界政策にとって重要な問題たるローザンヌとワシントンの問題を解決しなければならない」と(Lichthardt an Stinnes, 15. 1. 1923, 2368/1309/D 490175–77)。Vgl. C. R. Weikardt, *a. a. O.*, S. 154 f.; F. S. Northledge, *a. a. O.*, S. 187; Werner Weidenfeld, *Die Englandpolitik Gustav Stresemanns*, Mainz 1972, S. 62 f.

(143) Aufzeichnung vom Gespräch zwischen D'Abernon und Malzan, 9. 1. 1923, 1524/3116H/D 635805–06. 当時、ラインラント管理委員会のイギリス代表もアデナウアー(Konrad Adenauer：当時ケルン市長)を通して、ドイツ側に慎重な行動をとるよう警告している(Adenauer an RK, 9. 1, 5353/L 1496/L 437212)。

(144) ダバーノンの返答は、「私は何も聞いていない」というものであった(D'Abernon, *a. a. O.*, Bd. II, S. 150 f.)。

(145) Tel. 11. 1, London, 1524/3116H/D 635896–97.

(146) Tel. 21. 1, Rosenberg an Hauptmission, 1524/3116H/D 636088–89.

(147) Tel. 22. 1, London, 1524/3116H/D 636121–22.

(148) C. Horkenbach, *a. a. O.*, S. 158; Tel. 24. 1, London, 1524/3116H/D 636155; Tel. 27. 1, London, 1524/3116H/D 636222; Tel. 29. 1, London, 1524/3116H/D 636254.

(149) Tel. 16. 1, an London, 1524/3116H/D 635965; Tel. 17. 1, London, 1524/3116H/D 635996; Tel. 21. 1, London, 1524/3116H/D 636119.

(150) 一三日、ダバーノンは、時期はまだ熟していないとしてイタリア側の仲介案を拒否した(Tel. 23. 1, an London, 1524/3116H/D 636138)。

(151) この会談は、ジルヴァーベルク(Silverberg)がイギリス側に行なった仲介申し入れを、打ち消す目的で行なわれた。ジルヴァーベルクの交渉前提は、ルールからの撤兵であり、政府のルールの解放とは異なっていた(Aufzeichnung vom Gespräch zwischen Rosenberg und D'Abernon, 25. 1. 1923, 1524/3116H/D 636175)。なお、このジルヴァーベルクの提案は、一二日に外務省に送付されている。ただし、この提案はまったく彼個人の独自な行動であるのか、それとも外務省の了解のもとになされたものなのかは明らかではない(1524/3116H/D 636202)。

(152) Tel. 8. 2, London, 1524/3116H/D 636380.

(153) W. Link, *a. a. O.*, S. 177 f.

(154) FR, 1923, Bd. II, S. 192.
(155) D. B.-Gescher, *a. a, O.*, S. 150 ff.
(156) FR, 1923, Bd. II, S. 50 f.
(157) FR, 1923, Bd. II, S. 52 ff.
(158) Tel. 8. 1, Washington, 1524/3116H/D 635767 ; Vgl. FR, 1923, Bd. II, S. 47 f.
(159) Tel. 9. 1, Cuno an Washington, 1524/3116H/D 635769.
(160) Tel. 20. 1, Washington, 1524/3116H/D 636081.
(161) Tel. 23. 1, Rosenberg an Washington, 1524/3116H/D 636146–47.
(162) D. B.-Gescher, *a. a. O.*, S. 167.
(163) Tel. 22. 1, Rosenberg an Washington, 1524/3116H/D 636103.
(164) Cuno Horkenbach, *a. a. O.*, S. 159 f.
(165) H Spethmann, *a. a. O.*, Bd. III, S. 119 ; WP, 1923, Inland Bd. I, S. 147 f.
(166) H. Spethmann, *a. a. O.*, Bd. III, S. 121.
(167) H. Spethmann, *a. a. O.*, Bd. III, S. 133 f.
(168) H. Spethmann, *a. a. O.*, Bd. IV, S. 18 ff.
(169) H. Spethmann, *a. a. O.*, Bd. III, S. 128 ff.
(170) H. Spethmann, *a. a. O.*, Bd. IV, S. 38 ff.
(171) Alfred E. Cornebise, *Some Aspects of the German Response to the Ruhr Occupation, January–September 1923*, Diss., University of North Carolina at Chapel Hill 1965, S. 76.
(172) H. Spethmann, *a. a. O.*, Bd. IV, S. 16 f.
(173) H. Spethmann, *a. a. O.*, Bd. IV, S. 32 f.
(174) その際、一一月上旬この地区の三つの鉄道線路の主要各駅が占領され、この三つの線路は占領軍の管轄下に置かれるに至った。H. Spethmann, *a. a. O.*, Bd. IV, S. 19 ; A. Cornebise, *a. a. O.*, S. 77.

(175) Vermerk des StS Hamm über den Eisenbahnverkehr im Ruhrgebiet, 11. 3. 1923, in: AdR Cuno, Dok. Nr. 95, S. 303 f.

(176) *Ursachen und Folgen*, Bd. V, Dok. Nr. 1037, S. 93 f.

(177) H. Spethmann, *a. a. O.*, Bd. III, S. 125; A. Cornebise, *a. a. O.*, S. 79.

(178) H. Spethmann, *a. a. O.*, Bd. III, S. 120 f.

(179) H. Spethmann, *a. a. O.*, Bd. III, S. 121 f., S. 125 f.

(180) WP, 1923, Inland Bd. I, S. 161, S. 163; A. Cornebise, *a. a. O.*, S. 75 f.

(181) H. Spethmann, *a. a. O.*, Bd. III, S. 127 f., Bd. IV, S. 251 ff.; A. Cornebise, *a. a. O.*, S. 73 f.

(182) F. Stampfer, *a. a. O.*, S. 322; Vgl. C. Horkenbach, *a. a. O.*, S. 162.

(183) Zechlin in Essen an AA, 1525/3116H/D 636631–32.

(184) Reichsinnenminister an RK, 17. 2. 1923, 5353/L 1496/L 438036–37; Reichszentrale für Heimatdienst an RK, 16. 2. 1923, 5353/L 1496/L 437893–95.

(185) H. Spethmann, *a. a. O.*, Bd. IV, S. 26 ff.; J.-C. Favez, *a. a. O.*, S. 194 ff.

(186) Malzan an Stockholm u. s. w., 15. 2. 1923, 1525/3116H/D 636489.

(187) WP, 1923, Inland Bd. I, S. 159 f.

(188) WP, 1923, Inland Bd. I, S. 163.

(189) J.-C. Favez, *a. a. O.*, S. 196 f.; A. Cornebise, *a. a. O.*, S. 111.

(190) WP, 1923, Inland Bd. I, S. 348 f.

(191) WP, 1923, Inland Bd. I, S. 350.

(192) 以下に述べる弱体化の要因のほかに、ナショナリズムの昂揚を活動の好機とした右翼愛国主義的団体の活性化があり、それがＳＰＤおよびＡＤＧＢ系組合の危機意識をよび起こすというダイナミズムも存在していた。ただし、この時期のルールにおける愛国主義的団体の活動——秘密再軍備の一環たる武装団体の活動をも含めて——の全容については明らかとはなっていない。Vgl. J.-C. Favez, *a. a. O.*, S. 200 ff.; Wilfried Böhnke, *Die NSDAP im Ruhrgebiet 1920–1933*, Bonn–Bad Godesberg 1974, S. 59 f.

(193) DDP an RK, 19. 2. 1923, 5353/L 1496/L 437993–95.

(194) Besprechung in Anwesenheit Siering, Bochum, 19. 2. 1923, Besprechung in Anwesenheit Siering, Heilborn und Herne, 19. 2. 1923, 5353/L 1496/L 438020–25.

(195) Besprechung zwischen RK und Herrn Leipart, 26. 2. 1923, 5353/L 1496/L 438048–49.

(196) 選挙結果は次のとおりである。Bericht aus Duisburg, 14. 2. 1923, 5353/L 1496/L 437978–81.

自由労組	一一〇六票(評議員六名)
キリスト教系労組	七七五票(〃 四名)
ヒルシュ・ドゥンカー系労組	二一三票(〃 一名)
サンディカリスト	八二七票(〃 五名)
KPD	一一四七票(〃 六名)

なお、ワイマール期のルール地区の労働運動の政党支持の概要については、Martin Martiny, "Arbeiterbewegung an Rhein und Ruhr vom Scheitern der Räte- und Sozialisierungsbewegung bis zum Ende der letzten parlamentarischen Regierung der Weimarer Republik (1920–1930)," in: Jürgen Reulecke hrsg., *a. a. O.*, S. 241 ff.

(197) Werner T. Angress, *Stillborn Revolution: the Communist Bid for Power in Germany 1921–1923*, Princeton 1963, S. 300 ff.; *Geschichte der deutschen Arbeiterbewegung*, Bd. III, S. 393 f.; *Dokumente und Materialien zur Geschichte der deutschen Arbeiterbewegung*, Bd. VII–II, S. 278 ff.; H. Spethmann, *a. a. O.*, Bd. IV, S. 135 ff.

(198) H. Spethmann, *a. a. O.*, Bd. IV, S. 140 ff.

(199) H. Spethmann, *a. a. O.*, Bd. IV, S. 143 ff.

(200) WP, 1923, Inland Bd. I, S. 354.

(201) H. Spethmann, *a. a. O.*, Bd. IV, S. 148 f.

(202) Verband der Bergarbeiter Deutschlands an RK, 14. 4. 1923, in: AdR Cuno, Dok. Nr. 120, S. 376 f.

(203) Rücksprache mit Hilferding, 12. 2. 1923, 3683/9523/H 287287.

(204) RT, Bd. 358, S. 9615–19.

(205) RT, Bd. 358, S. 9887–91.

(206) Breitscheid an AA, 21. 2. 1923, 1525/3116H/D 636543–48.

(207) Stresemann an AA(undaten), 1527/3116H/D 638243–45.

(208) RT, Bd. 358, S. 9947–58.

(209) ダヒット演説(RT, Bd. 358, S. 9966–68)、マルクス演説(S. 9972–75)、ヘルクト演説(S. 9968–72)、シュトレーゼマン演説(S. 9975–82)、デルンブルク演説(S. 9982–86)、マルクス演説(S. 9989–96)。

(210) R. Klinkhammer, a. a. O., S. 105.

(211) WP, 1923, Inland Bd. I, S. 36 ff.

(212) WP, 1923, Inland Bd. I, S. 102 ff.

(213) Sitzung des Auswärtigen Ausschuß des Reichstags, 27. 3. 1923, in: AdR Cuno, Dok. Nr. 109, S. 342 ff.

(214) Vermerk des StS Hamm über ein Gespräch mit Leipart, 28. 3. 1923, 5354/L 1496/L 438202–03.

(215) Kabinettssitzung vom 29. 3. 1923, in: AdR Cuno, Dok. Nr. 112, S. 352 ff.

(216) RT, Bd. 359, S. 10539–546, Vgl. Ministerbesprechung vom 16. 4. 1923, 10 Uhr, in: AdR Cuno, Dok. Nr. 123, S. 391 f.

(217) RT, Bd. 359, S. 10546–51.

(218) RT, Bd. 359, S. 10596–602.

(219) D'Abernon, *a. a. O.*, Bd. II, S. 198.

(220) マルクス演説(RT, Bd. 359, S. 10551–56)、ラウシャー演説(RT, Bd. 359, S. 10603–07)、この時期の中央党については、Rudolf Morsey, *Die deutsche Zentrumspartei 1917–1923*, Düsseldorf 1966, S. 504 ff. マルクスは、四月から五月にかけて書かれたと想定される文書のうちで、「この恐るべきほど困難な問題について、議員団にはなんらの統一もない」と書いている(R. Morsey, *a. a. O.*, S. 510, Anm. 3)。

(221) RT, Bd. 359, S. 10565–72. この時期のＤＤＰについては、Werner Stephan, *Aufstieg und Verfalls des Linksliberalismus 1918–1933: Geschichte der deutschen Demokratischen Partei*, Göttingen 1973, S. 228 ff.

(222) RT, Bd. 359, S. 10607–15.

(223) RT, Bd. 359, S. 10572–80.

(224) Aufzeichnung von Mackenzen, 7. 4. 1923, 1525/3116H/D 637136–37 ; Aufzeichnung von Heilborn, 10. 4. 1923, 3683/9523/H 287466–68.

(225) そのため、政府は、シュトレーゼマンとDVPが政府を支持するか否かについて、確認をとらねばならなかった(Hamm an den Gesandten Haniel, 26. 4. 1923, 3683/9523/H 287489–91)。

(226) Besprechung mit Vertretern der Gewerkschaften, 21. 4. 1923, in : AdR Cuno, Dok. Nr. 135, S. 418 f.

(227) Tel. 4. 4, Malzan an Paris, 1525/3116H/D 637107–10 ; Tel. 5. 4, Rosenberg an Hauptmission, 1525/3116H/D 637111–22.

(228) de Margerie an AA, 11. 4, 1525/3116H/D 637188–89.

(229) Tel. 13. 4, Malzan an Paris, 1525/3116H/D 637219–21 ; Rosenberg an de Margerie, 17. 4, 1526/3116H/D 637278–79.

(230) Tel. 18. 4, Paris, 1526/3116H/D 637284–87.

(231) Tel. 20. 4, Rosenberg an Paris, 1526/3116H/D 637289–90.

(232) Tel. 15. 2, Cuno an Hauptmission, 1525/3116H/D 636473.

(233) Tel. 26. 5, Rosenberg an Hauptmission, 1525/3116H/D 636640–43.

(234) Tel. 6. 2, Paris, 1524/3116H/D 636345–46 ; Tel. 6. 2, Brüssel, 1524/3116H/D 636342 ; Tel. 8. 2, Paris, 1525/3116H/D 636377–79.

(235) Tel. 11. 2, Paris, 1525/3116H/D 636417–18 ; Tel. 12. 2, Malzan an Hauptmission, 1525/3116H/D 636419.

(236) Tel. 19. 2, Brüssel, 1525/3116H/D 636531–32.

(237) Tel. 26. 2, Brüssel, 1525/3116H/D 636678.

(238) Tel. 25. 2, Malzan an Hauptmission, 1525/3116H/D 636633 ; Tel. 26. 2, Paris, 1525/3116H/D 636680–81.

(239) Tel. 4. 3, Paris, 1525/3116H/D 636758–59 ; Tel. 3. 5, Brüssel, 1525/3116H/D 636770 ; Tel. 12. 3, Brüssel, 1525/3116H/D 636899 ; Tel. 14. 3, Paris, 1525/3116H/D 636936–37.

(240) Tel. 13. 3, Paris, 1525/3116H/D 636927–30 ; Tel. 13. 3, Paris, 1525/3116H/D 636931–32.

(241) Tel. 14. 3, Brüssel, 1525/3116H/D 636965, Vgl. Tel. 12. 3, Brüssel, 1525/3116H/D 636910 ; Tel. 13. 3, Paris, 1525/3116H/D

636914–20 ; L. Zimmermann, *Frankreich*……, S. 156 f.
(242) Tel. 2. 2, Rom, 1525/3116H/D 636308 ; Tel. 21. 2, Rom, 1525/3116H/D 636559–60.
(243) Tel. 27. 2, Rom, 1528/3116H/D 639049 ; Tel. 3. 3, Rosenberg an Rom, 1528/3116H/D 639071–73.
(244) WP, 1923, Ausland Bd. I, S. 56 ff.
(245) Tel. 28. 2, London, 1525/3116H/D 636709.
(246) Harry Graf Kessler, *a. a. O.*, S. 173.
(247) *Ebenda* ; Tel. 8. 3, London, 1528/3116H/D 639129–30.
(248) Tel. 9. 3, an London, 1528/3116H/D 639131–36.
(249) Tel. 10. 3, London, 1528/3116H/D 639137–38.
(250) Tel. 11. 3, an London, 1528/3116H/D 639144.
(251) H. G. Kessler, *a. a. O.*, S. 174 f.
(252) WP, 1923, Ausland Bd. I, S. 64 ; H. G. Kessler, *a. a. O.*, S. 176 f.
(253) Memorandum vom 11. 3, 1528/3116H/D 639141–43.
(254) Tel. 12. 3, an Washington, 1528/3116H/D 639145–46.
(255) Tel. 14. 3, London, 1528/3116H/D 639155–57.
(256) Tel. 16. 3, London, 1528/3116H/D 639167–70.
(257) Tel. 16. 3, Washington, 1528/3116H/D 639162–63 ; D. B.-Gescher, *a. a. O.*, S. 168 ff.
(258) Tel. 20. 3, an Paris, 1528/3116H/D 639178.
(259) Erich Koch-Weser, *Germany in the Post-War World*, Philadelphia 1930, S. 94.
(260) Memorandum von Hoesch, 31. 3, 1525/3116H/D 637098–105.
(261) WP, 1923, Ausland Bd. I, S. 64 ff.
(262) Tel. 29. 3, London, 1525/3116H/D 637074.
(263) ルシュール訪問の背景と経緯については、W. A. McDougall, *a. a. O.*, S. 265 f. ; H. J. Rupieper, *a. a. O.*, S. 122 ff., S. 136 f.

(264) Tel. 5. 4, Paris, 1525/3116H/D 637123–30.

(265) Tel. 7. 4, Paris, 1525/3116H/D 637131–33; Tel. 7. 4, Paris, 1525/3116H/D 637134–35; Tel. 8. 4, Paris, 1525/3116H/D 637152–54; Tel. 9. 4, London, 1525/3116H/D 637159–61; Tel. 9. 4, London, 1525/3116H/D 637165–66; Tel. 11. 4, London, 1647/3243/D 719366.

(266) H. G. Kessler, *a. a. O.*, S. 188.

(267) Tel. 16. 4, Brüssel, 1526/3116H/D 637266–69; Tel. 17. 4, Brüssel, 1526/3116H/D 637280; Tel. 16. 4, Paris, 1526/3116H/D 637260–63.

(268) WP, 1923, Ausland Bd. I, S. 169 ff.; Tel. 15. 4, Paris, 1525/3116H/D 637240–45.

(269) Tel. 13. 4, an London, 1647/3243/D 719411.

(270) Tel. 17. 4, Paris (Meyer), 1647/3243/D 719405; Tel. 17. 4, Brüssel, 1647/3243/D 719408.

(271) H. G. Kessler, *a. a. O.*, S. 174.

第三章 「戦闘なき戦争」の継続

一月から四月、ルール紛争は長期化の様相をみせるに至った。この「経済戦争」は、ドイツ国内においてはルール地区住民の生活条件を悪化させ、ルール地区から交渉要求を表出させた。そして、中央政府のレベルにおいても、議会は交渉要求を統合させるに至った。それと同時に国際体系のレベルにおいても、三月ドイツ側の「和平交渉」の試みが失敗に終わった後、各国はドイツに新たな提案をなすよう要求し始めた。ここにおいて、政府指導者が採用した戦術と政治指導の不適合が明らかになった。換言すれば、最大限目標を達成するための外交的待機主義、そして目標達成のためにナショナリズムを唯一の資源とする統合は、状況との不適合を示し始めたのである。

この不適合を克服するために実行されたのが、ほかならぬ五月二日のドイツによる新賠償案の提出であった。しかし、提出から始まりフィードバック過程で終えるこの提案の決定過程の示すところのものは、戦術と政治指導の誤りであり、この状況克服の試みの挫折にほかならなかった。そして解決への試みの挫折は、ドイツ国内の分極化を押しすすめ、ドイツ国内政治体系はまさに「権力喪失」の状況へと陥っていくのである。

ここでは、まず最初に、五月二日提案の形成過程を、政府の行動を中心として、準備期・提出の決定・提出の準備・反応・フィードバックの各段階ごとに検討することにしたい。

第一節　新賠償案の提出

一　新賠償案の政策形成過程

四月中旬から六月上旬までの約二ヵ月に及ぶ新賠償案の政策形成過程は、その第一段階として、賠償原案の作成という時期を有していた。ドイツ政府は受動的抵抗政策を推進する一方、ルール占領の開始後も、一月上旬末提出に終わった賠償案を素材として、外務省・経済省・大蔵省を中心に賠償案の検討を重ねていた。(1)二月下旬、当問題の権威者ベルクマンは極秘にデュボアと接触をとっており、(2)またボンも二月下旬に政府から賠償案の検討を依頼され、三月中旬、政府にボン私案を提出していた。(3)このように検討が続けられているとき、政府を提出を前提とする原案の作成へと動かしたのは、三月下旬に起きたイギリス下院での討論、ドイツは交渉を開始すべしという駐仏代理大使からの具申、四月八日ローゼンベルクに対してダバーノンが与えた賠償案提出の示唆、(4)という一連の対外的圧力であり、また前節で述べた国内での交渉要求の統合という圧力であった。四月一五日、審議官ケンプナー(Franz Kempner)は賠償問題に関する覚書を完成した。この四月一五日という時点でこのような覚書が完成されたことは、クーノ政府がいままでの外交的待機主義を修正して、なんらかの賠償案を時期をみて提出する道を選んだことも示唆するものであった。そして事実、この覚書は、その内容をみるとき五月二日案の原案たる性格を有していたのである。しかし、連合国側に提出された完成案がこれ以降の検討のなかで妥協のためにかなりの変更を余儀なくされたものであることを考慮に入れると、この原案のなかにこそ、より明確に当時のクーノ政府の賠償政策をみることができるのである。この覚書は、まず次のような基本原則を明示した。それは、提案は「フランスおよびベルギー側の国民にとって譲歩を行ないやすいもの、したがって和解が容易になるようなもの」であるよりも、ハンブルク演説に述べられたドイツ側の原則を一貫して貫くものでなければならないという原則である。そしてこの基本原則から、第一に最終的な解決案であること、第二にドイツ側の現実の供給可能能力の枠内での義務履行であること、第三にヴェルサイユ条約で保証されたドイツの主権と統一を維持すること、という三つの目標が導かれた。そして以上の目標に、これまで外相と首相の演説で繰り返し主張されてきたヒューズ提案の受け入れが、「相手側の決定に影響を与える」ために付け加えられた。このような基本原則と基本目標に立って、個別問題が取り扱われた。まず現金支払いに関しては、現時点ではドイツの供給能力はルール占領のため確定不能であるという理由のもとに、額の明示は避けられた。ただし、未提出のドイツ案に明示された総額三〇〇億ＧＭが原則的な出発点たることは変わりなかった。また現物支払いに関しては、「現金支払いなき資源供給を完全に廃止する」ことが目標とされた。以上のような支払い義務の修正に加えて、保証措置の点でもドイツに有利な形での修正が要求され、ロンドン支払い案で課せられた輸出税の廃止、財政主権の回復が掲げられた。それに代わる保証措置として、ボン私案に盛られた国有鉄道および公有地への担保設定措置、信託会社の設置等が、検討すべき案とされた。また、イギリス側が要求していた財政改革に関しては、現時点では賠償案の解決がないかぎり不可能であるとされ、拒絶の姿勢が示された(5)。このように覚書は、ルール占領開始以前のドイツ側の最大限要求を貫くことを基調として書かれており、以後の賠償案作成過程で形成される最終案が一月のドイツ案以上に譲歩を行なうものではないことを暗示するものであった。翌一六日、議会でのローゼンベルク演説に先立って開かれた閣僚会議は、「賠償問題のいかなる解決も、一九二三年一月のドイツ提案を出発点とするものでなければならない」ことを決定している(6)。

しかし、基本方針の決定は、そのまま提出の決定とはならなかった。四月二三日に新賠償案を提出することが決定されるにあたっては、促進要因として次の五つの圧力が働かなければならなかった。第一に、四月一六日のローゼンベルク演説に対する国内での反響である。前述したように、ローゼンベルク演説後一八日まで続いた外交論争は、議会の多数が交渉要求論へと傾斜していることをはっきりと示していた。また二〇日にはバーデン・ラント首相は、交渉の準備を勧める書簡を送ってきており、(7)続く二一日にも労働組合の代表との会談の席上において、ADGBのライパルトは、交渉を開始するよう強く首相に要求した。(8)第二の圧力は、四月一八日、ライヒスバンクによるマルク安定のための買い支え措置が失敗したこと、(9)そしてそれと関連して統合解体の危険性が増大したと認識され始めたことであった。このマルク安定措置の失敗は、ケンプナー覚書の結論を現実的なものと政府に感じさせ、提出を決定させるのに大きな影響を与えることになった。その結論とは次のようなものである。「われわれの成功のチャンスは、世界がわれわれの抵抗の持続力を信じているかぎり、より大きなものとなる。そしてこれは確実にマルクの動向に影響されるものである。近い将来マルクが下がりそして物価が新たに上昇する、そのとき抵抗がより多くのグループで弱体化をみせる。そのような時になって交渉を開始すると、われわれのチャンスはより少ないものとなってしまうだろう。それに反して、その前になんらかの方法で交渉が開始され、交渉の過程で(相手国との――筆者)調整が――例えばベルギー側の領土要求のために――成功しないことが明らかになれば、敵側の目標との対立がより明白となり、抵抗はマルクの低下にもかかわらずより強いものとなるであろう」(10)と。ここに述べられた戦術は、マルクの解体によって促進されると考えられる統合の解体を、敵側との緊張を増大させナショナリズムをふたたび喚起することによって防ぐというものにほかならなかった。また一九日、官房長官ハムが提出した内政状況に関する覚書は、政府指導者が抱いた統合解体のそして危機の深さの認識を明確に示すものであった。彼は、緩やかながらも確実に示されてくる、プロイセン・ラント政府の離反という事実と、ザクセン、バイエルン両ラント政府のみせる非協力の姿勢と、ミュールハイム事件で示された「共産党の危険性の重大化」とを知り、憂色をもって政府の針路を観測したのである。[11] 加えて、各国から刻々と入る情報も提出の決定を促進していった。第三の圧力は、一六日のローゼンベルク演説に対する各国の反応である。ことにイギリスおよびイタリアからの報告は、両国ともこの演説に失望していることを伝えていた。とりわけイギリスは、この演説は進歩とはみなしうるものの、連合国側が交渉に着手するほど積極的なものではないとし、ドイツ側が交渉の基礎となりうるノートを提出するよう要求していた。[12] そして第四の圧力は、四月中旬開かれたフランス、ベルギー両国首脳会談以降しきりに伝えられてきた、フランス、ベルギーによる賠償案の作成に関する情報であった。四月二〇日、パリにおいてベルギー側賠償委員ドラクロワと会見したマイアーは、フランス、ベルギー両国は賠償案を完成させた模様であり、この案を基礎に両国は他国との接触を開始するであろうと報告している。[13] そして、提出の決定を決定的に押しすすめた第五の圧力は、四月二〇日、カーゾンの上院での演説であった。この演説のなかで彼は、「ドイツ政府に再三再四伝えてきたように、その力の及ぶかぎり義務を履行する準備があるという印象を連合国諸国の世論に与えるために、ドイツがその第一歩として提案を行なう」ことを勧め、「私の考えでは、ルール紛争を解決するために第一歩を踏み出すことがドイツ政府の課題である」と主張したのである。[14] ベルリンはこの演説に敏感に反応し、その詳細を伝えるよう、ロンドンにただちに訓電を送っている。[15] この二〇日、クーノ政府は、閣僚会議およびプロイセン政府との会談を開いたが、そこでは、まだ提案の内容と提出時期について検討が加えられている段階であった。その一方クーノは、イギリスを訪問するパウル・ロイシュ(Paul Reusch)にボナ・ロー宛ての書簡を託し、そのなかで、現在のドイツ情勢の緊迫さを説き、経済資源涸渇の危険をはらっても抵抗のための防衛闘争を続ける決意であることを述べながら、現政府のみが「最後の賠償案に署名できるもの」であるとして、イギリスとアメリカがドイツ側一月提案とヒューズ案とを抱き合わせた解決案に沿って介入するよう強く要望していた。[16] こうした状況のなかで、四月二三日、外相ローゼンベルクは二六ヵ国の大公使に宛てて極秘に次の電報を送ったのである。「カーゾン卿は、その上院演説において、ルール危機および賠償危機を終結すべく提案をなすようわれわれに勧告した。われわれは、この勧告に対して、すべての国もしくは主要国に対してノートを手交することによって応えようと思う。ノートの内容については現在協議中である」[17] と。ここに提出について決定が下されたのである。またその日、ローゼンベルクはパリの戦時負担委員会代表フィッシャーに、ベルギー、フランス案を基にして開かれる賠償委員会の会議にドイツ側が正式に参加を申し入れるようにというドラクロワの勧告に対し、丁重に拒否を伝えるよう訓電した。[18] この二つの電文から、ドイツ側は他国による新たな状況展開の動きに対して、それを阻止するために新提案の提出という決定を行なったこと、そして新提案をそのようなものとして位置づけたことを、知ることは容易であろう。

五月一日、各国駐在ドイツ大公使が賠償案を手交すべしという訓電をうけるまでの提出の準備期とは、外務省によって作成されたノートを基に閣議が検討を重ねる時期であった。四月二五日・二八日・二九日・三〇日に閣僚会議が開かれ、外務省作成の原案が修正されていくのである。この過程のなかで、まず第一にカーゾン演説の評価と相まってノートを提出するか否かという問題が、第二に内容に関しても三〇〇億ＧＭ以上の現金支払いを認めるか否かという問題が、対立点となって討議が繰り返された。それは、提出すべきノートを紛争解決の出発点とするために譲歩の色彩を強くしたものにすべきであるという積極的提出論を唱える者(労働相ブラウンス)と、ノート提出に原則的に反対し、また提出する場合にも譲歩を少なくすべしという原則的反対論を唱える者(経済相ベッカー)(Johannes Becker)と、その間に立ち、内外政上の圧力から提出は止むなしと考えるが、このノート提出を、紛争解決のための一歩として行なうよりも、ドイツ側の原則的立場を貫くものとして行なうべしとする消極的提出論を唱える者(首相クーノ、外相ローゼンベルクら、他の閣僚もこの路線に立つ)との論争となったのである。

第一の提出それ自体の可否をめぐる問題は、二八日の閣僚会議の席上ベッカーによって提出された。彼は、二六日付けロイシュの外務省宛て電報が、カーゾン演説は「ドイツに提案を行なうようにとの要請として」解釈してはならないと伝えてきたこと[19]を根拠として、ノート提出を思いとどまるよう主張した。これに対してブラウンスは、イギリスは今日も明確な提案を希望しており、ドイツ側が提出した場合にはそれに応ずる方向で努力するはずである[20]という見解を披瀝して、提出を強く主張した。この対立のうちで、クーノは、ノート提出はもはや避けられないと主張した。「カーゾン卿の演説は一つの事実であり、たとえカーゾン卿がこの演説をいまどのように説明しようとしても、わが国の世論は完全にノート提出に向かっている。提案に関する噂は、ドイツ側の提案がなされないかぎり打ち消すことはできない。提案は拒否にあうであろう。そうすればその結果として、左派も提案問題をもはや語らなくなり、受動的抵抗はより強くなるであろう。したがってノートはポアンカレに成功を与えるような(譲歩を含む――筆者)ものではなく、彼を傷つけるような内容のものでなければならない」。クーノの論理は国内統合のために提案するというものであり、内容面で譲歩を含むものであってはならなかった。この論争は消極的提出論が大勢を占めることによって終わった[21]。

第二の対立点も、消極的提出論と原則的反対論との間の妥協のすえ、その原案の骨子を大幅に修正させることによって解決をみた。原案の中心点は、三〇〇億ＧＭの現金支払い額を提案すること、もしそれで不十分と判断された場合には、ヒューズ提案による国際専門家委員会の決定をドイツ側が承認すること、保証措置として国有鉄道への担保設定等の具体的措置を掲げることにあった[22]。それが、閣僚会議の審議のなかで、現金支払い額は三〇〇億ＧＭと確定され、国際専門家委員会に関しても、その設立を認めるという内容に変更され、保証措置に関しても、保証の準備があり、その具体的内容は借款委員会および賠償委員会との協議によって決定すると変更されたのである。[23] このように新提案の新提案たる中心点は骨抜きにされた。それは、先のクーノの説明に示される、内政統合のために交渉の姿勢をみせることをこの提案の主目的とする消極的提出論の論理が多数を支配したことを示していた。そして、このことは、五月六日、外相ローゼンベルクが自信にみちてダバーノンに語った次の説明にも示されている。「ノートのもつ唯一の重要な点は、ドイツが提案を行ない、交渉の姿勢を示したことである」[24]と。

この間、新提案の提出には好意的であるがその内容については悲観的に観測しているという報告が、各国からつぎつぎと寄せられてきていた。しかし、決定が消極的提出論に基づいて下された以上、より多くの譲歩を行なうことを要請・具申する情報は遮断されざるをえなかった。四月二二日のポアンカレ演説、またそれ以降のパリからの報告も、交渉開始の前提条件は受動的抵抗の中止にあると伝えていた。[25] またベルギーからの報告も、受動的抵抗を中止しないかぎりベルギーのフランスへの態度は「悪いものとはならない」と伝えていた。[26] そして、ナドルニイ(Rudolf Nadolny: スエーデン駐在ドイツ公使)は在任地ストックホルムにおいて、受動的抵抗の中止条件に関する工作を行なっていたが、彼に対するローゼンベルクの訓令は、受動的抵抗の中止は不可能であるというものであった。[27] ワシントンからは、アメリカは提案すること自体は歓迎するが、従来と同内容の提案では借款条件はきびしいものとなろうという報告が送られてきた。[28]

四月三〇日、政府はプロイセン政府に、五月一日および二日各ラント政府に、提案内容を説明した。[29] 五月一日、各国駐在ドイツ大公使は翌日新ドイツ案を手交するよう訓電をうけ、二日、各国政府は新提案を受け取った。[30] 新提案は、冒頭において、受動的抵抗を継続することを明確に謳い、以下、次の五つの点を提案した。第一に、三〇〇億GMの現金支払いをなすこと、第二に、以上の額が不足と判断されたとき、ヒューズ提案に従った国際専門家委員会による支払い能力の検討を認めること、第三に、借款のための保証措置として、法律措置をも含むドイツ経済全体の動員を行なう用意のあること、その際、詳細は借款委員会と賠償委員会との協議によって決定すること、第四に、経済協力、とくにフランスとの経済協力を推進する準備のあること、第五に、フランスの安全保障要求を満たすために関係当事国と保障条約を締結する用意のあること、である。[31] このように提案は、新提案の独自性を保証すべき第二点と第三点が曖昧とされたために、パリ会議で未提出に終わり、その後のドイツ、フランス間の論争の過程で公表された一月のドイツ提案とほとんど変わらないものとなっていた。[32]

五月二日以降、イギリスとイタリアが回答ノートを提出する一三日まで、外務省は各国の反応に神経を集中した。フランス側の反応は迅速であった。いちはやく五月三日、アバス通信は、提案はその条件、保証措置、賠償額を考えると受け入れられるものではないと報道した。[33] フランスでは政府ばかりでなく、各新聞もこの提案に批判的であった。[34] その一方ベルギー政府は、この提案に不満を表明したものの、より一層の検討を必要とするとして即答を避けた。[35] その背後には、単独拒否回答をも辞さないフランスと、連合国との共同回答の道を選ぼうとするベルギーとの姿勢の違いがあった。さらにイギリスは、このような単独回答を発しようとするフランスに警告を発していた。[36] 結局ベルギー政府内のフランス派とイギリス派との対立はフランス派の勝利に終わり、五月六日、両国政府は回答ノートを手交した。その内容は、受動的抵抗が中止される以前にはいかなる交渉もありえないこと、ドイツ側はロンドン支払い案を原則として承認すること、もしそれを変更する場合には両国の受取額が確保されること、そして、以上の支払い義務が履行された場合、その程度に従ってルールから段階的撤退を行なう用意のあることであった。[37] このノートの特色は、その内容よりも、連合国側が共同ノートを提出しえなかったこと、すなわち連合国側の分裂を示したことにあった。[38]

一方、イギリスからの反応もドイツにとって思わしいものではなかった。この提案に対するカーゾンの反応は、全体として「完全に冷たい」ものであった。カーゾンは即答は避けたものの、三〇〇億GMはフランスにとって承認し難いものでありヒューズ案も実現は難しい、とシュタマーに述べた。[39] これを聞き驚いたローゼンベルクは、四日、シュタマーに訓電し、カーゾンに次のような補足説明を極秘に行なうよう命令した。彼は早速カーゾンに会い、ドイツ提案は二つの矛盾する要請を取り入れなければならなかったことを、すなわち、交渉への熱意を示すに値するだけの具体的提案をなすという要請と、唯一の解決案を提示するのではなく、この提案の目的である交渉の開始を実現するために多くの解決案が出されるよう一般的な提案をなすという要請とを、同時に満たすものでなければならなかったことを弁明し、続いて、五月二日ノートに具体的に記載されなかった保証措置の詳細な説明を行なった。[40] このような補足説明にもかかわらず、カーゾンはこの提案に依然として否定的なままであった。[41] 七日、イギリス政府は閣議を開き、回答ノートの作成準備にとりかかった。[42] 八日、カーゾンとボールドウィンは下院で演説し、この提案に言及して、交渉基礎を形成すべくドイツ側に新しい補足提案を求めると述べた。[43] また、新聞各紙もイギリス側の回答は、ドイツ側に新しい提案を求めるものとなるであろうと報じていた。[44] そしてイギリス側回答ノートは、ブリュッセルとパリに回送された後、一三日ドイツ側に手交された。[45] 回答ノートの内容は、五月二日ドイツ案を不満足なものとみなし、新たな提案を要求するというものであった。[46] シュタマーは、この回答ノートを「ドイツ側の賠償支払い準備の姿勢を認めたもの」と評価して、新たな交渉に入るよう具申してきた。[47] 同日、イタリア政府も同内容の回答ノートを与えてきた。[48] そのなかで、アメリカ側はこの提案に沈黙を守っていた。三日、国務長官ヒューズは、この提案に関してフランスは満足しないであろうと述べ、フランスとの直接交渉をドイツ側に勧めたのみであった。[49] また七日、ドイツ側が回答を要請したときにも、ヒューズは具体的問題への言及を避け、ベルギー、フランス、ドイツ各政府間の秘密交渉による解決を示唆するにとどまった。[50] 一三日、外相はふたたびアメリカ側に回答を要請したが、アメリカ側の返答は、回答は出せないというものであった[51]。それは、アメリカ代理大使ロビンスが外務省第三局長シューベルトに説明したところによれば、アメリカは、ヨーロッパ諸国間の対立が解消され賠償問題の経済的解決のための基礎が作り出されるならば賠償問題の現実的処理に参加する用意があるという、ルール紛争と賠償問題とを切り離して考える論理に従ったものであった[52]。

以上のように、五月二日ドイツ側ノートに対する反応は全体として拒否的なものであった。フランス、ベルギー側の強硬な拒否ノート、不干渉ともいえるアメリカの反応、拒否しながらも新しい提案を要求したイギリス、イタリア側ノートである[53]。ドイツ政府はこのイギリス側回答に望みを託して、五月二日案の修正作業に入ることになる。フィードバック過程の始動にほかならない。

このフィードバック過程は、六月七日各国政府にドイツ側メモランダムが提示されるまで約二〇日の時間を費やすことになった。「われわれはできるかぎり早急に交渉を開始せねばならない。占領地の情勢は目にみえて悪化の方向をたどっている。フランス軍は当地の破壊的分子を鼓舞させている。加えて賃金の引き下げと物価のせり上げまでも起きている。ルール地区にふたたび(一時的な——筆者)落ち着きを取り戻させることは可能かもしれないが、住民に賠償問題解決のために交渉が早急に開始されるという見通しを与えないかぎり、それを長期的に維持することは不可能といわなければならない。非占領地区でも情勢は悪化している。失業者の数が増大をみせている[54]」。以上の報告にみられるプロイセン首相ブラウンのいらだちに要約されるように、受動的抵抗も国内統合も急速に弱化していくなかでの二〇日間余であった。それは、新提案をめぐる閣内対立、そしてクーノとローゼンベルクの指導力の低下に基因するものであった。イギリス側の回答は、新提案の方針をめぐって、閣議(五月一五日、一七日、一九日)に新たな対立をよび起こすことになった。クーノ、ローゼンベルクを代表とする消極的提出論の新たな対応策である、「従来の総額を維持し、ただ提案の構成のみを変更しようとする」見解と、五月二日案に批判的であり、五月二日案の積極的な側面を拡大してボナ・ロー案(一月パリ会談のイギリス案)を提案の基礎にすえようとする大蔵大臣ヘルメス、労働大臣ブラウンス、復興相アルベルト(Heinrich Albert)の抱く積極的提出論との対立である。[55] この見解の対立は、まず、新提案の目標をめぐる対立となった。クーノ、ローゼンベルクは、「いかなる状況下にあっても、われわれが五月二日案で提出した数字を微塵なりともふやすことはできない」として、あくまで最終的解決の目標に固執した。これに対しヘルメスらは、「現下において重要なものは数字等ではない、政治的行動なのだ」として、政治的妥協と紛争の解決を目標として掲げた。この対立は、閣内の「専門家」と「政治家」との対立ともなった。そして、以上の対立は戦術をめぐる対立へと導いていった。消極的提出派は、イギリスとイタリアに新提案に関する打診(Sondierung)を行ない、その結果をみて提案する方法を主張した。一方、積極派は、この方法は「耐えきれないほどの時間を費やすことになる」と反対し、ただちにノートをもって提案することを主張した。対立は一九日まで続き、一九日の閣議の席上、クーノは各閣僚に自己の見解を忌憚なく披瀝するよう求め、それをうけてローゼンベルクは、イギリスの工業家グループはドイツは提案した総額以上を支払えないということを認めており、慎重に新しい案を作成するように勧告しているると説明した。[56] これに対してヘルメスらはその主張を認め、一応、首相および外相の方針に同意した。その結果、ドイツ政府は、「われわれは新提案を旧案の枠内において行なうものとする。新ノートもしくはそれに先がけて行なわれる打診においては、出来るかぎり詳細に担保問題に言及し、われわれが提出しなければならないものをすべて説明し、経済界に協力の可能性のあることを指摘する」[57] という方針に沿って新案を作成することを決定した。

この方針に沿って、新案の作成と打診の準備が開始された。二二日、マルツァンはダバーノン、ボズダーリと会見し、新提案についてその意見を求めた。両者とも同じように、世論と国外での反響を考慮して、保証措置を強く打ち出しかつ詳細に説明するよう勧めた。とくにダバーノンは、カーゾンとの非公式打診に積極的であった。[58] 打診について尋ねられたシュタマーも、「ノート原案に基づいてイギリス政府に打診を試みることは有効と考えられる」と返答してきた。[59] 二五日には新案の原案が完成された。それは、先の政府方針どおり、支払い額を五月二日案のままとし、その代わりに保証措置を、鉄道を担保とする公債の発行および租税による保証を加えることによってより精緻なものにしていた。また、五月二日案では強調されなかった、第三者的な国際専門家委員会の検討を受け入れる用意のあることが、今度は強調され前面に出された。[60] しかし基本的には五月二日案を精緻にした以外の何物でもなかった。それと同時に、受動的抵抗についても打診することが決定され、二七日に出された打診を指示する訓電には次のように記されていた。「フランス側の、交渉前に受動的抵抗を中止せよという要求も、またフランス側によって宣伝されているルール地区からの段階的撤退論も、受け入れることはできない」[61]と。

しかし、原案が完成され最終案となるまでに行なわれた審議のなかで、クーノおよびローゼンベルクの指導力の衰退ははっきりと示されていった。まず、現金支払い総額を三〇〇億GMとして確定することを目標と設定した、クーノ、ローゼンベルクらの消極的提出派の遂行意志は減衰していた。二四日、ダバーノンと会談したローゼンベルクは悲観に暮れていた。彼はダバーノンに、「一三日付けイギリス側回答はドイツ政府の権威と人気を台無しにしてしまった。一三日回答直後、政府は辞任すべきであった」と語っている。[62] そのため、ヘルメスを中心とする積極的提出派のより譲歩を示すべきであるという圧力、[63] 政党側の同内容の圧力、[64] 駐英大使の「三〇〇億GMを最高額」として提示することを避けるべきであるという勧告、[65] そして当時始められたケインズとの極秘の接触のなかで彼より与えられた同趣旨の勧告[66]を前にして、それに抵抗して所期の方針を確固として貫く指導力は発揮しえなかった。二八日、ローゼンベルクはシュタマーに、「より高い数字を明示することは、われわれには不可能であるゆえに、そしてまた（メモランダムが――筆者）挑発的な内容となることを避けるため」に、三〇〇億ＧＭを明示することを避けると方針変更を伝えた。[67] 翌二九日、ドイツ側は、ロンドンとローマで新賠償案と受動的抵抗の方針を打診した。すでに二四日「ドイツ提案は交渉をより進展させる可能性を与えるもの」であることを期待すると伝えていたイタリア政府は、この提案に賛意を示し、提案は「賠償問題の解決にとって重大な一歩となる」と評価した。[68] しかし、鍵となるイギリス政府は、ボナ・ローが健康上の理由により辞任し、後継者選出という事態をへて、新指導者としてボールドウィンが選出された直後のこともあって、その反応は丁重でありながらも、この問題についてイギリス政府の見解を述べるわけにはいかないというものであった。それは、打診の失敗を意味した。[69] しかしドイツ政府は新案を提出せねばならなかった。三〇日、ライヒスラート外交委員会が開かれた。ＳＰＤ議員を首相とするラント政府の譲歩を要求する声は大きかった。[70] この状況のなかで、クーノの採用した方法は、二人の専門家にドイツ側草案の検討を委ねることであった。一人はハンブルクの銀行家のメルヒオル（Carl Melchior）であり、もう一人はメルヒオルの友人で、野にありながらその評論は国際的な影響力をもつケインズ（John M. Keynes）であった。ケインズは三〇日、新首相ボールドウィンと、当時新蔵相と噂されていたマッケナ（Reginald MacKenna：当時 Chairman of Midland Bank）と会談した後、一日夕刻、極秘にベルリンに到着した。二日、クーノとローゼンベルクはこの二人と草案の最終的検討を行なった。その席上、なんらかの形で金額を明示することを考えていたローゼンベルクに対し、メルヒオルとケインズは、金額を明示すれば新提案はフランス側によってただちに拒否されることになろうとして、金額の明示を避けるよう強く主張した。そして、この方針に沿って最終案が確定された。[71] したがって、六月三日に完成された最終案は明確に、クーノとローゼンベルクの唱える消極的提出論が敗北し、その基本方針が変更されたことを示していた。三〇〇億ＧＭという数字は文面から削除され、それに代えてドイツ側のすべての力を投入して履行しうる以上のものを約束するとしたら、それは

「真の解決にはほど遠いものとなるであろう」という一文が加えられ、さらに、ドイツ側の支払い能力は現在の状況では算定不可能であるゆえ、「ドイツ政府は、なされるべき支払い額とその方法に関する公平な国際委員会の判定を受け入れることを提案する」と述べられた。最終案は五日、各国の出先大使館に送付され、七日に手交するよう指示された。(72) 同じ五日、ロンドンとローマには受動的抵抗についての訓令も発せられ、新賠償案を手交するさい口頭でその政府に伝達するよう指示された。訓令の内容は、二七日付け訓令と同様、受動的抵抗を中止することはできないというものであった。(73) しかし、二七日付け訓令は、受動的抵抗の中止という措置はフランスのルール占領の合法性と占領軍の諸措置を承認することになるという点に理由を求めていたのに対し、五日付け訓令は、受動的抵抗は、「フランスの措置に対する防衛闘争として住民の間から自然発生的に生まれたもの」であり、「当局の命令によって停止されるようなものではない」と述べ、政府の支配力の限界にその理由を求めていた。七日、ワシントン、ロンドン、パリ、ブリュッセル、ローマでメモランダムが手交された。(74) 第一項は、支払い能力について前述のごとく述べ、第二項は、支払いのために外債導入が不可欠であることを強調し、第三項は、その外債への保証措置として、国鉄を担保として公債を発行すること、ドイツの全経済領域にわたり第一抵当権を設定して支払いの保証を行なうこと、また消費税を担保として同様の保証を行なうことを説明していた。(75)

二　政策決定過程の国内的側面

この五月二日提案を中心とする、形成・提出・フィードバックの過程は、クーノ政府の目標——提出を行ない、それが拒否に会い、そしてふたたびナショナリズムが喚起され統合が強化されるという目標——の挫折の過程でもあった。五月二日案をめぐる閣内の対立および、ローゼンベルクの発言に代表される遂行意志の減衰は、政権交代の噂をよび起こし、政府の権威を低下させることになった。このような政府の権威の喪失のなかで、政党側は、DNVPを除いて、積極的交渉論に根ざす彼らの政府への反対の態度を一貫して保持し、政府に対して傍観の立場をとることになる。交渉要求を統合した政党は、政府側の提案にもかかわらず、そしてまた提案が失敗したからこそ、政府への支持を強めることを避けたのである。

交渉を最も強く要求していたSPDは、五月二日提案に対し、提案の経済的な部分に関しては同意を表明したものの、受動的抵抗に関する部分については、その内容と条件が不明確であると批判していた。(76) 五月一六日、SPD指導部は政府と会談をもち、五月一三日のイギリス回答に答えるべく、内容をより詳細にした新たな提案を行なうよう強く求めた。(77) 一六日の国会演説ではヘルマン・ミュラーは、ルール地区の解放を早急に実現すべく、具体的な保証措置を掲げた新提案を提出するよう訴えた。(78) このようなSPDの態度は、二九日、ドイツ工業全国連盟が保証措置を受け入れることを発表しそれとともにその反対給付を要求したとき、決定的に変化し、クーノ支持から遠ざかることになった。この変化は、五月三〇日のライヒスラート外交委員会において明らかとなった。プロイセン、ザクセン、テューリンゲン等のラント首相は、保証措置を具体化した提案を早急に提出せよという従来の方針を主張するとともに、「ドイツ資産階級の奢侈」を批判し、また八時間労働日の維持を強く主張したのである。(79) そしてこの五月、低落したマルクをめぐる通貨政策とそれにともなう賃金政策が急速に争点化すると、SPDはこれらの内政争点をめぐってクーノ政府とはっきりと対峙していくことになる。(80)

一方、中央党、DDP、DVPの各党は、この間一貫して政府の提案を見守る姿勢を示していた。五月一六日、議会においてBVPのライヒト(Johann Leicht)は、中央党、DDP、DVP、BVPを代表して、現在の状況においてはドイツ提案に対する回答に関して議会で立場を明らかにすることは時期として相応しくないと、質問をさえ控え、

「われわれの国民と祖国にとって死活的ともいえるこの時期に、政府が必要な措置をとるよう期待する」と述べただけであった。(81) しかし、このような傍観の姿勢の背後では、次のシュトレーゼマンの二つの論文に明らかに示されるように、政府との関係において根底的な変化が生じようとしていた。それは、閣内のヘルメス派の政治優位の立場と同様、専門家内閣の経済目標重視に対する政治目標重視の立場であり、そのコロラリーとして、政府に対する、状況のみによる支持という態度への転換であった。この時期のシュトレーゼマンの二つの論文、「政治と経済(Politik und Wirtschaft)」(『ツァイト("Zeit")』五月一五日)、「なぜ危機なのか(Warum Krise?)」(『ツァイト』五月二九日)のうち、前者はより原理的に経済目標と政治目標との関係を扱い、後者はクーノ政府との関係を扱っていた。彼にとって、現在評価すべき命題は、ラーテナウの経済こそわれわれの運命であるという命題ではなく、ナポレオンの政治こそわれわれの運命であるという命題であった。現在重要なことは、「経済面での混乱を終息させること、とくに勝者と敗者の間の共生のプログラムを作ること」、すなわち賠償問題の経済合理的な解決のみではなかった。現在は、彼にとっては、世界観が対立し、体制が変転し、革命と反革命が渦巻く動乱の時代であった。そしてこの立場から、フランスおよびイギリスの外交目標に政治の優位をみた。フランスにとって、外交目標は、ドイツの再生という脅威を前提として、「ドイツの名誉をけがす苛酷な講和条件を押しつけ、そうすることによってドイツの統一を打ち砕く」ことであった。またイギリスも、戦争という血によって償われた勝利の象徴である対仏同盟を維持することを、経済的利益による親独政策よりも優位に置いていた。このような観点から、ドイツにとっても重要な外交目標は、民族と祖国の栄光を担うラインとルールの死守に置かれなければならなかった。まさに、現在の状況はティルジットであった。このような政治目標の前には、如何に高額であれ賠償金は支払われなければならなかった。彼は、「ライン、ルール、そしてザールの自由のためには……いかなる経済的代償も高すぎることはない」「われわれにとって経済よりも政治が優位に立たねばならない」と説いている。これは、まさしく政治目標優位の宣言であった。ただ残された問題は政治目標達成のための方法であった。三つの選択肢があった。一つは戦争、一つは現在までなされてきた「他の手段による戦争の継続」(傍点原文)、一つは和解であった。戦争は兵力なきドイツにとって不可能であった。また第二の選択肢もその失敗は現状の示すところであった。残された選択肢は和解の方法であり、それのみがドイツに経済・文化を復興させる長期の安定を与えるはずであった。そのかぎりにおいて、現時点で経済を自己目的化することは許されなかった。「物質的利益よりも高位におかれるもの、すなわち自由と平和」のために経済が手段とされること、これが不可欠な政策であった。(82) この論文は、直接クーノ政府の対外政策を批判したものではなかった。しかし、クーノの政策が賠償問題の最終的解決を目標とし受動的抵抗という武器を手段としていることを考慮にいれるならば、経済目標に対して政治目標が、武器に対して和解が優位に位置づけられたことは、より根底的な批判を意味することになった。シュトレーゼマンにとっては、賠償問題も受動的抵抗も目標の手段として相対化され、ラインとルールの維持が可能となる場合にはいつでも譲歩できるものとされたのである。換言すれば、目標を経済から政治へと転換することによって、戦術として使用しうる領域——可能性の領域——は拡大されたのである。このような思考様式の当面の状況への適用は、後者の論文に現われた。彼は、「外交行動は続けられねばならない、そしてこの行動が現在の内閣の手によって続けられることは、望ましいばかりではなく無条件に必要不可欠といわなければならない。外交交渉の現状況はいかなる政権交代も許すものではない」と述べ、クーノ政府による交渉の継続を主張した。(83) しかし、それは明らかに、クーノ政府の政策を支持するがゆえに政府を支持するのではなく、状況がクーノ政府の交代を許さないがゆえに政府を認めるという、状況にのみ依存する支持でしかなかったのである。

以上のようにSPDの反対は増大し、ブルジョワ諸政党(die bürgerlichen Parteien)の支持も状況的なものとなる一方、経済界の支持も減少していった。

一月のルール占領以降、政府と経済界との関係は協力関係にあったといえる。一月下旬以降の政府の通貨安定政策に経済界は協力しており、ルール王シュティンネスも政府に協力してフランス、イタリア等の政界および経済界と接触をとっていた[84]。しかしシュティンネスは、クーノに非協力の立場をしだいにとり始めた[85]。四月中旬、シュティンネス商会を始めとする各社がマルク売りを行ない、政府の通貨政策は崩壊するに至った[86]。またこの頃、DVP内のフェーグラーおよびシュティンネスとシュトレーゼマンの対立が大きくなり始めていた[87]。五月中旬、政府から五月二日提案に協力を要請されたとき、シュティンネスは、この提案は彼が限界と考える一月提案をはるかに越えるものであり履行不可能なものであると、拒否していた[88]。このなかで五月一五日、クーノは保証案をより確固たるものとするため、ドイツ工業全国連盟に非公式な声明を要請し、ドイツ工業全国連盟は一六日・一八日・二四日にこの問題を検討し、二五日、政府にその見解を伝えた[89]。それは第一項において、賠償問題は国家を「第一債務者」とする問題であり、国家が十分にその努力を払った後にのみ市民に犠牲を要求しうるものであるという原則を述べ、しかし、現在はドイツの政治的・経済的自由の確保が問われている状況であるゆえ政府の要請する特別負担を認める用意がある、と原則に対する特例を認めた。しかしこの特例には留保がつけられた。この特例は、賠償問題が対外的にも対内的にも効果的な解決を望みうる場合にのみ限られるとされたのである。第二項は、全国連盟側の一般的な経済要求を掲げた。それは、国営事業および公共事業は私的経済の原則にのっとって経営されるべきという、「社会化」を否定する要求であった。第三項は具体的な経済要求を掲げた。第一に私的生産に対する国家介入の原則的廃止、第二に法人税を含む税制改正、第三に生産力向上のための全労働力の投入、とくに八時間労働日の改訂、を要求した[90]。このような全国連盟側の要求を聞いたとき、官房長官ハムですら、このような要求は労働組合とSPD側から強い反撥を呼び起すことになろうと懸念せざるをえなかった。[91]しかし、シュティンネス系の新聞『ドイチェ・アルゲマイネ・ツァイトゥング(Deutsche Allgemeine Zeitung)』は、二九日、この提案を修正することなくそのまま発表した。ハムによれば、「愚かで破壊的な」行動であった。[92]経済界の政府からの離反はこの行動にとどまらなかった。挫折に終わったといえども、ドイツ工業全国連盟はこの提案をもって、リュベルサックを通じてセイドゥと直接交渉を試みたのである。しかし、セイドゥはこの提案を評価しながらも、フランス政府は公式ルートによる直接的な「誠意ある」提案にのみ回答を与えるだけであると応じたにすぎなかった。「誠意ある」とは受動的抵抗の中止以外の何物でもなかった。[93]このような離反の動きを示すかのように、三一日、ドイツ全国工業連盟事務局長ビューハー(Hermann Bücher)はクーノに書簡を送り、私はいままで賠償金の最終額の最終的確定を支持する者であったが、今では、交渉を開始するため対立の多い額の明示を避けることを望む、と伝えたのである。[94]経済界のクーノ外交からの離反であった。

しかし、離反は経済界のみではなかった。自由労組は、二九日に公表された覚書に対して、六月一日、国有化の廃止と八時間労働日の修正に強い反対を表明した。[95]政府は、現在この問題に対して明確な立場をとるものではないとしか回答しようがなかった。[96]

以上のように、この賠償案の作成過程において国内の体制内派は政府への支持を弱め、ある場合には政府から離反していった。政党レベルでは、SPDは政府の非妥協的な態度を批判すると同時に、内政上の争点の対立から急速に離反していった。ブルジョワ諸政党も政府の経済の優位を政治の優位から批判していった。また保証条件は、労働対資本というワイマール共和国の基幹的問題を浮上させ、経済界と労働組合の対立を激化させ、両者の政府からの遠心化を促進させることになった。

この過程の示すところのものは、案を提示しそれが拒否されることによってナショナリズムを喚起し統合を強化するという、五月二日提案の主目的の挫折以外の何物でもなかった。

第二節　相互拘束の内外政連繫

内政と外交は連繫する。その連繫が相互に可能性を開くものとなるのも、また相互に拘束し合うものとなるのも、その一要因は政治指導にある。五月の挫折の季節後、クーノを襲ったものは失意の季節であり、相互拘束の只中に置かれた「非政治的専門家」の政治であった。以下の課題は、六月七日ドイツ案の提出以降クーノ倒閣の動きが前面に出はじめる七月下旬までの時期を、この相互拘束を中心として述べることにある。まず最初に、ドイツ外交指導者から「残された唯一の武器」と位置付けられた受動的抵抗の動向をみることにしたい。

一　「受動的抵抗」と「積極的抵抗」

五月、ルール地区では、占領軍は支配をより苛酷なものとしていった。四月中旬、石炭税の徴収がルール石炭業界の抵抗に出会って以来、占領軍は、この徴収に関しても、布告第三三号に代表されるような刑罰による強制措置の採用に踏み切り、反対者には逮捕をもって応じていった。(97) また差押措置の対象企業も国有鉱山から民間鉱山に拡大され、(98) さらに六月下旬にはその手続きも、経営者に通告するだけでなしうる方式に単純化された。(99) 加えて差し押えの対象品目も、七月上旬には原料・半完成品・完成品にまで拡大されていった。(100) 石炭税の支払い拒否というこのような抵抗は、石炭から完成品までの差し押えという代償を払うものとなったのである。その一方、占領軍の徴収量は、占領軍の強硬措置のため、この時期には一月に比して約六倍に増加していた。(101) また、前述したルールおよびラインラントと残部ドイツとの交通の遮断は、ますます強化されていった。通行証による通行制限(四月二七日)に加えて、六月一七日には占領地区官吏の非占領地区への通行が事実上禁止され、七月二日にはサボタージュへの報復措置として二週間に及ぶ全面通行禁止が実施された。[102] 人の通行が禁止されたことに加えて、物の流通も制限を強められた。六月二〇日にはルール地区内に入る全商品に二五%の関税が課せられ、非関税品目として残されたものは占領軍用の石炭・タールのみとなった。[103] 占領軍の逮捕者に対する処理も強硬なものとなった。五月四日—八日にかけて開かれたクルップ裁判において、「逮捕された理事と労働者に味方するため」にみずから出廷したクルップに対して占領軍が下した判決は、懲役一五年罰金一億マルクというものであった。[104] 五月二六日には、のちに「シュラーゲタ伝説」を作ることになるシュラーゲタ(Albert Leo Schlageter)が死刑に処せられていた。

このようななかで、ルール地区住民の抵抗はゆるやかに弱体化をみせ、その一方で、「積極的抵抗」(der aktive Widerstand)とも呼ばれるサボタージュ問題が前面に出てくるに至った。弱体化は、なによりもルール地区をも襲っていたインフレーションによってもたらされた。四月下旬になると、経営者および労働組合の双方から抑制されていたストライキは、各地で無統制に発生し始めた。五月一日、ルール地区労働者の五月上半期の賃金は一三%引き上げられたが、下半期の引き上げ率は決まらないままであった。そして政府の通貨安定政策の挫折によるマルク相場の下落は、ただちに食糧品等の値上がりとなって現われた。ルールの労働者にとって、一六日以降の賃金引き上げ率が最大の関心事となった。その一六日、ドルトムント近郊のカイザーシュトゥール鉱山でストライキが発生した。五月下旬までルール地区を混乱に陥れるいわゆるドルトムント暴動の始まりである。翌日には、ストライキを隣接の鉱山にまで拡大させようとする労働者側と警察との間に衝突が起こり、死者一名重傷者三名軽傷者八名を出した。一八日には、カイザーシュトゥール鉱山を含む三鉱山は従業員会議を開き、五月一日から一五日までの賃金の五〇%引き上げと、一六日以降の賃金を物価上昇に比例して引き上げるべきことを要求して、ストライキ決議を採択した。二〇日にはKPDも介入を始めた。経営評議会大会が開かれ、ルール地区でゼネストを行なうことを呼びかけるアピールが採択・発表された。ストライキの波は警察との衝突を混じえながら、ドルトムントから西へと広がっていった。二三日にはゲルゼンキルヘンに広がり、そこでの警察との衝突は死者五名重軽傷者五六名を出した。ボッフム、ハンボルン、そしてエッセンと各地がストライキの波にのみこまれていった。そしてこの波は約三一万の労働者をのみこんだという。しかし、半ば暴動と化し統制のないこの運動は、KPDにとってももはや統制不可能な運動となっていた。そのため、KPDが中央ストライキ指導部を形成して、運動の統一と秩序維持を呼びかけえたのは二八日のことであった。しかし、この二八日にはベルリンの労働省とこの指導部との間に交渉がもたれ、五二・三%の引き上げで合意が成立していた。暴動と化し統制のきかないこの運動はKPDにとって得るところの少ないものであったからである。同日、中央ストライキ指導部はスト終結宣言を出し、すでに二七日以降下火となりつつあったこの蜂起は終わりを迎えることになった。この蜂起は、二七日の閣議に報告されたように「明らかにKPDによって計画的に引き起こされた」[105]ものではなかった。暴動は大衆の不満のエネルギーを示すものであり、同時に、大衆の抵抗のエネルギーも「ほぼ枯渇している」ことを示していた。[106][107]

六月に入ると、インフレーションとともに食糧および石炭の不足が深刻な問題となった。六月二七日には、ルール地区にいる政府職員は、「現在の最大の問題は、生活必需品の輸入と石炭供給の確保にある」と伝えてきた。[108]政府はこのような通行遮断に基づく食糧品封鎖に対処するため、一五日にはフランスとベルギーを除いた各国に占領軍の措置を非難するノートを送り、二二日にはアメリカに人道の名において援助を要請したが、反応は得られなかった。[109]七月下旬には、ADGBのマイアーが政府に、「われわれは今後も抵抗を続ける、しかしそのために必要な物資が不足し始めている」と報告を寄せてきた(110)。七月二六日の閣議では、プロイセン首相ブラウンは、政府側の楽観的な見通しに反論を加え、食糧不足のために不測の事態も生じるかもしれないとルール地区の深刻な状況を説明し、政府に早急な対策を要望した(111)。事実、七月下旬、この地域では、労働者は、五〇〇万マルクの救済資金、食糧の十分な確保、ストライキ時の賃金支払いおよびストライキ処分者の復帰という要求を掲げ、散発的なストライキと暴動を起こし始めていた。そして、七月三一日の『ルール・エコー』は、「炭鉱主たちは賃労働者に飢餓という鞭をふるっている」と説き、続けて「鉱山労働者の要求はあまりにも正当である、というよりむしろささやかといえるものである」としてこのような要求を断固支持した。

このように生活条件が悪化するなかで行なわれていた受動的抵抗は、積極的抵抗ともいわれるサボタージュによっても悩ませられることになった。四月八日のライン＝ヘルネ運河爆破事件、四月二七日のハッティンゲン＝ファーレン間の鉄道爆破事件、そして各地での抗議ストライキと占領軍に対する妨害活動が目立ちはじめたころ、五月九日、シュラーゲタが、三月一五日のデュイスブルク＝デュッセルドルフ線の破壊事件の裁判で死刑判決をうけたのである。五月一八日、上訴審が開かれたが、シュラーゲタの死刑判決は変更されなかった。外務省は、この刑の執行がルール地区住民に与える衝撃を恐れて、フランス側に刑の執行を取り止めるよう要請したが、聞きいれられることなく終わった(112)。五月二六日、シュラーゲタは占領軍によって処刑された(113)。その二日後、外務省は、フランス政府に次のような抗議ノートを送っている。

「事実がいかなるものであれ、シュラーゲタに対する裁判は、他のドイツ人に対するフランス軍法会議裁判と同様、正当な法律に基づく裁判とはみなしえない。フランス軍法会議は、違法に侵入したこのドイツ領土において、ドイツ人の自由と生命を奪う権利は有していないのである(114)。」

彼の死は、ドイツ全土にナショナリズムの嵐を呼び起こした。彼の遺体が非占領地区へと運ばれる時、彼の遺体に最後の挨拶を送る群衆が集まり、彼の墓は以後数ヵ月、フランスへの報復の誓いを記す巡礼の地ともなった。[115] 例えば、ある詩は次のように殉死を美化している。「ドイツのための殉死者にして英雄」シュラーゲタに捧げる詩である。

「その名は決して消えることはない
われわれの死を勇敢にもその身に託した人の名は
その想い出は忘却の河に沈むことはなく
我が身の恥かしさの上に輝きそびえる
シュラーゲタよ![116]」

六月一日、エッセンから報告が寄せられた。それは、受動的抵抗が弱体化しつつあり、その原因はこのような「苦悶を与える防衛」にあると述べ、したがってこのような状況を打開するために断固たる措置をとるべきであり、例えば、シュラーゲタの場合にはベルリンにいるフランス人を人質にしてその釈放を要求すべきであったと、受動的抵抗の軟弱さを批判していた。[117]

六月になるとサボタージュは各地でみられるようになった。六月中旬には、第二のシュラーゲタ事件といわれるゲールゲス事件が発生した。マインツ軍事法廷に、一人の農学研究の大学生がサボタージュを企てた容疑により被告席に立たされたのである。ドイツ政府は、このゲールゲスに下された死刑判決が実行に移されると第二のシュラーゲタとして右翼のプロパガンダに利用されることを恐れ、各国政府に、刑の執行を見合わせるようフランスを説得するよう要請した。[118] このためゲールゲスは死刑を免れ禁錮刑に減刑されたが、占領軍は報復措置として、ルール地区に残されていた Régie 統制外の鉄道を Régie の下に置くことを決定した。

この間、バーデン、ヘッセン、バイエルンの各ラント政府は、サボタージュの活性化を恐れて、サボタージュの抑制に乗り出していた。[119]その後プロイセン政府も同様の措置をとった。一九日、シュラーゲタ事件をめぐる論争がなされていたプロイセン・ラント議会においてゼーヴェリング(Carl Severing)は、「われわれは、この種の人々(サボタージュ行為者――筆者)に対しては、……受動的抵抗の利益、ドイツ国民の利益、今後の交渉の利益を考え、いかなる状況でも排斥の措置をとるものである」と述べ、右派からの積極的抵抗美化の声を断固として退けていた。[120]

六月三〇日、ベルギー軍の輸送列車に爆弾が投げつけられ、死者九名負傷者三四名を出す事件が発生した。[121]これに対してベルギー側は容疑者を逮捕し、同時に報復措置として占領地区と非占領地区との通行を遮断する行為に出た。先述した二週間に及ぶ全面通行禁止であり、ルール地区への食糧輸送も不可能となった。[122]ここに至り、それまでこのようなサボタージュを運輸省および国防軍の手によって秘密裡に支援させていたクーノ政府[123]は、ブリュッセル、パリ、ロンドンから、ドイツ政府はサボタージュを公式に否認すべきであるという圧力を受けるに至った。おりしも、ドイツへの回答ノートをめぐって英仏関係は悪化し、イギリスはドイツに対する独自の立場を明らかにしようとしていたため、シュタマーは、政府はこのようなサボタージュを否認することを明言すべきである、と強く勧めてきた。[124]さらに七月二日、駐ドイツ教皇庁大使パチェッリ(Eugenio Pacelli)は、教皇庁から次のような訓令を受けていた。それは、「教皇は、占領地区でのサボタージュ活動に、また受動的抵抗の名の下に行なわれているその他の犯罪的行為に深く憂慮の念を示されている。教皇は、教皇によって否認されたこの種の犯罪的な抵抗が二度と起きないようドイツ政府がそれらを否認することを、貴下がドイツ政府に働きかけるよう要請する」というものであった。[125]ドイツ側は、六月下旬受動的抵抗を支持する声明を発表していた教皇庁のこのような圧力も無視できなかった。また教皇庁のこの申し入れが新聞に公表されることも、ドイツ政府の威信喪失として恐れねばならなかった。バチカンとベルリン、クーノとパチェッリとの間で交渉がなされた[126]。その結果七日、ドイツ政府は次のようなコミュニケを発表した。

「このような事件は苦難をうけている住民の怒りに根ざすものであり、自己防衛のための絶望的な試みとみなされるべきである。しかし、政府と教皇は、一切の犯罪的な暴力行為を否認することで一致するものである[127]。」

ドイツ政府の「積極的抵抗」否認の声明であった。

その後も受動的抵抗は継続された。七月二〇日のマイアーの報告は、「ルール地区の住民の志気は、通行遮断等によって悪くなってはいない。しかし、圧力は各方面できわめて苛酷なものとなっている。食料供給の問題は、いまだ直接の問題となっていないものの、今後きわめて困難な事態の発生を予想させる」と述べていた[128]。またフェーグラーも、ルール地区労働者の抵抗の意志は以前と同様強いものであると報告していた[129]。同じ頃、追放されたデュイスブルク市長ヤレスは、「状況がいまだ明確になっていないがゆえに、受動的抵抗は断じて放棄されるべきではない」と述べ、「侵入された地域の志気は健在である[130]」と強調していた。

二　内政に拘束される外交

受動的抵抗は、食糧・石炭等の生活必需品の不足に悩まされ以前に比して弱体化したとはいえ、明確に抵抗中止の声を発生させるまでに衰えてはいなかった。このことを前提として、以下、六月七日ドイツ提案以後のドイツ外交の展開をみてみたい。

六月七日ドイツ提案は、「ドイツ人にとっても、またフランス人を除くほとんどすべてのヨーロッパ人にとっても、交渉の基礎とみなしうるものであった[131]」。しかし、このドイツ提案によって賠償問題の争点は、提案それ自体から、交渉開始の前提条件となっている受動的抵抗の中止の問題へと移行した。六月七日午後三時半、ドイツ側ノートはカーゾンに手交された。カーゾンの反応は概して好意的であり、彼はこの提案の年次支払い計画および保証措置に満足の意を表明し、この提案は「検討に値する有効な一歩」であると語っていた。しかし、このカーゾンとシュタマーの会談の最大のテーマは受動的抵抗の問題であった。カーゾンは、シュタマーに「例えば鉄道労働者の(Régie に対する——筆者)態度を変えることや、フランスによって課されている税支払いに対する政府側の諸措置を取り下げることが可能か否か」と尋ねたのに対し、シュタマーは「いかなるドイツ政府もそのような(変更——筆者)措置をとるならば、政府を維持することはできません、またドイツがこのような形でルール侵入の合法性を承認する等とうてい考えられません」と答えた。そして、カーゾンは、この返答をドイツ政府の見解とみなし、受動的抵抗中止拒否の最大の理由とみなすと述べた[132]。口頭で伝えたにすぎない受動的抵抗の問題にカーゾンがこれほど深く関心を示したことに関して、シュタマーはベルリンに次のような電報を送っている。

「状況はきわめてデリケートであり、イギリスは、フランスとドイツの威信を損うことなく、いかに受動的抵抗問題を解決するかを考え始めているようである[133]。」

一方、イタリアは、ドイツ側の問題解決のための努力を評価してはいたが、イギリス側の態度を待つという姿勢を明らかにしただけであった[134]。アメリカも、従前と同様、不介入の姿勢をくずすことはなかった。ヒューズは、最も重要なことは、「関係当事国相互の口頭による交渉である」と述べたにすぎなかった[135]。

フランスは、この賠償案が作成されていた間、より強硬な態度を示し始めていた。五月一八日ヘッシュは、ポアンカレは賠償問題を解決する意図はなく、ただドイツの降伏を願っているにすぎないと伝えてきた[136]。そのころ、フランスの同盟国ポーランドを訪れていたフォシュは、より明確に「ドイツが攻撃的になるならば、フランスはただちに侵入するであろう」と語っていた[137]。またポアンカレは、二四日にもフランス下院において従来までの担保政策の正しさを主張し、「われわれは支払いを受けるまで、ドイツが一八七〇年から七三年までフランスに進駐していたように進駐し続ける」と主張していた。[138]

その間、フランスと共同歩調をとりながらも伝統的にイギリスと協調関係にあり、イギリスかフランスかのジレンマに立たされていたベルギーは、前述のようにフランスと新賠償案を作成していたが、ポアンカレの反対によって進展をみなかったため独自の賠償案を作成し、五月二五日フランス政府に手交していた。[139] このベルギー案は、総額は決定しておらず、ドイツ政府の歳入規模に沿って年次支払い額を定めたものであり、その額は二八億七〇〇〇万GMであった。[140] フランスとベルギーの対立は、これにとどまらなかった。ベルギーは、新たなドイツ案に対してすべての連合国による共同回答を主張したのである。[141] 賠償委員会ベルギー代表ドラクロワの述べるように、ルール占領はフランスにとって《安全《セキュリテ》》の問題でもあるのに対し、ベルギーにとっては支払い強制のための手段でしかなかった。[142]

六月六日、両国の懸案を解決すべく、ブリュッセルにおいてフランス＝ベルギー会談が開かれた。フランスからはポアンカレが、ベルギーからは首相トゥニスと外相ジャスパールが出席し、それぞれの見解を主張したが、最終的にはポアンカレの勝利といえる結論で合意をみた。両国は次のような条件で共同回答をイギリスに申し入れることで一致したのである。一つは、連合国は一致してドイツに受動的抵抗の中止を申し入れるというものであり、もう一つはフランス側の段階的撤退案を認めるというものであった。さらにベルギーは、連合国側回答の一案としてベルギー案をイギリスに申し入れることを認められたが、それはあくまで先の二条件の枠内で許されたにすぎなかった。[143] 六月八日、ベルギーは自国案をイギリスに提示したが、すでに七日にフランス側の申し入れを聞いていたカーゾンは、そこにフランスとベルギーの策略を見出したにすぎなかった。ここに、イギリスかフランスかというジレンマから自国の賠償案によって脱出しようとするベルギーの試みも潰えてしまったのである。[144]

このようにベルギーとの懸案解消に成功したフランスは、六月七日のドイツ提案の直後、ドイツ案を拒否する旨をイギリスに伝えた。その理由としては、第一に受動的抵抗が言及されていないこと、第二に支払い額が明示されていないこと、第三に賠償委員会に代えて、ヴェルサイユ条約に認められていない国際専門家委員会を導入しようとしていること、第四に保証案はなんら確実な根拠をもつものではないことがあげられていた。(145) そして、フランスは一〇日、正式なノートでもって、受動的抵抗の中止が交渉の先決条件であり、賠償支払いはフランスが主張している生産的担保に沿って行なわれるべきである、と他の連合国に伝えた。(146)

ヘーシュは、このようなフランス側の一連の動きを、フランスのイギリス抱き込みの動きと判断し、その際の重大な争点は受動的抵抗の中止にあると思われると伝えてきた。そして彼は、ポアンカレの意味する「受動的抵抗の中止」とは、ドイツ側による占領軍の措置の承認をも含む、ルール地区住民の行動を一月一一日以前の状態に戻すことであると分析した。最後に彼は次のような予測を下した。それは、もしこのフランスのイギリス工作が成功すれば、ドイツは次のような三重の苦しみを受けることになるというものである。第一に、ドイツの受動的抵抗の無条件中止であり、第二に、イギリスとフランスの統一戦線の成立であり、第三に賠償問題に関するドイツ側の無条件降伏であった。(147)

この報告に驚いたローゼンベルクは、フランス側の動きを阻止すべく受動的抵抗の中止に関する具体案を作成し、それをロンドンに伝えた。先のヘッシュの本省への報告が六月九日付けであったとき、この本省のシュタマー宛て訓電が出されたのは翌一〇日のことであった。ローゼンベルクは、フランスによるイギリスの抱き込みが成功すれば、ヨーロッパを支配するのは「ポアンカレの独裁的恣意である」と考えた。具体案は三段階からなっていた。まず交渉開始と同時に、ドイツはサボタージュを停止し、すなわち鉄道を管理し占領軍に日常品を供給し石炭移送を再開し、これに対して占領軍は、経済活動への介入を停止し逮捕者を釈放し追放者を復帰させることとした。第二段階は、交渉開始三週間以内にドイツは鉄道に担保設定をなし、それと同時に占領軍は一月一〇日以降の占領地から撤退し、それと同時にドイツ側は政府の命令を廃棄することとされた。そして第三段階として、ドイツ側はその後の三週間以内に鉄道公債の発行を行なうはずであった。[148] 一一日シュタマーは、この案の概要をクローに伝え、クローは好意的な態度を示した。[149]

しかし、この案は、交渉開始の前提として受動的抵抗の中止を要求するフランス案とは完全に相容れないものであった。そしてドイツ側がその考えもないことは、一二日イタリアが受動的抵抗の中止と国際専門家委員会の開催という案をドイツ側に打診してきたとき、先決条件として受動的抵抗を中止することを明確に拒否したことにも示されていた。[150]

このような動きのなかで、一一日イギリス政府は閣議を開き、フランス、ベルギー両政府に受動的抵抗の中止の具体的内容を問う質問状を送ることを決定した。首相ボールドウィンは、フランスのルール占領は違法であり、この占領はドイツ経済はおろかヨーロッパ経済をも破滅させることになるという態度をとったのに対し、カーゾンは慎重な態度をみせていた。[151] 一三日、ベルギー政府とフランス政府にノートが手交された。

進展はフランスおよびベルギー側の回答に委ねられた。二九日フランス側回答が提出されるまで、ドイツ側は、この時点での介入は、「フランスを連合国内に引き入れようとするイギリス側の試みを妨げるだけである」というヘッシュの勧めに従って、イギリスとの接触を敬遠した。[152]

しかし、シュタマーは直接イギリス政府と接触することは避けたものの、マッケナを通じてボールドウィンと接触しようとした。ボールドウィンはマッケナに、ドイツは反対給付なくしては受動的抵抗を中止しえないであろうと述べていた[153]。そこで浮かび上がったのは、五月から打診されていたイギリス工業界とドイツ工業界との協力をめぐる話し合いであった[154]。六月一九日イギリス側は、ドイツ工業全国連盟事務局長ビューハーのイギリス訪問を要請してきた。ドイツ側は、両国経済界の協力という長期的な利益もさることながら、政府に対する影響力行使のこのような有効なルートを積極的に利用しない手はなかった。ローゼンベルクは、休暇中であったビューハーをベルリンに急遽呼び戻し、イギリス政府に圧力をかけるためにこの機会を利用したいと述べ、協力を要請した[155]。二七日、ビューハーはマッケナと会談し、イギリス政府はたとえフランスとの間に分裂を生じようとも躊躇することなく行動を開始しなければならないと説得した[156]。この結果、マッケナはこれ以降、賠償問題のそしてルール紛争の解決を、より強く主張するようになった[157]。またボールドウィンも、事実この時期急速に反フランス的な姿勢を示し始めている[158]。

以上のような側面工作に加えて、ドイツ側は先の受動的抵抗中止の具体案を精緻なものとし、六月二七日カーゾンに伝えた。カーゾンはこの具体案に好意的な態度を示したが、現在先決条件として受動的抵抗を中止できる状態ではないというドイツ側の主張に対し、ドイツ政府はいまだ受動的抵抗を中止させうるだけの権力をもっているはずであり受動的抵抗を中止すべきであると述べた。カーゾンの意味する受動的抵抗の中止とは、具体的には、ドイツによって出された法律・命令の撤廃であった[159]。

しかし、このようなドイツ側のイギリス工作も、フランスによるイギリスの抱き込みを妨げるという消極的意図からのみなされたのであって、それ以上に、受動的抵抗の中止に関する具体案を提示しそれを契機としてこの問題の打開をはかろうとする積極的な意図に基づくものではなかった。六月二四日付けのシュタマー宛て訓電はこのことを明確に示している。まずこのような受動的抵抗の中止に関する具体案を提出する理由として次のような危機意識を示した。「たとえイギリスがフランスと交渉する際イギリス側にわれわれの身を完全に委ねるとしても、イギリスは現在の（われわれの——筆者）実際の状況に関して不十分な知識しかもたず、また手頃な解決策ももっていないため、イギリスはあまりにも深くフランス側の見解をのみこまされてしまうであろう」という危機感であった。そして、「このような条件提示の目的は」「もしポアンカレ氏が和解を望むならば彼と交渉をもち彼の面子を保つだけの可能性を提示する準備があることを、しかしわれわれが妥協しえる範囲はわれわれの権力の及ばない数多くの理由から限定されていることを、イギリス側に明らかにすること」にあった。ルールおよびラインラントの住民が筆舌に尽くしがたい労苦と負担を被り労働者が奴隷と化しているこのような状況のなかで、彼ら住民が必死に耐え忍んでいる事実を考えると、左翼政府ですらこのような受動的抵抗の中止という裏切り行為を行なうことはできないであろう。これがドイツ側の中止を拒否する論理であった。(160)

一方この間フランス政府は、ドイツに対する政策をますます強硬にしていった。二三日、ヘッシュは長文の覚書を送り、ドイツで通貨が崩壊し国民の不安が高まり労働者も不満を示していることをもって、フランスは、受動的抵抗の失敗はますます明らかになったと考えており、フランスの目的はいまやドイツの降伏とドイツの手をかりたルールの搾取になっていると伝えた。(161) フランス政府は、先のイギリス側のノートに対する回答を引き延ばしていた。しかし、イギリス側の早急に回答を提出されたいという圧力に屈して、六月二九日、口頭でのみ説明することにした。この口頭での説明は、文書による回答によってイギリスとの関係が取り返しのつかないほど悪化してしまうことを避けようとして取られた処置であり、その内容は、この時期ポアンカレがフランスの各地で行なっていた演説と同様、ドイツの降伏を望み、イギリスの仲介者としての役割を否定するものであった。この説明は、ドイツは他国からの圧力によってのみ条約を履行するという、ドイツに対するイメージによって貫かれていた。

「ドイツとは対等の地位にたって交渉することはできないし、またドイツがその自由意思によって締結した条約を遂行することも期待できない。ドイツはその敗北を意識していないがゆえに、その義務から常に免れようとしている。フランスはドイツという国家は、圧力をかけられたときにのみ、その約束を守るだけであると考えている。そして、この圧力は、より強者のそれと感ぜられたときにのみ効果があるのである。」

その例は、スパ会議であり、ロンドン支払い案であった。したがって、イギリスが仲介者として現われることは、「ドイツがより強者となり、連合国にその意思を強制する」ようになることを意味した。またこの口頭回答は、受動的抵抗の中止にも言及し、受動的抵抗の中止とは全ルール住民の降伏であり、ドイツ政府の法律・命令の撤廃であり、一月一一日の現状回復である、と説明し、それに対してフランス側は、中止後もひき続き駐留するものの、ドイツの賠償支払いに応じて段階的に撤退すると述べていた。[162]

おりしも、イギリスの各紙は反フランス・キャンペーンに乗り出していた。『オブザーバー』はフランスは分離運動に加担していると非難し、『マンチェスター・ガーディアン』は口頭回答の内容を暴露した。フランスの各紙もこのようなキャンペーンをイギリス側の挑発とみなし、カウンター・キャンペーンに乗り出した。ヘッシュは、このような状況を、戦争終結いらい現在に至るまで英仏間の緊張がこれほど高まったことはないと報告している。[163] 七月六日、フランス政府は、イギリスとの関係悪化も止むをえないと考え、正式に書面による回答ノートを手交した。その内容は口頭回答と同じであり、当然イギリス側の不満は、解消されることはなかった。[164]

このような英仏対立の始まりを、ドイツ側は複雑な目で見守っていた。このような対立があっては、「解決の道はなく、イギリスはフランスに対する抗議を強めるにすぎない」[165]からである。イギリスの介入は、フランス側を譲歩に導くかぎりにおいてドイツ側にとって意味があるのであり、イギリスとフランスが対立関係にたち、フランス側の主張がより強硬なものとなっては、ドイツ側は解決の見通しすらも奪われてしまうのである。しかしクーノ政府は、受動的抵抗中止のイニシアチブをとることもなく、イギリスの介入をただひたすら期待するだけであった。

ドイツ政府が交渉の先決条件となっている受動的抵抗の中止を実行する意図のないことは、六月下旬から七月上旬にかけて行なわれたバチカンとの交渉でも明らかになっていた。二七日バチカンに対し、ドイツ側はフランスとの接触を依頼した。[166] バチカンはこの交渉に対し悲観的であったが、一応フランスと接触をとった。しかし、フランス側の返答は「会議が開かれているときその外でお互いが爆弾を投げ交しているようでは」交渉に応じられないというものであり、バチカン国務長官もドイツ政府に受動的抵抗の中止を要請してきた。これに対し駐バチカンドイツ公使ベルゲン(Diego Bergen)は、個人的見解であるとしながらも、受動的抵抗はドイツに残された「唯一の武器」であって、フランス側が譲歩をみせないかぎり抵抗を中止することは困難であると答えた。ベルリンもベルゲンのこの見解を了承した。[167] そしてまたドイツ政府は、イギリス国会議員からフランス側の対英回答に対するドイツ側の態度を尋ねられていたシュタマーに、七月七日、次のような返答を与えるよう訓令した。

「受動的抵抗の中止は、政府の命令やその他の措置の廃止によってなしとげられるものではない。なぜなら、このような命令なり措置なりは、住民を自然発生的な抵抗へと向かわせた原因なのではなく、その結果なのであるからである」[168]と。

七月九日、イギリス政府は閣議を開き、イギリスの態度を検討した。その結果、イギリス政府の基本方針を議会で表明することを決定した。[169] 一二日、首相ボールドウィンは議会で演説し、フランス批判はドイツ側が期待したものよりも抑制されたものであったが、ルール占領によってドイツ経済は解体し、賠償金も支払えなくなっており、ドイツが経済的に崩壊すればその余波は全ヨーロッパに及ぶであろうと、占領の経済的悪影響を強調した。そしてドイツの六月七日提案に関しては、国際専門家委員会の開催という提案は無視すべきではなく、イギリスはこの提案に回答を与えるつもりであるとし、この回答について連合国各国の検討を待つと述べた(170)。事実上イギリスの介入を示唆することの演説に対して各国は、フランスを除いて好意的な反応を示し、イタリアはフランスとの分裂すらも示唆した(171)。

ドイツはふたたびイギリス側の回答を待つほかはなかった。しかし、国内の状況は、もはや単なる待機を許すものではなくなっていた。一七日ベルリンは、イギリス政府に早急に回答を与えてくれるよう懇請するよう、シュタマーに訓令した。それは、イギリスの介入を促進するために、保証措置のさらに詳しい具体案を提示すると同時に、次のように、受動的抵抗の中止はもはや行ないえなくなっていること、そしてドイツの崩壊が始まりつつあることを訴えていた。

ラインラントおよびルール地区住民の窮乏は耐え難いものとなっているが、住民はまだフランス側に屈伏しようとはしていない。このような世論に反して中止を実行しようとすれば、国民からの服従は得られなくなる。「ポアンカレが目的としている降伏は確実に、ルール地区ではアナーキーをもたらし、国内では内戦を呼び起こすことになろう」。その一方、占領の継続は、それ自体意味のない偶発事件ですら国家からその統制能力を奪ってしまうまでに、精神的な緊張を高め経済的な窮迫を深めている。そしてもし、経済的窮迫なり社会的動揺なりまたはまだ知られていない事件なりによって、国家の解体がいったん始まったならば、われわれはその傷を癒やすために長い時間を要することになろうと。まさに、政府の統治能力の喪失をみずから認めた訴えであった(172)。

七月一八日、これに対してカーゾンはシュタマーに次のように語った。

「カーゾン卿は、事態がきわめて切迫したものであることを認め、……また、現在の状況を終息させるために、ただちになんらかの措置がとられなければならないことについても認めております。それに続いて、彼は、……ドイツが受動的抵抗についてなんらかの譲歩をなすようにも勧告しました。フランスがルールにいったん侵入してしまった以上、ルール占領についてフランス側と和解するためには、あらゆる点で譲歩がなされないかぎり不可能であることは明らかであるということです[173]」と。

翌一九日、ローゼンベルクはシュタマーに次のように訓電した。

「どのような政府も、中止と同時に早急に占領地からの撤兵がなされるという確実な保証が与えられないかぎり、違法な占領が行なわれている地区内の住民にその抵抗の中止を要求しえるものではない。政府はこの点を無視した提案を受け入れることはできない。なぜなら、政府はたとえそのような解決を欲するにしても、実行することはできないからである。もし政府がそのような提案の受諾を強制するならば、政府の権威は低下し今後の活動は不可能となる。そしてこの政府の失脚は、予想もできず見通しもたたない国際紛争のシグナルとなるであろう[174]」と。

そして二〇日、イギリス政府は各連合国政府にイギリスの対独回答を送付した。この七月二〇日イギリス提案は、ドイツの六月七日提案は慎重な検討に値するものであると評価し、ルール占領については、それが合法であれ違法であれ所期の目標達成に失敗したことは明らかであり、もし受動的抵抗のみが交渉の障害となっているならば、イギリス政府はドイツ政府に受動的抵抗の中止を要求する用意があると、仲介の意図があることを示し、賠償支払いに関しては、ドイツの現経済情勢は賠償金の支払いを可能とするものではなく、そのためにはドイツの支払い能力の再検討とルール地区の生産再開が必要であると、支払い案の修正を示唆していた。そして、具体的には、受動的抵抗の中止、ルール地区占領行政の文民化と占領軍の段階的撤退、国際専門家委員会の招集、そしてドイツ側保証措置の実施を条件とするヴェルサイユ条約にのっとって駐留している占領軍の撤退を提案した[175]。ドイツ側はイギリス提案の内容を完全に知ることはできなかったが、入手した情報からそれは受動的抵抗の中止を説くものであることを知り、この提案を「弱腰のもの(pflaumweich)」と受け取めた。[176]

この提案は、フランスとベルギーの間にふたたび対立を生じさせた。ベルギー側は、もはやルール占領を一月一一日の現状回復という条件だけで終わらせようとしており、三〇日、単独で回答をイギリスに提出し、ベルギーの優先権さえ認められればドイツ側賠償支払い額の削減も認めること、その他の点に関してはイギリス提案に合意することを明らかにした。[177]しかし同じ三〇日フランスも回答を出し、「目には目を、歯には歯を。一八七一年のドイツの先例に倣い、担保としてのルール地区は、ドイツ側が賠償支払いを完了した後にのみ解放される。ドイツの抵抗はなんらの利益をえることのないまま無条件に停止されねばならない」と強硬姿勢を微塵も変えず、加えて賠償支払い案の修正につながる、国際専門家委員会の設置にも断固反対した。[178]

しかし、ドイツ側はもはやこのような時間を費やす連合国間の調整を待つことはできなかった。七月二八日、ローゼンベルクはふたたび、ドイツ国内情勢の悪化を説得の論理とするイギリスへの援助要請を訓電した。マルクは底なしと思われるまでに低落し、石炭・食糧も不足をみせ、そのために「国民は国家と自分に対する信頼を失い始めて」いた。ベルリン、ブレスラオ、ライプチッヒ、ドレスデンでは騒擾が起き、「大衆の中に増大した絶望感は、左右両派の過激分子の計画を現実のものとさせ、深刻な左右両派の対立を毎日のごとく発生させて」いた。とくにKPDの活動はめざましく、「もし国民が空腹のゆえに、組織されざる大衆として街頭に現われ始めたら、われわれはこのような未曾有の国民の怒りを前にして国家を守るだけ強くはないであろう」と、この訓電は述べている。[179]

これは、もはやクーノ政府がその崩壊を自認したものにほかならなかった。

六月七日の新提案以降七月下旬イギリス政府に向けてこのような訓電が出されるまで、ドイツ政府は一貫して、先決条件としての受動的抵抗の中止を拒否し続けた。ここにクーノ政府期のドイツ外交の叙述を終えるに当たって、この受動的抵抗中止拒否の理由を考えてみたい。それは、第一に、クーノ政府が依然としてイギリス政府の介入によるよりよき紛争の終結を期待していたことに根ざしている。このことは、いままで述べてきたことから明らかであるが、さらに付け加えるならば、七月二六日、ローゼンベルクは閣議において次のような状況分析を行なっている。「フランスは、おそらくイギリス側の新たな提案をもサボタージュするであろう。しかし、イギリスは本来の自己の利益から、また威信という観点から、そしてフランスに対する不信という理由から、何もしないままにとどまるということはないであろう。そして、……その自主的な政策を取り続けるであろう[180]」と。しかし、この理由だけをもってクーノ政府は、破滅的なドイツ経済の下で、受動的抵抗の中止を拒否するという政策を一貫して取り続けたのであろうか。八月七日、ローゼンベルクはダバーノンに次のように述べている。「われわれの立場は完全に明白である。降伏か混乱《ケイオス》かの問題なのではない。そこにはいかなる選択の余地も存在しえない、なぜなら、降伏は混乱を意味するからである[181]」と。ここに端的に表現された「降伏は混乱を意味する」という危機意識が、一貫してこの弱体化した政府の方針を貫いたのではなかろうか。この「降伏は混乱を意味する」と意味を同じくする論理は、すでに、七月下旬のローゼンベルクのシュタマー宛て訓電により具体的な形で述べられていたことはすでにみたとおりである。クーノ政府は、受動的抵抗の継続に確固たる自信をもちその自信のもとでイギリスに期待していたのではなく、国民の信頼を失った政府が、ルール地区からは明確な受動的抵抗の中止の要求もなく、ライヒ全体においては全体的反対派が擡頭をみせるという状況において、中止という政策変更を行なったときそれのもたらす反作用の恐しさにとまどって、抵抗の中止を拒否していたと思われるのである。それは、失われた政治指導であり、外交が直接内政に拘束されたという事実にほかならなかった。

三　外交に拘束される内政

本節二において、この時期内政が外交指導を直接に拘束したことを説明した。この本節三においては、逆に、外交が内政指導を拘束したことを述べてみたい。それは、全体的反対派が擡頭する一要因となった、クーノ政府の全体的反対派に対する政策の政治指導のなかにみられる。そのことを分析する前に、まず、全体的反対派の擡頭を概説してみたい。

全体的反対派は、ライヒ政府の政策に加えて、この「戦闘なき戦争」による環境の変化によっても、有利な状況に置かれていた。第一に、ルール紛争開始以前すでに国民の生活を直接脅かしていたインフレーションが、この「経済戦争」によって加速度的に悪化したことである。[182]第二に、すでに述べてきたナショナリズムの昂進である。そして第三に、社会不安の増大である。第三の要因は暴力資源の増大ともいえる現象であり、労働者側もまた愛国主義者側も準軍事組織を形成し、相互に武力衝突を繰り返していた。第三の要因を共通の促進要因としながら、第一の要因は主として労働運動とKPDを、第二の要因は主として国家社会主義ドイツ労働者党(Nationalsozialistische Deutsche Arbeiterpartei：NSDAP)を含む愛国主義的運動を活性化させた。そしてザクセンが前者の拠点となり、バイエルンが後者の拠点となったのである。

極右派は、この時期、数多くの準軍事団体が活動し祖国主義的運動の温床となっていたバイエルンを中心として、勢力を増大していった。この極右派の中心団体は、ルール占領の日ミュンヘンのクローネ・サーカス場の集会において「フランスの打倒ではなく、一一月革命犯罪者の打倒を」と叫んでいた、ヒトラー指導下のNSDAPであった。[183]このNSDAPはSAという軍事組織ももち、すでに一月上旬にはバイエルン・ラント政府から、政府そして法と秩序にとってきわめて重大な脅威となっていると注目されるほどの勢力となっていた。[184] ルール占領開始後、バイエルンでは、ラント政府と密接な関係にある祖国同盟(Die Vereinigte Vaterländische Verbände Bayerns)やライヒ・バイエルン団(Bund Reich und Bayern)らが反フランス・キャンペーンに乗り出し、ナショナリズムを加熱させていた。バイエルン駐在ライヒ代表ハニエル(Edgar Karl Haniel von Haimhausen：前外務省事務次官)も、このようなナショナリズムは「精神的圧迫を騒擾なり暴力行為なりで発散させようという数多くの住民の傾向」に基づくものであり、犠牲に耐え受動的抵抗を支える「健全な愛国主義」とは異なるものであると、ショービニズムに警戒を示していた。[185] このようなナショナリズムが、NSDAPの急速な擡頭を可能とさせる基盤を形成した。さらにNSDAPの勢力拡大は、一月二七日―二九日の第一回NSDAP全ドイツ大会に際しラント政府が譲歩を示したことによっても援けられた。一月二六日、ラント政府は不測の事態を恐れて戒厳令をしき、NSDAPの全集会と全ドイツ大会を禁止したが、国防軍バイエルン司令官ロッソウ(Otto von Lossow)とミュンヘン警視総監ノルツ(Eduard Nortz)は譲歩し、党大会の一部を許可したのである。この許可のもとに、二七日から二九日、ヒトラーはミュンヘンを支配した。一二の集会が開かれ、SAが分列行進を行ない、六〇〇〇人以上の群集が参加した。[186]

二月以降バイエルンの情勢は、NSDAPに代表される極右派の擡頭の歴史であった。ラント政府は右派よりも左派からの革命を恐れ、また、NSDAP等を武力によって抑圧した際に生じる武力衝突という経費《コスト》に危惧を抱き、NSDAP等の極右団体の馴致をもとめた。[187] そして国防軍も、秘密再軍備のために、またフランスとの戦争に備えて動員の準備を行なっていたために、このような準軍事団体を温存する姿勢を示し、これらの団体を黙認した。[188] 二三年初頭一万五〇〇〇人といわれたNSDAPの党員数は、夏には、ミュンヘンで三万五〇〇〇人、バイエルン全体で一五万人といわれるまでに増大し、党地方支部も拡大強化されていった。[189] 準軍事団体SAも、ライヒ・バイエルン団に次ぐ勢力を誇り、三月ゲーリング(Hermann Göring)が指導者となって、真にヒトラーの私兵部隊へと変容していった。(190)

二月上旬、極右派の準軍事団体は、打倒マルクス主義、強力な武装部隊の設立を目標として、「祖国闘争同盟共働団(Arbeitsgemeinschaft der Vaterländischen Kampfverbände)」を形成した。参加団体は、NSDAPのSA、SAに次ぐ武装を誇るオーバーラント団(Bund Oberland)、国防軍に武器調達の経路をもち、その指導者の一人がレーム(Ernst Roehm)である帝国旗団(Reichsflagge)、ミュンヘン郷土防衛団の後身たるミュンヘン祖国同盟(Vaterländische Bezirkvereine München)等であった。(191) この「共働団」は二月五日ラント政府に、ラント政府が現在および将来においても「断固として民族的で」あり続けるならばラント政府を支持すると伝えたが、ラント政府の方針がこれに適うか否かの解釈権は「共働団」が握ったのである。(192) ここに、バイエルンの極右派は、一揆をその本質的な目標とする「国家のなかの国家」という地位を確立した。(193) その後「共働団」はその力を顕示していった。三月二五日、三〇〇〇人の参加をもって行なわれた「共働団」の「演習」であり、四月一五日、一万七〇〇〇人の参加をもって行なわれたパレードである。(194) しかし、ヒトラーにとって、「共働団」は国防軍の別働隊にしかすぎなかった。彼は、「共働団」を自己の指導下に置くことを試みた。四月一九日に発表された「共働団の自己の使命に関する覚書」がその端緒であった。それは、「共働団」の義務は政治的に思考し政治的に行動することにあるとし、目的は、内外の敵からドイツを解放し、すべてのドイツ人を偉大な祖国のために糾合することであり、悪に染まったドイツ国家のなかにあってバイエルンを民族の国家にすることである、と主張していた。(195) それは、まさに、「共働団」の圧力団体的行動を批判し、「一一月革命犯罪者の打倒」という政治的目標を優位に置いたものであった。しかし、このようなヒトラーの指導権確立の試みは、五月一日のメーデー事件において挫折することになる。

四月中旬バイエルンにおいて、二人の極右主義者がライプチッヒの国事裁判所から出頭命令をうけ、彼らがそれを拒否し、続けて裁判所側から逮捕を命ぜられるという事件が発生した。この事件に際して、「共働団」は、四月一三日ラント首相クニリングと会談をもち、ラント政府はこの逮捕命令を拒絶すること、またラント政府はライヒスラートにおいて共和国防衛法の廃止を主張し、それが受け入れられない場合には同法を一方的に廃棄すべきことを要求した。おりしも四月一五日は祖国主義団体の「体育訓練の日(Sportübungstag)」であることもあって、ラント政府は「共働団」への回答を遅らせ、一六日「共働団」側とふたたび会談をもった。その席上クニリングは、「共和国防衛法に個人的には反対するが、この法律は就任する以前に成立しており、また前任者もこの法に合意しているがゆえ、法の遂行に賛成する」と説明した。これに対し「共働団」側は、「これは政府の『共働団』に対する宣戦布告を意味する」と反駁したが、クニリングは、「攻撃的なのは政府ではなく『共働団』である」として、この問題で譲歩することを拒否した。(196) これをきっかけとして、「共働団」はラント政府と対決するに至った。焦点は、五月一日という極右派にも労働者にも象徴的な日に向けられた。五月一日は、労働者にとってはメーデーにほかならず、極右派にとってはバイエルン共和国解体の日であった。「共働団」は、みずからの集会の準備を行なう一方、SPDのデモの禁止をラント政府に要請し、赤いデモが行なわれるならば武力によってもそれを壊滅すると宣言した。左右両派の武力衝突の危険が近づいた。ラント政府はこのような事態を回避するため、SPDのデモは禁止し、小さな七つの集会だけを許可したが、「共働団」はこの集会の禁止をも強要し、武力による壊滅の方針をくずさなかった。三〇日、「共働団」は行動の準備を完了した。しかしこの日、「共働団」がロッソウに武器調達の協力を要請して拒否され、また警視総監ノルツにも協力を拒否されたとき、彼らの資源の少なさは明らかになっていた。五月一日、「共働団」はミュンヘン西北にある公園に結集した。その数は一二〇〇から一三〇〇といわれる。一方、ミュンヘン西南部の公園では労働者が集まり予定どおり集会を開催した。「共働団」は武装していたものの、SPDの集会が終わるまでその地から離れることはできなかった。州武装警察が彼らの周りを取り囲んでいたのである。五月一日、赤いデモの壊滅はならなかった。これは、明らかに「共働団」そしてこの武装対決を説いたヒトラーの敗北であった。[197]

この五月一日の危機を乗り切ったラント政府は、この事件の主犯「共働団」に対して強い弾圧措置をとることもなく、むしろ従来どおり彼らを容認し続けた。ラント政府にとって、「敵は左翼にあり、危険は右翼」にあるがゆえに、馴致以外の道は存在しなかった。この時期、クニリングはハニエルに次のように述べている。

「SPD政権は(この時期ライヒ政府の交代が噂され、SPDを含む大連合内閣が次期政府であると予想されていた——筆者)バイエルンとライヒとの間に分断線を引くことになろう。現政権が存続しその主義に忠実であるかぎり、(バイエルン政府は——筆者)ヒトラー氏やその同志たちをうまく処理しえるが、SPD政府が成立すれば、一方で社会主義政府と戦いもう一方でヒトラーと戦うことになり、それは不可能である」[198]と。

五月一一日、ラント政府は緊急命令を発表した。それは左右両派の抑圧を目的とし、その中心措置は集会許可制であった。[199]しかし、その運用は左の敵に向けられたのである。五月一日事件に関してヒトラーにかけられた容疑は充分に調査されることもなく途中で放棄されていた。この五月一日事件直後「共働団」は弱体化したものの、その後政府の容認もあって、左派に対するキャンペーンを中心として活動を再開した。例えば、「共働団」が六月に配布した文書は次のように煽動している。

「ドイツ人およびミュンヘン市民! ふたたび一一月九日が再現されようとしている。政府の軟弱な政策のために、ユダヤ・ボルシェヴィズムの使者は、ほぼこの五年間なんら妨げられることもなく活動を続けている。いまやふたたび、あの背後からの一突き(Dolchstoß)が行なわれようとしている。《プロイセン》では、国際資本主義の犬どもがその支配に反対しているすべてのドイツ人を弾圧している。《ザクセン》では、亡国的なマルクス主義政府のもとに新たなボルシェヴィズム軍が生まれている!(200)」と。そして、七月一四日のドイツ体育祭には「共働団」は「ドイツの解放と民族的革新」を謳ってデモンストレーションを行ない、左派と衝突し、警官隊と衝突していた。

このように、極右派がバイエルンにおいて擡頭をみせている間、極左派もその勢力を拡大させていた。その中心はいうまでもなく、「労働者政府」の樹立をめざすKPDである。二二年秋党員数二二万五〇〇〇人と称するKPDの指導と協力のもとに進められたこの政府への対抗運動は、五月以降、インフレの急進にともない自然発生的ともいえる労働者のストライキが各地で多発するなかで、七月下旬から八月にかけて「反ファシスト・デー」と「クーノ・ストライキ」という最大の盛り上がりをみせるのである。ここでは、前述の執行エリート側の危機意識の背景を形成した「反ファシスト・デー」までの運動を概観してみたい。

KPDは、ルール占領という外圧下において次の二点をその出発点とした。第一は、一月二三日付け『ローテ・ファーネ』に発表された中央幹部会(Zentrale)声明、「ルールでポアンカレを、シュプレーでクーノを打倒せよ!」という対抗スローガンに集約される、反クーノ政府および反フランス帝国主義の二正面作戦の実施である。(201) 第二は、一月二八日から二月一日にかけてライプチッヒで開催された第八回KPD大会で採択された統一戦線戦術の強化である。前者の指導方針は、KPDに対していわゆる「ナショナリズム問題(die nationale Frage)」の理論的解決を迫ることになった。しかしKPDは、単なる、プロレタリアート・インターナショナリズムと「真の国家利益」との単なる併置という解答しか与えなかった。(202) このことは、周知のように、ナショナリズム象徴の無原則的な包摂たるシュラーゲタ・キャンペーンとなって現われてくる。そしてこの方針は、実践面でもその曖昧さを明らかにした。すなわち、KPDのこの二正面作戦の具体的な戦術はゼネ・ストの提唱であったが、それは、利敵行為として政府およびSPDの受動的抵抗から疎外され、フランスと協力するサンディカリストと競合し、「積極的抵抗」の提唱という面で極右派のテロルと親和性をもったのである。[203] そしてシュラーゲタ・キャンペーンとともにゼネ・ストを主張したことは、七月以降の動員《モビリゼイション》のなかでSPD側の反撥を呼び起こした。[204] この二正面作戦がルール紛争という状況への適合の試みであるのに対し、第二の統一戦線戦術は、二一年第三回コミンテルン世界大会以来の方針に由来し、二二年の第四回コミンテルン世界大会でより精緻に確立された国際共産主義運動の基本戦略に属するものであり、各国共産党のドクトリンとなったものであった。それは、「資本の攻勢」を背景として、革命に代えて「労働者政府」の樹立を当面の目標として措定し、そのための方法として、「下から」としては経営評議会運動と日常闘争たる「部分闘争」を、「上から」としては地方レベルでの他の労働者政党との連立を説いたものであった。[205] しかし、この方針も以前からの分派抗争を鎮めるものではなく、第八回KPD大会は、この方針の解釈をめぐって、ルート・フィッシャー(Ruth Fischer)らを中心とする左派とブランドラー(Heinrich Brandler)を中心とする幹部会との対立の場となったのである。大会は、前述のような統一戦線解釈をとる幹部会方針を採択したものの、「一切の民主主義的・修正主義的幻想を克服しながら共産主義の聖なる教義を純粋に維持し宣伝しよう」[206] としていた左派は、幹部会の主として「上から」の方法に対して「下から」の方法を強調し、政治化された経営評議会運動を前提とした「労働者政府」論を対置した。[207] この分派抗争は一応の妥協が成立する五月まで続き、それまでのKPDの活動は、幹部会方針をとるザクセンと左派の強いルール地区とで乖離をみせることになる。ともあれ、KPDは以上の二つの方針を出発点として、クーノ政府と対抗するのである。

ドイツ政府の権力外に置かれたルール地区においては、KPDの活動は前述したように活性化したものの、その戦術指導は、経営評議会・統制委員会・プロレタリアート百人団を通じて地道に労働者への浸透を計る幹部会と、「客観的に革命的状況」(ルート・フィッシャー)であるとして権力確立をはかる左派との間で分裂をみせていた。左派は、生活条件の悪化によって発生した山猫ストを利用し、その指導に努め状況の流動化をはかっていた。そして三月下旬エッセンで開催されたノルトラインラント＝ヴェストファーレン地区党大会は、両派の対立とそしてまた左派勢力の擡頭を明らかにした。幹部会を代表するツェトキンに対し、この地区に多くの追従者《フォロアー》をもつフィッシャーは、㈠労働者による生産統制、㈡労働者による食糧および石炭の配給、㈢プロレタリアート百人団を中核とする労働者武装組織の設置の決議案を提示し、政府権力の打破、全ファシストとの闘争、革命的労働者政府の樹立を説いたのである。幹部会方針と明確に異なるこの方針は否決されたとはいえ、その差は六八票対五五票という僅かに一三票でしかなかった。[208]

一方、ザクセンにおいては、KPDは「上から」の方針をとりSPDとの接近をはかっていた。二月下旬、ザクセンKPDは、「共産党によって主張されている《労働者政府》の課題を確定することを目的とする経営評議会大会を招集する」ことを条件として、SPDと連立政府を形成する用意のある旨を申し入れた。[209] この申し入れに対し、SPDの三月四日のラント党大会は、指導部のDDPとの連立案を九五対三〇票で否決し、KPD側の条件は拒否するものの基本的にKPDと協力する用意があるという決議を九五対三二票で可決した。[210] 党大会はKPDとの交渉のために七人委員会を設置し、この委員会はKPDとの妥協の形成に成功したのである。それは四項目からなる政策協定となり、KPDは入閣はしないもののSPD単独政府を支持するというものであった。[211] 三月二一日、前司法相ツァイクナー(Erich Zeigner)がSPDとKPDの支持のもとに首相に選出され、ここにザクセンでは、KPDの閣外協力に依拠するSPD単独政府が成立したのである。四月一〇日ツァイクナーは、その就任演説において、クーノの外交方針である待機主義を強く批判してフランスとの交渉を要求し、それと同時にバイエルンにひそむ共和国を脅かすファシズムに対抗する「自衛組織」を擁護した。[212]

このように地歩を獲得する拠点ともいえるルールとザクセンにおいて対照的ともいえるほどに相違をみせていたKPDの戦術も、四月下旬から五月中旬にかけて、コミンテルンの介入のもとに左右両派の妥協として統一されることになった。このコミンテルン中央執行委員会の決議は、原則として統一戦線戦術を正当なものとして再確認し、ザクセンに代表される右派の方針には、労働者政府は「全ドイツ労働者政府」たることを要求し、ルールに代表される左派の方針には、革命的行動は非占領地区の労働者とフランスの労働者に革命的行動が起こったときにのみ可能であるとして批判した。[213]

このように一応の妥協をみたKPDは、五月以降労働運動の盛り上がりのなかで統一戦線戦術を続けながら、主として次の三つの側面でクーノ政府と対峙し、クーノ政府の権力喪失の一促進要因となっていく。[214] まず、第一に、動員の基盤拡大の一環として行なわれた反ファシスト・キャンペーンである。これは、後にみるように、「自衛組織」問題をめぐって、ザクセン政府をクーノ政府と対決させることになり、同時に「反ファシズム」象徴の下で全国的な動員を試みる「反ファシスト・デー」キャンペーンに収斂されることになる。第二は、五月以降急速に悪化をみせたインフレーションを背景としてドイツ各地にストライキが多発することになるが、その際KPDは、経営評議会を通してストライキの支援と指導の確立を試み、闘争の「政治化」をはかっていったことである。そしてこの過程での地歩の確立は、ローゼンベルクをして、「疑いもなく、一九二三年夏には、共産党はドイツ・プロレタリアートの大多数に支持されていた」と判断させるものであった。[215] そして第三に、六月下旬以降いわゆるシュラーゲタ・ラインを採用し、極右派と論争・競合しながら「積極的抵抗」のキャンペーンの一端を担ったことである。[216] ここにおいては、KPDの擡頭の様相を分析の中心とするため、この第二の側面をとりあげ、七月下旬の政治体系の一面として「反ファシスト・

デー」の展開を述べることにしたい。

四月下旬、政府の通貨政策の挫折以降、国民のとくに労働者の生活条件は極端に悪化していった。[217] ゲルラッハは、七月の状況を次のように述べている。

「マルク相場の急速な落ち込みに続いて物価も急速に上昇している。それに反して賃金はゆっくりと追いかけているにすぎない。大衆の生活水準は落ち込んでいる。加えて馬鈴薯とヘットの不足は深刻なものとなっている。婦人たちは、わずか二、三グラムのマーガリンを手に入れるために、店先に何時間も並ばなければならなくなっている。不安と怒りが増大している」[218]と。

このような「安全価値」の喪失のなかで、労働者は賃金の引き上げを要求し始めた。先述した五月中下旬のドルトムント暴動がその象徴的な先駆けであった。六月に入るとストライキは各地にみられた。シュレージエンの鉱山労働者のストライキであり、中部ザクセンの鉱山労働者ストライキであり、また一二万人を参加させ四週間に及んだシュレージエンの農業労働者のストライキであった。七月に入ると、ストライキの波はベルリンにも及んだ。七月上旬、ベルリンでは金属労働者を中心として一三万人がストライキに突入したのである。[219] これらは、いずれもその賃金引き上げ要求が満たされたとき終結をみたが、七月下旬になるとストライキは政治的要求も掲げるようになった。おりしも七月下旬、ドイツ経済は崩壊寸前の状況にあった。七月二七日付けの政府の「経済情勢に関する覚書」は、政府の経済政策が破綻し、ドイツ経済が崩壊状況にあることを認めていた。通貨は通貨としての流通力を失い、「価格は耐えられないまでに上昇し、商品の流通過程は停止し、通常の供給ももはやなされていない」状態であり、食糧を求める暴動すらも懸念される状況であった。[220] また七月二七日、政府が農業生産者に収穫物の供出を促す異例ともいえる声明を発表したことも、政治的な危機意識の現われであった。[221] 七月下旬、各地でストライキがふたたび発生し始めた。七月二五日には、ザクセンでは三〇万人の鉱山労働者がストライキに入り、八月に入っても拡大の一途をたどり、その中心には経営評議会がたち、終息をみたのは八月一一日のことであった。この状況のなかでKPDは、運動の政治化を試み宣伝に努めた。同様なストライキは八月のルールにもみられ、その頂点はストライキの波がベルリンに及んだ一〇日以降の「クーノ・ストライキ」であった。[222]

このような「安全価値」の喪失に由来する不満のエネルギーの蓄積と噴出のなかで、KPDは労働者への浸透に成功をみせていった。[223] 前述のストライキは、組合の経済闘争路線と経営評議会の政治闘争路線との角逐のなかで行なわれ、七月以降のベルリンとザクセンのストライキは、後者に前者と対抗するだけの地歩を与えていたのである。例えば七月のベルリン金属労組のストライキでは、ADGB系の組合指導部の提出したライヒ労働省との調停案に基づくスト終結提案は、直接投票において三万一〇〇〇票余の賛成に対して一〇万二五〇〇票余の反対に出会っていた。[224] そして七月末の金属労組大会の代議員選挙においては、ベルリンではKPD系リストが五万五〇〇〇票余をとり、SPD系リストの二万二〇〇〇票余を上回っていた。同様な例は、ザクセンにも見出しうるのである。[225]

経営評議会によるストの支援・指導によりドイツの工業地帯で勢力を拡張させていたKPDが全国的な規模において直接クーノ政府と対峙したのは、七月二九日の「反ファシスト・デー」に向けての動員とそれに至るキャンペーンであった。動員の試みは、七月一二日の『ローテ・ファーネ』に発表された「党へ(An die Partei)」によって本格化した。[226] この「反ファシスト」という防衛的・対抗象徴による動員は、労働者の統一の強化とならんで、プロレタリアートの「唯一の同盟者」と規定された窮乏した「中間層」への働きかけをも求める、「国民的統一戦線戦術」(O. Wenzel)の適用の頂点となった。この檄の公表とともに、KPDは、活動の準備をあらゆる大衆組織のうちで着手した。[227] そしてこの檄のなかで使用された「赤色テロ」という用語とその後のキャンペーンの一部で使用された武装蜂起を暗示する表現は、右派の危機感を強め、右派の各紙は二九日を「反ボルシェヴィスト・デー」とする対抗キャンペーンに乗り出した[228]。そのなかで一八日、政府は有名な「内乱の危機」に関する声明を発表し、「内乱の危機」が根拠のないものであること、万一そのような事態が発生したときには「権力手段を仮借なく投入する」と述べ、翌日には同旨の回状を各ラント政府に送付して状況の鎮静に努めた[229]。二九日が近づき不安が高まるなかで、二〇日ブレスラウで発生した食糧暴動および、二三日フランクフルトで発生したＫＰＤとＳＰＤの合同デモの際の街頭衝突が、執行エリート側に二九日の不安を強めさせた。二四日プロイセン政府は、二九日の屋外集会・行進を禁止した[230]。この措置はその後、他のラントにも広がり、ザクセン、テューリンゲン、バーデンのラント政府のみが適用を拒否した[231]。また同じ二四日にはＳＰＤおよびＡＤＧＢも、二九日の示威行動への参加を禁止した[232]。このなかで、ＫＰＤ指導部は二九日の「反ファシスト・デー」の具体的な戦術を迫られることになった。合法性の枠内で実行するか非合法の闘争へと突き進むかの選択である。この選択に決定的な影響を与えたのが、二六日のラーデク書簡であった。彼は二九日の行動を抑制的なものとすることを主張したのである。二六日のＫＰＤ政治局会議はラーデクの方針を受け入れ（なおフィッシャーは、ベルリンでの屋外集会の強行を主張しこの方針に反対していた）、二七日の『ローテ・ファーネ』は、この日を「来たるべき不可避な闘争に向けての準備」と位置付け、屋外集会・行進を禁止された地域では大規模な「示威集会」のみを開くことにすると発表した[233]。二九日、執行エリート側が警察を警戒体制下に入れ国防軍を待機姿勢下に置き、万一に備えて非常事態の発布を準備するなかで[234]、この日は予想に反して平穏のなかに過ぎていった。ベルリンの二五万人（ＫＰＤ発表）の示威集会への参加を最高に、全国各地で集会・行進が挙行されたにとどまったのである[235]。

このように、「内乱」をも危惧させた「反ファシスト・デー」は、体制側の資源の動員のもとに、逸脱せざる示威に終わったのである。

しかし、この七月下旬の過程が政府の指導者にどのような危機意識を与えていたかは、前述のイギリス政府宛ての一連の電文が示しているところである。この事件後、ドイツ内政は政府危機に陥り、そのなかでKPDは「労働者政府の樹立」という建設的な象徴のもとに、その過程の一翼を担うのである。

以上のように、ルール紛争の開始以降、全体的反対派は擡頭の一路を辿った。前節において、クーノ政府がDNVP以外の諸政党から積極的な支持を期待しえなくなったことを見てきた。このような支持の喪失と全体的反対派の擡頭とを重ね合わせてみると、それはクーノ政府の権力喪失以外の何物でもなかった。政党からの支持の喪失が賠償案の作成・提出の失敗によるものであったのと同様に、この全体的反対派の擡頭は、環境与件、全体的反対派そのものの活動、極右および極左の全体的反対派相互の対抗と分極化のダイナミクスという要因によるものであると同時に、クーノ政府の外交政策による制約の所産でもあったのである。

それは、ラント政府が警察権を保有することを制度的前提として、治安問題に関して各ラント政府を指導しえなかったことに現われている。その際、クーノ政府のラント政府への指導を制約したものは、この「戦争」の敗戦のとき考えられる、バイエルン邦の分離という悪夢にほかならなかった。そのためライヒ政府は、バイエルンにいる極右派を全体的反対派として認識しながらも、この極右に馴致政策をとるバイエルン・ラント政府を寛容《トレリーレン》したのである。そして、このようなバイエルン政府に対する寛容な政策が、ザクセンに代表される左派の対抗を招き、結果として全体的反対派に明確な抑圧を行使しえなくなったのである。

二月下旬、官房長官ハムは次のような分析を行なった。彼は、受動的抵抗の果ての事態として、「いずれの場合にも、次のような選択の前に立たされることになる。それは、フランスとの防衛戦争を開始するか、それとも戦わずして降伏し或る種の国家主権の喪失を甘受するか、の選択である。後者の場合、北部では個々の部隊が武器をとり戦闘を開始することになろう。それぱかりか南部では、バイエルンがひょっとしたら当地の国防軍をも巻き込んで武器をとり戦闘を開始するかもしれない。……そして、フランスは悪賢いがゆえに、バイエルンに勝利を収めてもそれに名誉ある平和を与え、領土を東方に拡大するであろう。そのときフランスはライヒを解体したことになる」[236]と。ハムは、最悪の場合にありうる事態としてバイエルンの分離を考えていた。このようなバイエルンに対する未来の不安が、政府のバイエルン政策――バイエルン政府に対する寛容の政策――となって現われた。この寛容政策の象徴的な現われは、三月下旬クーノのバイエルン訪問であり、その具体的な現われは、全体的反対派に対する憲法四八条に基づくライヒ政府の緊急命令権行使の挫折であった。

三月一七日、プロイセン政府は、一揆準備の容疑で義勇軍指導者ロスバッハ(Gerhard Roßbach)を逮捕し、続けて二三日には、同一揆準備に加担した容疑で共和国防衛法に基づきドイツ民族自由党(Deutschvölkische Freiheitspartei: DVF)に解党命令を発した。おりしも三月一五日、ライプチッヒの国事裁判所は、プロイセン、メクレンブルク=シュヴェリィン、バーデン、ザクセン、テューリンゲン、ハンブルク、ブレーメンの各ラント政府が下したNSDAPの解散命令に対するNSDAP側の異議申し立てを却下していた。このようななかで政府は、武装団体を対象とする緊急命令を考慮し始めた[237]。その際、ライヒ政府はこのような措置に関してバイエルン政府に非公式に打診を行なったが、バイエルン政府は、このような措置はラント政府の権限を侵害するものであると主張して拒絶の姿勢を示した。続けて、ライヒ政府は「極右派と同様、極左派に対しても同様の措置をとる」ためには、バイエルン政府の支持が必要であると説いたが、それも無駄であった[238]。四月中旬になって、政府の武装団体を対象とする緊急命令の準備は本格化していった。首相クーノは左派からの危険のみに対処するものを考えていたが、内務省およびハムは各ラントの同意を得るため、左右両派を対象とする緊急命令が必要であると結論を下していた[239]。この結論が四月一五日のハムの覚書である。[240] この覚書は、「ザクセンとテューリンゲンの左派とバイエルンの右派の危険性に対して」明確にその対処方法を述べたものであった。「法秩序の維持は国家《シュタート》の権限であり、そのためには極右派の《突撃隊》も極左派の《プロレタリアート防衛団》も必要はない。秩序の維持を義務としている市民の助けをかりて秩序を維持するためにも、国家権力は常に充分強力でなければならない」のであった。しかし、現在の法律はそのためには不十分であり、ライヒ政府が介入しうる権限を与える緊急命令が必要であった。ところが、このような措置に対してバイエルン政府は反論を唱えているのである。したがって、バイエルンは「ザクセンとテューリンゲンの百人団に対して必要措置をとることに共同責任を負っていることを想起させられねばならなかった」。このように、明確に極左派と極右派の抑圧を志向した政府は、バイエルン政府の説得にふたたび乗り出した。[241] しかし、バイエルン側の反応は思わしくなかった。四月二五日、ヴュルテンベルク・ラント政府は、憲法四八条に基づいて独自の全体的反対派の抑圧措置を採用した。[242] 五月一一日には、バイエルン政府も独自の緊急命令を発した。政府にとってそれは、バイエルン政府が主張するように「ライヒ政府に最大限に協力する証し」ではなかった。[243] ライヒ政府は、すべてのラントにわたる統一的な抑圧措置を奪われてしまったのである。

　このようにバイエルンへの寛容政策によって統一的な抑圧措置を奪われてしまったライヒ政府にとって、残された道は、各ラント政府に秩序維持の要請を行なうことであった。六月一八日、政府は各ラント政府に回状を送り、現在の外交情勢および経済情勢に鑑み秩序維持に協力してくれるよう要請した。

　「現在、わが国民が置かれている政治的・経済的窮迫状態は、そのような危険(秩序紊乱の危険——筆者)を生み出すのに相応しい土壌を与えているといわなければならない。この土壌を背景として各地で政治的煽動の準備が進行している。このような状況のなかにあって、すべてのラント政府と当局、政治団体、経済団体の任務は、われわれの深刻な経済的困窮状態を説明し、秩序のいかなる紊乱も無意味であることを説得することである。とくに外交情勢を考慮すれば、このような危険は断固回避されねばならない。なんとなれば、もし騒擾が起こり、それがたとえ当初は局地的なものであっても危険性の高いものとなり、少なくともドイツ国民のうちからみずから国家の解体に至るというような状況を作り出すようなものとなるなら、ラインおよびルール住民の犠牲はすべて空しいものとなり、外交情勢をドイツに有利に導こうとする一切の努力も無駄になってしまうからである。それゆえ、経済的な諸要求の対立を緩和することが現在の最も切実な課題であり、もし秩序紊乱の動きが出はじめそうなときにはそれに対して最大限にきびしく当たることが、ラント政府の義務となるのである。ライヒの公安秩序はまずは各ラント政府の手にかかっている。このことは、それが(左右——筆者)どちらの方向からのものであれ、国家に反対する運動に最大限のきびしさでもって当たることをラント政府に要求するものである。国家および現体制を武力によって変更しようとしまたその努力を続けている運動および団体は、それゆえ、全ライヒ領域にわたってきびしく弾圧されねばならない。このことは、たとえそれが王政復古の方向で革命を手がけるものであれ、または共産主義なり単一階級支配なりの方向で国家の革命をなさんとするものであっても変わることはない。」(傍点原文)

最後に、「ラント政府は警察権限の使用に際して上述の任務をライヒ政府より課せられているのであり、その基本方針はライヒ政府と一致していなければならない」と、回状は結んでいた[244]。ラント政府を法律によって強制するという道を奪われたライヒ政府には、このような要請という道しか残っていなかったのである。

しかし、バイエルン政府に緊急命令を独自に行使されそれを追認せざるをえなかったライヒ政府にとって、「このような措置(左右両派の抑圧措置のこと——筆者)をバイエルンも採用するかぎり、政府の要請を受け入れる[245]」と述べていたザクセン政府に対する説得力は弱いものとなっていた。

ＳＰＤとＫＰＤの政策協定の上に成立していたツァイクナー政府下では、四月以降、プロレタリアート自衛団が形成されていた。そして五月中旬には、ＫＰＤとＳＰＤの指導部は、防衛組織の統一に合意していた。[246] ツァイクナーも「このような非常事態こそが、政府が自衛組織を認めるという非常措置を認めるのである」と自衛組織を承認していた。[247] ツァイクナーは、先のライヒ政府の回状が出される二日前、ザクセンのニーダープラニッツで開かれたＳＰＤの集会において、全面的なクーノ政府を批判したのである。彼はこの演説のなかで完膚なきまでに、国防軍を、受動的抵抗を、そしてクーノ政府を批判したのである。彼は国防軍に対しては、国防軍は防衛の名のもとに国内の敵に対する秘密再軍備を行なっていると批判した。受動的抵抗に関してはまず、物価が上昇し賃金が低下するなかでライヒ政府は何事もなしえず拱手傍観するのみである、と政府の無策を批判し、ついで、ルール住民の抵抗は終わりに近づいていると諸外国は見ており、「いまや受動的抵抗を放棄し、無条件に交渉に入るべきである」と主張し、この「第二のヴェルサイユ」の際に危険なのはバイエルンを根城とするファシストであると攻撃した。最後に、このような事態に至るまで状況を放置していたクーノ政府が批判の標的となり、「クーノ政府は破産している」とまで言い切った。そしてこのクーノ政府の後に来ると予測されるものは、短刀や手榴弾で武装されたブルジョワジーの反動であり、このような政府の難破とブルジョワジーの反動から共和国を救うものは労働者であると宣言して演説を終えたのである。[248] このツァイクナー演説の反響は絶大なものであった。彼は六月二六日、この演説で、受動的抵抗の中止を主張したこともクーノ政府を破産したと批判したことも誤って伝えられたものだ、と弁明しなければならなかった。[249] しかしザクセンの野党はこの弁明では満足しなかった。ＤＶＰ議員団長カイザー(Fritz Kaiser)はラント議会において、ツァイクナーの演説は彼の就任以降の政策と完全に一致するものであり、彼は「内乱の唱導者であり説教師である」として、ツァイクナーに不信任投票をつきつけた。しかし、SPDとKPDはそれを否決した。[250] ツァイクナー政府はプロレタリアート自衛団に対する容認政策を変えることはなかった。七月五日、ケムニッツにおいて警察副本部長(Polizeioberst)のシュッツィンガーは、ふたたびファシズムの危険性を説き自衛団の必要性を強調した。[251]

この間、ライヒ政府とザクセン政府との関係は決定的といえるほどに悪化していった。KPD対策を考えていたライヒ政府は六月三日、プロレタリアート百人団はライヒ憲法にも共和国防衛法にも違反するものであるとして、ザクセン政府に対策を講じるよう要請した。[252] 六月一九日には、ザクセンの工業界の代表者たちが、プロレタリアート百人団は労使交渉の際テロ機関として活動していると不満を訴えた。それに対してライヒ政府の内相は、最終的手段として戒厳令布告と国防軍投入を考えているが今は政治的理由からそうすることもできないと述べ、しかし、状況がより悪化する場合には実行するつもりであると答えた。[253] 事態は、国防軍の投入が想定されるまでに悪化していたのである。その後クーノは、この状況を打開すべくツァイクナーに会談を申し入れ、七月一〇日、クーノ＝ツァイクナー会談が開かれた。しかし懸案たる先のツァイクナー演説問題に関してもプロレタリアート自衛団問題に関しても、ライヒ政府とザクセン政府の溝はますます深まるばかりであった。その日、ザクセン・ラント内相は、ライヒ政府の先の要請に回答を送り、バイエルンの措置はSAを警察として使用するものであり、ザクセンのプロレタリアート百人団と比較することは不適当であると返答した。[254] その後は、外国との関係かとも思われるほどの両政府の「ノート」の応酬であった。発端は七月一八日にライヒ政府が発表した声明であった。この「内乱の危機」に関する声明は、先述したように、当時新聞紙上で噂されていた内乱の危険性を否認するものであったが、同時にザクセン政府に対する挑戦状ともなったのである。問題は声明の最後の部分にあった。それは、「ライヒ政府も、われわれの国内情勢の穏やかな進展のために、ザクセン、テューリンゲンの両ラント政府と了解に達しようと努力していることは周知の事実である。

ライヒ政府はこの関係においても、それに相応しい真剣な配慮を失わないつもりである」と述べていた。[255] これに対し七月二五日、ザクセン政府は、この箇所の意味は「ザクセン、テューリンゲン両政府は、この関係においてそれに相応しい真剣な配慮を払っておらず、まさに内乱の危機はザクセン、テューリンゲンからくる」ということにあるのではないかとライヒ政府に質問をつきつけた。[256] 八月二日のライヒ政府の声明は、このようなザクセン政府側の主張を否定したものの、ザクセン政府の名をわざわざ七月一八日の声明に入れたのは、ツァイクナー演説等に代表されるザクセン政府の態度に由来するものだと反論した。[257] 七日ザクセン政府は、いままでの態度を次のようにまとめ自己の方針を正当化した。ザクセン政府は、常に内乱の危険性を主張していたし、「国内の秩序維持のために、武装した極右派団体に対して最も明確な方法で断固たる態度をとる」(傍点筆者)よう要請してきた、と。[258]

以上のように、バイエルン政府を寛容しひいては極右派も寛容せざるをえなかったライヒ政府は、そうであるからこそ、極左派に対する抑圧の要請においても、そのもつ説得力は乏しいものとなった。その結果は、極右派への対抗のもとに存在を正当化した極左派武装団体の放置であったのである。

「賠償問題＝ルール紛争」は、ドイツ国内政治体系に深く浸透した。「戦闘なき戦争」という国際紛争の持続は、国内において、戦時体制特有の、ナショナリズム象徴による正当性の強化と国内各紛争の凍結とを前提するものであった。しかし、非政治的専門家からなるクーノ政府の、内外政を問わず一貫してみられた、消極性・待機主義の「伝統的」政治指導は、ナショナリズムの放散に由来する正当性象徴と対抗象徴との戦いをもたらし、経済戦争による物理的生存条件の悪化は他の国内紛争をも噴出・激化させていった。そして七月には、ドイツ国内政治体系は、「ライヒ」象徴と「ワイマール」象徴との対峙という正当性の損耗と、ライヒ対ラント、資本対労働という、ワイマール共和制の基幹的クリベイジから派生する諸紛争の蓄積とを示し、それを解決すべき政府はまさにこのような内政と「戦争」という外政との相互拘束のなかで手詰まりに陥り、解決能力を喪失していたのである。このような「危機増強」の過程の果てにくるものが、「瓦解(Umsturz)」という革命状況であるのか、それとも安定条件の創出による克服であるのかは、この政治体系危機の構造とダイナミクスをリアルに認識し、危機増強の過程の分節点を安定化の方向へと逆に作動させうる政治指導の存在にかかっていたのである。

次章において、われわれは、G・シュトレーゼマンによる「危機管理」の政治指導をみるであろう。

(1) Vermerk des StS Hamm über die politische Lage, 18. 2. 1923, In: AdR Cuno, Dok. Nr. 78, S. 261 f.
(2) ベルクマンとデュボアとの秘密折衝については、1528/3116/D 639027–48.
(3) Bonn an RK, 26. 2, 3683/9523/H 287406; Bonn an RK, 16. 3, 3683/9523/H 287427–39.
(4) Aufzeichnung von Rosenberg, 8. 4, 1647/3243/D 719345–47.
(5) Denkschrift des Ministerrats Kempner zur Reparationsfrage, 15. 4. 1923, in: AdR Cuno, Dok. Nr. 122, S. 384 ff.
(6) Ministerbesprechung vom 16. 4. 1923, 10 Uhr, in: AdR Cuno, Dok. Nr. 123, S. 391 f.
(7) Der Badische Staatspräsident an RK, 20. 4. 1923, in: AdR Cuno, Dok. Nr. 134, S. 415 ff.
(8) Besprechung mit Vertretern der Gewerkschaften, 21. 4. 1923, in: AdR Cuno, Dok. Nr. 135, S. 418 f.
(9) Ministerbesprechung vom 19. 4. 1923, 10 Uhr, in: AdR Cuno, Dok. Nr. 128, S. 399 ff.; Besprechung mit Vertretern der Banken, 14. 9. 1923, 11 Uhr, in: AdR Cuno, Dok. Nr. 129, S. 403 f.
(10) 注(5)参照。
(11) Aufzeichnung des StS Hamm über die innere Lage, 19. 4. 1923, in: AdR Cuno, Dok. Nr. 131, S. 407 ff.
(12) Tel. 20. 4, London, 1647/3243/D 719433–34. イタリアも同様の反応を示した(Tel. 21. 4, Rom, 1647/3243/D 719442)。これに対しフランスの各紙は、ローゼンベルク演説を批判し、シュトレーゼマンとブライトシャイトを好意的に評価したが、その取り上げ方は、積極的なものではなかった(Tel. 21. 4, Paris(Fischer), 1647/3243/D 719414)。

(13) Tel. 20. 4, Paris, 1647/3243/D 719414; Tel. 20. 4, Paris(Fischer), 1647/3243/D 719415; Tel. 20. 4, Paris, 1647/3243/D 719420–23.

(14) WP, 1923, Ausland Bd. I, S. 203 ff.; Tel. 20. 4, London, 1647/3243/D 719435–37.

(15) Tel. 20. 4, Rosenberg an London, 1647/3243/D 719439.

(16) Ministerbesprechung mit dem preußischen Kabinett, 20. 4. 1923, in: AdR Cuno, Dok. Nr. 132, S. 411; Aufzeichnung des StS Hamm über seine Mission in Den Haag, 20. 4. 1923, in: AdR Cuno, Dok. Nr. 133, S. 412 ff.

(17) Tel. 23. 4, Rosenberg an Hauptmission(geheim), 1647/3243/D 719445.

(18) Tel. 23. 4, Rosenberg an Fischer, 1647/3243/D 719446.

(19) Tel. 26. 4, Paul Reusch an Rosenberg, 1647/3243/D 719468.

(20) 駐英大使シュタマーも、ロイシュのカーゾン演説の評価の仕方に反対して、イギリス外務省および世論は強く提案を希望していると伝えてきた(Manteldepesche vom 23. 4, London, 1647/3243/D 719323–31; Tel. 26. 4, London, 1647/3243/D 719462–63; Tel. 27. 4, London, 1647/3243/D 719502; Tel. 28. 4, London, 1647/3243/D 719508–11; Tel. 28. 4, London, 1647/3243/D 719508–11; Aufzeichnung von Schubert, 28. 4(Dufour の報告), 1647/3243/D 719518–20; Tel. 28. 4, London, 1647/3243/D 719327)。

(21) 外務省マイクロフィルム・ロールナンバー一六四七には、夥しい数の原案が含まれているが、その大部分は日付が入っていない。従って、どの原案がいつの会議でどのように修正されたのかという過程は明らかではない。ここでは完成された五月二日案のテクストとの差異という観点から複数の原案との異同をみた。Vgl. 1647/3243/D 719249–59, D 719267–74, D 719278–79, D 719280–82, D 719296–305, D 719306–11.

(22) 注(21)参照。

(23) Ministerbesprechung vom 25. 4. 1923, in: AdR Cuno, Dok. Nr. 141, S. 430; Reichsverkehrsminister an AA, 25. 4. 1923, 1647/3243/D 719285–93; Aufzeichnung von Mackensen, 27. 4. 1923(vertraulich), 1647/3243/D 719495–96; Ministerbesprechung vom 28. 4. 1923, in: AdR Cuno, Dok. Nr. 142, S. 433 ff.; Ministerbesprechung vom 30. 4. 1923, in: AdR Cuno, Dok. Nr. 144, S. 440 ff. この間、ブラウンスは一貫して、三〇〇億GM以上を引き受ける姿勢を示すことにより譲歩を行なうことによって、交渉の真の基礎を作り出すべきであると主張していた。

(24) D'Abernon, *a. a. O.*, Bd. II, S. 208.

(25) Tel. 23. 4, Paris, 1647/3243/D 719449 ; Tel. 24. 4, Paris, 1647/3243/D 719457 ; Tel. 24. 4, Paris, 1647/3243/D 719491 ; Tel. 29. 4, Paris, 1647/3243/D 719522–25.

(26) Tel. 27. 4, Brüssels, 1647/3243/D 719512.

(27) Tel. 30. 4, Rosenberg an Stockholm, 1647/3243/D 719529.

(28) Tel. 24. 4, Washington, 1647/3243/D 719464 ; Tel. 28. 4, Washington, 1647/3248/D 719514.

(29) Aufzeichnung des StS Hamm über eine Besprechung mit dem preußischen Ministerpräsident, 30. 4. 1923, 3683/9523/H 287513 : Besprechung mit den Ministerpräsidenten der Länder, 1. und 2. 5. 1923, in : AdR Cuno, Dok. Nr. 146, S. 446 ff.

(30) Tel. 1. 5, Malzan an Washington, 1647/3243/D 719570 ; Tel. 1. 5, Malzan an Hauptmission, 1647/3243/D 719571.

(31) Tel. 1. 5, Malzan an Hauptmission, 1647/3243/D 719539–41. 五月二日ノートについて、独文テキスト 1647/3243/D 719550–56、仏文テキスト 1647/3243/D 719557–61、英文テキスト 1647/3243/D 719562–67, Vgl. *Ursachen und Folgen*, Bd. V, Dok. Nr. 1044–a, S. 121 ff.

(32) 五月二日付けローゼンベルクの各国駐在大公使宛て訓電も、この案が基本的に一月提案にヒューズ案を加味したものであると伝えている(Tel. 2. 5, Rosenberg an Hauptmission, 1647/3243/D 719594)。

(33) Tel. 3. 5, Paris, 1647/3243/D 719611–13 ; *Ursachen und Folgen*, Bd. V, Dok. Nr. 1044–b, S. 125.

(34) Tel. 3. 5, Paris, 1647/3243/D 719630–32.

(35) Tel. 3. 5, Brüssel, 1647/3243/D 719601.

(36) L. Zimmermann, *Frankreichs Ruhrpolitik*……, S. 176 ff.

(37) フランス側回答ノート、Tel. 6. 5, Paris, 1647/3243/D 719715–24 ; *Ursachen und Folgen*, Bd. V, Dok. Nr. 1044–c, S. 125 ff.

(38) ヘッシュは、フランス政府が選択を迫られているオールタナティブは、フランス国内向けの迅速かつ強硬な回答か、国際世論とベルギーを考慮した慎重な回答か、にあると分析してきている(Tel. 8. 5, Paris, 1647/3243/D 719730–32)。

また、七日のイギリス各紙は、このような単独回答はイギリスの威信に対する挑戦であると論評していた(Tel. 7. 5, London, 1647/3243/D 719725)。

さらに八日の下院では、カーゾンもボールドウィンも、フランス側のこのような一方的行動を批判している。

(39) Tel. 2. 5, London, 1647/3243/D 719595–96.

イギリス各紙もこの提案に失望を示した。イギリス側の反応は総じて冷たいものであり、それはロンドンの外国為替市場にも反映し、マルクは急落するに至った。それに対しフランは、若干の落ち込みの後、反転もち直しを示した(Tel. 3. 5, London, 1647/3243/D 719621–22)。

(40) Tel. 4. 5, Rosenberg an London, 1647/3243/D 719655.

(41) Tel. 6. 5, London, 1647/3243/D 719655.

(42) Tel. 7. 5, London, 1647/3243/D 719735.

(43) Tel. 8. 5, London, 1647/3243/D 719737.

(44) Tel. 10. 5, London, 1647/3243/D 719752–53.

(45) Tel. 11. 5, London, 1647/3243/D 719758; Tel. 12. 5, London 1647/3243/D 719763–64.

(46) Tel. 13. 5, London, 1647/3243/D 719770–73; *Ursachen und Folgen*, Bd. V, Dok. Nr. 1044–d, S. 130 ff.

(47) Tel. 13. 5, London, 1647/3243/D 719774.

(48) Tel. 13. 5, Rom, 1647/3243/D 719775–79.

ムッソリーニは、二日の提案に対して最も好意的な態度をみせ、約束したとおりベルギーの抱き込み工作を行なった。しかしそれが失敗したため、その後には、イギリスと同一歩調をとった(Tel. 2. 5, Rom, 1647/3243/D 719597; Tel. 2. 5, Rom, 1647/3243/D 719598; Tel. 7. 5, Rom, 1647/3243/D 719729; Tel. 11. 5, Rom, 1647/3243/D 719758; Tel. 13. 5, Rom, 1647/3243/D 719781–82)。

(49) FR, 1923, Bd. II, S. 60 f.; Tel. 3. 5, Washington 1647/3243/D 719639–40.

(50) Tel. 7. 5, Washington, 1647/3243/D 719734.

(51) Tel. 13. 5, Rosenberg an Washington, 1647/3243/D 719780; Tel. 14. 5, Washington, 1647/3243/D 719786.

(52) Aufzeichnung über ein Gespräch zwischen Schubert und Robbins, 1647/3243/D 719783, Vgl. D. B.-Gescher, *a. a. O.*, S. 174 f.

(53)　このほかに，日本も五月二日ノートを手交されている。日本側回答は，Aufzeichnung von Malzan, 15. 5. 1923, 1647/3243/D 719810–12.

(54)　Sitzung des Auswärtigen Ausschusses des Reichsrats, 30. 5. 1923, 3683/9523/H 287596–605.

(55)　Kabinettssitzung vom 15. 5. 1923, in: AdR Cuno, Dok. Nr. 159, S. 474 ff.; Kabinettssitzung vom 17. 5. 1923, in: AdR Cuno, Dok. Nr. 161, S. 483 ff.; Ministerbesprechung vom 19. 5. 1923, in: AdR Cuno, Dok. Nr. 162, S. 487 ff.

(56)　この情報は，当時イギリスを訪れ，保守党議員および指導的経済人と会談してきたダルムシュタット国民銀行頭取シャハト(Hjalmar Schacht)によってもたらされた(Tel. 15. 5, London, 1647/3243/D 719815–16; Tel. 16. 5, an London, 1647/3243/D 719819; Tel. 17. 5, London, 1647/3243/D 719830; Tel. 19. 5, Schubert an London, 1647/3243/D 719853)。

五月一六・一七日のシャハトのイギリス訪問については，Hjalmar Schacht, *76 Jahre meines Lebens*, Bad Wörishofen 1953, S. 220 ff.

(57)　注(55)参照，besonders, AdR Cuno, S. 479.

(58)　Aufzeichnung über ein Gespräch zwischen Malzan und Bosdari, 22. 5. 1923, 1647/3243/D 719865; Aufzeichnung über ein Gespräch zwischen D'Abernon und Malzan, 22. 5. 1923, 1647/3243/D 719866–68.

(59)　Tel. 23. 5, Rosenberg an London, 1647/3243/D 719873; Tel. 23. 5, London, 1647/3243/D 719880.

(60)　Entwurf des Memorandums, 25. 5, 1647/3243/D 720104–11; Tel. 26. 5, Rosenberg an Bern, 1647/3243/D 72016–68.

(61)　Tel. 27. 5, Rosenberg an London, 1647/3243/D 720185–89.

(62)　D'Abernon, *a. a. O.*, Bd. II, S. 218 f.

(63)　ヘルメス派との対立は，現在，一九日以降の閣議議事録が紛失しているため，その詳細は検討をなしえない。しかしヘルメスとクーノの書簡の遣り取りは，その対立が容易に克服しえないものであったことを示している(Reichsfinanzminister Hermes an RK Cuno, 31. 5. 1923, in: AdR Cuno, Dok. Nr. 175, S. 532 f.; RK Cuno an Reichsfinanzminister Hermes, 2. 6. 1923, in: AdR Cuno, Dok. Nr. 178, S. 540 f.)。

(64)　政党に関しては，本節二を参照されたい。

(65)　Tel. 27. 5, London, 1647/3243/D 720191.

(66) この接触は、五月一六日付けのケインズよりクーノ宛ての書簡によって開始され、この両者間の連絡役は Melchior であった(E. Johnson ed., *The Collected Writings of John Maynard Keynes*, Vol. XVIII ; *Activities 1922–1933 : The End of Reparations*, London 1978, S. 143 ff.)。

(67) Tel. 28. 5, Rosenberg an London und Rom, 1647/3243/D 720200.

(68) Aufzeichnung über ein Gespräch zwischen Rosenberg und Bosdari, 24. 5. 1923, 1647/3243/D 719888–89 ; Tel. 29. 5, Rom, 1647/3243/D 720213.

(69) Tel. 29. 5, London, 1648/3243/D 720215 ; Tel, 29. 5, London, 1648/3243/D 720225–27 ; Aufzeichnung von Schubert, 1648/3243/D 720345–57.

(70) 注(54)参照。

(71) *The Collected Writings of John Maynard Keynes*, Vol. XVIII, S. 158 ff.

(72) Tel. 4. 6, Rosenberg an Washington, Paris, London, Rom und Brüssel, 1648/3243/D 720265–69.

(73) Tel. 4. 6, Rosenberg an Rom, 1648/3243/D 720275 ; Tel. 4. 6, Rosenberg an London, 1648/3243/D 720276–78.

(74) 同日駐独日本大使にも手交された(1648/3243/D 720329)。

(75) Deutsches Memorandum vom 7. 6. 1923, 1648/3243/D 720325–27 ; FR 1923, Bd. II, S. 62 ff.

(76) R. Klinkhammer, ***a. a. O.***, S. 107.

(77) Besprechung mit Parteiführern der SPD, 16. 5. 1923, 3683/9524/H 287555–56.

(78) RT, Bd. 360, S. 11125–11130.

(79) (54)参照。

(80) R. Klinkhammer, ***a. a. O.***, S. 109.

(81) RT, Bd. 360, S. 11130. 一六日午前、これらの党代表も政府側と会談し、同様の内容を伝えている(Besprechung mit Parteiführern, Zentrum, DDP, DVP und BVP, 16. 5. 1923, 3683/9524/H 287555–56)。

(82) VM, Bd. I, S. 58 ff.

(83) VM, Bd. I, S. 65 f.

(84) 外務省の秘密文書には、この頃シュティンネスが政府と協力して各国経済界と接触していたことを示す文書がある(1528/3116/D 638970–9026, D 639220–9238)。シュティンネスの交渉については、Peter Wulf, *a. a. O.*, S. 357, S. 360 ff.; H. J. Rupieper, *a. a. O.*, S. 139 ff.

(85) G. Hallgarten, *a. a. O.*, S. 60 ff.(邦訳一五二—一五六ページ)。

(86) 四月一八日のマルクの崩壊が、それまでとってきた政府の人為的な通貨安定政策の破綻によるものであることは研究者の間で一致をみせている。ただし、このシュティンネス商会のマルク売りは、左派系新聞がシュティンネス攻撃を始め(例えば『フォアヴェルツ』は「重工業界の Dolchstoß」として非難したように)、ライヒスバンク総裁のハーヴェンシュタインもこれに同調し、しいては議会に調査委員会がもうけられることによって政治問題化した。ちなみにこのマルク売りは、運輸省の要請でチェコスロヴァキア、イギリスからライヒスバーン用の石炭を購入するための資金繰りとしてなされた(Peter Wulf, *a. a. O.*, S. 478 ff.; H. J. Rupieper, *a. a. O.*, S. 111 f.)。

(87) Aufzeichnung von Mackenzen, undaten, 1647/3243/D 719325.

(88) Peter Wulf, *a. a. O.*, S. 383.

(89) AdR Cuno, Dok. Nr. 168, Anm. 2, S. 509.

(90) Reichsverband der deutschen Industrie an RK, 25. 5. 1923, 3683/9523/H 287580–84. この具体的な経済要求はシュティンネスが要求していたものであった(Peter Wulf, *a. a. O.*, S. 384 ff.)。

(91) Vermerk des StS Hamm über die Annahme des Industrieangebots, 26. 5. 1923, 3683/9528/H 287627–28.

(92) AdR Cuno, Dok. Nr. 169, Anm. 3, S. 514.

(93) L. Zimmermann, *Frankreichs Ruhrpolitik*……, S. 181.

(94) Hermann Bücher an RK, 31. 5. 1923, 3683/9523/H 287687–90.

(95) ADGB an RK, 1. 6. 1923, 3683/9523/H 287614–17.

(96) RK an ADGB, 7. 6. 1923, 3683/9523/H 287629–30.

(97) H. Spethmann, *a. a. O.*, Bd. III, S. 345 f.

(98) H. Spethmann, *a. a. O.*, Bd. IV, S. 262 f.

(99) H. Spethmann, *a. a. O.*, Bd. III, S. 141.
(100) H. Spethmann, *a. a. O.*, Bd. IV, S. 359 f.
(101) しかし，その量は下表のように，前年に比べれば約三分の一でしかなかった(1648/3243/D 720788)。

	1922年		1923年
	連合国	フランス，ベルギー*	フランス，ベルギー*
1 月	1,653,104	1,425,491	38,000
2 月	1,230,370	1,072,164	52,000
3 月	1,754,984	1,510,309	66,200
4 月	1,805,676	1,536,813	189,500
5 月	1,827,867	1,511,371	340,700
6 月	1,634,899	1,359,684	465,300
	9,908,900	8,415,832	1,152,300

* このほかに，ルクセンブルクも含む．

(102) A. Cornebise, *a. a. O.*, S. 149 f.
(103) H. Spethmann, *a. a. O.*, Bd. III, S. 357 ff.
(104) A. Cornebise, *a. a. O.*, S. 124 ff.; H. Spethmann, *a. a. O.*, Bd. IV, S. 272 ff.
(105) Besprechung in der Reichskanzlei, 27. 5. 1928, in: AdR Cuno, Dok. Nr. 170, S. 515 ff.
(106) Aufzeichnung des StS Hamm zur Lage in den besetzten Gebieten, 1. 6. 1923, in: AdR Cuno, Dok. Nr. 176, S. 534 f.
(107) ドルトムント暴動に関しては，H. Spethmann, *a. a. O.*, Bd. IV, S. 166 ff.; W. Angress, *a. a. O.*, S. 321 ff.; J.-C. Favez, *a. a. O.*, S. 235 ff.; Günter Hortzschansky, *Der nationale Verrat der deutschen Monopolherren während des Ruhrkampfes 1923*, Berlin(-Ost) 1961, S. 200 ff.
(108) AdR Cuno, Dok. Nr. 199, Anm. 5, S. 597.
(109) Tel. 22. 6, an Washington, 1526/3116H/D 637554.
(110) Hugo Meyer und Markmüller an Hamm, 20. 7. 1923, 5354/L 1496/L 438498–500.
(111) Kabinettssitzung vom 26. 7. 1923, in: AdR Cuno, Dok. Nr. 225, S. 666 ff.
(112) Tel. 11. 5, an Paris, 1526/3116H/D 637382–83; Tel. 13. 5, Paris, 1526/3116H/D 637391; Tel. 25. 5, an Paris, 1526/3116H/D 637439; Tel. 27. 5, Paris, 1526/3116H/D 637448–49.
(113) Aufzeichnung in AA, 26. 5. 1923, 1526/3116H/D 637446.
(114) Tel. 28. 5, an Paris, 1526/3116H/D 637450.

(115) Robert G. L. Waite, *Vanguard of Nazism*, Cambridge (Mass.) 1952, S. 237.

(116) H. Spethmann, *a. a. O.*, Bd. V, S. 501.

(117) Bericht aus Essen an AA, 1. 6. 1923, 1526/3116H/D 637472–76.

(118) Aufzeichnung des StS Malzan über die Kabinettssitzung vom 18. 6. 1923, in: AdR Cuno, Dok. Nr. 195, S. 584 f.; Tel. 15. 6, an Rom, 1526/3116H/D 637522; Tel. 15. 6, Cuno an Hauptmission, 1526/3116H/D 637519–21.

(119) Der Badische Staatspräsident an den RK, 15. 6. 1923, in: AdR Cuno, Dok. Nr. 189, S. 568 f.

(120) *Ursachen und Folgen*, Bd. V, Dok. Nr. 1047–f., S. 140 f.; Vgl. Carl Severing, *Mein Lebensweg*, Köln 1950, Bd. I, S. 409 ff.

(121) A. Cornebise, *a. a. O.*, S. 150.

(122) Bericht über die Ressortsbesprechung des Reichskommissar für die Ruhrabwehr in Pfeilersaal der Reichskanzlei am 6. 7. 1923, 5354/L 1496/L 438471–88.

(123) Der RK an den Badischen Staatspräsidenten, 19. 6. 1923, in: AdR Cuno, Dok. Nr. 198, S. 593 ff.

(124) Tel. 1. 7, London, 1526/3116H/D 637581; Tel. 1. 7, Paris, 1526/3116H/D 637582; Tel. 2. 7, Brüssel, 1526/3116H/D 637583.

(125) AdR Cuno, Dok. Nr. 213, Anm. 2, S. 631.

(126) Tel. 6. 7, an Rom (Bergen), 1526/3116H/D 637611–12; Tel. 8. 7, Rom (Bergen), 1526/3116H/D 637656; Tel. 9. 7, an Washington, 1526/3116H/D 637665–68.

(127) AdR Cuno, Dok. Nr. 213, Anm. 6, S. 633 f.

(128) 注(110)参照。

(129) Aufzeichnung von Rosenberg, 23. 7. 1923, 1526/3116H/D 637760.

(130) Bericht über die Ressortsbesprechung des Kommissars des Reichskanzlei für die Ruhrabwehr, 20. 7. 1923, 5354/L 1496/L 438501–04.

(131) Karl Holl und Adolf Wild, hrsgs., *a. a. O.*, S. 85.

(132) Tel. 7. 6, London, 1648/3243/D 720330; Tel. 7. 6, London, 1648/3243/D 720333.

(133) Tel. 7. 6, London, 1648/3243/D 720337.

(134) Tel. 7. 6, Rom, 1648/3243/D 720332.

(135) Tel. 7. 6, Washington, 1648/3243/D 720342.

(136) Tel. 18. 5, Paris, 1647/3243/D 719831–35.

(137) Tel. 22. 5, Bern, 1647/3243/D 719869–70.

(138) Tel. 25. 5, Paris, 1647/3243/D 720163–64; Vgl. Manfred Alexander, "Zur Reise von Marschall Foch nach Warsaw und Prag im Frühjahr 1923," in: *Bohemia* 14(1973), S. 289 ff.

このような動きに対し、ポーランドをはさむドイツとソビエトとの軍事協力は、一層進展するに至った。Josef Kobel, *Poland between East and West: Soviet and German Diplomacy toward Poland 1919–1933*, Princeton 1963, S. 129 ff.; Harold von Riekhoff, *German Polish Relations 1918–1933*, Baltimore 1971, S. 52 ff.; F. Gregory Cambell, *Confrontation in Central Europe: Weimar Germany and Czechoslovakia*, Chicago 1975, S. 117 ff.

(139) Tel. 18. 5, Paris(Fischer), 1647/3243/D 719847; Tel. 23. 5, Paris, 1647/3243/D 719882.

(140) C. Bergmann, *a. a. O.*, S. 241 f.

(141) Tel. 23. 5, Paris, 1647/3243/D 719876.

(142) Aufzeichnung von Rieth(駐英大使館参事官), 23. 5, 1647/3243/D 720216–23.

(143) L. Zimmermann, *Frankreichs Ruhrpolitik......*, S. 183 f.; W. A. McDougall, *a. a. O.*, S. 267 f., S. 286. ドイツ側もこの会談をポアンカレの勝利と判断していた(Tel. 5. 6, Paris, 1648/3243/D 720303–04; Tel. 6. 6, Paris, 1648/3243/D 720316–17; Tel. 7. 6, Paris(Meyer), 1648/3243/D 720338–39; Tel. 7. 6, Brüssel, 1648/3243/D 720335–36)。

(144) L. Zimmermann, *Frankreichs Ruhrpolitik......*, S. 184.

(145) *Ursachen und Folgen*, Bd. V, Dok. Nr. 1048, S. 145 f.

(146) C. Bergmann, *a. a. O.*, S. 244 f.; Tel. 10. 6, London, 1648/3243/D 720340.

(147) Tel. 8. 6, Paris, 1648/3243/D 720359; Tel. 9. 6, Paris, 1648/3243/D 720356–67; Tel. 10. 6, Rosenberg an Hauptmission, 1648/3243/D 720368–70.

(148) Tel. 10. 6, an London, 1648/3243/D 720371–73.

(149) Tel. 11. 6, London, 1648/3243/D 720391–92.
(150) Tel. 12. 6, Rom, 1648/3243/D 720399–400 ; Tel. 13. 6, an Rom, 1648/3243/D 720403.
(151) Tel. 13. 6, London, 1648/3243/D 720405–09 ; K. Middlemas and J. Barnes, *a. a. O.*, S. 182 ff.
(152) Tel. 15. 6, Paris, 1648/3243/D 720426–38.
(153) Tel. 14. 6, London, 3398/1636/D 739790–91 ; Memorandum von Sthamer, 14. 6, 3398/1636/D 739797.
(154) Memorandum von Sthamer, 18. 5, 3398/1636/D 739792–96.
(155) Austausch der deutschen und englischen Industriellen, 25. 5, 3398/1636/D 739823–24.
(156) Tel. 27. 6, London, 1648/3243/D 720502.
(157) Tel. 28. 6, London, 1648/3243/D 720516.
(158) K. Middlemas and J. Barnes, *a. a. O.*, S. 184 ff.
(159) Tel. 27. 6, London, 1648/3243/D 720498–500 ; Tel. 29. 6, London, 1648/3243/D 720525.
(160) Tel. 24. 6, an London, 1648/3243/D 720474.
(161) Memorandum von Hoesch, 23. 6, 1648/3243/D 720483–90.
(162) C. Bergmann, *a. a. O.*, S. 245 ff.
(163) Tel. 3. 7, Paris, 1648/3243/D 720555–56 ; Tel. 3. 7, Paris, 1648/3243/D 720562–64 ; Tel. 4. 7, London, 1648/3243/D 720569 ; Tel. 5. 7, London, 1648/3243/D 720573–74.
(164) Tel. 6. 7, London, 1648/3243/D 720580.
(165) Aufzeichnung von Schubert, 9. 7, geheim, die englisch-französische Krise, 1310/2368/D 490406–20.
(166) Tel. 29. 6, an Rom (Bergen), 1648/3243/D 720524.
教皇公開状については，*Ursachen und Folgen*, Bd. V, Dok. Nr. 1050, S. 148 f.
(167) Tel. 1. 7, Rom (Bergen), 1648/3243/D 720539–42 ; Tel. 3. 7, Rom (Bergen), 1648/3243/D 720558–60 ; Tel. 7. 7, an Rom (Bergen), 1648/3243/D 720585.
(168) Tel. 5. 7, London, 1648/3243/D 720572 ; Tel. 7. 7, an London, 1648/3243/D 720587–88.

(169) Tel. 9. 7, London, 1648/3243/D 720606; Tel. 10. 7, London, 1648/3243/D 720607–08.

(170) Tel. 12. 7, London, 1648/3243/D 720616; Abschrift vom 18. 7, London, 1310/2368/D 490432–34.

(171) Tel. 13. 7, Brüssel, 1648/3243/D 720620; Tel. 13. 7, Washington, 1648/3243/D 720622; Tel. 14. 7, Rom, 1648/3243/D 720665–66,

(172) Tel. 17. 7, an London, 1648/3243/D 720703–04.

(173) Tel. 18. 7, London, 1648/3243/D 720722–23.

(174) Tel. 19. 7, an London, 1648/3243/D 720727–28.

(175) C. Bergmann, *a. a. O.*, S. 247 f.

(176) Tel. 21. 7, London, 1648/3243/D 720742; Aufzeichnung von Schubert, 21. 7, 1310/2368/D 490432–36.

(177) Tel. 20. 7, Brüssel, 1648/3243/D 720732–33; Tel. 27. 7, Brüssel, 1648/3243/D 720767; Tel. 31. 7, Paris, 1648/3243/D 720789–90; W. A. McDougall, *a. a. O.*, S. 288 f.

(178) C. Bergmann, *a. a. O.*, S. 249; Tel. 30. 7, Paris, 1648/3243/D 720780.

(179) Tel. 29. 7, an London, 1310/2368/D 490450–53.

(180) Kabinettssitzung vom 26. 7. 1923, in: AdR Cuno, Dok. Nr. 225, S. 666 ff.

(181) D'Abernon, *a. a. O.*, Bd. II, S. 226 f.

(182) この一二三年のインフレーションに関しては、以下の文献を参照されたい。岡野、前掲書、一〇五ページ以下；加藤栄一、前掲書、一一五ページ以下；Gustav Stolper, *Deutsche Wirtschaft seit 1870*, 2. Aufl., Tübingen 1966(坂井栄八郎訳『現代ドイツ経済史』竹内書店一九六九年、八二ページ以下)；Jürgen Kucznski, *Die Geschichte der Lager der Arbeiter unter dem Kapitalismus*, Bd. 5, Berlin(-Ost) 1966, S. 150 ff.

(183) Werner Maser, *Die Frühgeschichte der NSDAP: Hitlers Weg bis 1924*, Frankfurt a. M. 1965(村瀬・栗原訳『ヒトラー』紀伊国屋書店一九六九年、二九四ページ)。

(184) Harold J. Gordon Jr., *Hitler and the Beer Hall Putsch*, Princeton 1972, S. 185 f.

(185) Der Vertreter der Reichsregierung München an die Reichskanzlei, München, 26. 1. 1923, in: AdR Cuno, Dok. Nr. 56, S.

197 f.

(186) H. Gordon Jr., *a. a. O.*, S. 187 ff.; W. Maser, *a. a. O.*,(邦訳、二九九ページ以下)；W. Benz hrsg., *a. a. O.*, S. 120 f.

(187) H. Gordon Jr., *a. a. O.*, S. 174 ff.

(188) H. Gordon Jr., *a. a. O.*, S. 142 ff.

(189) Hans H. Hofmann, *Der Hitlerputsch*, München 1961, S. 73; H. Gordon Jr., *a. a. O.*, S. 64 ff.

(190) W. Maser, *a. a. O.*,(邦訳、三〇四ページ)；H. Gordon Jr., *a. a. O.*, S. 62 ff.

(191) *Ursachen und Folgen*, Bd. V, Dok. Nr. 1169-a, S. 427; 黒川康「ヒトラー一揆——ナチズム擡頭の諸問題」『史学雑誌』第七六編第三号(一九六七年)、四五ページ以下。

この「祖国闘争同盟協働団」に参加した各団体の、構成・方針・組織については、H. Gordon Jr., *a. a. O.*, S. 95 ff.

(192) W. Maser, *a. a. O.*,(邦訳、三〇二ページ)。

(193) H. Gordon Jr., *a. a. O.*, S. 192.

(194) W. Maser, *a. a. O.*,(邦訳、三〇七ページ)；*Ursachen und Folgen*, Bd. V, Dok. Nr. 1170, S. 427.

(195) 黒川、前掲論文、四七ページ以下；W. Maser, *a. a. O.*,(邦訳、三〇七ページ)。

(196) Der Vertreter der Reichsregierung München an die Reichskanzlei, 17. 4. 1923, in: AdR Cuno, Dok. Nr. 126, S. 396 f.; W. Benz hrsg., *a. a. O.*, S. 124 f.; H. Gordon Jr., *a. a. O.*, S. 193 f.

(197) W. Maser, *a. a. O.*,(邦訳、三一〇ページ以下)；H. Gordon Jr., *a. a. O.*, S. 195 ff.

(198) Gesandter von Haniel an StS Hamm, 7. 5. 1923, in: AdR Cuno, Dok. Nr. 153, S. 465 f.

(199) WP 1923, Inland Bd. I, S. 365 ff.

(200) *Ursachen und Folgen*, Bd. V, Dok. Nr. 1172, S. 428.

(201) *Dokumente und Materialien zur Geschichte der deutschen Arbeiterbewegung*, Bd. VII-II, Dok. Nr. 303, S. 209 ff.

(202) ツェトキンは、この問題に関して、「最強かつ明確かつ意識的な国際性をもつ党は、同時に指導的な国民政党(nationale Partei)とならなければならない」とし、その根拠を次のように述べている。大ブルジョワ支配下において労働者とともに国民の運命に関する決定から除外されている小市民と知識人は、労働者との「歴史的運命共同体」を「認識せざるをえなくなる、現今の課題は、彼らとともに戦いながら祖国を奪取すること、すなわちドイツ祖国の解放と再興のために偉大な一歩を踏み出すこと」であると（以上、傍点筆者）(*Geschichte der deutschen Arbeiterbewegung*, Bd. 3, S. 379 f.)。Vgl. Ossip K. Flechtheim, *Die KPD in der Weimarer Republik*, 2. Aufl., Frankfurt a. M. 1969, S. 172 f.

(203) W. T. Angress, *a. a. O.*, S. 296 f.

(204) Carl Severing, *a. a. O.*, Bd. I, S. 420 f.; F. Stampfer, *a. a. O.*, S. 342 f.

(205) J. Degras, *The Communist International 1919–1943*, Documents Bd. I, 1919–1922, London 1956（邦訳、荒畑・大倉・救仁郷訳『コミンテルン・ドキュメント』I、現代思潮社一九六九年、二一二ページ以下、三六二ページ以下）; E. H. Carr, *The Bolshevik Revolution*, Bd. 3, S. 381 ff.; W. T. Angress, *a. a. O.*, S. 257 ff.; Otto Wenzel, *Die Kommunistische Partei Deutschlands im Jahre 1923*, Diss. Freie Universität Berlin 1959, S. 16 ff.

(206) O. K. Flechtheim, *a. a. O.*, S. 174.

(207) 第八回大会における二派の対立については、W. T. Angress, *a. a. O.*, S. 270 ff.; *Geschichte der deutschen Arbeiterbewegung*, Bd. 3, S. 380 ff.; O. K. Flechtheim, *a. a. O.*, S. 34 ff.; O. Wenzel, *a. a. O.*, S. 305 ff.

(208) W. T. Angress, *a. a. O.*, S. 305 ff.; O. Wenzel, *a. a. O.*, S. 64 ff.

(209) *Dokumente und Materialien zur Geschichte der deutschen Arbeiterbewegung*, Bd. VII–II, Dok. Nr. 320, S. 266 ff.

(210) K. Hohlfeld, *a. a. O.*, S. 27 ff.

(211) 政策協定は、次の四点を主たる内容としていた。第一に、ファシズムと対抗するための防衛組織の形成、第二に、暴利利得者を監視する価格検査委員会の設置、第三に、法案・命令を審議検討する労働者会議所の設置、第四に、不当解雇者の救済である。Paul Böttcher, "Die Regierungsbildung in Sachsen," in: *Internationale*, Bd. 4, S. 196 ff.

(212) K. Hohlfeld, *a. a. O.*, S. 34 ff.

(213) E. H. Carr, *The Interregnum 1923–1924*, London 1954, S. 170 ff., vgl. "Zur Politik der Partei," in: *Internationale*, Bd. 4, S. 300 ff.

(214) この時期の具体的な展開に関する詳細については、O. Wenzel, *a. a. O.*, Kap. III を参照されたい。

(215) Arthur Rosenberg, *a. a. O.*, S. 136（邦訳、一六六ページ）。

(216) この側面は、この期のＫＰＤの活動の最も華やかな部分を形成しているが、政府側がこの活動をどのように評価していたのかは現資料状況では定かではない。例えば、内相エーザー(Rudolf Oeser)は、八月二日の会議で、「共産党とドイツ民族党との間に或る種の理念の一致がみられている」ことをとくに報告しているにすぎない(Ministerbesprechung vom 2. 8. 1923, in: AdR Cuno, Dok. Nr. 235, S. 702 ff.)。
「シュラーゲタ・ライン」に関しては以下の文献を参照されたい。W. T. Angress, *a. a. O.*, S. 327 ff.; E. H. Carr, *The Interregnum*, S. 185 ff.; Marie-Luise Goldbach, *a. a. O.*, S. 121ff.; Otto-Ernst Schüddekopf, *Nationalbolschewismus in Deutschland 1918–1933*, Frankfurt a. M. 1972, S. 117 ff.

(217) Vgl. *Ursachen und Folgen*, Bd. V, Dok. Nr. 1219, S. 531 ff.

(218) Karl Holl und Adolf Wild hrsgs., *a. a. O.*, S. 87.

(219) W. T. Angress, *a. a. O.*, S. 350 ff.; *Geschichte der deutschen Arbeiterbewegung*, Bd. 3, S. 398; O. Wenzel, *a. a. O.*, S. 133 ff.

(220) Denkschrift zur wirtschaftliche Lage, 27. 7. 1923, in: AdR Cuno, Dok. Nr. 229, S. 682 ff.

(221) *Ursachen und Folgen*, Bd. V, Dok. Nr. 1056, S. 155.

(222) *Geschichte der deutschen Arbeiterbewegung*, Bd. 3, S. 404 ff.

(223) この時期のＫＰＤの勢力については、後の革命戦術への転換の時期とその可能性に関する評価と相俟って、二つの見解に分かれている。一つは、この八月の昂揚を、先のローゼンベルクの見解にあるように、ＫＰＤはその労働者の大多数を支配していたとみるものであり、フレヒトハイム、ヴェンツェルらがこの見解を支持している。もう一つは、この時期ＫＰＤの勢力拡張はあったが、それよりも労働運動自体が沈滞をみせており、二三年には革命の可能性はなかったとみる見解である。この見解は、古くはボルケナウが、最近はアングレスが主張している。Vgl. O. K. Flechtheim, *a. a. O.*, S. 179 ff.; Franz Borkenau, *The Communist International*, London 1938(佐野・鈴木訳『世界共産党史』合同出版一九六八年、一六九ページ以下); W. T. Angress, *a. a. O.*, S. 359 ff.; O. Wenzel, *a. a. O.*, S. 156 ff.

(224) このストに関してくわしくは、山田徹「ヴァイマル共和国初期のドイツ共産党——『過渡期』よりの革命」(東大法学部学位論文、一九七五年)がある。

(225) *Geschichte der deutschen Arbeiterbewegung*, Bd. 3, S. 399; O. Wenzel, *a. a. O.*, S. 157 f.; J.-C. Favez, *a. a. O.*, S. 291 ff.

(226) *Dokumente und Materialien zur Geschichte der deutschen Arbeiterbewegung*, Bd. VII–II, Dok. Nr. 351, S. 364 ff.

(227) O. Wenzel, *a. a. O.*, S. 149 f., S. 151 ff.

(228) AdR Cuno, Dok. Nr. 220, Anm. 2, S. 648.

(229) *Ursachen und Folgen*, Bd. V, Dok. Nr. 104, S. 152; Beschreiben des Reichsministers des Innern an die Landesregierungen, 19. 7. 1923, in: AdR Cuno, Dok. Nr. 220, S. 648 f.

(230) AdR Cuno, Dok. Nr. 225, Anm. 12, S. 670.

(231) O. Wenzel, *a. a. O.*, S. 153.

(232) O. Wenzel, *a. a. O.*, S. 152 f.

(233) E. H. Carr, *The Interregnum*, S. 194 ff.; W. T. Angress, *a. a. O.*, S. 364 f.; O. Wenzel, *a. a. O.*, S. 153 f.

(234) AdR Cuno, Dok. Nr. 227, Anm. 3, S. 673.

(235) W. T. Angress, *a. a. O.*, S. 366 ff.; O. Wenzel, *a. a. O.*, S. 155 f.

(236) AdR Cuno, Dok. Nr. 78, Anm. 2, S. 261.

(237) Ministerbesprechung vom 24. 3. 1923, in: AdR Cuno, Dok. Nr. 104, S. 326 f.; Aufzeichnung über Bresprechungen mit dem Reichsminister des Innern am 26. 3. 1923, in: AdR Cuno, Dok. Nr. 107, S. 332 f.

(238) Aufzeichnung des StS Hamm über Besprechungen in München, 2. 4. 1923, in: AdR Cuno, Dok. Nr. 113, S. 356 ff.

(239) Besprechung im Reichsjustizministerium, 5. 4. 1923, in: AdR Cuno, Dok. Nr. 115, S. 363 ff.; Kabinettssitzung vom 6. 4. 1923, in: AdR Cuno, Dok. Nr. 116, S. 366 f.; Besprechung im Reichsjustizministerium, 14. 4. 1923, in: AdR Cuno, Dok. Nr. 119, S. 371 ff.

(240) Aufzeichnung des StS Hamm über die innere Lage, 15. 4. 1923, in: AdR Cuno, Dok. Nr. 121, S. 377 ff.

(241) Aufzeichnung des StS Hamm für den bayerischen Ministerpräsidenten, 19. 4. 1923, in: AdR Cuno, Dok. Nr. 130, S. 404 ff.

(242) WP, 1923, Inland Bd. I, S. 403.

(243) Vermerk des StS Hamm zur bayerischen Notverordnung, 12. 5. 1923, in: AdR Cuno, Dok. Nr. 157, S. 472 f.

(244) Rundschreiben des RK an die Landesregierungen, 18. 6. 1923, in: AdR Cuno, Dok. Nr. 196, S. 586 ff.
(245) Besprechung mit den Ministerpräsidenten, 1. 5. 1923, in: AdR Cuno, Dok. Nr. 146, S. 446 ff.
(246) K. Hohlfeld, *a. a. O.*, S. 45.
(247) K. Hohlfeld, *a. a. O.*, S. 48 f.
(248) WP, 1923, Inland Bd. I, S. 390 ff.
(249) WP, 1923, Inland Bd. I, S. 395 f.; *Ursachen und Folgen*, Bd. V, Dok. Nr. 1193, S. 476.
(250) WP, 1923, Inland Bd. I, S. 396 ff.
(251) K. Hohlfeld, *a. a. O.*, S. 51 f.
(252) Aufzeichnung des StS Hamm über die Bekämpfung kommunistisches Umtriebes, 3. 6. 1923, in: AdR Cuno, Dok. Nr. 179, S. 542 f.; Der Reichsminister des Innern an des sächsische Ministerium der auswärtigen Angelegenheiten, 6. 6. 1923, in: AdR Cuno, Dok. Nr. 186, S. 552 ff.
(253) Besprechung mit Vertretern des Verbandes sächsischer Industrieller, 19. 6. 1923, in: AdR Cuno, Dok. Nr. 197, S. 590 ff.
(254) Besprechung mit dem sächsischen Ministerpräsidenten, 10. 7. 1923, in: AdR Cuno, Dok. Nr. 215, S. 636 ff.; AdR Cuno, Dok. Nr. 186, Anm. 5, S. 553.
(255) 注(229)参照。
(256) WP, 1923, Inland Bd. II, S. 118 f.
(257) Der RK an den sächsischen Ministerpräsidenten, 2. 8. 1923, in: AdR Cuno, Dok. Nr. 236, S. 708 f.
(258) Das sächsische Ministerium der auswärtigen Angelegenheiten an den RK, 7. 8. 1923, in: AdR Cuno, Dok. Nr. 241, S. 721 ff.

第四章　「戦闘なき戦争」の終結

ワイマール共和国の解体過程において、「権力喪失」の後に来たものは「権力真空」であった。しかし一九二三年夏、ドイツにおいては、クーノ政府の内政と外交の相互拘束による権力と権威の喪失は、共和国を擁護せんとする諸勢力の結集とそれを政治資源とする政治指導の展開とによる政府権力の復位の過程を後にもったのである。いうまでもなく、暴力資源の増大に対抗する執行資源の極大化をもたらした、「大連合内閣」という多数派政府の形成であり、この強化された紛争解決能力を維持するとともに重畳化した紛争を独特の様式で個別的に終結させていく政治指導の作動である。そして、ドイツの政治を尖鋭的危機へと導いた紛争重畳化過程の出発点が「戦闘なき戦争」という争点であるとき、政治体系の危機を克服しようとするこの政府にとって、このルール紛争の終結が最大の課題として存在したのである。以下、この「危機管理」の政治過程を、その遂行にあたって中心的な役割を果したG・シュトレーゼマンの政治指導を中心としながら分析することにしたい。

第一節　支持の調達

一　「大連合内閣」の形成

「人びとはわれわれに積極的な外交を要求している。われわれが展開しうる最良の積極的な外交とは、ドイツ国内の秩序維持にほかならない。」(1)

八月一四日、新首相G・シュトレーゼマンは、右のように、外交政策の最良の源泉は国内の安定にあることを宣言した。そして国内の安定化のための最初の成果は、このシュトレーゼマン内閣の形成そのものであった。クーノ内閣の遺産ともいえる、ルール紛争、国内経済の建て直し、極右・極左という反対派の擡頭という諸問題を前にして、これらの問題の解決には執行資源の拡大こそが、そしてそれを実現することこそが、「ドイツの将来に希望を与え、その将来を確実なものとして保証する」ために必要なことであった。このような執行資源の拡大は、「現体制の国家構想を肯定するすべての諸勢力の結集」という大連合内閣の樹立であり、「ドイツ共和国成立以来の最強の内閣」の樹立であった。

七月下旬にもなると、クーノ内閣は、「国民に何の援助も与えない政府」(2)として、政府としての権威を失っていた。このような政府に対して、議会各党からも多くの不満が表明されていった。その口火は、七月二七日、中央党の機関紙『ゲルマニア(Germania)』によって切られた。同紙は、クーノ政府の無策を批判し、現政府に代わるものとして独裁こそが必要であると説いたのである。同紙は主張する、「左翼を含めたすべての階層から独裁の要求が、もしくは独裁的措置を講ずる権限を与えられた公安委員会(Wohlfahrausschuß)の設立の要求が、唱えられている」と。[3]もちろん、この見解は中央党指導部のとるものではなかったが、右翼系各紙は引き続きこのような独裁要求を掲げていった。[4]その一方、KPDは、前述のように、七月二九日を反ファシスト・デーとしてデモンストレーションを試み、その力を誇示していた。またこの時、SPD左派もクーノ政府打倒とKPDとの協力を主張し始めていた。七月二九日、かつてのUSPD議員を中心とするSPD左派の議員は、ワイマールで特別集会を開き、次のような決議を採択した。それは、第一にフランスとの直接交渉によるルールの解放、第二にファシズムに対する対抗、第三に党防衛軍事組織の設立、第四に労働組合と協力した院外活動の活用、第五にSPDの独自性を確保して行なわれるKPDとの協力であり、そしてなによりも、今後予想される連立政権の問題に関して、「党が明確かつ自主的なプロレタリアート的政策をとる」ことならびに「たとえ連立政権に加わるとしてもそのなかで以上の政策を貫くために充分な地位を与えられるだけの権力を確保する」ことを条件に掲げ、それが満たされないような連立政権には反対すると主張していた。[5]加えてSPDの党首の一人であるが元USPDのクリスピーン(Arthur Crispien)も『フォアヴェルツ』において、クーノ政府打倒、単独社会主義政府樹立、議会解散を主張した。[6]このように、右派(とくにDNVP)からは独裁の声が起こり、左派からは社会民主党単独政府の要求が出されるなかで、SPD右派と、一九二二年六月以来「中道派協同体(Arbeitsgemeinschaft der Mitte)」の下に相互連絡をとっていた、DVP、DDP、中央党、BVPとの間に大連合内閣を形成する動きも出始めていた。八月二日、『フォアヴェルツ』はシュタンパー(Friedrich Stampfer)の論文を掲載し、先のクリスピーンの主張に反論を試みた。それは、現状況下で議会解散・選挙という方法は許されるものでなく、またSPD単独内閣も少数派政府であるため大統領から組閣委任が下るとも考えられないとし、SPD単独政府に代えてプロイセンで実現をみている大連合内閣が唯一の可能性を有していると主張した。[7]同じ頃、DVP党首で次期首相の呼び声も高かったシュトレーゼマンも、次期政権を大連合内閣として形成する決意をみせていた。彼は、八月一日付けの書簡のなかで次のように述べている。

「なかでも、政府交代というものは、それが国内で動揺を起こすことなく行ないうるときにのみ実行されることになる。私は現在そのような見通しはほとんどないと考えている。しかしわれわれは、首脳部の交代を予期しなければならない。というのは、クーノ自身その職にとどまる意思もなく、さらには首相を辞任する機会すらも窺っているからである。もし国内の統一を危機に陥らせたくないならば、われわれは全力を傾けて、SPDを牽制するために前もってSPDと協定を結び、それに基づいてブルジョワ諸政党が指導する大連合内閣を形成するか、さもなければ、ヴィルトなりヘルメスなりが指導することになる新たなブルジョワ内閣を形成しなければならない。しかし、私はクーノ内閣の後継内閣としてブルジョワ内閣を作ることに乗り気ではない。というのは、ブルジョワ内閣が形成されたとしても、それは政府が原案を(国会に――筆者)提出するたびに新たなSPDの支持を必要とし、結局はSPDの好意にのみ依存するものとなり、内閣に二人以上の社会民主党員を含む時以上に、困難な仕事をすることになると考えるからである。(8)」

そして彼は、八月一日の『ドイチェ・シュティメン(Deutsche Stimmen)』のなかで、開かれるはずの特別国会においてSPDがクーノの財政改革法案を支持することが大連合内閣形成に基礎を与えることになるであろうと書き、SPD側の反応に注目した。(9) また、中央党でも大連合内閣形成の見解が支配的となり、八日の『ゲルマニア』は、強い執行能力をもつ政府を作るためには、単に現政府の議会基盤を拡大するだけでは不十分であると主張した。(10)

八月八日、七月上旬から休会に入っていた国会は特別国会を開いた。審議の中心は、政府によって提出された財政改革法案であった。しかし一〇日にまで及んだ審議において、各党の党首が行なった演説の示すところのものは、危機意識であり、強い政府の要求であった。中央党のマルクスはこの困難な時局にあたって、その偉大な救済事業のために「すべての使用しうる諸勢力」を結集するよう主張した。[11] DDPのペーターセン(Carl Petersen)も、「われわれが必要とするのは、極右派が要求する強力な人間ではなく、公然と必要なことを迅速かつ断固としてやりとげる政府の中の強力な人びとである」と強力な政府を要求し、[12] シュトレーゼマンは、「独裁への呼び声はまったく無意味である。強力な人物は議会主義体制のうちで仕事を遂行しなければならない」と説いた。[13] 中道派の政党は、現体制内で強力な政府を樹立することで一致していた。SPDのヘルマン・ミュラーは、「われわれは政府の財政プログラムに反対はしない。ただわれわれはそれがあまりにも遅すぎたことを遺憾に思うばかりである」として政府の財政法案を支持した。[14] 一〇日、政府法案はKPDを除く全党の一致で国会を通過した。それ以上にこのSPDの態度は、シュトレーゼマンの信号に対する肯定的な返信を意味した。そして同日ヒルファーディングは、ただちにシュトレーゼマンを訪ね、大連合内閣の形成を説いている。[15] 一方、シュトレーゼマンはこの時点では、大連合内閣をただちに実現することには否定的であった。政府財政法案がSPDによって支持され、事実上最小限近隣結合の道が開かれた以上、その実現は最良のタイミングを選ぶべきであり、その時期としてイギリス側回答の出される後の八月下旬を考えていた。[16] しかし、この一〇日、ベルリン印刷工組合がストライキに突入した。七月下旬に中部ドイツで発生したストライキの波がベルリンにも波及し始めたのである。いわゆる「クーノ・ストライキ」の発生であった。首都ベルリンの経営評議会一五人委員会の活動は活潑となり、電気・交通・建設・病院の部門でも職場放棄がなされた。なかでも印刷工組合の一員として政府の印刷工がストライキに突入したことは、インフレ下においてかろうじて救済策となっていた紙幣マルクの供給の停止を意味し、そしてさらには国民の経済生活の崩壊を意味した。そのなかでKPDは、クーノ政府打倒・労働者政府樹立のためにゼネストを呼びかけることを決定し、翌一一日『ローテ・ファーネ』号外は、大ベルリン経営評議会の名のもとに、全ドイツ労働者に向けてゼネストのアピールを発した。このアピールに応えるように、各地で山猫ストライキが発生し、ゼネストへとエネルギーが凝集するかとみえたとき、一二日、突如としてクーノは辞任した。このような「暴力資源」の増大に直面して、潜在的に形成されていた大連合内閣はその浮上の速度を急速に速めたのである。(17)

一〇日晩、DVP国会議員団は議員団総会を開き、クーノ政府を支持すること、クーノ辞任の場合には大連合内閣を形成することを決定した。(18)翌一一日、中道派協同体は会議をもち、大連合内閣の形成で合意をみ、併せてSPDとの折衝に時間を要するため、政府が即時辞任することのないよう取り計らうことを決定した。この旨は同日午後クーノにも伝えられた。事実、この時期には、SPDと中道派協同体との間では、大連合内閣を形成するための正式の接触は行なわれていなかった。(19)その一方、一一日SPDも議員団総会を開きクーノ内閣不信任を決議していた。

「(SPD)国会議員団は、困難な内外政の状況にあって、現在よりも強力でかつ広汎な大衆の信頼に支えられる政府を必要不可欠と考える。国会議員団は、このような前提を満たすものとしてクーノ政府に信任を与えることはできない」(20)と。

このように、SPDからは明確に不信任を表明され、中道派からも大連合内閣形成の用意を伝えられたクーノ内閣は、一二日午前、閣議を開き即時辞任を決定した。(21)この辞任決定にあたって最も固い決意をみせたのはクーノ彼自身であった。(22)

同日昼、中道派協同体にこの決定が伝えられたとき、彼らはクーノのこのような早急な決断に驚いた。そしてただちにクーノのところに赴き、辞表提出を夕刻まで延期するよう説得した。(23)それと同時に、彼らはSPDと大連合内閣樹立のための交渉を開始した。後任首相の決定は速やかになされた。夕刻、大統領エーベルトが各党代表と会談した時、すでに各党は、シュトレーゼマンを首相に推挙することで一致していた。午後一〇時半、シュトレーゼマンは、エーベルトから組閣を依頼された。すでに五月、クーノ内閣の交代が噂されたとき首相候補にあげられていたこと、またこの当時新聞各紙は次期首相はシュトレーゼマンであることを「自明の」こととして報道していたことを考慮すると、この指名は既定事実の追認にすぎなかったともいえるものであった。(24)

組閣は、ワイマール共和国時代の他の組閣作業と比較すると異例ともいえる速さで進行した。指名後二四時間も経ないうちに新内閣は成立をみた。この組閣作業の速さそのものが、大連合内閣に加わる各党指導者の危機意識の深さを表わしていた。組閣にあたって最大の壁ともいえるSPDとの交渉の際、シュトレーゼマンはゼーヴェリングに使者をたて、「組閣をめぐる長々とした交渉によって失われる一日一日が、ライヒに新しい傷を与えることになる」と時間の重要性を強調し、SPD側の迅速な協力を要請しており、これを受けたゼーヴェリングも、SPDが政府に席をもつことがないとき混沌がドイツ全土をより広く支配することになると、党内の説得にあたっていた。(25) 一三日午後七時半組閣は完了し、大連合内閣が成立した。

このSPDを含む大連合内閣の成立は、ゼネストの気運を鎮静した。SPD議員四人の入閣が労働者の間における政府への信頼の低下をくいとめたのである。KPD指導部は、一二日『ローテ・ファーネ』でゼネストの開始を宣言したものの、一四日にはゼネストの終結を宣言せざるをえなかった。(26) 同じ一四日、国会は賛成二三九名、反対七六名でシュトレーゼマン内閣を信任した。しかし、SPD内においてかつてのUSPDの議員を中心とする左派が、またシュトレーゼマンの党たるDVPにおいて右派グループがこの票決に棄権したことは、(27) 大連合内閣維持という連立維持(coalition maintenance)が首相シュトレーゼマンの政治指導の一部をなすことを、そして、それが容易なものではないことを明示していた。いずれにしろ、大連合内閣は、ワイマール・ドイツにとって例外に属する「多数派内閣

(majority government)」として、またクーノ内閣が官吏と経済人からなる「経済」の内閣であるのに対し、その閣僚のほとんどを政党人からリクルートした「政治」の内閣として、問題解決と紛争終結に取り組むことになる。

二 危機管理の内政指導

八月一四日、大連合内閣は成立した。しかし、この内閣を率いるシュトレーゼマンの前に存在していた状況は、クーノの遺産たる、問題と紛争の重畳以外の何物でもなかった。

ルール紛争は、六月七日ドイツ提案以降イギリスとフランスとの対立を表面化させ、八月一一日にイギリス側ノートが提出されたものの、この紛争の解決の道はいまだ明らかになっていなかった。一方国内では、「クーノ・ストライキ」にみられたように極左派が擡頭をみせ、その牙城ザクセン政府との関係は、国家と国家との関係と言えるほどに悪化を極めていた。加えてドイツ経済、とくに国家財政は破滅をむかえようとしており、マルクの低落は止むこともなく続いていた。国家財政は四月一日から六月三〇日まで、歳出一八六億マルク、歳入三一億四〇〇〇万マルクを数え、七月にいたっては歳出三七〇億マルク、歳入一二億四〇〇〇万マルクを数えていた。そしてこの赤字は大蔵省証券によるライヒスバンクからの借り入れとなり、マルク紙幣の乱発を招いていた。その大蔵省証券の国債額は、約五八〇億マルクにも達していた。(28) これらの問題の解決に大連合内閣は取り組まねばならなかったのである。一四日、DVPの機関紙『ツァイト(Zeit)』は、その課題を端的に次のように示している。この内閣の目的は、「国内では、秩序の維持とわれわれの経済力の強化であり、国外では、フランスの侵入に対する祖国防衛以外の何物でもない(29)」と。

このような課題のなかでシュトレーゼマン内閣がその課題の第一においたものは、ルール紛争の解決にほかならなかった。なぜならルール地区の生産が激減し受動的抵抗への資金援助がつづくかぎり、経済および財政の再建も期待できないからである。そしてこの課題は、外交面では「外交上の積極活動(Außenpolitische Aktivität)」の推進となり、内政面では「無条件降伏」に反対する右派の、とくにバイエルン政府の、反対を極少化させる努力となって遂行されるのである。しかし問題はそれのみにとどまらなかった。彼はこの課題の遂行と同時に、他の紛争の亢進の抑制にも努めなければならなかった。それは、大連合内閣を破壊させる可能性のある経済再建問題であり、[30] ザクセン政府に対する介入要請の問題であった。[31] さらに、これらの課題をめぐる対立の背後には、SPDの加入により左傾化した大連合政府とそれに抗する未完の「国民的反対派(nationale Opposition)」による「右翼独裁」構想との対抗が底流となって流れていた。[32] シュトレーゼマンは、このような危機を、課題の限定による機会主義的多数派の形成によって乗り切ることになる。[33] そしてこの舞台の第一幕が、受動的抵抗の処理をめぐる危機の克服であった。したがって以下、受動的抵抗問題をめぐる国内の対抗状況を分析することにしたい。

シュトレーゼマンは、八月二三日以降、外交目標の彼独自の実現方法である「世論」への訴えかけを採用して数多くの演説を行ない、国民に政府の「外交上の積極活動」を明示し、それと同時に受動的抵抗に限界があることを、そして受動的抵抗を中止する用意のあることを暗示していった。二四日のドイツ商工会議所での演説、九月二日のシュトゥットガルトでの演説がその代表的なものである。そして、九月七日のライヒスラート外交委員会の席上では端的に次のように述べている。

「このような(ルール防衛闘争資金の濫用にみられるような――筆者)避けられざる部分的現象があるとしても、この事実(ドイツ経済が悪化しているという事実――筆者)は、受動的抵抗の継続は志気(Gesinnung)の問題ではなく、財政のそして経済の問題であり、最終的には非占領地区の政治の問題であるということを変えるものではない。日々四〇〇〇万GMの援助資金が必要であることは、この緊急通貨の恐るべきほどの供給を必要とさせ、それはもはや長期的な国家財政面での租税措置によっても満たしえないほどになっている」と。
受動的抵抗は財政面において、継続不可能であると明示された。さらに、次のようにも述べている。
「ライヒ政府は、状況がきわめて深刻であること、また内外政の状況が打開困難なものであることを知っている。それゆえ政府は、防衛闘争が制限なく継続しうるという幻想を打ち砕くために、このような方向で世論を啓蒙する努力を行なっているのである。なぜなら、この幻想が突然に心理的な準備もなされないまま打ち砕かれるなら、政治的動揺は予想することもできないほどの規模のものとなるからである。……受動的抵抗は、一定の時間しか維持することはできない[34]」(傍点原文)と。

このように受動的抵抗の限界を明示していったことは、国内において受動的抵抗の中止に関する態度決定を各政治集団に迫ることになり、支持と反対の対抗関係を明らかにすることになった。しかし、争点は以上のように政府によって受動的抵抗の中止へと操作されており、対抗の政治力学は、政府によって規定された状況のなかで展開されていくのである。

大連合内閣を支える第一党SPDは、受動的抵抗の中止をみずからのイニシアチブで要求しないものの、一貫してシュトレーゼマンの方針を支持していった。八月一一日、SPDは連立形成に際して条件を示し、外交政策に関しては「ドイツ共和国の主権と国家の統一とを全面的に維持し、そのもとに賠償問題の解決のために積極的な外交をなすこと」を要求した[35]。そして八月二八日の『フォアヴェルツ』は間接的ながら、受動的抵抗中止の支持を示唆する態度を示した。当時、社会主義労働者インターナショナル(Sozialistische Arbeiter-Internationale：SAI)の要請でルールを訪れていた、同書記でイギリス労働党議員トム・ショー(Tom Shaw)の報告をそのまま掲載したのである。それは、「ルール地区の労働者は、フランスが(このルール紛争を)あらかじめ解決することなく撤退することをフランスに期待することは出来ないことを知り、中途半端ではあるが理性的な解決の保証が見出され正規の労働を再開することが保証されるならば、ただちに受動的抵抗を中止する用意を示している」と述べており、SPDの見解を代弁するものであった。[36] さらに『フォアヴェルツ』はシュトレーゼマンの演説も、何の論評を加えることなくそのまま掲載していった。[37] そして九月一八日には国会議員団幹部会は、内外状況を検討した後、一致して、「ライヒ政府は、ルール地区を解放し条約に合致する状況をふたたび作り出すという目的をもって、フランスと早急に交渉しうるよう全力を尽くさねばならない」と決定した。それは、シュトレーゼマンの外交を全面的に支持するものにほかならなかった。[38] このことは、受動的抵抗の中止が布告された翌日である九月二七日、SPDが受動的抵抗の中止決定を支持する声明を出し、国民に「ドイツ共和国の崩壊」を防ぐために結集を求めたことにも現われている。[39] また一〇月上旬、政府危機の後に再開された国会においてブライトシャイトが、受動的抵抗はわれわれの承認のもとに行なわれ、「その遂行が不可能であることが全世界中に明らかになったときに」中止されたのであると、述べたことにも示されている。[40]

以上のようなSPDのシュトレーゼマン外交を支持する動きは、閣内のSPD所属の諸閣僚およびプロイセン首相ブラウンの態度のなかにより端的に現われている。例えば八月二三日、シュトレーゼマンが閣議において初めて外交方針を説明したとき、占領地区担当相フックスおよび食糧・農業相ルターが受動的抵抗を継続するなかで外交交渉をなすよう主張したのに対し、SPDの各閣僚は受動的抵抗を中止する方向で外交交渉をなすよう反論した。その日出席していたブラウンも次のように述べている。

「ルール闘争は、フランス側がそのノートに述べたドイツ側にとっても承認しえるような点を改めて保証するという形で、出来るかぎり早急に終結されねばならない。どのような形であれルール紛争の終結は、確かにつらいことではあるが、ドイツが混沌のうちに投げ出されるよりはまだましなことである」[41]と。

さらに、九月一五日ルール援助資金の打ち切りが討議されたとき、ブラウンは、抜本的な財政改革は受動的抵抗の中止なくしては実行しえないとして、「状況は戦争終結時のそれと類似している。それゆえ重要なのは、時宜に適って、つまり取り返しがつかなくなる前に、(抵抗を——筆者)中止することである。……私の見解によれば、政府が真剣に考慮しなければならない問題は、受動的抵抗をただちに中止するか否かである」と述べている。(42)

SPDは以上のようにシュトレーゼマンの外交を支持し、あるいはそれ以上に積極的に抵抗の中止をも主張していたのである。

中央党もDDPも、シュトレーゼマンの外交政策を支持していった。中央党出身の占領地区担当相フックスは、SPD側の早急に受動的抵抗を中止すべしという主張に対して常に慎重な態度を示していたが、彼とても、九月六日の閣議で、「ルール闘争は二、三週間は続けられるであろう」、「その前提はもちろん、ルール資金が制限されないことである」と述べ、抵抗の中止が止むをえないことを認めていた。(43) そして党首マルクスも九月一八日には、「われわれはドイツと現体制を擁護する。したがってわれわれは、ライヒとその主権の不可侵性を維持するとともに、われわれが容認しえ、しかも名誉あるフランスとの和解を達成しようとしている、現体制を肯定する現政府を支持するのである」と述べた。(44) 事実、九月二四日、五党代表と政府との会議が開かれたとき、中央党の代表メニッヒ(Hugo Mönnig)は政府への全面的な支持をみせている。(45) さらに中央党はその後も、受動的抵抗は「あまりにも遅く」中止されたのであると、右派の批判をかわしている。(46) DDPも、その領袖エルケレンツ(Anton Erkelenz)は、七月上旬にすでに、「早秋には(抵抗は)終わらせねばならない」と述べており、(47) 中止に反対をみせなかった。そして九月二四日の先の会談でも、ファルク(Bernhard Falk)は、「苦々しい気持ちを抱きながらも、受動的抵抗の中止に私と党友は支持を表明する」と語っていた。(48)

以上のようにワイマール連合は、シュトレーゼマンの受動的抵抗中止の方針を、そしてそのための積極的な外交活動を支持していった。しかし、問題は経済界を代表する彼自身の党の対応であった。党内では議員たちは、大連合内閣の形成そして四名のＳＰＤ議員の入閣に対して、大きな不満を抱いていた。(49) 党のルール紛争に対する態度は、九月一二日、二五日の同党国会議員団総会で明らかとなった。一二日の総会の席上、シュトレーゼマンは次のように述べ、党の支持を要請した。「ルール闘争は、受動的抵抗の線をもはや維持することはできない。先日一八〇兆マルクが闘争のために支出された。一〇億ＧＭも二八日までしかもたないであろう。私が、ヤレスにルールはどれほどもつのかと尋ね、一一月まではどうかと尋ねたときヤレスは、九月下旬までしかルールはもはや維持できないと答えている。寒期の前に終結させねばならない。この状況が外交政策の出発点である」と。この要請に対し、カールドルフ(Siegfried von Kardorff)は支持を示し、その他の議員も異論をみせなかった。しかし、党内右派のフェーグラー(Albert Vögler)は、「場合によってはラインおよびルールに対する援助を停止してもよい」とし、「ラインおよびルールを構わずそのままにしておけ」という切り捨て論を示した。この右派の主張の背後には、「内政を支配せずして、外交政策を遂行することはできない」という、彼らの――ドイツ鉄鋼資本の――利益(八時間労働日を含む動員解除法の撤廃要求)があった。(50) 二四日、先述の五党と政府との会議の席上では、モルデンハウアー(Paul Mordenhauer)は抵抗中止に支持を表明したのに対し、右派のツァップ(Alfred Zapf)は「抵抗の中止を決定し、その責任をとるのは、政府の事柄である」と述べ、政府が要請したいわゆる中道派の支持声明を拒絶した。(51) 翌二五日の国会議員団総会は、シュトレーゼマンの欠席のまま行なわれた。この総会では、議員の多数は政府の抵抗中止を支持したが、争点はもはや抵抗後にあり、フェーグラーは経済政策の遂行を要求し、議員団長ショルツはＤＮＶＰとの接近を主張した。採択された決議は、「国会議員団は、受動的抵抗の中止はフランスへの降伏を意味するものではないという立場に立つ。それゆえ受動的抵抗の中止は、フランスとの交渉開始の手段とみなされてはならない」というものであり、政府への支持は、ワイマール連合各党のそれに比べるときわめて弱いものとなっていた。(52) 事実この後、DVP議員の大勢は、大連合内閣打破の方向へと動いていくのである。(53)

政府がワイマール三派の全面的支持とDVPの部分的支持を得ているとき、政府に明確な反対を示したのはDNVPであった。大連合内閣形成時、DNVPの主張を代弁する『クロイツ・ツァイトゥング(Kreuz Zeitung)』は、この内閣を「偽装した社会主義政府」として批判し、しかしながら受動的抵抗を維持するかぎり、この点に関してはシュトレーゼマン内閣を支持すると表明していた。(54) 彼らの立場は、一貫して、「攻撃が強まれば強まるほど、防衛を強化せよ」(ヘルクトの八月一四日演説)という立場に徹していた。(55) しかし、受動的抵抗を継続するかぎりで政府を支持するということのような態度は、政府が中止の方向で「外交上の積極活動」を展開していることがシュトレーゼマン演説によって明らかになるにつれて、政府批判へと転化していった。八月二九日各ラント支部長会議において、DNVPは、共産党の第二革命を阻止するために非常大権をもつ独裁を要求するとともに、次のような外交要求を掲げた。第一に、積極的な政策を要求するが、それはSPDやその追随者の語るような敵への譲歩ではなく、抵抗をあくまで継続することによってなされるべきこと。第二は、占領地区からの撤退、逮捕者等の釈放がなされない間は交渉を行なうべきではないこと、フランス側の暴力行為にはただちに報復措置がとられるべきこと、また連合国委員会のベルギー、フランス側各代表は追放されるべきこと。そして最後に、ヴェルサイユ条約はフランスおよびベルギーによって破られたのであり、したがってわれわれは支払いを停止し再軍備を始めるべきであることとであった。(56) それは紛争の終結を願うものではなく、紛争の拡大を願いそれを煽動するデマゴギーに近いものであった。(57) 政府の外交政策に対する批判は続けられた。九月一九日、DNVPの国会議員団とプロイセン・ラント議会議員団は共同で声明を発表し、名ざしで明確かつ全面的なシュトレーゼマン批判を行なった。「いかなる犠牲を払っても、憎むべき不倶戴天の敵フランスと和解を計ろうとする」政府の政策は、「全面的な降伏」へと導くものであり、ドイツに「恥辱」をもたらすものであるとして、そのような「軟弱かつ弱腰な政策」を明確に拒否したのである。[58] その後この批判は、対仏戦争すらも示唆するまでに高められていった。[59] しかし、議会レベルにおいて彼らが、多数派大連合内閣に対する少数野党であることは変わりなく、九月二四日の五党と政府間の会議および二六日の議会外交委員会でも、反対を示したのは彼らだけであった。[60] そして、この受動的抵抗が中止された後シュトレーゼマン内閣を襲った八時間労働日をめぐる政府危機の際、シュトレーゼマンはこのような外交方針をもつDNVPとの連立を、党内の突き上げにもかかわらず拒否したのである。[61]

議会内においては、受動的抵抗の中止は多数派によって支持されるに至った。しかしこの時期、議会外に「暴力資源」が拡散しており、政策の遂行はこの資源の保持者たる全体的反対派の運動を極少化することを不可欠とした。その際、最大の問題を形成したのは、極右派の牙城となりしかもそれに対して馴化の政策をとる政府をもつバイエルンとの関係であった。八月一七日バイエルン政府は閣議を開き、首相クニリングは、ライヒ政府に四名のSPD議員が入閣したことは、「ミュンヘンとベルリンとの良好な関係の維持にとって大きな危険となる」と述べ、ライヒ政府の左傾化に警戒を示した。そしてバイエルン政府のこの態度は、一九日バイエルン最大の保守系紙『ミュンヒナー・ノイエステン・ナハリヒテン(Münchner Neuesten Nachrichten)』を通じて明らかにされた。[62] シュトレーゼマンは、この予想された動きに対し迅速に対応した。彼はバイエルン訪問を計画し、一八日にはクニリングに書簡を送り「全体的情勢について個人的に話し合う」ことを申し出ると同時に、バイエルン政府のライヒへの協力をも要請した。[63] 二五日、シュトレーゼマンはバイエルンを訪問し、バイエルンの宥和に努めた。[64] ハニエルは、この訪問によってバイエルンの各紙の論調は好意的なものになったと報告している。[65] しかし、このような暫定協定は長くは続かなかった。九月一日、二日、ニュルンベルクで極右派の「ドイツの日(Der Deutsche Tag)」が開催され、約一〇万人が参加し、「ドイツ闘争同盟(Deutscher Kampfbund：参加団体、NSDAPのSA、オーバーラント団、帝国旗団)」が形成された。それは極右派の政治的活性化の再開を示す烽火でもあった。[66] その一方、シュトレーゼマン演説によって彼の外交方針が鮮明になるにつれて、バイエルン政府、バイエルン人民党、そしてバイエルンの保守系各紙もシュトレーゼマン批判を強めていった。ヒトラー一揆(一一月八日)まで続く「ドイツ闘争同盟」を代表とする極右派と、バイエルン人民党＝バイエルン政府からなる右派との、ライヒ政府に対する競合的敵対関係が明確な形をとり始めたのである。

「ドイツ闘争同盟」に結集する極右派は、ニュルンベルクでの「ドイツの日」以降バイエルン各地で集会を開き、住民に対する煽動を繰り返していった。[67] 九月二〇日、アウグスブルクの「ドイツの日」の集会では、ルーデンドルフ(Erich Ludendorff)が、「奴隷の鎖」を破り「名誉あるもの」を戦い取るために「ドイツ闘争同盟」に結集するよう呼びかけた。二二日、帝国旗団の指導者ハイス(Adolf Heiß)は、「シュトレーゼマンはマルクス主義の雇用人であり、フランスとドイツのマルクス主義者は互いに協力してドイツの壊滅のために働いている」と政府を非難し、「革命は、常に当局によって禁止されている。しかしドイツの革命はたとえ当局が禁止しても開始されるであろう」と革命を訴え、「ドイツの解放運動はバイエルンから始まる。ドイツ問題は、ベルリンでバイエルンの力によって解決されねばならない」とライヒ権力の獲得を訴えた。[68] 二五日「ドイツ闘争同盟」は、「政治情勢の重大化にともない、……統一的な指導の必要が」生じたため、「方法と目的(一揆と権力掌握――筆者)における完全な合意」の上に立ってヒトラーに指導を委ねた。[69] 一方、クニリング政府を支えるバイエルン人民党も、シュトレーゼマン批判を強めていた。[70]「(シュトレーゼマンの)外交政策に国粋的な要素を加えること」を支持条件としていたBVPにとって、シュトレーゼマンの対仏和解方針は我慢のならないものとなっていた。九月一一日のハニエルの報告によれば、その批判は、首相は交渉をとくことによってフランスとの和解を達成しようとしているが、それは同時に国内の抵抗の意志を弱めるものであり、もしフランスが譲歩をみせないときは全面降伏に導くものではないかという点に向けられていた。[71] 一三日、BVPバイエルン・ラント議会議員団は声明を発表し、「ドイツ国民を絶望的な隷属に導くいかなる試みにも反対する」と宣言した。[72]

バイエルン政府も同様な態度をとった。九月一一日バイエルン政府は閣議をもち、九月七日のライヒスラート外交委員会でなされたシュトレーゼマン演説を検討した。その結果、全員一致で次の結論が出された。「バイエルン政府は、全閣僚の検討の結果、フランスとの交渉開始に大きな懸念をもつとライヒ政府に主張する。なぜならバイエルン政府は、その交渉が成功することはないであろうと考えるからであり、しかも、ドイツが履行することもできない新たな義務を課せられる危険が存在するからである」という結論であった。[73] 彼らはシュトレーゼマン外交のうちに、社会主義者の影響力による第二のヴェルサイユをみていた。外事担当相(Vertreter des Staatsministers des Äußen : Hans Schmelzle)はハニエルに、「いわゆるフランスとの和解の試みは、当地では社会主義者の影響力によるものとみなされており、前首相の『国粋的(national)』政策からかなり後退したものと受けとられている。われわれが恐れているのは、そのような交渉がわれわれの抵抗力を麻痺させるのではないかということであり、われわれが全力を尽くしてもポアンカレの圧倒的な力の前にこの交渉に破れ、国民的目標を犠牲にせざるをえなくなるのではないかということである」と述べている。[74] またクニリングもハニエルに、同様のことを述べている。「私は、フランス接近の試みに対してよくいわれている懸念を少なからず抱かざるをえない。私が恐れるのは、そこから左翼の圧力のもとに新しいヴェルサイユが生まれるのではないかということである」[75] と。一四日、バイエルン政府はシュトレーゼマンに書簡を送り、一一日の決定と同内容の警告を与えた。「フランスが現在のわれわれの状況を正確に把握していることは間違いがない。フランスがその目標追求にみせた非妥協的な姿勢を考えると、バイエルン政府は、フランスとの交渉はドイツを文字どおりの降伏に導くことは間違いないと考える。……ライヒ政府の構成から、そしてまたドイツ国民の多数の政治的態度から、バイエルン政府は、ライヒ政府が国内上の理由から当初考えた以上にフランスとの交渉において譲歩することになる危険があると考えている。その結果は、フランスの目標が実現された場合よりもより悪いものとなるであろう[76]」と。

九月一五日、ライヒ政府と各ラント代表との話し合いは、この「消極的外交」を唱えるバイエルンと「積極的外交」を唱えるシュトレーゼマンとの対決となった。バイエルン代表プレーガー(Konrad von Preger)は、一四日付けの書簡と同内容の主張を行なった。「フランスに降伏する場合、恐れるべきことは国内に及ぼす深刻な結果である。そのようなことが起これば、第二のヴェルサイユになることを恐れる。バイエルン政府は、抵抗が無限に維持しうるとも思わないが、それが続くかぎり維持されることを要求する」と。これに対して、シュトレーゼマンは明確に、「外交上の積極活動」の利点を主張した。

「もし政府がなんらの活動もなさないままでいたら、そしてもしバイエルン政府が懸念するような結果が和解の試みもなされずに生じるとしたら、政府の負う責任はより重いものとなろう。政府が拒絶の解答を明確に与えねばならないという状況はたしかに存在しうる。しかしそのような拒絶の姿勢も、もしそれ以前に物質的な負担を提出するという形で考えられるかぎりの譲歩が示されているとしたら、全世界を前によりたやすく弁明しうるものになるであろう。……そしていままでは、世界中のどの国もどの国民も、ドイツ政府は何も行なわなかった、ただ消極的に拒否を繰り返すのみであったという非難を浴びせることはできないのである[77]」と。

彼の「外交上の積極活動」は、譲歩することによって譲歩をえると同時に、相手国から主張根拠を奪うことをも目的とするものであった。このバイエルン政府に対する反論は、丁重な形で一九日バイエルン政府代表に渡された[78]。その後も、バイエルン政府への説得活動は続けられた[79]。二五日、抵抗の中止を議題とするラント首相との会談が開かれた。バイエルンにとって、第二のヴェルサイユのはずであった。しかし、クニリングは、屈伏という印象を国民に与えることを避けるために、占領軍の違法行為を非難し、ヴェルサイユ条約の失効を主張するよう唱えたものの、「受動的抵抗は中止されねばならないことは、問題なく明白である、なぜなら、それを継続するための手段は存在しないからである」と述べたのである[80]。バイエルン政府も受動的抵抗の中止には、同意せざるをえなかった。翌日クニリングがミュンヘンに帰ったとき、彼の周りには、ヒトラーによる一揆の噂がうずまいていた。同日晩バイエルン政府は戒厳令を布告し、執行権をカールに委ね、カール(Gustav Ritter von Kahr)を邦《ラント》総監に任命した[81]。以後、バイエルンとライヒは内政の問題で抗争をみせるのである。

以上のように、受動的抵抗の中止に対する反対の実体は決して大きなものではなかった。これに明確な反対を示したものは、DNVPでありドイツ闘争同盟であった。ライヒ政府に距離をおくバイエルン政府も抵抗継続が不可能であることは承認せざるをえなかったのである。

このようにシュトレーゼマンは、九月二六日には、受動的抵抗の中止に関するかぎり、国内の大多数から支持を獲得した。しかし、八月一四日シュトレーゼマンが首相に就任したとき、抵抗の中止を積極的に唱えた者は皆無であった。この落差こそまさに、彼の「外交上の積極活動」の所産でもあった。すなわち、彼は「外交上の積極活動」を唱えそれを遂行した。そしてその目標は実現しえなかった。しかしこの活動が、抵抗の中止以外の選択肢が存在しないことを挙証したのである。そしてまたそうであるがゆえに、反証責任を課せられた反対派の範囲は極小化されるに至ったのである。次節の課題は、不可避性の挙証へと導いた彼の「外交上の積極活動」の展開を叙述・分析することである。

第二節　受動的抵抗の中止

一　外交方針の確立

大連合内閣において首相シュトレーゼマンは、同時に外相の地位をも兼任した。彼は、それはその地位に適当な人物がみつかるまでの一時的な措置であると、一四日の閣議で説明したが、それまで議会外交委員会委員長の地位にあった彼にとって外相のポストは、むしろ自発的に彼が選んだもののように思われる。(82) その外相シュトレーゼマンにとって最大の外交課題はいうまでもなく、ルール紛争の解決にほかならなかった。以下まず、彼のルール紛争に対する態度を整理し、次いで彼がその基本方針を確立する八月二三日までの状況を説明することにしたい。

彼の外交政策への取り組みは、クーノ＝ローゼンベルク政府と対比させてみるとき、次のような特性をその出発点としていた。それは第一に、クーノとローゼンベルクの積極性の欠落に対して、積極性をその出発点としたことである。このことは、彼の就任演説の外交政策に関する部分の冒頭が、外交政策という言葉ではなく「外交上の積極活動 (die außenpolitische Aktivität)」という言葉によって始められていたことに象徴的に示されている。その積極性とは彼にとっては、外に対しては交渉であり、内に対しては世論操作の強調となって現われた。交渉の主張はすでに前章までにみたところである。そして後者に関しては、彼は次のように主張している。

「もし、首相が世論(die Öffentlichkeit)によって支持されている外交政策を行なうならば、そのときは議会といえどもこの政策を潰してしまうことはできない。たとえクーノ首相が彼が内心反対していた政策を議会によってなさしめられたとしても、この世論への訴えは彼の力のうちに存在していたはずである」(83)と。

このような彼の「積極性」の主張は、すぐにフランスとの交渉の試みとなって、また八月二四日および九月二日等の演説にみられるように世論への訴えかけとなって現われた。次に第二として、その構想の違いが特性として現われてくる。この構想の違いは、すでに五月中旬の「政治と経済」の論文のうちで明らかにされていたが、彼はこの時期にもこの主張を明確に繰り返していた。「政治と経済」において、彼は、「経済」――賠償問題の最終的解決――に対して、「政治」――ラインラントとルールの維持――を優位におくことを主張していた。八月九日の演説においても彼は次のように主張している。

「なんのために、国民はこの戦闘を戦っているのか。彼らは、ドイツ国境を割譲されることなく維持するためにこの戦闘を戦っているのである。またわれわれが最大限の犠牲を払い苛酷な労働を行なえば、経済的、財政的そして社会的な生存がわれわれに許されるような賠償案の形成となって賠償問題が解決されるように、この戦闘を戦っているのである。」(84)

彼がその目標をルールとラインラントの維持に置くことは、彼の組閣陣容からも明らかであった。『ライン新聞』の主幹として、それまで分離運動にも、また戦術的な観点からラインラントの犠牲を主張するグループにも公然と反論していたゾルマンを内相に登用し、ライン州知事でフランス軍に追放されていたフックス(Johannes Fuchs)を新設の占領地区担当相に登用したのである。(85)

そしてフランスとの和解を強調し、それと同時にイギリスの第三者仲介能力の限界を強調することも変わりはなかった。

「クーノ政府は、ルール占領が始まる前にフランスとの関係を良好にしえたはずであり、私の見解に従えば、しなければならなかったのである。なぜならすべての政治的決定の中心はパリにあるからである。ロンドンとワシントンにのみ頼ることは、疑いもなく誤りといわなければならない。(86)」

また九日の演説はその理由を明らかにしている。

「連合国内の鋭い対立を利用すればドイツ国民のために何物かを獲得しうるとして、連合国間の分裂を画策するようにわれわれに勧める意見もある。しかしそれは完全に誤りである(87)」と。

以上のように、シュトレーゼマンは「積極的」な外交政策——目標としての領土保全、その方法としてのイギリスの第三者仲介能力の限界の認識、それに基づくフランスとの交渉——を、彼の行動の出発点としたのである。

その彼が外相就任早々直面した問題は、八月一一日付けイギリス側のノートであった。七月三〇日、フランス政府は七月二〇日付けイギリスノートに対する回答を提出した。これを受けたイギリス政府は、フランス側の強硬姿勢に驚き、同時に失望を感じた。七月三一日イギリス政府が閣議を開いた時、一時はイギリス政府はこのような介入をやめ事態を放置すべきであるという議論が大勢を占めたりもした。しかしカーゾンの説得が功を奏し、イギリス政府は、もう一度懐柔的なノートをフランスとベルギーに提出すること、八月二日にボールドウィンはイギリスの立場を世界に明らかにするため議会で演説を行なうこと、そして同時にいままでのフランスとの関係を明らかにするため外交文書を早急に公表することを決定した(88)。八月二日、ボールドウィンは下院で演説し、七月二〇日付けイギリスノートの内容を繰り返し、またイギリス、フランス、ベルギー各政府間で取り交されたノートを公表すると述べた(89)。この演説は明らかに大きな反響を呼び起こした。ベルギー政府は、七月二〇日のイギリス側ノートが、ドイツの賠償支払いに対するベルギー側の優先権を無視したことに不満を抱いていたが、「われわれはフランスのようにこの突撃を無限に続けることはできない。われわれは崩壊してしまうからである。ベルギー国民の大多数はルール政策に反対している。われわれは解決をいそがなければならない」とポアンカレに伝え、フランスにイギリス側と交渉を開始するよう勧めた。(90) 一方イタリアは八月六日、イギリスに回答を送り、戦債問題および国際専門家委員会に関しては保留の態度を示したが、受動的抵抗の中止と同時に段階的撤退を開始することでイギリスと一致をみせた。(91) その間アメリカは、八月三日に大統領ハーディングが死去したことにより、外交行動を中断させられていたが、この当時依然として介入する気配をみせなかった。当時アメリカを訪れていたケスラーはヒューズおよび西欧局長カースルと会見する機会をもち、七月下旬その模様を次のように報告してきた。ヒューズは、「早急に事態が進展すること」を望んでおり、「まず最初に何にもまして行なわなければならないことは、障害を取り除くこと」、すなわち「解決の最初の道たる受動的抵抗の問題を解決すること」であると主張していたと。「政府(アメリカ政府のこと——筆者)は、現在の混乱した状況のなかにあって一つの確固たる方針をもっている。それは、試みが失敗することによって解決の最後の望みを打ち壊してしまうようないかなる行動も許されはしないという方針である」。明らかにアメリカ政府は消極的であった。ケスラーは、この消極性を次のように判断した。それは、「自分がいまだに弱いという感情の現われであり、加えて、失敗することによって自己の立場を傷つけはしないかという恐れの現われである」と。当時のアメリカ外交の「未熟さ」を彼は感じ見抜いていたのである。(92)

状況は一見流動化したものの、イギリスとフランスの対立、アメリカの非積極性という大国間の関係には変化はなかった。焦点は、次に出されるイギリス側回答に移された。

この間ドイツ政府は、政府交代の危機のなかにあって、積極的な動きもみせず、状況の把握にのみ努めていた。(93) 行動らしい行動は、八日に議会に提出される財政改革法案の内容を各国に伝えるという行動のみであった。[94]

八月一一日、イギリス政府はフランス政府およびベルギー政府にノートを手交した。[95] ノートは異例ともいえる長文のものであったが、その要点は次の三点にあった。第一は、ルール占領の合法性を否定したことである。「イギリスの法律界の権威者はイギリス政府の主張は根拠のあるものであるという、報告書を提出している。イギリス政府は一度たりとも、フランスおよびベルギー両政府のルール占領は、条約によって許されている制裁ではないという見解を隠しだてしたことはない」と。さらにノートはルール占領の合目的性をも批判した。ドイツ政府がルール占領によってその支払い能力を低下させているとき、普仏戦争の四〇億の三三倍にものぼる賠償金の支払いを強要することと自体に無理があると。第二点は、先年のバルフォア・ノートの趣旨を繰り返したことである。イギリスは連合国およびドイツ政府への支払い要求を、イギリス政府が合衆国に負っている一四二億GMにまで削減する用意があると。第三に、国際専門家委員会の設置をふたたび強調したことである。ドイツ側の支払い総額は連合国代表ばかりでなくアメリカその他の中立国の代表およびドイツ政府の代表をも含む国際専門家委員会によって決定されるべきであるとし、その一方、賠償委員会に対しては、アメリカの参加をみていない賠償委員会はフランスとベルギーの道具になり下がっているとまで批判を加えた。[96] ルール占領批判と賠償支払い案の最終的改定、これが、この歴史的ともいわれる八月一一日「カーゾン・ノート」の要旨であった。

崩壊寸前のクーノ政府はこれを「われわれの外交の成果」と呼び、[97] 異例ともいえる謝意のノートをロンドンに送っていた。[98] しかしシュタマーはその日、このカーゾン・ノートに悲観的なコメントを打電していた。それは、このノートはルール紛争をめぐる交渉に関してなんらの具体的な提案を行なっていないこと、またこのノートによって、イギリス側のフランスおよびベルギーへの譲歩は威信喪失なくしては考えられなくなったこと、そして内容の面でもフランスが和解の道をとるとは考えられないことを伝え、最後に「フランスは、この大言壮語の陰にそれに相応しいだけの行動への強い決意が存在しないことを知っている。そのため私は、フランスおよびベルギーの態度が、内容的に影響を受けるとは考えていない」と述べていた。この報告は、駐英大使はこのノートによって、ルール紛争の解決がより容易になったとは考えていないことを明確に示していた。(99)

これが、八月一四日に首相兼外相となったシュトレーゼマンを待ち受けていた国際情勢であった。

一四日、シュトレーゼマンは、その就任演説において外交政策の基本方針を説明した。ルール地区の解放と自由の復活、ラインラント地区の現状回復、占領地区からの追放者の復権を要求し、われわれの国家的生活と経済的生活が維持され国民の将来の発展が許されるかぎり賠償支払いをなすと「履行」を強調した。このことは九日の彼の演説と変わらなかった。しかし彼はこの演説では、一一日のカーゾン・ノートに触れ、「ドイツ国民の受動的抵抗を支える力の源泉は、ドイツ側の主張の正しさに関する深い確信のなかにある。このドイツ側の主張の正しさは、今では疑いもなくイギリス側にも認められている。しかし、たとえイギリス側ノートがルール占領の違法性を主張したとはいえ、ライン＝ルール問題が早急に解決されることは期待できない。とはいえ、イギリス側の見解表明はフランスとベルギーでも反響を呼び起こさずにはすまないであろう」(傍点筆者)と述べた。(100)この演説は、彼の目標が依然としてドイツ領土の保全にあること、そしてまたカーゾン・ノートに過度な期待を抱いていないことを明らかにしていた。

ところでシュトレーゼマン内閣の樹立は、各国から、ドイツ側の外交方針の急転回を示すものとして、またフランスへの降伏を示す前兆として解釈されていた。(101)そのためシュトレーゼマンは、まずこのような解釈を否定することから活動を始めねばならなかった。一四日、彼は各国の新聞特派員と会い、このような解釈の打ち消しにかかった。(102)一七日にはダバーノンと会い、「人びとは、この政府はドイツの政策の変更を意味するものだと語っている。これは完全に誤りである。何の変化もないであろう。ひょっとしたら、そのトーンがより穏やかになることはありえるかもしれない。また此地とパリとのコミュニケーションも、ローゼンベルク氏の時のようには妨げられることはないであろう」と述べ[103]、各国の観測を否定した。

このように、新内閣の発足とともに各地に飛びかった方針変更の観測を打ち消した後、彼の行動は方針の確立へと移行していく。一五日、シュトレーゼマンは駐仏代理大使ヘッシュに、情勢の検討のため一八日ベルリンに帰国するよう訓令した[104]。また駐英大使には、ボールドウィンの閣内での地位がカーゾン・ノート提出のために弱化しているという報道の真偽の検討を命じた[105]。この訓電に対してシュタマーは、そのような兆候はみられないこと、加えて、「もしフランス政府が妥協の動きを少しでもみせれば、和解が試みられることになろう」と報告してきた[106]。一九日、シュトレーゼマン、マルツァン、ラインバーベン、ヘッシュの間で情勢検討が行なわれた[107]。この会談の詳細な内容は明らかではないが、この会談にヘッシュが提出した覚書は以下のようなものであった。彼はまず、ポアンカレのルール占領の目的を分析した。それによれば、ポアンカレのルール占領は二重の目的をもっていた。第一は、賠償金を支払わせるためにベルリンに圧力をかける手段としてのルール占領であり、第二は、その支払いが不能な場合、ただちにその支払いの担保として差し押えるためのルール占領であった。そして、この後者の目的に関してポアンカレは、ドイツ全土の経済資源を担保とするいわゆる一般担保という保証措置(六月七日ドイツ案)よりも、現在占領中のルール地区の経済を担保とするいわゆる特別担保という保証措置を採用しようとしていた。したがってポアンカレは、カーゾンの質した受動的抵抗中止の際の占領撤退時期に関して、賠償義務履行完了までの占領を前提とする、履行に応じた段階的撤退案をもって答えたのであった。続けてヘッシュは、受動的抵抗中止の意味と、中止によって得られると予想される譲歩について分析した。まずフランス側の意味する「受動的抵抗の中止」とは、占領地区住民の積極的な協力であり、ドイツ側が賠償義務の履行を再開するまで賠償支払いの代償として、MICUMが占領地区の差し押えを続けることであった。したがって予想される譲歩は、きわめてわずかなものでしかなかった。つまりそれは、せいぜい占領の形態が現在の軍事占領からMICUM中心の経済占領へと移行することであり、そして占領政策が緩和されることでしかなかった。このように彼は、フランス側の目的は、ドイツ側が賠償支払いを再開するまで占領地区をその担保として差し押え続けることであり、「受動的抵抗の中止」とはそれへの積極的な協力であり、そこでの譲歩は占領政策の若干の緩和でしかないと分析したのである。最後にヘッシュは、ドイツ外交が今後とりうる選択肢を提示した。第一の選択肢は無条件降伏であった。これは、「受動的抵抗の中止」と全面協力をフランス側に伝えるというものである。第二の選択肢はフランスと交渉することであった。それは、従来のポアンカレの交渉拒絶の姿勢からしてきわめて可能性の少ないものであり、したがってその目的も、フランス側から譲歩を引き出すことよりも「受動的抵抗の中止」の内容を聞き質すことにあるとされた。しかもこの交渉要請は、直接フランスに対して行なわなければならなかった。第三の選択肢は、英仏間に合意が成立するのを待つというものであった。それは、イギリス側が占領撤退の予定に関する確約をフランスから取りつけることを待って、連合国の圧力に屈する形で受動的抵抗を中止するというものであった。クーノ外交の継続であり、英仏関係が悪化している現段階では、その即効性は期待しうるものではなかった。また英仏再接近は、今後のドイツ外交にとっても憂慮せざるをえないものであった。第四の選択肢は、受動的抵抗を継続しイギリスの支持を獲得しフランスの敗北を待つというものであった。ドイツにとって最も成果の多い選択肢であり、一一日ノートから判断してイギリス側の「積極的な支持」も期待しえた。しかし受動的抵抗がいつまで継続しうるかが問題であった。(108)

このような選択肢の提出を受けて、シュトレーゼマンは、二二日には一つの覚書「わが外交の基本方針」を作成し、二三日には閣議においてはじめてその外交の基本方針を説明した。まず彼は、受動的抵抗の継続に限界があることを明示した。「現在、危険はとりわけ占領地域にある。受動的抵抗は、寒期に入る前までは確実に維持されるであろう。しかし国民の志気は驚くべきほど急速に衰えている」と彼は述べ、「近い将来、占領地区のグループが政府に受動的抵抗を終了させるよう要請してくる可能性は充分にある」というゾルマンの観察に積極的に同調していた。したがって彼によれば、「ルールでの抵抗はその期限までしか継続しえないがゆえに」、ドイツ政府は「国際世論とドイツ世論に、ルール問題に終結の道があることを示すような積極的な外交」を展開しなければならなかった。[109] では一体、彼は、どのような「外交上の積極活動」を行なうつもりであったのであろうか。この点、二二日の覚書と二三日の閣議説明は一見矛盾した姿をわれわれに与えている。まず二二日の覚書は、明確に、フランスと直接交渉を行なうと述べ、「わが国民の名誉を確保することを前提として敵対国との和解を達成することが私の譲ることのできない目的であり、私個人の活動の対象である」と理由を説明していた。この第一の課題に続く課題として、彼は、ドイツ支援のためにイギリスの理解をえるよう努力することを挙げていた。[110] しかし二三日には、彼は、この課題の順序を逆転させる発言を行なっているのである。彼は、「フランスとの直接交渉は問題にならない」とまず明言し、「イギリスは、フランスを孤立させ、イタリアとベルギーを味方に入れ、アメリカには賠償問題に関心を示すよう説得している」として、このイギリスの活動を支援するため「フランスの要求に反対している国々に、ドイツは賠償支払いをなす準備があることを確信させる」つもりであると述べていた。彼は、明らかに、第一の課題としてイギリスの援助の獲得を選んだのである。[111] しかし、一見矛盾しているこの二つの説明こそ、彼の外交指導の本質を明確にしてくれるのである。すなわち二三日の説明は、後に述べるように、当時彼はイギリス工作を進めていたという状況を反映するものであり、二二日の覚書は基本方針であったのである。その「基本方針」は、明確に次のように述べている。

「ドイツの政策は、なんら地理的な方針に固執するものではない。ドイツの政策は、たとえそれがいかに困難にみえようとも、機会主義(Opportunismus)の原理に導かれねばならない。ドイツの政策は、常にこれらの目標(賠償問題の有利な解決――筆者)の達成のために、最大の利得を獲得しうるところからはどこからでも利得を獲得しなければならないのである。それゆえドイツの政策は、西方指向をとるものでも東方指向をとるものでもなく、またイギリス指向をとるものでもフランス指向をとるものでもない、ただ単にドイツの政策を追求するものなのである。そしてこのような政策は、他の二、三の国々がドイツに理解を示す場合には、その国に理解と評価を示すためにも、その場合場合に従って、自国の政策を出来うるかぎり、このようなドイツの目標達成を早めてくれる国なり国々なりに適合させる試みとなるのである。このような国の一つが、最近ではイギリスなのである。ところでイギリスのこの数ヵ月の態度は、イギリスの目標を追求するためのものであることは認めなければならない。しかし、このイギリスの政策がドイツの利益と一致するかぎり、その動きはわれわれと同一のものとなるのである」(112)(傍点筆者)と。

まさに「基本方針」の基本方針は、可能性の技術にほかならなかった。彼にとって選ぶべき道は、フランスかイギリスかという道ではなく、「敵対国との和解」が紛争解決上必要であるためにフランスとの直接交渉の道があり、それと同時に「従来出された公文書のなかで最も明確で力強いもの」(113)たる一一日ノートを発表したイギリスが「ドイツに理解を示している」ゆえにイギリスと同一の方向を指向する必要があるという、フランスもイギリスもという道であった。(114)したがって前述のヘッシュの提出した選択肢のうち、彼は第二と第四の選択肢を同時に選択したのである。その選択肢の実行をみることが、次の課題である。

二　「外交上の積極活動」

八月二四日、シュトレーゼマンの「外交上の積極活動」が開始された。それも、彼の外交行動のスタイルを特色づけるかのように、ドイツ商工会議所における演説でもって開始されたのである。以後の彼の「外交上の積極活動」は伝統的な外交行動と典型的な違いをみせて行なわれた。「世論」を重視する彼にとって、演説、記者会見は外交の一つの道具となった。また交渉の方法も異なっていた。クーノ政府は出先大使と各国政府のルートを主として使用したのに対し、彼は駐独大使との会見というルートを多く使用した。そしてこのルートは、事務次官マルツァン、外務省第三局長シューベルトによって補強された。さらにまた、彼はまったくの私人による外交の非公式ルートをも使用した。

二四日の演説において彼は、マルク崩壊を阻止するための一連の措置を説明するとともに、賠償問題にも言及し、ドイツ財政の建て直しはルール占領の解決なくしてはありえないと、間接的ながら受動的抵抗の継続に限界があることを暗示した。続けて彼は、賠償問題に関して譲歩する用意があることを示した。「現ドイツ政府は、先の政府の提案(六月七日ドイツ提案――筆者)を踏襲するものである。ドイツの自由のために、われわれの主権を維持するために、またわれわれの情勢を安定化するために、現ドイツ政府は、賠償義務の生産的担保としてドイツ経済の一部を提供することもやぶさかではない」(傍点原文)と。しかし賠償問題に譲歩を示しても、彼の第一次的目的たる領土の維持には譲歩は許されなかった。「ドイツ・ラインラントの問題は、われわれにとって妥協しうる問題ではない」。なぜなら、「ドイツ領内のドイツ・ライン」がすべてのドイツ人にとって死活問題であり、その目的にほかならないからであった。(115)この演説は、明らかに、ドイツ領土保全の確約のあるかぎり賠償問題で譲歩する用意のあることを示す、連合国とくにフランスに対する観測気球でもあった。

それと同時に彼は、間接的ながらもフランスとの交渉の試みを開始した。彼は、当時ルールの石炭業界と占領軍との間で進んでいた秘密交渉を支援する姿勢をとり、[116]また私人を介して駐独フランス大使マルジュリイに接近したのである。彼は、前外務省報道局長ナウマン(Victor Naumann)をマルジュリイのもとにやり、ポアンカレ政府はドイツ政府と交渉に応じる用意があるという、パリからの報道の真偽を確かめさせた。それに対するマルジュリイの返答は、少なくとも modus vivendi を締結することは可能であり、フランスの目的は領土の併合ではなく、経済的な保証にあるというものであった。そしてマルジュリイは、イギリスの介入、とくに独英接近の動きに警戒を示した。[117]

この間パリからの報告は、矛盾に満ちていた。二〇日、フランス政府はイギリス政府に先のカーゾン・ノートへの回答を提出したが、その内容は従前と同様であり、微塵も妥協の姿勢はみせなかった。[118]二三日、このノートが公表されたとき、ヘッシュはそれに関して悲観的な報告を送ってきた。「このノートはわれわれにとって、ポアンカレの揺ぐことのない決意を示す悲しむべき証拠となっている。彼は、条約違反によって彼に与えられた力を、その他のことを何も考慮することなく、われわれと連合国に対して利用しようとしている[119]」と。しかし、二四日のシュトレーゼマン演説に対するフランス側の反響に関する報告になると、演説は「完全に非友好的な形で」論評されてはおらず、それ以上に解決の気運も出はじめていると伝えてきた。[120]また三〇日にはヘッシュは、「フランス政府はルール紛争を早急に解決することを望んでいるように思われる」と伝え、その理由として、「フランスが今後も引き延ばし(Verschleppung)を続けるならば、それはいかなる得もないばかりか、あらゆる方面からのフランスへの圧力を強めるばかりであるからである。そしてまた早急にドイツ側を屈伏させるということは、イギリスに対する外交的勝利をもたらし、世界でのフランスのプレスティージをかなり高めることになるからである」と分析してきた。[121]フランス側が交渉に応じる用意があると判断しているような報告であった。

この頃、フランス側に交渉気運があるという報告がシュトレーゼマンにもたらされていたが、彼がこの八月下旬に最も熱心に進めていたのはイギリス工作であった。しかし、それはパリからの報告とは反対に悲観的なものとなっていった。

一一日、カーゾン・ノートが提出された後、外相カーゾン、事務次官クローは休暇に入り、著名な親フランス派(“die-hard”)の事務次官補ティレル(Sir William Tyrrell)が外務省の指導を行なっていた。[122] また首相ボールドウィンも、カーゾン・ノートの提出以降閣内において陸軍大臣ダービィ(Earl of Derby)らの反撥にあい、二〇日のフランス側回答の後はフランスとの関係改善を指向するようになり、二五日には「われわれはすべて、いま早急に閣議を開く必要はなく、考察のための休息が有益であることに同意している。私は外務省に、もしポアンカレが私と個人的な会談を望んでいるなら、私も彼に会う用意があるとほのめかしている」と述べ、フランスに休暇に出かけてしまった。[123] そのためイギリス側は、以後三週間政策の決定をなしえなくなった。[124] そして、ドイツ側にとって重大なこの時期に生じた決定の空白は、三一日に発生したコルフ島事件によっても拡大されることになった。[125]

この時期にシュトレーゼマンは、イギリスに対して「救済の要請[126]」を行ない、その挫折に出会ったのである。

八月二〇日シュタマーがティレルと会い、ドイツの貿易収支改善のためにイギリスが賠償回収法を撤廃するように要請したとき、ティレルは彼の個人的見解ながら、次のようなルール紛争の終結条件を暗示した。「ポアンカレは個人的には、形式的な勝利で満足するであろう」、ドイツ政府が受動的抵抗に関する法律および命令を廃止すれば、ルール地区は「フランス軍の早急な撤退の下に、(ＭＩＣＵＭの――筆者)技術者のみによって支配されることになるであろう[127]」と。これに対しシュトレーゼマンは、翌二一日ただちに訓電をシュタマーに送り、ティレルの発言の詳細を求めた。[128] しかし二〇日のフランス側回答の内容が明らかになるにつれて、シュトレーゼマンは、このフランス側回答に関して開くと予想されるイギリス政府の閣議のために、ドイツ側の立場をイギリスに明らかにしておく必要性を感じ、二三日シュタマーに長文の訓電を送り、ただちにその内容を外相カーゾンに伝えるよう指令した。まずフランス側の二〇日付け回答について述べ、それは従来と同じ内容であり、「このようなフランス側提案を受け入れることは、政治的および経済的観点から致命的なものと考えられる」と拒絶の姿勢を明らかにした。次いで、ドイツの破滅的な経済情勢について説明した。ドイツの最大の課題は経済・財政の建て直しであり、それはこのルール問題の早急な解決なくしては不可能であり、ルール地区の受動的抵抗ももはや継続不可能であると断言した。さらに、このように見解を伝えるばかりでなく、積極的に解決案をも提示した。七月二〇日のイギリス側のノートを全面的に受け入れること、ルールの全面的な原状回復とラインラントの条約どおりの回復が認められるならば、受動的抵抗を停止することである。そして最後に、イギリス側の見解を要請した。[129] 明らかにこれは、イギリスの側面援助を期待し要請するものであった。翌日シュタマーはティレルと会談し、この内容を伝えた。しかし、決定の空白にあったイギリスからはなんら実質的な返答は出されず、シュタマーは「イギリス政府はいかなる計画も持ち合わせていないようである」とのみ伝えてきた。[130] その後二九日にもシュタマーはティレルと会談したが、「なんら新しい進展もなく、ここ数週間このような事態が変化することも期待できない」と報告してきた。[131]

しかしこの二九日ベルリンは、側面援助要請のルートを駐英ドイツ大使館から駐独イギリス大使館へと変更していた。二九日午前シューベルトはダバーノンと会談し、ドイツの深刻な国内情勢を説明し、受動的抵抗の継続が不可能になっていることを伝えた。これに対しダバーノンは協力を約束し、同日午後、二人はふたたび会談をもち、シューベルトは、先の二三日付けシュトレーゼマンの訓電およびティレルとの会談結果をダバーノンに伝え、ダバーノンは、早急な解決を計るよう努力するよう本省に打電することを約束した。[132] 三〇日、ダバーノンはこの電報をシューベルトにみせ、シュトレーゼマンもその内容を了承した。それは、先の二三日付けドイツ側訓電の要点をより明確に述べたものであり、次の四点を繰り返していた。第一は、ドイツの状況は極めて危険であり財政状態は深刻であり、受動的抵抗はもはや「長期にわたっては」継続しえなくなっていること、第二に、そのためルール紛争の早急な解決が必要とされるが、無条件の停止は国内に深刻な社会不安を呼び起こすゆえ考慮外にあること、そこでの「唯一の解決の道」はイギリス側七月二〇日提案にあること、第三に、ドイツ側の目的は、「ルール・ラインラントという特別担保を、他の一般的・非政治的担保に切り替えること」であり、そのためには六月七日ドイツ提案以上の保証措置を提供する準備のあること、第四に、イギリス政府がこのようなドイツ側の見解に対してイギリス政府の「方針」を示してくれれば、ドイツ側は深く感謝すること、であった。(133) ダバーノンは、この電報をティレルを避け休暇を終えるカーゾンにみせるべく、一日に打電した。

しかし、ダバーノンによるこの要請も空しかった。九月一日ダバーノンはシューベルトと会談し、イギリス政府から、独仏間の交渉に関する情報を報告するよう極秘に訓令を受けていると伝え、ドイツ側にその交渉についての説明を要求した。ドイツ側は、情報を秘匿するよりもイギリスの信頼を確保することのほうを重視し、この交渉に関して今後ダバーノンに情報を与えることを約束した。(134) しかし、イギリスの決定の空白は埋まるものではなかった。三日、ダバーノンはマルツァンと会い、イギリス政府は受動的抵抗に関する独仏間の交渉について理解を示すと述べたものの、受動的抵抗中止の条件に関しては、一種の「紳士協定」による逮捕者の釈放等を示唆したにとどまった。(135) それは、イギリス政府が不介入の立場をとることを伝達したのに等しかった。四日、シュトレーゼマンが直接交渉にのり出し、ダバーノンにふたたび、ドイツ情勢が緊迫していることを説き、イギリスがただちになんらかの行動をとるよう要請した。(136) またシュトレーゼマンはその日、『デーリー・エクスプレス』の記者と会見し、「ドイツは支払い意図をもつ」

と支払い意志を強調し、「しかしルール地区が占領されているかぎり、このような支払いをなすことは不可能な状況にある」と述べ、「イギリスがヨーロッパから手を引いた時、一体、双方を満足させるような解決がなされるのであろうか」とイギリスの介入をその世論に期待した。(137) しかし当時、イギリス政府はコルフ島事件に時間を奪われており、七日、休暇中のシュタマーに代わる代理大使デューフール(Albert von Dufour-Feronce)は、このような状況ではイギリスに多くの期待をかけることはできないと報告していた。(138) シュトレーゼマンもイギリスへの期待を失っていった。七日、彼は閣議の席上で、フランスとは合意に達するためすべてのことをなさなければならない、しかし「イギリスには何も期待できない」と述べるに至っている。(139) また同じ七日のライヒスラート外交委員会でも、彼は次のようにイギリスに対して悲観的な評価を下した。

「イギリスは、クーノ内閣辞任の直前たる八月一一日、フランス政府に対して、ルール侵入を違法と判断した有名なノートを交付した。確かに、このような法律的な判断は、現在において道義的に価値の多いものであり、将来においても政治的に価値の多いものとなろう。しかし、ルール危機の間にイギリスがみせた態度のすべてを冷静に判断してみると、われわれは、ルール紛争に対するイギリスの態度は、ドイツが積極的な要因とみなし計算しえるほどのものではなかったと結論を下さざるをえない」と。

また次のようにも述べている。

「われわれはイギリス政府に、われわれの抵抗の力が限界に達していることを伝えているし、また従来までのようなイギリスの消極的な態度はドイツにとって効果がないことも伝えている。しかし、それにもかかわらずイギリス側は、その態度を変更しようとしないのである」(140) と。

首相就任当時シュトレーゼマンは、可能性の拡大を模索し、それゆえにこそイギリス政府の限界を認識していたにもかかわらず、可能性の拡大のためにイギリスの介入を試みた。そしていま、イギリス政府の限界を改めて確認した彼は、ふたたびその原点に回帰することになった。彼がイギリスの介入という可能性の道が断たれたことを明確に認識したことは、それ以降の対英関係からも明らかとなる。

一二日、駐英代理大使は、それまでのイギリス側との、とくに経済界との接触から、[141]イギリス側は完全に「行動しないわけではない」と判断し、いまだフランスに休暇中でありその帰国の途次ポアンカレとの会談を予定しているボールドウィンに、ドイツの状況を説明しドイツ側の和解の意思を伝え占領地区の維持のためにドイツが提出しうる保証条件を明らかにした極秘書簡を送るように具申してきた。[142]しかし、翌日のマルツァンの返答は、現在のイギリス政府のルール紛争に対する態度が明らかでない以上、そのようなことは問題にならないと述べていた。[143]また一二日イングランド銀行総裁は、ドイツ側は降伏すべきではないと警告してくると同時に、ドイツ政府は仲介をイギリス政府に要請し、一〇月に開かれる帝国会議(Imperial Conference)まで抵抗を続けるべきだと勧めてきた。[144]これに対してシュトレーゼマンは、彼のイギリスへの怒りと不満を示す、異例ともいえる回答を送った。イギリス政府は、シュタマー、デュフール、ダバーノンを通して、ドイツの情勢とその政府の意図とを知悉しているはずである。ドイツ政府は、イギリス政府の仲介を可能とすべく、われわれの有する考えられうるかぎりすべての手段を提供してきた。ドイツ政府は七月二〇日イギリス側提案を承認したし、この提案に盛り込まれた以上の保証措置さえも提供してきた。しかし「われわれは、われわれのこのような提案に対して一つの回答も与えられなかったし、イギリス側から一度も示唆を受けることはなかった」。このようなイギリス側の「絶対的ともいえる無関心(absolute Interessenlosigkeit)」が続くかぎり、われわれは無条件降伏を予期せざるをえないと。明らかにこの返答は、「介入の時機が過ぎ去ってしまった」ことを彼自身認めたものであった。[145]

一方、可能性の拡大を模索する彼にとって、その努力の力点は九月上旬を境として対仏交渉へと移動した。八月三一日マルツァンはマルジュリイと会い、ドイツ側にフランス政府およびベルギー政府と受動的抵抗に関して交渉の用意があることを伝えた。これに対しマルジュリイは、九月三日にシュトレーゼマンと会談することに合意した(146)。それに先だって九月二日、シュトレーゼマンは、ポアンカレに向けてドイツ側の意図を明示すべく、シュトゥットガルトで演説を行なった。この演説は、その基調において、ドイツ外交の第一の目標はドイツ主権の確保であり賠償支払いに関しては譲歩しうるという彼の外交目標を変えるものではなかった。しかし二四日の演説と比べると、次の三つの点がとくに強く強調されていた。第一は、賠償支払いの方法に関することであり、フランス側の主張する特別担保に対して、いわゆる一般的担保による支払い方法をより具体的に述べたことである。彼は、支払い方法としてはまず利子支払い義務のみを引き受けること、それと同時に借款導入を計りそれによって支払いをなすことを明らかにしたのである。第二は、八月二七日のベルギー側回答が《安全》《セキュリテ》の問題を賠償問題と絡めて提示したのに対応して、《安全》の問題を取り上げ、「ラインに関心を有する諸国が、ある一定期間、現在の国境の不可侵を相互に保障することに合意すること」が必要ならば、ドイツは喜んでその準備をなすと言及したことである。そして、この演説の最大の特色は次の第三点にあった。「フランスは、領土併合の意図もなくまたドイツを解体する意図もなく、ただ単に……平和条約の定めた支払いに対する保証を求めているにすぎないと確信している。もしこの見解がフランスの政治家の、また全フランス国民の見解であるならば、彼らこそがこのような見解を実行にうつす可能性をもっているということができる」。彼は、このようなフランスの「見解」の解釈を示し、好意的なフランス・イメージを伝えることによって、フランスとの交渉に積極的であることを示すシグナルを送ったのである(147)。

三日、シュトレーゼマンとマルジュリイとの会談が行なわれた。シュトレーゼマンは、まず独仏双方の意見交換の場をもつというためにも交渉を開始する必要があると説いたが、駐独フランス大使は、受動的抵抗が中止されるまではいかなる交渉もありえないと答え、従来の原則を繰り返した。それに対しシュトレーゼマンは、「ルール紛争の名誉ある終結がない状況で受動的抵抗を中止すれば、どのような政府も存続できなくなる」(傍点原文)と述べ、フランス側に配慮を要請し、それと同時に一般的担保の設定、独仏経済界の協力の推進、ライン保障条約の締結という提案を行なった。[148] 翌四日、マルツァンはマルジュリイと会い、前日のシュトレーゼマン提案を質問状という形にまとめて彼に渡し、本国に連絡するよう要請した。これに対してもマルジュリイは、ポアンカレは受動的抵抗が中止されるまではいかなる交渉にも反対するだろうと答えただけであった。しかしマルツァンは、この要請は覚書によるものでも口頭ノートによるものでもなく、二者の会談の記録によるものであると説得し、さらに個人的見解として、もしポアンカレがシュトレーゼマンに紳士協定という形でもよいから、逮捕者の釈放、追放者の復帰、主権の維持を約束してくれるならば、受動的抵抗は中止されることになろうと付け加えた。[149] シュトレーゼマンは、この非公式会談による打診に期待をかけた。七日の閣議では、彼は「フランスとの正式な交渉が開始されている」、その問題点は、(一)受動的抵抗の停止、(二)ルールの撤退、(三)生産的担保の実効性にある。「全体の状況は、交渉継続の雰囲気があるというかぎりで、融和の方向に向かっているようにみられる」と報告し、[150] またその晩のライヒスラートの外交委員会でも、このフランス大使との交渉に多くの説明を与えていた。[151] 九日、このドイツ側提案に対してポアンカレは、演説という形で回答を与えてきた。彼はこの日ダンビーュで演説を行ない、フランスの目的は「ドイツをしてわれわれに支払い義務として負っているものを支払わせること」にあると語った。彼は従来までの強硬姿勢をくずさなかった。独仏工業界の協力に関するドイツ側の申し入れには、それは和解の前提として存在すべきものではなく和解の結果として存在しうるものであると反論した。さらに「現在ドイツは十字路に立っている。もしドイツがみずからを救う道を選ぶならば、いまだその時間は十分ある。もしドイツが従来までの方法に固執するなら、みずから崩壊を招くのみである。それに対してわれわれはなんらの責任もない」と語り、ドイツ崩壊の予想を明らかにした。しかしこのような否定的な演説にもかかわらず、シュトレーゼマンに期待を抱かせるような発言も含まれていた。彼はドイツ側の生産的担保に対して次のように言及した。

「われわれは、現在手中にしている積極的な担保の方を好む。われわれは、この担保を一般的担保と交換するつもりはない。なぜなら、一般的担保は紙の上の計算ではすぐれたものとなるが、実際にわれわれにもたらすものは少ないからである。われわれは実際の物(Realitäten)を望むのであり、われわれに支払いがなされたとき、それを解放するであろう[152]」と。

一〇日、マルジュリイはポアンカレの回答を伝えてきた。その回答は、先日の演説とほぼ同内容であったが先日の演説の問題の箇所を次のように述べていた。ポアンカレは、首相の担保提案を「幸福な進歩」とみなし、この担保の詳細を知りたがっていると[153]。その日、閣議でシュトレーゼマンはこの返答に注目し、一二日記者会見でこの点について説明することを決定した[154]。一二日、記者会見がなされた。それは、九日の演説および一〇日の回答に対する返答であった。彼は、担保として国有資産のほかに民間資産をも加えたことを、ヴェルサイユ条約の規定以上に譲歩したものであると強調し、この民間資産への担保設定によりドイツ側の外債借入額は増大するゆえ、このような方法は「現実に事実として存在するもの(Real Tatsache)」であると述べた[155]。一三日、彼は閣議の席上、ふたたびこの一二日の演説を説明し、さらに「公式筋からの報告によれば、ポアンカレは彼の見解を修正したと伝えられている」として、この線でフランスとの打診を継続する意思を明らかにした[156]。

しかし、交渉のための時間はもはや存在しなかった。一四日には、ルールに対する受動的抵抗の援助資金を停止することを議題として閣議が開かれることになっていた。おりしも、保証委員会フランス側首席代表アグナン(Emile Haguenin)が、ポアンカレとの仲介役を申し出てきた。彼はシュトレーゼマンと会い、五億GMに達するドイツ産業の全体にわたる担保設定案をもってパリに向かった。しかし、そのとき彼は、「私はそれがあまりにも遅すぎたのではないのかと思う。私は、ポアンカレから譲歩をえる時機を逸してしまったのではないかと恐れる」と語っていた。[157]まさにこの試みは、この提案の作成者みずからも認めるように、「受動的抵抗の死児をもって、それがあたかも交渉の生きている対象であるかのようにふるまう」ことを必要とさせる、遅すぎた試みであった。[158] 一五日、交渉は失敗した。[159]フランス政府は、無条件降伏を要求する意思を変えなかった。ポアンカレは、この日その友人に次のような書簡を送っている。「われわれはルールおよびラインの住民がもはや抵抗を続ける意思のないことを正確に知っている。またドイツ政府も、われわれと同じほど詳細にこのことを知っている。ドイツ政府はアメリカ人とフランス人に、それを二週間もしくは三週間以上続けることは不可能であることを認めた」[160]と。

一五日、閣議が開かれた。一四日、バイエルン政府は、政府の対仏交渉を降伏とみなすという書簡を送ってきた。その一方、閣内のSPDの各大臣およびプロイセンの指導者は、ただちに受動的抵抗を停止するよう迫っていた。そのなかでシュトレーゼマンは決定の引き延ばしを計り、最後の「外交上の積極活動」を試みた。

「もしフランスがそうでない(無条件降伏がドイツに対して与える意味を知らない——筆者)としたら、そしてもしフランス首相がドイツの完全な崩壊を望んでいるとしたら、フランス首相はいま行なわれているような交渉を認めることはないであろう。フランスの関心は、ライヒ政府が二、三のラントの反対にもかかわらず、みずから認めた義務を遂行しうるほど強力であるか否かを知ることにある。したがって首相は、交渉の現段階で受動的抵抗をただちに中止することは、重大な外交上の誤りであると考える。」

決定は、一九日に予定されるポアンカレ＝ボールドウィン会談が終わるまで、保留されねばならなかった。[161] 彼がこの段階で、今後の外交上の努力およびポアンカレ＝ボールドウィン会談にどれほどの期待をかけていたかは明らかではない。しかし、これまでの彼の外交上の努力が成果をみず、しかも国内からは受動的抵抗の中止を近日中に決定するよう迫られていることを考えると、彼の以後の努力は、目標を達成することに向けられたというよりも、受動的抵抗を中止するタイミングを測ることに向けられたように思われる。その際、彼には、「慎重さ(Prudence)」という政治的リアリズムが支配していた。「リアリズムは、慎重さ(Prudence)――選択的な個々の政治的行動のもつ各結果の比較衡量――を、政治の最大の徳(virtue)と考えるのである」[162](H. Morgenthau)。そしてこの場合、この時点での中止決定は、その政治的帰結において失うものがあまりにも多いと考えられたのである。

そのため活動は続けられた。一般的担保をめぐるフランス側との交渉は、一五日以降その内容をかえ、無条件降伏を避けるべく最小限の譲歩をフランスから獲得することを目標として続けられた。もしポアンカレが、軍事占領を緩和させ、追放者の復帰を認め、逮捕者の釈放を許すならば、ドイツ政府は、内閣の統一もそしてまたライヒの統一も損うことなく、占領地区の指導者の支持もえて受動的抵抗を中止しうるであろう、これがその説得の論理であった。[163] その一方、彼はふたたび側面援助の要請を開始した。その新たな対象は、当時ドイツ側に無条件降伏を要求するのではなく、ドイツ側に体面を保ちうるような譲歩を与えるべきであると主張し、その方向でフランスに圧力をかけていたベルギーであった。[164] 一六日、駐独ベルギー公使デラ・ファイユ(Comt dela Faille)とシュトレーゼマンとの間に会談がもたれた。ベルギー公使は「いかなる条件のもとで、ドイツ政府は受動的抵抗を中止する準備があるのか」と尋ねた。これに対しシュトレーゼマンは、逮捕者の釈放、追放者の復帰、官吏の職場復帰、ルール地区の経済的介入の廃止、そしてドイツ主権の維持をあげ、この条件は署名なき記録となって残された。[165] それは、ただちにフランス、イタリア、イギリス、アメリカ、教皇庁の各大使に伝達された[166]。しかし、この内容を伝えたロンドンとローマに対する訓電は、当地の政府に介入を要請しないようにというものであった[167]。

一方、イギリスへの要請もふたたび始められていた。一三日、マルツァンはダバーノンと会い、一九日に予定されているポアンカレ＝ボールドウィン会談において、フランスが受動的抵抗の中止に対して譲歩を払うようイギリスが説得するよう依頼していた[168]。しかし、ロンドンの不介入の方針には変化がみられなかった。一五日のシュタマーの報告によれば、ティレルは、フランスは中止の前のいかなる仲介も拒絶しているゆえイギリスは現在なにもなしえないという、従来の方針を繰り返していたという[169]。そして一八日、シューベルトもダバーノンと会い、先のベルギー代理公使との会談内容をボールドウィンに伝えるよう要請したが[170]、不介入の方針をイギリスが堅持している以上、この要請にも、ましてやポアンカレ＝ボールドウィン会談にも、期待できなかった。

一九日、ポアンカレとボールドウィンの非公式会談がパリのイギリス大使館で開かれた。そして発表されたコミュニケは、イギリスとフランスとの協力を強調していた[171]。

当時ドイツ政府は、この会談の内容を把握すべく努めたが、それも空しく終わり、受動的抵抗中止の既定方針を貫く道のみが残された。二〇日シュトレーゼマンは、その「外交上の積極活動」が終わりにきたことを告げた。「パリでとられた最終的措置に基づき、近日中に最終的な決定をなすことが必要となる」と。そして各閣僚に、受動的抵抗の中止に伴う措置を準備するよう命令した[172]。

シュトレーゼマンの約一ヵ月余にわたる「外交上の積極活動」は、その活動にもかかわらず、イギリスおよびフランスからいかなる約束をも取り付けずに終わった。しかしその背後においてイギリスは、フランスからドイツ外交の第一目標に関して確約を取り付けていた。先のポアンカレ＝ボールドウィン会談に関して、ボールドウィンの側近デーヴィドソン(J. C. C. Davidson)は次のように記している。

「フランス政府とイギリス政府は原則に関して完全な合意に達した。その原則とは、賠償金が必要なものであり、ドイツの併合なり解体なりはフランス政府の意図するところではないという原則である。受動的抵抗が崩れるとき、疑いもなくフランスの困難が始まることになろう(173)」と。

三 終結

九月二〇日「外交上の積極活動」が放棄され受動的抵抗の中止が決定されたとき、シュトレーゼマンがその終結の準備において最も重視したことは、ルール地区の説得であった(174)。では、シュトレーゼマンの首相就任から一ヵ月、この間のルール地区はどのような状態にあったのであろうか。この期間、占領政策は変わることなく強化され、その一方「志気」は明確に衰えをみせていった。

占領政策は不断に強化されていった。石炭差押措置のための企業介入は、七月二八日の布告第五七号によって、経営支配にまで強化されていった。同日にはハインリッヒ・グスターフ鉱山のコークス工場が占領軍の支配下に置かれ、この支配を妨害した者には最高刑死刑をも含む罰則が適用されることになった(175)。また九月には占領軍は、MICUMの運営のために、各社に企業秘密の公開を命じていた(176)。一方、石炭差押措置自体も、八月には石炭産出過程におけるサボタージュが禁止され(布告第五九号)、また差押石炭が集積されていない場合にはその社の指定石炭量の輸送が禁止され(布告第六一号)、さらには石炭の副産物もその輸送禁止対象品目に加えられていった(177)。九月に入ると、占領軍は差押対象に輸入された石炭までをも含めていった(178)。そして、八月九日から一六日にかけて、占領地区は交通を遮断され、外部から孤立させられた(179)。

このような状況の中で、ルール地区の生活条件は決定的に悪化していった。八月、ルール地区には、賃金引き上げおよび食料確保を求める労働者の要求が、各鉱山で、山猫ストもしくは騒擾という形をとって現われた。八月一日、エッセンで経営評議会大会が開かれたとき、六二八名の代議員のうち三四五名が共産党員によって占められた。この大会は、共産党によって指導された各地区の経営評議会が「個別的なストライキによっては勝利の見通しが得られない」ため、ルール地区全域のゼネストを目的として計画したものであった。その決議は、受動的抵抗の最後までの継続と食料品の確保等を要求していた。三日、ルール地区のKPDは他の地域と同様、労働者政府樹立をかかげ、労働者にゼネストの待機姿勢をとるよう呼びかけた。これに対し鉱山労組は、一六日「呼びかけ」を発し、労働者の不満の沈静にかかり、八日に同意されていた賃金交渉の成果を強調した。その後一八日には、八月下半期の賃金に関する仲裁協定が結ばれ、物価と賃金のスライド方式が認められた。このため、ルール地区の労働者の不満のエネルギーも鎮静していった。(180)

しかしこの間、ルール地区の「志気」は低下をみせていった。八月二五日、官吏組合の代表者はケルンで会合をもち、その内容を政府に伝えていた。それは「住民の大多数は、受動的抵抗の遂行にあたってその意志を衰退させている」として、政府に次の点を質問した。「一、ルール紛争は今後どれほど続くのか。二、もし終結の見通しがたたないとすれば、政府はどのような方法で石炭および食糧の確保を保障するのか。……五、住民自身が闘争を放棄しても抵抗は続けられるべきなのか」。まさにこの質問には、紛争終結の願いがこめられていた。(181)八月下旬ミュールハイムの各鉱山で、「労働者は経営を掌握しフランスのために労働すべきなのか」について秘密の投票が行なわれたとき、過半数以上がそれに賛意を示していた。当時占領地区では、フランスに協力する動きがめだち始めていた。(182)

九月上旬、公安担当コミサールの報告書は次のように述べている。現在生活条件は悪化し、きわめて緊迫した状態にルール地区はある。そして住民は、いまだ受動的抵抗を継続している。しかしいま占領地区では、政府は受動的抵抗を中止するのではないか、もしくは少なくとも緩和させるのではないか、という噂が満ちあふれ、混乱した状況を作り出している。「現在の状況は、一九一八年、軍にあらかじめ休戦の申し入れが知らされた時の状況と類似しているといっても間違いではない。一九一八年にはこの休戦申し入れの知らせは、前線に『降伏が成立しているのに、何のために犠牲を払う必要があるのだ』という感情をもたらしたものであった。そしていまルール地区で恐れられているのは、この時と同様に上からの抵抗緩和の指令がほんの少し緩和するようにというものであっても、抵抗が全面的にくずれてしまうのではないか、ということである」[183]。まさに厭戦気分が瀰満し始めてきたのである。

九月一〇日のルール地区からの報告(DGBの代表者)は、次のように述べている。「闘争状況は、一般的な感じでは、今はもうきわめて危機的な段階に入ったといえる。随所において人びとはきわめて真剣に、闘争が中止される際、その理由がどのようになるのかを考え始めている。それは、非占領地区ドイツが財政的にそれを支え続けることができないということを理由にするのか、それともルール住民はもはやその重荷に耐えることはできないということを理由にするのかということである。ここにおいて私はルール地区の経済界を代表して、住民の圧倒的多数は以前と同様、外国の希望に対してきわめて拒否的な態度をとっていると、改めてとくに強調しておきたい。闘争の終結が考えられるとしたら、それはわれわれの経済組織のうちでいまだ機能している部分が、その重荷にもはや耐えられないからである」[184]と。厭戦気分が漂うなかで、敗戦の原因を「前線」ではなく「銃後」に求めよという主張が出はじめていた。

九月一八日、「敗戦」の決定がなされる二日前の報告は次のように述べている。労働者はほとんど就業していない、そして、KPDはこの状況を政治的な労働者評議会のために利用しようとしている、物価も日々急激に上昇し、いつ不満が爆発するかわからない、また分離運動も勢力を増大させていると。そして最後に「住民の一般的な見解は次のようなものである。ルールでの行動は、それが遅すぎてしまう前に速やかに終結されねばならない」と伝えていた。[185]

以上のように、ルール地区も受動的抵抗の中止を望む方向にあったのである。

二〇日以降シュトレーゼマンの活動は、受動的抵抗中止の準備作業に集中した。受動的抵抗中止の準備は慎重をきわめた。彼は中止を国民に知らせる前に、国内の関連措置を各省に準備させるとともに、国内の各主要団体からその旨の了解をとりつけることを決定した。二四日一二時、五党代表者および占領地区代表者との会談、午後四時半、占領地区の経済団体および官吏団体の代表者との会談、二五日午前ラント首相との会談という一連のスケジュールがたてられた。それは、彼の言葉を借りるならば、「なされるべき決定の前にあらかじめ世論をならしておく」ための措置であった。[186] 二四日一二時、五党代表者および占領地区代表者との会談が開かれた。彼は問題を次のように提示した。「この問題(受動的抵抗が継続されるべきか否か)は、人びとがそれを現実に今後も継続しえるか否かにかかっている。この問題は、受動的抵抗の継続が国益に適うのか、それともそれを損うのかという問題としてのみ解答が与えられるのである」と。それは「現実」を「国益」という象徴を先取りする形で説明したものにほかならなかった。その一方、彼は受動的抵抗の成果を強調した。そうすることによって彼は、受動的抵抗の中止によって受動的抵抗が無意味であったとされることを避けようとしたのである。またそうすることによって、中止が止むをえずなされることを、それ以上にそうせざるをえないことをはっきりと示し、従って敗北主義という批判が当てはまらないことも明らかにしようとしたのである。成果は、「世界におけるドイツの地位を高めた」ことであり、「ルールという担保をなんらかの形で生産的なものにしようとする」フランスの目標を打ち砕いたことにあった。次いで、中止せざるをえない理由を説明した。それは、いうまでもなくその財政負担にあった。「九月一六日から二二日までの一週間のみで、三四四八兆マルクが受動的抵抗のために支出されている。その結果がマルクの全面的な崩壊である」と。続けて外交交渉のいままでの経過を述べ、もはや抵抗を続けても利益にならないと強調した。この会議ではＤＮＶＰのみが反対した。(187)午後四時半、占領地区代表者との会議が始まった。劈頭のシュトレーゼマンの説明は、前の演説と同構成、同内容のものであったが、先の会議で支持が得られたことが強調された。また彼は、ドイツ外交の譲ることのできない目標を明確に示した。それはドイツ領土の分割を断固として拒否することであり、追放者の復帰と逮捕者の釈放を要求することであった。出席者の大多数は政府方針を支持し協力を約束した。しかし、デュイスブルク市長で占領軍によって追放されそのことによって英雄にまでなっていたヤレスは、受動的抵抗の中止が止むをえないことを認めたものの、次のように「その後」を主張した。「ライヒ政府は、フランスとの和解の見通しがたたない今、ヴェルサイユ条約にはもはや拘束されないと公然と宣言すべきである」と。彼は、交渉打ち切りとヴェルサイユ条約廃棄を主張した。ヤレスに対するシュトレーゼマンの反論は、決して「和解」の方向を転換させるつもりはないというものであった。「私も政府も誤った楽観主義に陥っているのではない。しかし私に委ねられた責任は、身動きがとれなくなるまで、政府が状況を不安なまま放置することを許さないのである。しかし内閣も大統領も、ドイツ領土を犠牲とするような条件には決して署名するつもりはない。今の段階で連合国諸国と関係を打ち切りヴェルサイユ条約を拒否することは、占領地の住民に彼ら自身の運命を決定させてしまうことであり、場合によってはドイツに有利に影響することもある、他国に対する法的基礎をも奪うことを意味することになる」(188)と。この二四日の二つの会議において彼は、止むをえないこととして受動的抵抗の中止をなすこと、そして今後も交渉を続け、その目標は占領地区の確保および逮捕者の釈放等であることを明らかにした。二五日午前一〇時ラント首相との会議が開かれ、そこで彼は以上の方針をより精緻な形で報告した。受動的抵抗の継続は、財政面でも「ドイツ全経済の崩壊」を導くものであり、もはや敵に対抗するものよりもライヒに対抗するものとなっている。また外交面でも継続は、敵を利するだけになっている。そして今後の見通しに関しては、彼は誤った楽観論を戒めながらも、この中止によって生じる可能性を利用するつもりであると述べた。彼によれば、この受動的抵抗の中止はいわゆる降伏なのではなく、ドイツ国内措置であって、「降伏問題」は交渉が始まったときに生じるのであった。そしてこのシュトレーゼマンの見解に反論したものは、バイエルン政府のみであった。しかし彼らの反対は、ヤレスと同様その後についての反対であったのである。[189]

二六日、ドイツ政府は「ドイツ国民に訴える」という声明を発表し、受動的抵抗の中止を伝えた。それは、ドイツ政府にとって抵抗の中止が止むをえざるものであったことを強調し、追放者の復帰と逮捕者の釈放に全力を尽くすことを約束し、それと同時に「ドイツ領土の小さな一画といえどもドイツから切り離す」ような条件は決して認めるものではないと宣言していた。[190] 翌日、受動的抵抗に関する法律命令を廃止する緊急命令が発せられた。[191] そしてその旨が、駐独イギリス、イタリア、アメリカ、日本、ベルギー各大公使に伝えられた。[192] ここに、九ヵ月にわたって行なわれたドイツの受動的抵抗は終わりを告げたのである。

その損害は、死者一三二名、死刑を宣告された者一一名（そのうち処刑者一名）、終身禁錮を宣告された者五名、逮捕されもしくは罰金を課せられた者無数、追放された者一五万名、ドイツ経済に与えた損害三五億から四〇億ＧＭにのぼるといわれる。[193] そしてこの損害の増大は、シュトレーゼマンの「合理的かつ勇気ある」（ゲルラッハ）[194]決断によって食いとめられたのである。

「緊張緩和のイニシアチブをとる政治的リーダーシップ」とは、「自国の側で協調外交を例証することによって、相手側から協調外交を引き出そうとするアプローチ」であるといわれている。[195] そして、このシュトレーゼマンの指導のもとになされた受動的抵抗の中止は、単にルール紛争の終結をもたらしたばかりでなく、賠償問題という紛争をも終結させる「協調外交の例証」となったのである。では、この「例証」は他国からどのような「例証」の反応をうけ、そしてどのように緊張緩和の国際政治過程は展開したのであろうか。われわれは、この問いに対して章をあらため後史という形で略述することによって答えたい。なぜならばこの過程のなかで、ドイツ政府は、そして言葉の真の意味で担い手として活躍したシュトレーゼマンは、この争点に対して、受動的抵抗の中止にまで至る彼の「外交上の積極活動」のなかでとられた政策と同一の政策をとったということが、われわれに後史という形での略述を許すと思われるからである。そしてその前にここに本論を終えるにあたって、シュトレーゼマンの外交指導の特性を、この問題に取り組んできた先の政府の外交指導との比較のもとにまとめてみることにしたい。

二一年のロンドン最後通牒からこの「戦闘なき戦争」の終結に至るまで、ドイツ外交は、ヴィルト＝ラーテナウ政府、クーノ政府、シュトレーゼマン政府の三つの政府のもとに、おのおの独自の賠償政策をとり、この「不可避性の技術」を迫る問題に対応してきた。ヴィルト＝ラーテナウ政府の「履行政策」であり、クーノ政府の「最終的解決」であり、シュトレーゼマン政府の「政治優位」の政策である。このなかにあってシュトレーゼマン政府の外交は、次の諸点において先だつ二つの政府ときわだった相違を示していた。

第一は、目標《ゴール》の措定とその序列化にある。先だつ二政府は、西方政策上の与えられた一争点たる賠償問題に絶対的な比重をおき、他の西方政策上の争点については与えられたがゆえに対処するかもしくは賠償問題に従属させるかであった。これに対しシュトレーゼマンは、西方政策上の他の争点を賠償問題という争点と同列に浮上させ、争点を複数・並置化したのである。彼が五月に発表した論文「政治と経済」のもつ意味は、それが前二者の経済価値優先の目標措定に対するポレミークとして存在したということにあるばかりでなく、それは自主的に政治価値(領土保全)を浮上させたことによって争点の並置化をもたらしたということにもあるのである。このような争点の複数・並置化は、

ロカルノ条約の締結の際にも、ヤング案の成立の際にもみられるものである。(196)

第二は、第一の目標措定と関連するが、その実現方法に関することである。この点において「履行政策」は、争点を肥大化したまま、その争点内において他国のドイツへの譲歩を求めるという方法をとっていた。換言すれば、このような国際体系との《compatibility》の低い争点において、しかも戦勝国対敗戦国という関係が支配的であったときに、ゲームの成立を前提としている最適解の獲得の方法をとったのである。そして「最終的解決」の方法は、争点を単一化し、使用しうる唯一の資源たるナショナリズムを動員し、その能力の持久のもとに(「戦闘なき戦争」の継続)、敵の屈伏ないしは第三者の介入を待つというものであった。このような対極的ともいえる二つの方法に対して、シュトレーゼマンの方法は、完全に次元を異にするそれであった。彼は、争点を自主的に複数・並置化したことに示唆されるように、複数・同列の争点が存在するものとして状況を規定し、この「状況規定」のなかで、一方の争点において譲歩を払い他方の争点において利得を得るという方法を採用したのである。いうまでもなく、複数の争点を提示しその争点間に存在する《complementarity》(197)に着目しそれを利用するという「妥協」の方法にほかならない。(198)

そして第三は、以上のような方法と国内の反対派との関係である。「履行政策」も「最終的解決」も、争点を肥大・単一化して提示しており、このため反対派からは強度の反対を直接うけることになった。「履行政策」に対して非和解的ともいえる反対を示した議会第二党ＤＮＶＰの存在であり、クーノ政府に対して「交渉」を要求した議会第一党ＳＰＤの存在である。このような対抗の政治力学を変え、反対を分散化させその強度を低下させたのが、シュトレーゼマンの争点の複数・並置化の方法であった。すなわち、彼は争点を並列して提示したため、反対派は一つの争点に対しては反対、他の争点に対しては支持という、いわばクロス・プレッシャーの状況に追いこまれ、したがってその反対の強度は低減せざるをえなかったのである。例えばシュトレーゼマン外交の反対者ＤＮＶＰも、受動的抵抗の中止に際しては、彼が領土保全を強調していたために、「現在の形態では受動的抵抗は継続しえない」[199]ことを認めた上でしか反対できなかったのである。

最後に、指導者の状況認識の相違をあげなければならない。「履行政策」にしろ「最終的解決」にしろ、それを導いた状況認識には、イギリスへの非現実的ともいえる過大評価と過剰期待が存在していた。「履行政策」におけるフランスを説得しドイツに利得をもたらしてくれるイギリスであり、「戦闘なき戦争」における、自発的に介入しドイツに有利な和平をもたらしてくれるイギリスであった。しかしシュトレーゼマンは、中心はパリにあるとイギリスの「第三者勢力」の限界を見ぬき、「機会主義」の観点からのみイギリスを利用しようとしたのである。まさにイギリスはイギリスの目標を追求しているのであり、これがドイツと一致するかぎりでイギリスに期待しえるのである。このような状況認識の背後には、現実を現実として見すえようとするリアルな感覚が息づいていた。それは次の言葉にも示される。「私の全感覚は現実的なものに向けられている」[200]と。

（1）RT, Bd. 361, S. 11839–11841.
（2）Stresemann an Kronprinzen, 23. 7. 1923, Nachlass Stresemann(以下 NL と略述) 3099/7119H/H 146066–69.
（3）R. Morsey, *a. a. O.*, S. 512; AdR Cuno, Dok. Nr. 233, Anm. 1, S. 695.
（4）Stresemann an Leidig, 3. 8. 1923, NL 3098/7117H/H 145840.
（5）WP, 1923, Inland Bd. II, S. 169 f.
（6）Alfred Kastning, *Die deutsche Sozialdemokratie zwischen Koalition und Opposition*(Paderborn 1970), S. 111.
（7）A Kastning, *a. a. O.*, S. 112.
（8）Stresemann an Dr. Jänicke, 1. 8. 1923, NL 3098/7117H/H 145813–15.
（9）"Politische Umschau," in der "*Deutsche Stimmen*," 1. 8. 1923, NL 3097/7112H/H 144976–85.
（10）R. Morsey, *a. a. O.*, S. 512.

(11) RT, Bd. 361, S. 11771.

(12) RT, Bd. 361, S. 11798–11802.

(13) RT, Bd. 361, S. 11771–11778.

(14) RT, Bd. 361, S. 11763–11771.

(15) VM, Bd. I, S. 77.

(16) VM, Bd. I, S. 76.

(17) W. T. Angress, *a. a. O.*, S. 369 ff.; *Deutsche Arbeiterbewegung*, Bd. IV, S. 405 f.
一一日付け大ベルリン経営評議会のアピールについては、*Dokumente und Materialien zur Geschichte der Deutschen Arbeiterbewegung*, Bd. VII–II, Dok. Nr. 362, S. 402 f.

(18) VM, Bd. I, S. 77 f.

(19) R. Morsey, *a. a. O.*, S. 513.

(20) *Ursachen und Folgen*, Bd. V, Dok. Nr. 1061, S. 170.

(21) Ministerbesprechung vom 12. 8. 1923, in: AdR Cuno, Dok. Nr. 246, S. 733 ff.

(22) クーノ辞任の原因について、従来までＳＰＤの不信任表明が直接の契機となったといわれている。しかし、彼自身はＳＰＤよりも中央党の事実上の不信任を最も意識したように思われる。九月一〇日、外務省から在外公館に送られた極秘の内政報告書は、クーノ辞任の原因を中央党の不信任に求めており(Malzan an Hauptmission, 1649/3243/D 721100–11)、またシュトックハウゼンも「中央党もまた彼に無条件に従う意思のない」ことが理由となったと説明している(M. Stockhausen, *a. a. O.*, S. 71)。

(23) Besprechung mit den Parteiführern der Arbeitsgemeinschaft, 12. 8. 1923, 13. 15 Uhr, in: AdR Cuno, Dok. Nr. 247, S. 738 ff.

(24) カストニングは、シュトレーゼマンが指名された要因として、以上の事実のほかに次の三つの要因をあげている。第一に、連立政権に参加したＤＶＰ以外の諸政党は、このＤＶＰの党首を首相とすることによって工業界との協力を確実なものとしようとしたこと、そしてまた、連立政権内最右翼に位置するこの党を与党とすることにより、責任をもたせその行動を制限しようとしたこと。第二に、SPDと中央党は、「履行政策」の党というマイナス・イメージが付着しており、そのためかつて熱狂的なナショナリストであった彼を首相にすえることにより、ナショナリズムに歯止めをかけようとしたこと。第三に、連立政権内の最大の政党たるSPDは、左右両派の対立という党内事情から首相を出せない状況にあったことである(A. Kastning, *a. a. O.*, S. 114)。

(25) C. Severing, *a. a. O.*, Bd. I, S. 424 f. 同様の危機意識を示すものとして、F. Stampfer, *a. a. O.*, S. 341 ff.

(26) *Dokumente und Materialien zur Geschichte der Deutschen Arbeiterbewegung*, Bd. VII-II, Dok. Nr. 366, S. 407 ff.

(27) なかでもSPDにおいては、党国会議員団の三〇%余(一七八名中五五名)がいわゆる左派を形成し、党内主流派に大きな影響を与えていた。ちなみに左派は八月一三日、党主流派と別個の声明を発表し、連立政権参加に反対することを明らかにしている(Günter Arns, "Die Linke in der SPD-Reichstagsfraktion im Herbst 1923, in *Vierteljahrsheft für Zeitgeschichte*, 22 (1974), S. 191 ff., besonders S. 195)。

(28) AdR Cuno, S. XLII.

(29) WP, 1923, Inland Bd. II, S. 14.

(30) 詳細に関しては、三宅立「シュトレーゼマン大連合内閣の十月危機とドイツ国民党」『史学雑誌』第七四編第九号(一九六五年)、一ページ以下。

(31) K. Hohefeld, *a. a. O.*, S. 65 ff.

(32) この当時の「右翼独裁」構想に関しては、その担い手を中心として多くの文献があるが、とくに以下の文献を参照されたい。国防軍最高司令官ゼークト(Hans von Seeckt)の構想については、Hans Meier-Welcker, *Seeckt*, Frankfurt a. M. 1967, S. 368 ff.; Friedrich von Rabenau, *Seeckt*, Leipzig 1940, S. 337 ff.; F. L. Carsten, *The Reichswehr and Politics 1918–1933*, London 1966, S. 163 ff.; H. J. Gordon Jr., *The Reichswehr and The German Republic 1919–1926*, Princeton 1957, S. 349 ff. またシュティンネスの構想に関しては、G. W. F. Hallgarten, *a. a. O.*, S. 25 ff.(邦訳、三八ページ以下); Peter Wulf, *a. a. O.*, S. 455 ff.; 三宅立、前掲論文、二三ページ以下。

　および、以上をも扱った大連合内閣に関する研究として、R. Thimme, *Stresemann und die deutsche Volkspartei 1923–1925*, Hamburg 1961, S. 11 ff.; H. A. Turner Jr., *a. a. O.*, S. 114 ff.

(33) R. Thimme, *a. a. O.*, S. 26 ff.

(34) VM, Bd. I, S. 108 ff.

(35) *Ursachen und Folgen*, Bd. V, Dok. Nr. 1061, S. 170.

(36) R. Klinkhammer, *a. a. O.*, S. 113.

(37) *Ebenda.*

(38) WP, 1923, Inland Bd. II, S. 178 f.

(39) WP, 1923, Inland Bd. II, S. 179 f.

(40) RT, Bd. 361, S. 11949 ff.

(41) Kabinettssitzung vom 28. 8. 1923, 1748/3941H/D 756435–44.

(42) Kabinettssitzung vom 15. 9. 1923, 1748/3941H/D 756723–36.

(43) Kabinettssitzung vom 6. 9. 1923, 1748/3941H/D 756570–73.

(44) WP, 1923, Inland Bd. II, S. 154 f.

(45) Besprechung mit Vertretern der 5 Parteien und Vertretern des besetzten Gebiets, 24. 9. 1923, 5354/L 1496/L 438625–29.

(46) R. Morsey, *a. a. O.*, S. 519 f.

(47) W. Stephen, *a. a. O.*, S. 237.

(48) 注(45)参照。

(49) R. Thimme, *a. a. O.*, S. 35 f.; H. A. Turner Jr., *a. a. O.*, S. 131.

(50) Fraktionssitzung vom 12. 9. 1923, NL 3159/7394/H 171304–11, Vgl. R. Thimme, *a. a. O.*, S. 37; 三宅立、前掲論文、二二ページ以下。

(51) 注(45)参照。

(52) Fraktionssitzung vom 25. 9. 1923, NL 3159/7394/H 171526–30.

(53) 詳細は、三宅立、前掲論文、七ページ以下; R. Thimme, *a. a. O.*, S. 38 ff.; H. A. Turner Jr., *a. a. O.*, S. 133 f.

(54) WP, 1923, Inland Bd. II, S. 14.

(55) RT, Bd. 361, S. 11843 f.
(56) *Ursachen und Folgen*, Bd. V, Dok. Nr. 1069, S. 184 f.
(57) F. Stampfer, *a. a. O.*, S. 348.
(58) *Ursachen und Folgen*, Bd. V, Dok. Nr. 1076, S. 200 f.
(59) WP, 1923, Inland Bd. II, S. 152 f.
(60) 注(45)参照、および VM, Bd. I, S. 135.
(61) 三宅立、前掲論文、四一ページ以下；H. A. Turner Jr., *a. a. O.*, S. 121 ff.
(62) E. Deuerlein, *Der Hitler-Putsch*, Stuttgart 1962, Dok. Nr. 1, S. 159 ff.
『ミュンヒナー・ノイエステン・ナハリヒテン』の報道については、WP, 1923, Inland Bd. II, S. 106 f.（ただし一七日の日付となっているが、一九日の誤りである）。Vgl. Vertreter der Reichsregierung in München an RK, 20. 8. 1923, 5569/K 2138/K 591455–57.
(63) Stresemann an von Knilling, 18. 8. 1923, 5566/K 2134/K 588655–58.
(64) VM, Bd. I, S. 99 f.
(65) Vertreter der Reichsregierung in München an RK, 28. 8. 1923, 5569/K 2183/K 591460–62.
(66) W. Maser, *a. a. O.*, 邦訳、三三四ページ以下；H. J. Gordon Jr., *a. a. O.*, S. 212；W. Benz, *a. a. O.*, S. 127 f.；E. Deuerlein, *a. a. O.*, Dok. Nr. 6, S. 166 ff.
(67) E. Deuerlein, *a. a. O.*, Dok. Nr. 7. 8. 11, S. 176 ff., S. 179 f.；*Ursachen und Folgen*, Bd. V, Dok. Nr. 1173, 1174, S. 430 f.
(68) Telephonische Mitteilung aus dem Vertreter der Reiohsregierung in München, 24. 9. 1923, 5569/K 2138/K 191512–16.
(69) W. Maser, *a. a. O.*, 邦訳、三三七ページ；H. J. Gordon Jr., *a. a. O.*, S. 214 f.
(70) Vertreter der Reichsregierung in München an RK, 30. 8. 1923, 5569/K 2138/K 591467–70.
(71) Vertreter der Reichsregierung in München an RK, 11. 9. 1923, 5569/K 2138/K 591484–87；Vgl. W. Benz, *a. a. O.*, S. 128 f.
(72) WP, 1923, Inland Bd. II, S. 154；Vertreter der Reichsregierung in München an RK, 13. 9. 1923, 5569/K 2138/K 591494–95.
(73) E. Deuerlein, *a. a. O.*, Dok. Nr. 5, S. 165 f.

(74) Vertreter der Reichsregierung in München an RK, 6. 9. 1923, 5569/K 2138/K 591479–81.

(75) Vertreter der Reichsregierung in München an RK, 12. 9. 1923, 5569/K 2138/K 591488–89.

(76) von Knilling an RK, 14. 9. 1923, 5566/K 2134/K 588704–06.

(77) Kabinettssitzung vom 15. 9. 1923, 1748/3941H/D 756723–36.

(78) RK an Preger, 19. 9. 1923, 5566/K 2134/K 588708–12.

(79) VM, Bd. I, S. 128 ff.; E. Deuerlein, *a. a. O.*, Dok. Nr. 9, S. 178 f.

(80) Niederschrift über die Besprechung mit Ministerpräsidenten, 25. 9. 1923, 5354/L 1496/L 438654–65.

(81) E. Deuerlein, *a. a. O.*, Dok. Nr. 12, S. 180 ff.

(82) Kabinettssitzung vom 14. 8. 1923, 1748/3941H/D 756385–87.

(83) "Politische Umschau" in der "*Deutsche Stimmen*," 1. 8. 1923, NL 3097/7112H/H 144976–85.

(84) RT, Bd. 361, S. 11771 ff.

(85) C. Severing, *a. a. O.*, Bd. I, S. 425.

(86) Stresemann an Dr. Jänicke, 1. 8. 1923, NL 3098/7117H/H 145813–15.

(87) 注(84)参照。

(88) K. Middlemas and J. Barnes, *a. a. O.*, S. 190.

(89) WP, 1923, Ausland Bd. II, S. 72 f.; Tel. 2. 8, London, 1310/2368/D 490467–68. この文書は、八月一四日に公表された(Tel. 10. 8, London, 1648/3243/D 720863)。

(90) L. Zimmermann, *Frankreichs Ruhrpolitik*……, S. 198; C. Bergmann, *a. a. O.*, S. 250.

(91) A. Cornebise, *a. a. O.*, S. 164, Vgl. WP, 1923, Ausland Bd. II, S. 18 f.

(92) Harry G. Kessler an RK, 17. 8. 1923, 3684/9522/H 287836–39.

(93) Tel. 4. 8, Paris, 1648/3243/D 720817–18; Tel. 6. 8, Paris, 1648/3243/D 720834–35; Tel. 10. 8, An London und Paris, 1648/3243/D 720859–60.

(94) Tel. 3. 8, Rosenberg an Hauptmission, 1310/2368/D 490469–71; Tel. 8. 8, Rosenberg an Hauptmission, 1648/3243/D

720844-45.

(95)　このノートの形成過程については、K. Middlemas and J. Barnes, *a. a. O.*, S. 190 f.

(96)　WP, 1923, Ausland Bd. II, S. 19 ff.; Tel. 12. 8, London, 1648/3243/D 720883-90.

(97)　Cuno an den Bayerischen Ministerpräsident, 13. 8. 1923, in: AdR Cuno, Dok. Nr. 249, S. 746 ff.

(98)　Tel. 13. 8, Rosenberg an London, 1648/3243/D 720892.

(99)　Tel. 12. 8, London, 1648/3243/D 720880.

(100)　RT, Bd. 361, S. 11839 ff.

(101)　Tel. 14. 8, Paris, 1648/3243/720901-03; Tel. 13. 8, Washington, 1648/3243/D 720907; Tel. 15. 8, London, 1648/3243/D 720915-16.

(102)　Tel. 15. 8, Malzan an London, 1648/3248/D 720918.

(103)　D'Abernon, *a. a. O.*, Bd., II, S. 237.

(104)　Tel. 15. 8, Stresemann an Paris, 1648/3243/D 720921.

(105)　Tel. 15. 8, Stresemann an London, 1648/3243/D 720922.

(106)　Tel. 16. 8, London, 1648/3243/D 720934-35.

(107)　VM, Bd. I, S. 92. ラインバーベン(Werner Freiherr von Rheinbaben)はＤＶＰ議員で、それ以前は外務省に勤務し、パリ、ブリュッセルに赴任したこともあった。そしてルール占領開始以降は、イギリスにあってケスラーとともに対英工作に従事していた(Vgl. M. Stockhausen, *a. a. O.*, S. 74; Aufzeichnung von Hortmann(Reise nach England), 8. 8. 1923, 1310/2368/D 490484-95)。

(108)　Kenneth Paul Jones, *Stresemann and the Diplomacy of the Ruhr Crisis 1923-1924*, Diss., University of Wisconsin 1970, S. 94 ff.

(109)　Kabinettssitzung vom 23. 8. 1923, 1748/3941H/D 756435-44.

(110)　W. Weidenfeld, *a. a. O.*, S. 174 f.

(111)　注(28)参照。

(112) W. Weidenfeld, *a. a. O.*, S. 175 f., Anm. 25.
(113) D'Abernon, *a. a. O.*, Bd. II, S. 237.
(114) Vgl. M.-O. Maxellon, *a. a. O.*, S. 137.
(115) NL 3104/7161H/H 153964–91 ; Vgl. VM, Bd. I, S. 98 f.
(116) Stresemann an Wolff, 20. 8. 1923, NL 3099/7118H/H 145858–59 ; Stresemann an Wolff, 18. 8. 1923, NL 3099/7118H/H 145956, Vgl. VM, Bd. I, S. 94 f. ; L. Zimmermann, *Frankreichs Ruhrpolitik*……, S. 126 f.
(117) Naumann an Stresemann, 26. 8. 1923, NL 3104/7161H/H 154007–15.
(118) Tel. 18. 8, Paris, 1648/3243/D 720945–47 ; WP, 1923, Ausland II, S. 25 ff.
(119) Tel. 24. 8, Paris, 1649/3243/D 721002–06.
(120) Tel. 25. 8, Paris, 1649/3243/D 721021.
(121) Tel. 30. 8, Paris, 1649/3243/D 721049.
(122) Tel. 9. 8, London, 1648/3243/D 720851–52 ; Tel. 15. 8, London, 1648/3243/D 720924–25.
(123) K. Middlemas and J. Barnes, *a. a. O.*, S. 192 ff.
(124) Tel. 23. 8, London, 1649/3243/D 720999.
(125) コルフ島事件の経緯に関しては，A. Cassels, *a. a. O.*, Chap. 4, S. 91 ff. ; Christopher Seaton-Watson, *a. a. O.*, S. 670 ff.
(126) L. Zimmermann, *Die Deutsche Außenpolitik*……, S. 190.
(127) Tel. 20. 8, London, 1648/3243/D 720957–58.
(128) Tel. 21. 8, Stresemann an London, 1648/3243/D 720970.
(129) Tel. 23. 8, Stresemann an London, 1648/3243/D 720978–83.
(130) Tel. 24. 8, London, 1649/3243/D 721011–12.
(131) Tel. 29. 8, London, 1649/3243/D 721042–43.
(132) Aufzeichnung vom Gespräch zwischen Schubert und D'Abernon, 29. 8, NL 3099/7118H/H 145867–69.
(133) Aufzeichnung vom Gespräch zwischen Schubert und D'Abernon, 30. 8, NL 3099/7118H/H 145870 ; Tel. 31. 8, Schubert an

London, 1649/3243/D 721052.

(134) Aufzeichnung zwischen Schubert und D'Abernon, 1. 9, NL 3099/7118H/H 145883–85.

(135) VM, Bd. I, S. 165.

(136) VM, Bd. I, S. 165 f.; D'Abernon, *a. a. O.*, Bd. II, S. 247 ff.

(137) Tel. 4. 9, an London, 1649/3243/D 721073–74; VM, Bd. I, S. 166.

(138) Tel. 7. 9, London(Dufour), 1649/3243/D 721090.

(139) Kabinettssitzung vom 7. 9. 1923, 1748/3941H/D 756591–6601.

(140) VM, Bd. I, S. 108 ff., besonders S. 108, S. 111.

(141) Tel. 8. 9, London(Dufour), 1649/3243/D 721092; Tel. 8. 9, London(Dufour), 1649/3243/D 721096; Tel. 11. 9, London(Dufour), 1649/3243/D 721117.

(142) Tel. 12. 9, London(Dufour), 1649/3243/D 721121–22.

(143) Tel. 13. 9, Malzan an London, 1649/3243/D 721129–30.

(144) Tel. 12. 9, London(Dufour), 1649/3243/D 721124.

(145) Tel. 13. 9, Stresemann an London, 1649/3243/D 721131.

(146) 注(134)参照。

(147) WP, 1923, Inland Bd. II, S. 28 ff., Vgl. VM, Bd. I, S. 100 f.; *Ursachen und Folgen*, Bd. V, Dok. Nr. 1071, S. 191 f.

(148) Aufzeichnung vom Gespräch zwischen Stresemann und Margerie, 3. 9. 1923, NL 3104/7161H/H 154020–25.

(149) Aufzeichnung vom Gespräch zwischen Malzan und Margerie, 4. 9. 1923, NL 3099/7118H/H 145886–88.

(150) 注(139)参照。

(151) 注(140)参照。

(152) WP, 1923, Ausland Bd. II, S. 63 f.

(153) K. P. Jones, *a. a. O.*, S. 125, Vgl. L. Zimmermann, *Frankreichs Ruhrpolitik*……, S. 213.

(154) Kabinettssitzung vom 10. 9. 1923, 1748/3491H/D 756616–28.

(155) WP, 1923, Inland Bd. II, S. 40 ff., Vgl. VM, Bd. I, S. 118 ff.

(156) Kabinettssitzung vom 13. 9. 1923, 1748/3491H/D 756681–6714.

(157) Antonina Vallentin, *Stresemann*, London 1931, S. 107.

(158) A. Vallentin, *a. a. O.*, S. 108.

(159) K. P. Jones, *a. a. O.*, S. 129; L. Zimmermann, *Frankreichs Ruhrpolitik......*, S. 214. マルシュリイは，この日ドイツ側とこの問題に関して交渉をもつことを一切禁止された。

(160) L. Zimmermann, *Frankreichs Ruhrpolitik......*, S. 215.

(161) Kabinettssitzung vom 15. 9. 1923, 1748/3491H/D 756723–36, Vgl. VM, Bd. I, S. 123 f.

(162) Hans Morgenthau, *Politics among Nations*, 4th ed., New York 1967, S. 10.

(163) Tel. 16. 9, Schubert an Paris, 1529/3116/H 640263–65; Tel. 18. 9, Malzan an Paris, 1636/3375/D 736503; Tel. 18. 9, Stresemann an Paris, 1636/3375/D 736505.

(164) L. Zimmermann, *Frankreichs Ruhrpolitik......*, S. 211 f.; Tel. 12. 9, Brüssel, 1649/3243/D 721118; Tel. 14. 9, Brüssel, 1649/3243/D 721148; Tel. 14. 9, Paris, 1649/3243/D 721138–39.

(165) Kabinettssitzung vom 18. 9. 1923, 1748/3491H/D 756741–51; VM, Bd. I, S. 125 ff.

(166) 注(165)および，Aufzeichnung vom Gespräch zwischen Malzan und Bosdari, 18. 9, 1529/3116/D 640285; Aufzeichnung vom Gespräch zwischen Stresemann und Margerie, 17. 9, 5354/L 1496/L 438610–11; Aufzeichnung vom Gespräch zwischen Schubert und Houghton, 19. 9, 1649/3243/D 721179–80.

(167) Tel. 18. 9, Malzan an London und Rom, 1649/3243/D 721172–74.

(168) Aufzeichnung vom Gespräch zwischen Malzan und D'Abernon, 14. 9, NL 3099/7118H/H 145909; VM, Bd. I, S. 121 f.; Aufzeichnung vom Gespräch zwischen Malzan und D'Abernon, 14. 9, NL 3099/7118H/H 145911–15.

(169) Tel. 15. 9, London, 1649/3243/D 721155–56.

(170) Aufzeichnung vom Gespräch zwischen Schubert und D'Abernon, 18. 9, NL 3104/7161H/H 154062–63.

(171) WP, 1923, Ausland Bd. II, S. 90, Vgl. W. A. McDougall, *a. a. O.*, S. 295.

(172) Kabinettssitzung vom 20. 9. 1923, 1748/3491H/D 756765–73.

(173) K. Middlemas and J. Barnes, *a. a. O.*, S. 201. ポアンカレ＝ボールドウィン会談の詳細については，H. J. Rupieper, *a. a. O.*, S. 226 ff.

(174) Kabinettssitzung vom 20. 9. 1923, 1748/3491H/D 756765–73.

(175) H. Spethmann, *a. a. O.*, Bd. III, S. 141, S. 366 ff.

(176) H. Spethmann, *a. a. O.*, Bd. III, S. 375.

(177) H. Spethmann, *a. a. O.*, Bd. III, S. 142, S. 369 ff.

(178) H. Spethmann, *a. a. O.*, Bd. III, S. 143, S. 374.

(179) H. Spethmann, *a. a. O.*, Bd. III, S. 144.

(180) H. Spethmann, *a. a. O.*, Bd. IV, S. 189 ff.

(181) Niederschrift mit dem Landesverband der Reichs-, Lands- und Gemeindenbeamten des besetzten Gebiets, 25. 8. 1923, 5354/L 1496/L 438553–55.

(182) H. Spethmann, *a. a. O.*, Bd. IV, S. 209 ; J.-C. Favez, *a. a. O.*, S. 322 f.

(183) Der Staatskommissar für die öffentliche Ordnung an RK, 5. 9. 1923, 5354/L 1496/L 438571–73.

(184) Pressstelle Ruhr=Rhein an RK, 13. 9. 1923, 5354/L 1496/L 438594–97.

(185) Der Staatskommissar für die öffentliche Ordnung an RK, 18. 9. 1923, 5354/L 1496/L 438612–13.

(186) 注(174)参照。

(187) Niederschrift über eine Besprechung mit den Vertretern der 5 Parteien und Vertretern des besetzten Gebiets, 24. 9. 1923, 5354/L 1496/L 438629–35.

(188) Besprechung mit den Vertretern der Wirtschaftsverbände und Beamtenorganisation des besetzten Gebiets, 24. 9. 1923, 4 1/2 Uhr, 5354/L 1496/L 438700–08.

(189) Niederschrift über die Besprechung mit den Ministerpräsidenten, 25. 9. 1923, 10 Uhr, 5354/L 1496/L 438654–65.

(190) 5354/L 1496/L 438645–48 ; *Ursachen und Folgen*, Bd. V, Dok. Nr. 1079, S. 203 f.

(191) WP, 1923, Inland Bd. II, S. 52.

(192) VM, Bd. I, S. 135.

(193) C. Horkenbach, *a. a. O.*, S. 175.

(194) K. Holl und A. Wild hrsgs., *a. a. O.*, S. 93.

(195) 『国際緊張緩和の政治過程』(日本政治学会年報一九六九年)、序言viページ、岩波書店一九七〇年。

(196) 以上の時期の包括的な研究として、John Jacobson, *Locarno-Diplomacy: Germany and the West 1925–1929*, Princeton 1972.

(197) 《compatibility》および《complementarity》の概念に関しては、Wolfram E. Hanrieder, *West German Foreign Policy 1949–1963*, Stanford 1967; Ders., "Compatibility and Consensus: a proposal for the conceptual linkage of external and internal dimension of foreign policy," in: *American Political Science Review*, 61 (1967), S. 971 ff.

(198) 「妥協」の方法を中心とするシュトレーゼマン論については、篠原一「国内政治家としてのシュトレーゼマン——適応と不適応の間——」『近代国家の政治指導』東大出版会一九六四年、所収。

(199) *Ursachen und Folgen*, Bd. V, Dok. Nr. 1088–c, S. 234 ff.

(200) 篠原一、前掲論文、一九二ページ。

第五章　紛争の終結

九月二六日、ドイツ政府は「戦闘なき戦争」を一方的に停止した。そこにはいまだ、ルール地区の今後の状態を取り決める「休戦協定」も、そしてまた賠償問題という国際紛争を終結させる「和平条約」も存在していなかった。しかし、将来の見通しの不確定のなかでなされた、この受動的抵抗の中止という決定は、「和平条約」を導き出すその第一歩でもあった。ルール紛争の間、賠償問題は紛争の終結の方向へと決定的に移動していたのである。クーノ内閣は、その六月七日提案において国際専門家委員会の招集に同意しており、シュトレーゼマン内閣も、この案を踏襲すると宣言していた。イギリスも、七月二〇日提案および八月一一日のカーゾン・ノートにおいて、国際専門家委員会の開催を提案するに至っていた。そして、何よりもまず、この国際専門家委員会の提唱国はアメリカであった。アメリカは、ルール紛争が継続されている間は自国への介入要請を拒絶すると、繰り返していたにすぎなかった。二三年一月、賠償問題という国際紛争は、「最終的解決」を指向するドイツ、ボナ・ロー案を提出したイギリス、生産的担保を要求するフランス、国際専門家委員会の開催を主張するアメリカと、解決の方向性を喪失していた。そしてこの九月、この国際紛争は、国際専門家委員会の開催で一致をみせるアメリカ、イギリス、ドイツと、なお生産的担保に固執しているフランスと、その対立の配置状況を変化させており、解決への方向性をおぼろげながらも明らかにするに至っていた。この方向性が確定されこの国際紛争が終結へと至る過程を、すなわち勢力均衡体系内の緊張緩和の過程を、概説的に分析・叙述することが、後史たる本章の課題にほかならない。

第一節　ＭＩＣＵＭ協定の成立

九月二七日、ドイツ政府は、各国政府に受動的抵抗の中止を伝達した。その際ドイツ政府は、フランス政府には、占領軍によるルールの鉄道・炭鉱・行政機関に対する支配の中止を条件として、現物引き渡しを再開する用意のあることを告げ、フランス政府と交渉に入りたいと申し入れていた。(1) ルール地区の生産を再開するためには、ルール占領の終結もしくは中止が必要であり、そのためには暫定協定の締結が不可欠であったのである。「Quai d'Orsay に来たフォン・ヘッシュは、ルトンドの駅の私の車輛にきたエルツベルガーのようである」というフォシュの発言にみられるように、フランス側はこの申し入れを降伏とみなしていた。(2) フランス側はまたも拒絶の姿勢を示した。その主張するところによれば、今回の受動的抵抗の中止は真の中止ではなく、真の中止とは、ルールの労働者が占領軍の指示に従うことであり、ＭＩＣＵＭによる石炭引き渡しが実施されることであった。そして、そのために、フランス側は、ルールの石炭業界と直接交渉を行なうと述べていた。(3) その一方シュトレーゼマンは、ドイツ主権の確保と占領地区の正常化のために、第三国への要請も行なっていた。二七日になされたダバーノンへの申し入れ、そしてシュタマーのカーゾンへの申し入れである。(4) ポアンカレ＝ボールドウィン会談に示されたように、(5) イギリス政府は、受動的抵抗の中止に関しては、フランスに勝利を与えそれによって英仏関係の改善を計り、その上で賠償問題の全面的改訂を達成するという方針に従って行動しており、それゆえカーゾンの返答も、受動的抵抗の中止をポアンカレが承認しうるような完全なものにすることを勧めるというものであった。しかしそれと同時に彼は、近いうちに速やかに連合国の間で、賠償問題の検討が開始されることになろうという見通しを伝えることも忘れてはいなかった。(6) このような長期的展望を与えられたとしても、ドイツ側にとって、この回答は、暫定協定に関するかぎり第三国からの支持を期待しえないことを意味した。「フランスとの交渉は失敗した」のである。(7)

受動的抵抗中止後その将来が不確定な時、ドイツ政府は、バイエルンとの新たな緊張関係の処理とともに、経済再建問題をめぐる資本と労働との対立をも解決せねばならなかった。この対立は、資本の側からの攻勢として顕在化し、政府危機の事態を生じさせ、それと同時にフランス側との「単独講和」の可能性をも生じさせたのである。

九月下旬、政府が国内経済再建を施策として考慮し始めた時、そこには、次のトレルチ(Ernst Troeltsch)の言葉を真実と感じさせるにたる強大な資本の側からの攻勢が存在していた。「今日、明らかに、……産業界の指導者は、……その私的資産、組織能力、指導力、支配能力によって唯一危機を解決しえる人びととして登場している。彼らは、権力を失った、民主政に基づく、みかけだけの政府の横に、真の権力と政府とを築こうとしている。国家は、私法上の関係によって築かれ解体されるにすぎなくなっている」と。(8) トレルチが、この一節を「巨大産業という国家」の表題の下に記したのは一九二二年の春のことであった。二三年秋、資本は、八時間労働日に代表される革命の成果を労働者側から剝奪すべく、ある部分は「ブルジョワ結集内閣」の樹立を、またある部分は「右翼独裁政府」の樹立を目標として、SPDを含む大連合内閣に公然と挑戦を開始したのである。このような攻勢は、一〇月三日に第一次シュトレーゼマン内閣を崩壊させ、ついで石炭鉄鋼資本の組閣非協力の姿勢となって現われ、さらに議会主義批判となって現出していった。しかし、政府権威の維持を危機管理の最大の要諦と考えるシュトレーゼマンは、この攻勢に対して、八時間労働日問題に関する双方の妥協を達成し、石炭鉄鋼資本の議会主義批判には反批判を行ない、一〇月六日にはふたたび大連合内閣の樹立に成功していた。(9)

このように、資本の側から顕在的な形をとって「真の権力と政府」構築の攻勢がなされ、政府側からそれに抵抗する権威確立の逆攻勢がなされているとき、資本の側の、国家を「私法上の関係」へと解消する試みが、占領軍、MICUMとの「単独講和」の試みとなって現われてきたのである。

九月三〇日、一〇月一日の両日、ルール地区の鉱山連盟(Zechenverband)は会合をもち、生産を再開することを決定し、同時に生産再開に付随して生ずる占領軍との調整を「六人委員会」に委ねることを決定した。(10) シュティンネスおよびフェーグラーを委員として含むこの「六人委員会」は、五日デュッセルドルフに赴き、占領軍総司令官ドグットと会見し、石炭採掘再開と石炭税の引き渡しに関する交渉を申し入れた。会見は友好裡に進み、占領軍に対して楽観的な展望を抱く企業家も現われたが、差押品の解放、石炭税、鉄道の管理等の個別的な問題に関しては、従来どおりの支配の継続が示されただけであり、フェーグラーらは悲観的な展望を抱いていた。(11) このような交渉の動きが出る一方、経営悪化のために、MICUMと単独で交渉を行ない、石炭引き渡し、石炭税の支払い等について合意する企業も現われた。鉄鋼販売を通じてドイツ経済のなかで大きな影響力をもつ、オットー・ヴォルフ(Otto Wolff)を社会的な代表者とするフェニックス・コンツェルンが、MICUMと「単独講和」で合意し、しかもこのことが虚報と合わさって大きく報道されたのである。(12)

受動的抵抗を一方的に停止し、その後の展開を外交交渉によって有利に導こうとするシュトレーゼマン政府にとって、このようなルール地区経済界の単独行動は——しかも交渉派と受諾派による分裂した行動は——、当然のことながら、対外交渉の政府基盤を弱体化させるものであり、さらにそれ以上に政府危機の際の彼らの攻勢と合わせて、政府の権威を失墜させるものであった。したがって、六日第二次シュトレーゼマン内閣組閣直後より、シュトレーゼマンは彼らの議会主義批判への反批判を行ない、次いでこの問題についても政府権威の再確立の試みを開始した。この試みの第一は、五日の会談の連絡を六日シュティンネスより受けた後、翌七日にはフランスとベルギーに対して、交通手段の確保を条件として石炭引き渡しを再開すること、そして三者政府間の交渉をただちに開始することを申し入れたことに示される。[13] そして第二は、「六人委員会」を代表してシュティンネスが提出した質問状に対するシュトレーゼマンの対応の仕方に示される。七日、シュティンネスは質問状を提出し、まず、政府は生産再開に関する問題について賠償委員会と交渉を開始するつもりなのか、それともライン＝ヴェストファーレンの石炭業界に占領軍と暫定協定を締結することを委ねるのかを問い、次いで、後者の場合として、差し押え石炭、石炭税の支払い、石炭の引き渡し、交渉権の承認(第一項―第八項)について、また鉄道管理形態の変更に対する態度(第九項)について、そして最後に、八時間労働日の改訂と動員解除法の廃止を政府は支持するか否か(第一〇項)について、政府見解を尋ねたのである。[14] この質問状の回答期限は九日であったが、政府は先のフランスおよびベルギーへの要請に対する回答をまつことにし、決定はその後に開かれる閣議で下すことにした。[15] 回答はまずベルギーから寄せられた。九日ドイツ代理公使と会談したジャスパールはドイツ側提案に必ずしも拒否的ではなく、政府間交渉を開始することをも示唆した。[16] 翌一〇日、ヘッシュはポアンカレと会談した。ポアンカレの返答は、受動的抵抗の中止は完全なものではなく、この点に関するドイツ側との交渉は不可能であり、「フランスとベルギーは、以前の状態の回復を産業家なりドイツの(当地の)当局者なりとの直接交渉で実現する決意をしている」というものであった。[17] さらにこの会談の模様を伝えたアバス通信は、フランス政府の拒絶の姿勢を報ずるとともに、当地での交渉が可能であることの例証として、オットー・ヴォルフのグループとMICUMとの間の協定を発表したのである。[18] このような協定の暴露は、経済界内部からも「祖国への罪」という批判を生じさせた。[19] それと同時期、シュティンネスを中心とする「六人委員会」にも批判が加えられ始めた。九日と一〇日、『ヴォシィシェ・ツァイトゥング』『フォアヴェルツ』の各紙は、先の五日の占領軍との会談および七日のシュティンネスの質問状を暴露したのである。五日の会談は、一部の企業家が労働時間延長のために占領軍の協力を要請したことが国家への裏切りであると非難され、七日の質問状も「最後通牒」として非難され、それ以上にこのような動きは、神聖ローマ帝国下の諸大公(Erzherzöge)の叛乱であると非難された。[20] この非難の嵐のなかで、資本の側の攻勢は、一挙に守勢へと逆転されるに至った。ある企業家は、「この数年、ドイツ産業界はこのような不名誉に悩まされたことはない」と述べている。[21] 政府と資本の立場の逆転は、九日開かれた政府とルール工業家との会談の際の、労働大臣ブラウンスの次の言葉にも示されている。「貴兄たちは、ドグット将軍との交渉の際、ある種のつけ入るすきを与えたのだ、とくに労働時間の延長に関するやり方に関してそうである」[22]と。

一〇日、閣議が開かれた。閣議はルールの企業家に対する高まる非難を押えることで一致したものの、ルール産業界に交渉を委ねるか否かに関しては明確な結論を下すことは出来なかった。閣議での討論は、多くの面でジレンマが存在することを示した。交渉を拒否すれば、ルール地方はさらに混乱しフランスによる占領は永続化しドイツへの各国の反応は悪化することが予想された。交渉を開始するとしても、政府間交渉が拒否された以上、信頼しえない仲介者がその担い手であり、この仲介者は政府に条件をつきつけており、それの承認は国内の経済・財政上不可能であり、政府の権威の面からも望ましくもなかった。その一方、承認の拒否はルール経済復興の停滞であり、またフェニックス・コンツェルンにみられるルール経済界のフランスへの屈伏であった。[23] フランス側の正式な拒否回答を得た後の一一日、閣議は先の質問状への回答を検討した。[24] 一二日、シュティンネス宛ての回答が出された。それは、石炭業界と占領軍との協定締結には「理解」を示すとして、「石炭コミサールも……介入しない」と述べ、交渉開始を承認するものであった。しかし、この回答につけられた幾つかの制約は、事実上石炭業界の交渉を不可能とした。第一の制約は、石炭業界の占領軍に対する各種の支払いに課せられた。賠償用石炭に対する政府からの弁済は現在の財政事情からなしえないとされ、また石炭税も石炭価格引き下げのために廃止する意向であるとされたのである。そして第二の制約は、国家の権利に対する侵害に対して課せられた。鉄道は受動的抵抗中止の後、もはや自由に使用しうるはずであり、また鉄道は国有につき、その所有形態の変更について一私人が言明しうるところではないとされたのである。[25]「最後通牒」と称せられた七日の質問状に対するこの一二日の回答は、交渉問題のかかえこむ幾多のジレンマのうち、まずは、交渉担当者たる一私人に対して実質的な制約を課することによって、政府の権威を明らかにしようとしたものであった。交渉者――あのドイツ石炭鉄鋼資本――に対する政府の権威は確立された。政府による相手国から譲歩を勝ち得るための休戦交渉という政府の原則のうち、政府によるという原則は、政府による交渉者の監視という形でからくも維持された。しかし、相手側から譲歩をえるという目標は、今後の展開にかけられた。

フランス政府の意図は変わることなく、五日の会談の際に明らかにされた条件に従って、協定を締結させることであった。そのためドグットは、石炭資本の分裂(すなわち、(1)無条件受諾派――オットー・ヴォルフのフェニィクス・コンツェルン、(2)条件付き受諾派――現在交渉中のシュティンネスに代表される「六人委員会」のグループ、(3)交渉拒絶派――テュッセン)を利用しようとしていた。[26]一七日、「六人委員会」との交渉が再開された。ドイツ側は、現状況では賠償支払いとしての石炭引き渡しをなしえないと主張したが、フランス側はもちろん譲ることなく、交渉は決裂かの様相を呈した。[27]そのため「六人委員会」は一九日、ふたたび政府と会い、石炭業界は二四年四月まで自己資金で賠償用石炭の引き渡しをなすこと、そして政府がその財政を正常化したとき石炭業界に弁済をなすことで交渉を継続したいと申し入れた。そして、このような条件を政府が拒否するとしたら、「ただちに全経済はフランスの手中に陥り、そうなることによってルール領域はその住民ともども無条件にライヒから分離されることになる」[28]と政府に伝えた。また二〇日、石炭労組も次のような決議を政府に送ってきた。

「賠償の現物引き渡しに対して支払いをなさないという(政府の――筆者)決定は、(ドイツ石炭労働者連合の――

筆者)会議の見解によれば、その結果として、ライン＝ルール地域の最終的な分断とフランスの全面的支配によるライン＝ルール国家の樹立とをもたらすことになろう[29]」と。ルールの石炭業界は、自己の譲歩による「暫定協定」の締結を求めると同時に、その不承認の場合としてルール＝ライン領域の分離を警告したのである。

この状況のなかで、ライヒ政府においては二つの見解が対立をみせていた。第一の見解は、ヘッシュ、フィッシャー(戦時負担委員会代表)、マイアーによって主張されたものである。彼らによれば、フランスの目標はドイツ経済の解体や分割にあるのではなかった。なぜならば、それはフランスの賠償金獲得という目標それ自体を台無しにしてしまうからであった。しかし、ドイツが頑なに支払いを拒否するならば、フランスはラインとルールの分離運動なり共産党の運動なりを支援してライヒの解体を企てるやもしれなかった。このような理由から、彼らはMICUMとの交渉を継続するよう主張した[30]。これに対する他の見解の主張者は、第二次シュトレーゼマン内閣で蔵相に就任し、一三日に成立した授権法に基づき通貨改革と財政改革に着手し始めたルターであった。彼は、財政政策の観点から、交渉による協定の成立——賠償支払いに対する政府の弁済——に強硬に反対したのである[31]。この二つの見解の対立のなかで、シュトレーゼマンは、あくまで相手側より多くの譲歩をえるという原則を貫き、努力を重ねていった。まず一六日、彼は、フランス産業界に多くの知己をもつフロイント(Dr. Freund)に一般担保の利点を述べた書簡を託してパリに赴かせ、当地で工作にあたらせた[32]。その一方、一四日パリのヘッシュに打電し、MICUMとの交渉の前に政府当局者との交渉を開始すべきことをふたたび要請し、ドイツの現経済情勢では引き渡しを即時開始することは不可能であると、ドイツ経済の窮状を訴えるよう命令していた。これに対してポアンカレはふたたび拒否の姿勢を示してきた[33]。さらにまた彼は一五日の閣議において、他国の協力をえるために、占領軍の駐留費用を支払う旨を強調する賠償委員会宛てノートを承認させていた[34]。

二〇日、閣議が開かれた。彼が下した結論は、「六人委員会」に交渉を継続させるべしというものであった。彼はこの譲歩を、受動的抵抗中止の決定の際と同じ方法でもって説明した。一つは、フランス政府との交渉が失敗したことによって、外交交渉による打開の道が失われてしまったことを明示したことである。彼は席上、次のように説明している。「ポアンカレは、疑いもなく、賠償金が支払われるまでルールに止まる意図をもっていることを明らかにした」と。そしてこの説明方法は、このシュトレーゼマン政府が「従来のドイツ政府以上に多くのものを提示した」政府であることから、よりいっそう事態の「不可避性」をきわ出たせることになった。第二は、「不可避性」のなかで「可能性」を開く選択肢を追究するという立場から、この決定のもつ「可能性」を強調したことである。たしかに、残された道たるルール石炭業界による交渉の継続は、交渉を拒絶すれば生産の再開は遅延し、ルールは「飢餓という崩壊」に陥ることになるという「不可避性」の所産であった。しかし、彼は、少なくともこの道に二つの点で「可能性」を見出していた。第一は、対仏交渉が続けられることによって、交渉全面拒否の際に考えられるルール＝ラインの分離を防止しうるという可能性であり、第二は、ルール石炭業界が石炭引き渡しの弁済の延期を申し入れたことによって、この交渉のなかでドイツが求めていた目標――「ドイツは履行をなす準備はある、しかしながら、ライヒは現時点ではどのような供出もなしえず資金も支払える状況にはない」ことを海外に明示し実証する――を実現しうる可能性である。このような理由付けをもってするシュトレーゼマンの説明の前に、閣議は全員一致で「彼らの提案にそって交渉する全権」を「六人委員会」に与えた[35]。

二一日、シュティンネス宛てに書簡が出され、政府主権を侵害しないという条件付きで、彼らの申し入れどおり交渉を継続する許可が出された[36]。交渉の中心は、「六人委員会」とＭＩＣＵＭとに移された。二二日、交渉が再開され、対立点は石炭税のみとなった。その後フランス側は譲歩を示し、三一日、石炭税の支払い額の削減を提示してきた。[37]
この問題の処理をめぐって、一一月一日閣議が開かれた。その結論は、石炭税の支払いに対する弁済を認めるというものであり、フランス側の交渉条件で協定締結を政府に申し入れていた「六人委員会」の提案を承認するものであった。席上シュトレーゼマンは、蔵相、運輸相、労相の反論に対して次のように説明している。

「内政上の理由として、政府は受動的抵抗を要請したことによって占領地区を現在のような情勢に陥れたのであり、したがって正常な経済生活に復帰しうるよう出来うるかぎり支援する道義的な責任を有している。さらに現在の外交情勢も、占領地区住民とのいかなる分裂も避けることをぜひとも要求している。ロンドンとワシントンからもたらされた情報によれば、賠償問題の解決をもたらすべく強力な活動が進展中であるということである。その際とくにイギリス側は、政府は目前に差し迫った交渉に備えて出来るだけ強固でなければならないこと、また全国民とくに占領地区住民を確保しておく必要があることを要望している。領土をめぐる戦いは現在その頂点に達しており、ライヒから領土と住民を分割させるに等しいいかなる方策も致命的な政治的失敗をまねくことになろう」と。

当時ライン地区では、さまざまな分離運動が活発化しており、そのためにも休戦協定を成立させておく必要が増大していた。そしてこの協定は、「住民の困窮状態を考慮してのみ許可された」のであり、「フランス側の要求を合法と認めたものではなく」[38]、ましてや「賠償問題になんらの先例を作ったものでもなかった」、それはあくまで暫定協定にほかならなかったのである。

交渉はその後もより具体的な点に関して相互の対立をみたが、一一月二三日、いわゆるMICUM協定を締結させるに至った。それは期限を二四年の四月一五日までとする仮協定であり、ルール石炭業界は政府の財政の正常化の後その支払いの弁済をうけるという確約のもとに、石炭税の支払い、賠償用石炭の引き渡しを承認したのである。ルール地区の生産再開のための「休戦協定」の成立であった。(39)

しかしその日、シュトレーゼマン内閣は辞表を大統領に提出していた。一〇月二九日のライヒ政府のザクセン政府への介入に端を発して、SPDは閣外に去り、この日SPDの不信任投票が議会を通過したのである。その間、一一月一五日にはレンテンマルクが発行されドイツ経済の正常化の道が始まり、一一月上旬にはバイエルンでのヒトラー一揆が失敗し、先のザクセンにおけるSPD＝KPD政府の崩壊と合わせて、極左・極右の全体的反対派は政治過程の射程外に押し出されていった。国内再建の道がスタートしたのである。(40)

では、この「休戦協定」の陰で進行し始めていた賠償問題をめぐる紛争は、どのような終結の過程をたどっていったのであろうか。

第二節　ドーズ案の形成

一　第三者仲介の作動

MICUM協定の締結された一週間後の一一月三〇日、賠償委員会はドイツの支払い能力の調査のため、二つの専門家委員会の招集を決定した。いわゆるドーズ委員会の設置の決定である。このような決定に至るまでには、フランスの全面的な孤立化という確かな状況の展開がみられた。それは、一一月一九日の連合国大使会議において、フランス側代表ジュール・カンボン(Jules Cambon：フランス側代表・連合国大使会議議長)が、前皇太子帰国問題と非武装化委員会の査察要求に対するドイツ側の拒否とに関して制裁を要求したとき、他国が一致してこれを拒否したという事実に象徴されていた[41]。

この孤立化には、そしてその反面たる専門家委員会の招集に関するフランス側の承認には、二つの力が働いていた。第一は、ドイツ解体の危険性に対する危機感が各国に共有され始めたことである。この立場をもって賠償問題の即時解決を主張したものに、南アフリカ連邦首相スマッツがいた。彼は当時、一〇月一日から始まった帝国会議(Imperial Conference)に出席のためイギリスにおり、その地でボールドウィン政府の消極性を批判するとともに、賠償問題の即時解決をたびたび主張していた。一〇月二三日には彼は有名な演説を行ない、いままでの全責任はフランスにありルール占領は速やかに原状に復されなければならない、現在の状況が続くならばドイツは経済的にも政治的にも解体することになろうと述べ、賠償問題を検討するためアメリカもまじえた国際会議をただちに開催することを主張した[42]。第二は、一〇月下旬から分離運動が激化し、ベルギー占領地区およびフランス占領地区ではライン独立のための一揆も発生し、それにつれて各国がこの背後にあるフランスに警戒を示し始めたことであった。例えば、この一揆に部分的な支援を送っていたベルギーすらも、一揆の失敗が明らかになった時、公然とフランスから離反する態度を示し始めたのである。ベルギー駐在フランス公使は次のように述べている。「ベルギーの多くの人びとはフランスを恐れている。それはフランスが巨大となったからばかりではない、フランスは冒険にもひるむことがないからである」と[43]。

このようなフランスの孤立化を押し進めるとともに、賠償問題の解決に決定的な弾みを与えたものは《第三者勢力》の新たな介入であった。

一〇月一一日、大統領クーリッジは記者会見の席上、ヒューズが先に提案した国際専門家会議の開催という案をアメリカはいまでも解決案と考えていることを明らかにした[44]。これに対して、帝国会議でその消極性を非難されていたイギリス政府は一三日、覚書をヒューズに手交し、ドイツの危機的な経済情勢はドイツばかりではなく全ヨーロッパにとって死活的な問題といえるものであり、この問題の解決のためにはアメリカの介入が不可欠であると述べ、アメリカがヒューズ案にそった国際専門家委員会に参加する意図があるのか否かを尋ねていた。[45] 一六日、アメリカはこれに回答を送り、アメリカは現在でもヒューズ案を解決策と考えていること、ドイツが受動的抵抗を中止したいま賠償案を考慮する機会が来たと思われること、そして次の三点を条件として、賠償支払い案とその支払いを保証する財政案とを作成するためドイツの支払い能力を検討する国際会議に参加する用意のあることを明らかにした。その三条件とは、第一にドイツはその戦争責任および課せられている義務から免れえるものではないこと、第二に会議は諮問的な性格のものでありただちに政府を拘束するものではないこと、したがって会議は専門家による公平・中立なものでなければならないこと、第三に賠償金と戦債はいかなる結び付きもないことであった。[46] 一八日、イギリス政府はこの内容を連合国各国に伝えると同時に、アメリカが非公式に参加する経済会議の開催を提案した。[47] イギリスは連合国、とくにフランスからの回答を待った。しかし、フランスからの回答は出されなかった。二二日、ボールドウィンは怒りにみちてその側近に、「ポアンは嘘をついた。私は、受動的抵抗が中止されれば彼はドイツと交渉するものと思いこまされていた」と語っていた。[48] 二三日、先のスマッツの演説がなされ、多大な反響を及ぼした。また同日、駐英アメリカ大使ハーヴェイ(Georges Harvey)は、アメリカはヒューズ案にそって賠償問題の解決に参加する用意があると演説していた。[49] 二五日ボールドウィンはプリマスの保守党大会で演説し、イギリスは分離運動によるドイツの解体を黙視するものではないと述べるとともに、ドイツの支払い能力と支払い案を検討するため国際会議を招集することを支持すると述べていた。[50] イギリス政府は、その関心を賠償問題においていることを公表し始めたのである。

二二日ベルギーは、一八日のイギリス側申し入れを知り、フランスにこの提案を「最大級の慎重さをもって配慮する」よう伝えていた。[51]またイタリアは同意の姿勢を示した。[52]

その間アメリカ政府はフランス政府に直接的な形で圧力をかけていた。二二日ヒューズは駐米フランス代理大使と会見し、アメリカはフランス政府の受け取ったイギリスの申し入れを支持すること、またアメリカ政府の態度は二二年秋の時といささかも変わるものではないこと、加えてドイツが降伏した以上財政案の検討が開始されない理由は見あたらないことを伝え、アメリカの世論はフランスのこのような引き延ばしに否定的な態度を示し始めていると警告した。[53]二四日、ドイツ政府は、先述した占領軍の駐留費用に関するノートを賠償委員会に手交した。二六日賠償委員会はこのノートに対する措置を検討するはずであった。二四日、駐仏アメリカ代理大使と賠償委員会アメリカ側首席オブザーバー(James A. Logan)は、フランス側は二六日このドイツ側ノートを拒否する模様であり、そのような事態は「ドイツの解体以外の何物をももたらさないであろう」と状況を分析し、この事態を避けるために、国務省は連合国各政府にこの交渉の機会を逸することのないよう勧告するなり、さもなければその旨の声明を出すなりの措置をとるべきであると国務省に具申してきた。[54]これを受けて国務省はただちに措置を講じ、二五日には、アメリカ政府はこの事態を憂慮の眼で見守っており、ヒューズ案を早急に実現に移すことが不可欠であると考えている旨をフランス側に伝えるとともに、同日イギリス政府とともに、先の一三日付けイギリス側覚書および一五日付けアメリカ側覚書を公表させた。[55]

このようなイギリスおよびアメリカからの圧力にあって、二六日フランス政府はアメリカ政府に返答を伝え、アメリカを含む国際専門家委員会の招集を条件付きで受け入れることを伝えたのである。[56]

しかし、二九日フランス側が覚書を提出したとき、専門家委員会の権限をめぐって対立が始まることになった。二九日のフランス側覚書は、専門家委員会はヴェルサイユ条約に従う賠償委員会が招集するものであり、よってその権限内で活動するものであること、ドイツ側はこの委員会に代表権を与えられずただ聴聞を許されるだけであること、そしてフランス側はロンドン支払い案の修正には応じないことを、その条件として掲げたのである。[57] これに対しアメリカ側は三〇日、専門家委員会の活動に関するこのような制限は認められないとフランス側に伝えた。[58]

その後くり広げられたものは、フランス側とアメリカ側との委員会の権限をめぐる応酬であった。そしてそれは、ロンドン支払い案に固執するフランスとロンドン支払い案の修正を志向するアメリカとの角逐でもあった。交渉条件をめぐるこの交渉のうちでフランス側はしだいに譲歩をみせていった。最後に残った対立点は、「現支払い能力」——一九三〇年までの支払い能力——に関してのみ調査すべきであるというフランス側の主張に関してであった。ここにおいて、ヒューズは強硬な姿勢を示し、それでは何の意味ももたないとして、一一月九日、交渉の打ち切りを宣言した。[59] ベルギー駐在アメリカ公使はドイツ代理公使に、それはフランスを孤立化させるための一時的な戦術的措置であると説明していた。[60]

フランスの孤立化はその後ただちに明らかとなった。一二日『タイムズ』は、その直前に終了していた帝国会議の公式活動報告書を掲載した。それは、大英帝国各国首相は専門家会議の開催をめぐってロンドンとワシントンとの間でなされている交渉を支持すること、また、彼らはより広い観点から財政・経済問題を論ずべき国際会議の開催の可能性をも論じたことを明らかにした。[61] 事実、翌一三日、駐独アメリカ大使もシューベルトに、ヒューズはフランスを除いた国際会議を招集する可能性があるとポアンカレに知らせようとしていると伝えていた。イギリスとアメリカはフランスを除外した国際会議を開催するつもりであるという情報が流れ始めたのである。[62] またちょうどそのころ開かれていた賠償委員会もフランスの孤立化を明確なものとした。バルトゥーがフランス側の条件で専門家委員会を招集する決議を成立させようとしたとき、イギリスとベルギーは反対し、とくにブラドベリイは、フランス提案は「地震対策の丸薬を発見した哲学者のようなもの」と述べ、専門家委員会は救済のために必要な措置をすべて検討すべきであると主張したのである。[63] ボールドウィンも一五日、下院で演説し、フランスに公然と警告を発した。いままでのアメリカとの交渉はイギリスの第二の同盟国のために失敗したのであり、その国は、イギリスは無限にその国と協力関係にあるものではないことを想起される必要があり、新政府(一一月六日総選挙がとり行なわれる)の活動は賠償問題の全状況を再検討し必要な措置を講ずることにあると。[64] 加えてベルギーも、国際専門家委員会をアメリカ案にそって設置することに賛成することを明らかにしていた。[65] イタリアもこの活動に一役を買って出た。一六日ムッソリーニは上院で演説し、ドイツ領をこれ以上占領することは許されない、ドイツ国民は生活しているのであり、数千万人にのぼるドイツ民族を抹消することもできない、ドイツ民族はヨーロッパ文明の重要な一画をなす民族であると述べ、次の六点をイタリア外交の基本的方針として宣言した。第一にドイツ賠償額の合理的な額までの削減とそれに対応する戦債の削減、第二に現物引き渡しを除くドイツ側支払いのモラトリアム、第三にドイツ政府との合意による保証案の作成、第四に保証措置の実現後の占領地区からの撤退、第五にドイツ経済再建のための支援と内政不干渉、そして最後に第六として領土の保全であった。この方針は、フランスの目標に対する全面的な反対といっても過言ではなかった。[66] このような情勢のなかで、先述した連合国大使会議におけるフランスの敗北があったのである。

フランスの孤立はこのように明確となった。フランスは譲歩を行なった。二八日、バルトゥーは賠償委員会の席上でアメリカ側に、賠償委員会が二つの専門家委員会を招集することを提案すると伝えてきたのである。[67] 三〇日賠償委員会は全員一致で次の決議を採択した。ヴェルサイユ条約第二三四条に従い、賠償委員会はドイツの資源と支払い能力を検討するため連合国各国の代表から構成される二つの委員会を設置すること、第一の委員会は「予算の均衡の手段と通貨安定のための措置」を、第二の委員会は「流出資本の算定とそれをドイツに引き戻す方法」を審議検討することである。[68] この案に対してアメリカ側は慎重な態度をみせた。アメリカ側は、委員会の権限に関して曖昧な内容をより明確にしようとしたのである。ふたたび、アメリカとフランスとの交渉が開始された。三〇日、「われわれはバルトゥーの声明は曖昧であり個人的なものであり非公式なものであると考えるゆえ、アメリカ側はそれをポアンカレの態度の変化とみなすことはできない」として、委員会の権威の確立のため権限の拡大を明確にすることをフランス側に要求した。[69] 一二月五日フランスは回答を発し、検討の対象を「現支払い能力」に制限することも諦め、検討は予算の均衡のための措置と通貨安定のための措置に関係するすべてにわたるとして、事実上賠償金削減の検討をも委員会の権限内とすることを認めるに至った。[70] フランス側は賠償委員会による招集ということで体面を保ちながら、事実上はヒューズ提案を受け入れたのである。一三日ヒューズは、この委員会に非公式にではあるがアメリカ側専門家を派遣すると発表した。[71]

ここに、事実上賠償問題を検討する国際専門家委員会が設置されることになった。このことは、賠償問題の《非政治化》を意味した。この間ドイツ側は、連合国間のこのような動きを傍観する以外に方法はなかった。一一月三〇日に成立した第一次マルクス内閣において外相にとどまったシュトレーゼマンは、このような《非政治化》を明確に認識し、賠償問題の解決が単一争点となったがゆえに、ルールとラインラントの解放という他の争点を前者を通して実現しようとした。われわれの最終目標は、「ルールとラインラントの解放と密接に関連させて賠償問題の最終的解決」を計ることであると、一二月中旬、彼はヘッシュに伝えている。[72]

一二月二六日、賠償委員会は二つの専門家委員会の委員を任命した。第一の委員会は、委員長をアメリカ代表ドーズ(General Charles Gates Dawes)とし、[73] その中に創設された財政とマルク安定に関する二つの小委員会には、イギリス代表スタンプ(Sir Josiah Stamp)[74]とアメリカ代表ヤング(Owen D. Young)[75]が委員長に就任した。[76] 第二の委員会では、イギリス代表マッケナが委員長となった。[77] ドーズ委員会は一月一四日、マッケナ委員会は一月二一日、パリでその審議を開始した。そして四月九日その報告書を完成するまで、ドーズ委員会は四五回の会合を、マッケナ委員会は三八回の会合をもった。[78] 会議はきわめて実務的な雰囲気で進められた。この委員会に対してドイツ側は、早くも一二月に必要関係資料を提出する申し入れを行なっていたことに示されるように、調査に全面的な協力をみせた。[79] さらにドイツ側は、パリの戦時負担委員会の各代表やシャハト、ビューハーらを通して連絡をとらせると同時に工作をも行なわせていた。[80]

そのなかでマッケナ委員会の活動は順調に進み、委員は、ドイツの流出資産の正確な把握は不可能であること、そしてこれらの資産を強制措置で本国に復帰させることは不可能なことで一致した。ただ問題は、ドイツの流出資産は膨大な額にのぼり、ドイツはこの資産が本国に復帰すればより多くの賠償金を支払えるはずであり、政府はそのための強制措置をとるべきであるという見解にどのように答えるかということであった。この問題に関して委員会は、流出資産は一九二三年末で総額最低五七億GMから最高七八億GMの中間にあるものと考えられるとし、その復帰の措置に関しては、強制措置によるのではなくむしろ通貨安定による自然復帰を待つべきであるという見解をとった。そしてこの通貨安定はドーズ報告が提案するところのものでもあった。[81]

そのドーズ委員会では、各国の代表は次の三点について対立していた。第一は占領の問題であり、第二は新発券銀行の問題であり、第三は支払い額の問題であった。占領の問題は、アメリカは権限をめぐる先の対立の時以来、ルール占領の合法性を検討することはできないが、フランスがルール地区で行なった経済措置に関しては検討をなしうるという立場をとったこと、委員会もドイツ経済の復興の方法を検討するためにはこの問題を避けて通ることはできなかったことにより、検討の対象に加えられることになった。この問題に関して、ポアンカレはあくまで特別担保を継続することを主張し、[82] イギリス側はルール地区からの撤退を要求した。[83] この従来どおりの対立のなかで、アメリカが妥協案を提出した。それは、軍事占領はそのまま維持するもののドイツの経済的統一は維持するというものであり、ルール地区の経済制裁のみを廃止するというものであった。[84] そしてこの妥協案で合意をみ、完成された報告書も、「ライヒの財政および経済の統一は回復される」ことをこの報告の前提とすると述べていた。[85] そして二月、シュトレーゼマンがアメリカのこの妥協案を聞いたとき、「暗い地平に日の出の薄光がさしはじめた」(傍点原文)と述べ、目標に一歩近づいたことを喜んでいた。[86]

ドーズ委員会の課題はいうまでもなく通貨安定の道を探ること、言い換えるならば、ドイツの通貨体系の中心たる中央銀行を改組することであった。その一方ドイツ側は、とくにライヒスバンク総裁に就任したシャハト(Hjalmar Schacht)は、レンテンバンクを設立しレンテンマルクを発行することによって国内通貨の過渡的安定措置を実施した後、外国取引のための信用供与を整備すべく金割引銀行(Golddiskontbank)を設立することに努力を傾けていた。[87] その際、シャハトは最初アメリカの資本参加を考えていたが、アメリカ金融界がドーズ委員会に焦点を合わせたため、イングランド銀行の資本参加を計画し、ドーズ委員会の開催の前にはノーマン(イングランド銀行総裁)から資本参加五〇〇〇万ポンドの合意を取りつけていた。[88] 一月中旬シャハトが銀行関係の説明をドーズ委員会でなすべくパリに赴いたとき、彼はこの金割引銀行を早急に設置することを主張したのである。[89] その後、国際専門家委員会側とシャハトは、二月上旬に国際専門家委員会が調査のためベルリンを訪れたとき交渉をもち、この銀行の業務を海外取引のための手形の割引に限定すること、そして賠償委員会の勧告する新中央銀行が設立されたときにはそれに吸収されることで妥協し合意に達していた。[90] しかしこの銀行は、総額五〇〇〇万ポンドまでのポンド表示の銀行券発行の権限を与えられていた。ここにまた一つの問題が生じることになった。それは、新通貨をポンド圏に入れるかそれともドル圏に入れるかという、通貨圏の拡大競争と結びついたのである。アメリカは、ドイツに即時金兌換の導入を要求した。それに対し、イギリスはこれを時期尚早と反対し、ドイツもイギリスの主張を支持した。アメリカは、英独の一致のうちに、先の金割引銀行のポンド表示銀行券の発券権限を一布石とするポンド通貨圏の拡大の試みをみた。しかしその他の国もイギリスを支持したため、アメリカはこの問題で孤立していった。対立は続いたが、ドーズ報告の出される直前に妥協が成立し、金本位制は原則として認めるものの、当分の間は兌換は停止されることになった。イギリスはポンドの影響力の増大の機会をみ、アメリカは敗北感を味わった。[91]

賠償委員会のうちで連合国各国を対立させた第三の問題は、支払い額の問題であった。この問題に関して、連合国側はドイツの支払い額を確定する指針はその租税負担能力にあるとし、それは連合国のそれを下回ってはならないことで一致していた。しかし、現実の支払い額算定になると高額に見積もるフランス、イタリア、ベルギー側と、低額に押えようとするイギリス側との間の相違が明白となっていった。その際アメリカ側は内部で分裂をみせ、代表は高額に見積もり、代表を補うため派遣されていた顧問団は低額に押えようとしていた。三月下旬フランスとイギリスとの対立が深刻なものとなり会議は一時中断され、イギリス代表団は本国に帰国し会議の成行があやぶまれた。しかし三月下旬妥協が成立した。年次支払い額を若干削減すること、この案を暫定案とし五年目までの支払いのスケジュールを定めること、そして支払い方法をドイツの有利なように変更することで合意をみたのである。[92]

このような妥協をうけて、四月九日、この二つの委員会は賠償委員会に報告書を提出した。[93] いわゆるドーズ報告であり、のちにドーズ案として実行されることになる新賠償案である。その内容は、この報告書の第一部が説明している。[94] この報告は、新案の根本目標を賠償問題の《非政治化》に置いた。すなわち大戦後のヨーロッパに平和を確立し経済復興による相互の利益を計るために、ドイツをしてその財政・経済の根本を破壊することなく、出来るかぎり多額の年次金を確実に支払わせる組織を樹立することをドーズ案の目的としたのである。新案の目的はあくまで債権の回収であり、敗戦国ドイツに対する刑罰の意を含んではならなかった。したがって、支払いに対する政治的な保障と制裁という問題は委員会の権限外ではあるとしながらも、軍事組織の存在がドイツの経済活動の自由を妨害すべきではなく、かつこの案が認めるもの以外の外国によるいかなる経済的監理も干渉も認めるべきではないと主張した。さらに、賠償支払いの基礎というべき通貨の安定と予算の均衡を確保するために、ドイツはヴェルサイユ条約によって画定された自国領域の資源の利用とその自由な経済的活動を必要とする、それゆえドイツの領土の一部に対する現在のような財政的・経済的支配は排除され、ドイツの経済的な統一が回復されるべきであるとも主張した。このような方針は、まさにシュトレーゼマンの一般的担保を承認したものにほかならなかった。

このような根本方針にそって、報告は、通貨の安定、賠償金、外債、組織について説明を加えた。まず通貨の安定に関しては新発券銀行の設立を要求した。ついで賠償金に関しては、その支払い源泉から説明し、それを通常財源と保障財源とに分け、前者には、(1)国家予算、(2)鉄道債券・運輸税、(3)工業債権をあて、後者にはアルコール、煙草、砂糖、関税による収入をあてた。この措置は、期せずして先年の六月七日ドイツ提案と方針を一つにするものであった。支払い金額および年度に関しては、先述したように、総額を確定せず五ヵ年間の計画のみを定めた。最初の二年間は予算の均衡を確立するため予算財源による負担を免じたモラトリアム期間とし、次の二年間は過渡的期間として漸次予算財源の負担を増大させ、そして次の五年目を標準年度として、二五億GMを年次支払い額と定めた。[95]また現物引き渡しについても言及し、それは、ヴェルサイユ条約に規定されたようなドイツの自然資源および輸入原料を主とするものではなく、製造品にのみ限定するべきであると方針を変更した。そしてこの支払い案の特色は次の二点の導入にあった。第一は、支払い方法に関してである。ドイツ側はその一切の支払いを、金マルクもしくはドイツ通貨に類するものを発券銀行に払い込むだけですみ、外国通貨を購入する必要から解放された。これに対して連合国側は、それを担当する「賠償支払取扱人(Agent of Reparation Payments)」を置き、それを監督する「引渡委員会(Transfer Committee)」を設置した。そしてこの委員会は、その権限において「ドイツの生と死を決定する」(O. Young)ものであり、その取扱人はドーズ案の「王(König)」となった。(96) 第二は、繁栄指数(Index of Prosperity)の導入である。すなわち、五年度目の二五億GMの支払いが標準支払い額とされながらも、それ以後の支払いはこの指数に従って追加額が決定されるとしたのである。このような支払い額および支払い方法の導入に加えて、この報告は外債の導入も制度化した。いわゆるドーズ公債であり、それは新銀行の金準備にあてられ、また国内資金としても利用されることになった。そしてその主たる引受国はいうまでもなくアメリカであった。最後に組織に関しても、委員会は先述した「引渡委員会」と「賠償支払取扱人」に加えて、「発行銀行監理人」「鉄道監理人」「監理収入監理人」という賠償委員会と別の組織を作り、それに賠償委員会に対する責任を負わせ、賠償委員会が事実上この問題に介入しえないようにした。

この報告を受けた賠償委員会は、四月一一日ドイツ政府にノートを手交し、委員会は、この報告が「賠償問題の早急な解決のための現実的な基礎」であることを認め、この報告の実現のために、関係各国がこの提案を支持しそれを承認するよう勧告したいと思うと述べ、それに先立ってドイツ政府の見解を知りたいと伝えてきた。(97) これに対して四月一六日ドイツ政府は回答を出し、「ドイツ政府もこの報告を賠償問題の早急な解決のための現実的な基礎と考える。それゆえ専門家委員会の計画の実現のために協力を惜しむものではない」と伝えた。(98) これを受けて一七日、賠償委員会は、イギリス、フランス、イタリア、ベルギー等の関係各国にドイツ政府の一六日付けノートを伝え、あわせて「この報告を早急に実現に移すよう」申し入れた。(99) 各国の反応は速かった。マクドナルドは、四月一六日には下院で、この案を全体として受け入れると述べ、二一日にはヨークの独立労働党の集会において、ドイツとヨーロッパにとって危険なのはドイツの過激なナショナリズムの擡頭であり、それには連合国の政策も責任の一端を負うものであるとし、さらに次のように述べた。

「われわれが牢番のような行動を止めた時にのみ、われわれはドイツから出される保釈金を受け取ることができる。われわれはドイツに、ドイツがこの報告を受け入れるかどうか尋ねてみよう。そして受け入れると述べたとき、われわれは彼らの約束を信じようではないか」(100)と。

二五日、イギリスは、「現実的な成果を考えるためにその力のかぎり全力を尽くす」という異例ともいえる回答を賠償委員会に送った(101)。また同日、ベルギー、イタリアもこの報告を支持する回答を与えた(102)。

問題はフランス側の対応であった。四月一五日、ポアンカレは、次のように述べた。現在専門家委員会の報告が出されたとしても、それはすべてが解決され静寂の時期が訪れたことを意味するものではない、報告書が示していることは、ドイツが貧困をよそおっているということであり、ドイツは現実に支払い能力を有しているということである、報告書はドイツの経済的・財政的統一を主張しているが、われわれはドイツがその支払いを実際に行なった後にのみその担保を他の担保と代えるつもりであり、それまで特別担保を存続させるつもりであると(103)。しかし、フランスの孤立は明白であった。二二日、この報告書の完成をアメリカの成果とみなしていたアメリカでは大統領クーリッジが演説を行ない、ドーズ報告は国際対立の平和的な和解に努力しているアメリカの成果であり、それは平和の新たな時代の幕開けを印すものであると評価した(104)。このなかで、他国からの回答の出そろった二五日、フランス側も回答を出し、「ドイツがこの案を現実に遂行したときにのみ」、現在確保している担保を他の担保に代えるつもりであることを強調しながらも、この報告書に「最終的決断を下すこと」に同意した(105)。

このように一専門機関によって決定されたにすぎない支払い案が将来の支払い案になることとは、すでに四月下旬には確定的になっていた。それを最終的に追認したのがロンドン会議である。

二　協調の政治気候

ロンドン会議への道程の背後には、緊張緩和の確実な流れが存在していた。そしてこの流れがあったがゆえに、ドーズ案はわずか発表後半月もたたないうちに各国から承認をうけたのである。したがってまず勢力均衡体系内でのこの緊張緩和の様相をみ、次にドイツ外交の目標とロンドン会議の展開をみることにしたい。

緊張緩和の出発点は先のシュトレーゼマンの受動的抵抗の中止であった。その推進要因としては、国際専門家委員会の招集にあたってみられたようにアメリカの介入があった。そしてさらに、一月ボールドウィン内閣が退き、ルール占領に鋭い批判をはなっていた労働党内閣がマクドナルドを首相兼外相として成立したことがある。(106) 就任したマクドナルドは積極的な外交を展開し、ソビエト・ロシアを正式に承認するとともに、一月下旬ポアンカレに公開書簡を送り、両国に世論および国益の違いはあるものの、このような対立は両国が善意のもとに努力することによって解消されるものであり、友好裡の協力関係を樹立するような政治的手段を見出すことが互いに出来るはずであるとして、「ヨーロッパの平和と安全」のために協力することを呼びかけた。これに対してポアンカレも好意的な回答を送り、この公開でのノートの交換は五月まで続き、チェッカーズで両国首相会談が開かれる予定にまでなった。(107) また労働党政府は、ドイツに対しても、賠償問題の解決に力をつくすとして協調的な態度をとり、二月下旬、内相ヘンダーソン(Arthur Henderson)は、補欠選挙の演説においてヴェルサイユ条約の修正すらも公然と主張した。(108) ドイツ側はこのような労働党政府を期待の目で眺めていた。デュフールは次のように報告している。

「私はあまりにも楽観的になることはできないが、新しいイギリス政府は、いわゆる平和が始まって以来の（どの政府よりも——筆者)それと交渉することがわれわれにとってよりたやすい政府であると考える。……なぜなら、われわれの祖国とイギリスは、ともに生き長らえるためにヨーロッパの復興を必要とするかぎり、その利益はかなりの程度まで一致するからである」と。[109]

シュトレーゼマンも、この状況を「ドイツを取り巻く国際情勢の……かなりの緊張緩和を示すもの」と捉えていた。[110]

一方、フランスの政策も変化をみせていった。ポアンカレの地位は、二四年に入るとフラン危機のために内政面でも揺ぎ始めた。[111] 加えて先年の秋以来、カルテル・ド・ゴーシュの動きが活発となり、一月一一日にはエリオ(Eduard Herriot)は、議会で「左派」と呼ばれる外交方針を明らかにしていた。彼はルール占領を批判し、「イギリスをわれわれから離れさせた気違い的にも愚かな誤解」を拭い去ることを強調し、ドイツに関しては「われわれの安全、すなわち財政の建て直しはフランスとドイツの統一戦線の再確立にある」とし、共和制フランスの使命は「善意の人間の世界の上にたつ平和」であると結んでいた。[112] そして四月二日ポアンカレが、「ドイツは強制されてのみ履行するがゆえにフランスは強制措置を必要とするのである」として「ドイツが完全に支払うまでわれわれはルールを放棄しない」と述べたとき、エリオは、ルール占領の決算表は負であり、同盟国から保証を得られればルールを放棄すべきであり、フランスは単独でそのような状態を続けるべきではないと反論し、ルールの放棄はドイツ民主政の擁護のためにも不可欠であると断言した。ポアンカレの「不信」を基本文脈とする対独イメージは、「信頼」を基本文脈とする対独イメージに代えられようとしていたのである。[113] 五月一一日のフランス下院選挙は、カルテル・ド・ゴーシュ派の勝利であった。その後、「ルール占領の父」(シュトレーゼマン)[114]ミルランが大統領職から追い落とされた後、六月一四日エリオを首相兼外相とするカルテル・ド・ゴーシュ内閣が成立した。六月一七日、エリオは就任演説において、われわれの目標は、「この国に労働と前進によって平和を与えることである」と最初に述べ、「もしドイツ政府が専門家委員会報告書を実現するために必要不可欠な労働を行なうことを決意するならば、共和国政府は確実に民主主義と平和の道を開くドイツ側のそのような努力に応えるつもりである」と「信頼」を強調し、具体的には逮捕者の釈放と追放者の復帰を約束し、同時に占領および領土的な担保に反対して、この報告書が確実に遂行され国際組織によるその監視がされるならば、ルールを撤退すると述べた。(115) 五月中旬、このようなフランス側の変化を、二月一日に大使に昇格したヘッシュは次のように報告している。

「われわれがこの新たな状況から成果を導き出すために必要なことは……信頼である。われわれがより多くの善意を示しこの政府により多くの信頼を呼び起こさせれば、われわれはこの新しい人物からより多くの成果を得ることができるであろう。なぜならこの人物の政治的な意図は、ポアンカレと違った政策も遂行できるということを国民に保証することにあるからである。われわれはこの状況を利用すべきだと考える。そうすればラインおよびルールでのわれわれの経済・行政の各面での主権を取り戻すことが確実になるからである。……われわれが現在以降断固として指向せねばならない方針は、この平和の政策である。抵抗という方法なり隠蔽という政策なり後の行動のための下準備なりによってドイツをふたたびあの大国へと甦らせることとは、完全に不可能であり問題にならないことである。いまわれわれに与えられている展望は、和解と平和と国際的連帯とを明白に表明することによってドイツを、たとえあの古い権力意欲を満たすことはないにしても、ふたたび甦らせることであり、ふたたびあの完全な主権をもち完全に他国と平等で完全に自由な国家とすることである」と。

そしてまたシュトレーゼマンもこの報告を「完全に正しい」と考えていた。(116) 彼にとってこの状況は、「われわれは現在、少なくとも、もはやポアンカレのフランスと対抗する必要がない」という状況であった。(117)

「独立、それは決して孤立を意味するものではない。協調、それは決して同盟なり政治的介入を意味するものではない」(ヒューズ)[118]として積極的に経済面で介入し始めたアメリカ、「フランス、ドイツおよびその他の国が心からヨーロッパの秩序のために協力すること」(マクドナルド)[119]を指向して公然と協調外交のイニシアチブを取り始めたイギリス、そして、「われわれは憎しみは知らない、正義のみで充分である」(エリオ)としてドイツに「信頼」をみせたフランスと、勢力均衡体系は、「平和」「信頼」等の言葉が頻繁に使用される緊張緩和の「政治気候(political climate)」(ラスウェル)に入っていたのである。

このように新賠償案の原案が作成され、また関係各国政府がその原案を受諾の方向で検討することに合意し、しかもその背後では緊張緩和のムードが進行するなかで、残された課題は、その原案を正式に調印すること、《非政治化》された原案のなかで残された政治的問題(ルールの処遇と制裁措置)を解決すること、そして何よりもそのような課題をいつ、どのように検討するかという手続き問題を決定することであった。最初にこの問題を国際会議によって決定することを提案したのはベルギーであった。ベルギー政府は先の四月二五日付け賠償委員会宛てノートで、この案を早急に実現させるため、「ベルギー政府はすでにいま各連合国政府と接触を取り始めている」と伝えていた。[120]事実、ベルギー側の工作は迅速であった。四月二八日にはベルギー首相と外相はパリでポアンカレと、五月二日—三日にはロンドンでマクドナルドと、五月一八日—一九日にはミラノでムッソリーニと会談した。このベルギー側工作のなかで、各国は交渉のなかで現在まで得られた合意点を早急に実現に移すべく国際会議を招集することで一致をみた。[121]そしてまた、各国はルール問題については合意をみなかったものの、制裁問題については、フランスを除いて、制裁は軍事的制裁ではなくボイコット、経済封鎖等の経済的制裁とすること、そしてその発動は自動的なものではなく、関係各国の会議による検討の結果として行なうものとすることで一致した。[122]そして最終的な決定は、英仏首相会談にかけられた。ところで先述したように英仏首相間の書簡交換によって五月二〇日にポアンカレ＝マクドナルド会談が開かれる予定であったが、五月一一日のフランスの総選挙によってポアンカレが辞任したため会談は取り消され、フランス側の新政府の樹立までそれは延期されることになった。六月一七日のエリオ政府の樹立後、六月二一日—二二日チェッカズでエリオ＝マクドナルド会談が開かれた。この会談の意味は、なによりもまず英仏間の協力がふたたび確認されたことにあった。共同コミュニケは、この時期のムードを象徴するかのように、「この二国が、そして実際には全世界が直面する困難な問題を両国の継続的な協力によって処理する」と新たな協力関係を謳っていた。そして賠償案を正式なものとする関係各国の会議を開催すること、会議は二段階に分かれ最初の段階では連合国が議定書を作成しその後ドイツ側が討論に加わり最終的に議定書に調印することが決定された。しかしルール撤退問題については合意をみなかった。エリオは軍事的撤退を承認しながらも、この「困難な問題」を現在取り上げることを好まなかったのである。[123] 課題は残されたまま、その処理はロンドン会議にゆだねられたのである。

では、ドーズ案が形成されロンドン会議の開催が決定されているこの時期、ドイツ政府は何を目標としてどのような外交を展開していたのであろうか。マルクス内閣は、授権法体制をもって二月まで財政改革等の安定化を行なっていたが、三月SPDがこの体制の解除を要求し、そのため少数政府(minority government)は議会の多数派を失い、議会は解散され、ドイツは選挙戦に入った。そのなかでDNVPはドーズ報告を、《ドイツの最終的な隷属化》や《ドイツ国民を国際金権政治に売り渡すもの》と非難し、反ドーズ案のキャンペーンを開始し、シュトレーゼマン外交と対抗し始めた。五月四日の議会選挙はDNVPを擡頭させるに至った。その後一ヵ月余にわたり政府危機が続いた。その間政府は、SPDの入閣拒否を前提として、一方ではイギリスおよびアメリカからのドーズ案承認への圧力、すなわちDNVPとの連立拒否への圧力にさらされ、他方では多数派を獲得するためにDNVPと連立を試みざるをえないというジレンマに立たされていた。結局DNVPとの連立交渉が失敗し、六月二日、ふたたび少数政府として第二次マルクス内閣が成立した。しかし、ドーズ案そのものはSPDの支持によって議会で単純多数を獲得しうるものの、それの国内関連措置たる鉄道関連法案は憲法修正案件であるため、議会の三分の二の多数を必要としていた。ここに緊張緩和の内政浸透は、DNVPとの対決と妥協とを必要とさせ、ふたたび不可避性の技術を要求したのである。[124]

このような国際体系の緊張緩和と国内の反対派の擡頭のうちで、シュトレーゼマンの基本戦略は「可能性」の拡大であり、全資源の使用であることに変わりはなかった。第一にそれは、従来どおり、目標転位による目標達成の方針の継続であった。すなわち主目標たるルールとラインの撤退を賠償案の全面的受諾によって達成するという方針である。それは言い換えるならば、各国が国際体系の緊張緩和の象徴としてその実現を第一目標としている賠償問題に対して全面的譲歩を払うことによって、その補完として、各国にとって二次的ともいえるルールおよびラインからの撤退という目標を達成させることであった。協調を例証することによって譲歩を得ようとする戦略である。その例はすでに四月一六日付けドイツ政府の賠償委員会への回答が与えている。そしてより端的に、五月下旬シュトレーゼマンの協力のもとに作成された次の政府声明に示される。

「(ドーズ案が承認、実行され、各国と条約が締結されたとき)、ライヒ政府は、条約上の基礎がふたたび完全に確立されるよう要求しなければならない。それは、ヴェルサイユ条約にのっとって占領されたライン左岸地域に関していえることであり、ヴェルサイユ条約を越えて占領されている地域にもいえることである。このことは、旧占領地域ではラインラント協定が復活し忠実に処理されることを、ヴェルサイユ条約を越えて占領された地域ではそこが解放されることを含んでいる」[125]と。

そしてまた六月下旬DVPの中央幹部会の席上でも、彼は次のように述べている。

「私は、最終的にはライヒの統一の維持が、そしてライヒの主権の維持が、現在最も重要なことであると考える。

したがって私はこの考えをより強調しなければならないのである。もしこのことはたやすいことだという人がいるならば、私はその人たちに、このことのもつ深い意味を知らせなければならない。それは私がルール闘争の間述べていた、あの多くの人に憎まれたスローガンが示すところのものである。まず第一に重要なことは、ドイツの負う重荷が一〇億GM以上か以下かというようなことでは決してない、このような重荷を背負うことによってドイツの政治的自由を実現することなのである」[126]と。

明らかに彼は、そしてドイツ政府は、賠償金を支払って政治的自由を獲得しようとしていたのである。

そして第二に、以上の目的達成のために状況を利用することである。彼はまず緊張緩和を、とくにエリオ内閣の出現を利用した。彼は先述の六月下旬の演説で次のように述べている。

「私はエリオ政府が弱体であることから一つの結論を導き出した。それは、彼がどれほどの間その地位にとどまるかわからないがゆえに、……事態に決着をつけるべく、急げるものはすべて急いで行なわなければならないということである。[127]」

そしてそのために彼は、DNVPの反対も利用した。[128]七月一三日のヘッシュ宛て書簡で、彼は次のように述べている。

「われわれは、報告書の受諾を支持する（賛成派――筆者）広汎な戦線を確保すべく努力しているが、その際のわれわれの前提は、条約で承認された以外の占領地域からの軍事的撤退に関してドイツ政府が他国から約束をとりつけることに成功するであろうということである。（……そして現在までそれが成功していないことを指摘して）反対派は、かつて穴ぐらに身をひそめていたが、いまやあちこちから姿を現わし新たな勇気を感じ始めている」（傍点原文）と。

彼は、反対派との関係からも、この軍事的撤退を最も重要な基本的問題として提示していた。[129]

このようなドイツ側の目標提示をうけて、賠償問題は「非政治化」のなかの「政治」の問題、つまり占領地区の撤退という問題を処理することが焦点となっていった。ロンドン会議はこの問題を最大の争点として進行するのである。

七月上旬マクドナルドは、関係各国政府にロンドン会議への招待状を送った。そして、それとともに送付された覚書には、議定書のイギリス案が記されていた。㈠ドイツに対するすべての経済的・財政的制裁を廃止する日を確定すること、㈡制裁措置の発動の際、その機関として賠償委員会が当たることは、ヴェルサイユ条約はそこまでの権限を与えていないがゆえに相応しくないこと等が、その内容であった。(130) しかし、七月三日フランスの新聞がこの覚書を暴露したとき、右派のエリオに対する攻撃が始まった。(131) 議会、新聞各紙は、ごうごうたる非難をエリオに浴びせ始めた。そのなかでエリオは、「彼の最後のエネルギーをもってフランスの立場を守りいかなる譲歩も拒絶する」と、ロンドン会議への態度を硬化させていった。(132) 事態を収拾すべくマクドナルドは、急遽パリに赴きエリオと会談した。発表された共同コミュニケは、マクドナルドの譲歩を示すものであった。従来なされた制裁に関しては、ロンドン会議でその廃止が妥当か否かを検討するとし、加えてドーズ案の不履行の場合の制裁措置を決定するにあたっても賠償委員会の権威を回復した。(133) ドイツ側は、このような事態を憂慮の目で眺めていた。(134)

七月一六日、二年ぶりに最高会議が開かれた。二二年八月のロンドン会議の主役は去り、新たな主役は、マクドナルド、エリオであった。またアメリカも、パリ講和会議以来、はじめて正式に代表を出席させた。首席代表は駐英大使ケロッグ(Frank B. Kellog)、それを補佐する次席代表は賠償委員会アメリカ代表オブザーバー、ローガンである。(135) 会議は、「合意なくしては安全なく、安全なくしては平和はない」という、マクドナルドの言葉とともに始まった。(136) 続いて会議は三つの委員会に分かれ、第一委員会は制裁に関する諸問題を、第二委員会はドイツの経済・財政主権の回復とそのスケジュールをめぐる問題を、第三委員会は賠償金支払い、現物引き渡し、トランスファーをめぐる問題を扱った。[137] この審議のなかで最も紛糾をみせたのは第一委員会であった。議長は労働党政権蔵相のスノードン(Philip Snowden)であり、のちにシュトレーゼマンが評したように、「ドイツ人よりも親ドイツ的」な見解を主張していた。[138] 六月の英仏間交渉以来イギリスとフランスは、ドイツ側の「悪意の不履行」の解釈、制裁の発動の方法、そして制裁の内容において対立をみせていた。そして七月九日の共同コミュニケは、賠償委員会にアメリカを参加させ、その上で「悪意の不履行」を確定させるとしていた。そのためこのロンドン会議にいたるまで、アメリカ側の態度が焦点となっていた。そして会議直前、アメリカは正式の代表を賠償委員会に送ることを拒否するものの、賠償委員会がアメリカの一市民を任命するならばそれを拒否するものではないと決定したとき、一応の決着がついたかとみえた。[139] しかし、問題はその背後にある各国の基本的な考え方の相違であり、それは会議開始後ただちに明らかとなった。すなわち、ドイツの不履行は将来ありうるとし、それが確定されたとき制裁を単独でも行使しうる方式(その代表的な主唱者は、いうまでもなくフランスである)[140]と、それに対し、将来の不履行の可能性はともかく、外債の安全のためヨーロッパの安定を是非とも必要とし、そのため現実として制裁の行使を不可能とする方式との対立である。この方式は、外債発行の当事者でありドーズ報告の成否がそれの同意にかかっている、国際金融資本が主張するものであった。七月中旬、イングランド銀行総裁ノーマンとモルガン商会のラモント(Thomas W. Lamont)は、外債発行の政治的条件を、ルール軍事占領の即時解消、ラインラント撤退スケジュールの明確化、ラインラント管理委員会および占領地域鉄道支配の廃止、不履行を確定する機関としての「引渡《トランスファー》委員会」とすることで一致をみていた。[141] 将来の制裁発動を対立点として、第一委員会の交渉は、対立、デッドロック、妥協の繰り返しを続けた。七月一九日のイギリスの提案した妥協案、七月二二日のベルギーの妥協案のいずれも、共通項を作りえなかった。七月二八日、第一委員会の席上スノードンとクレマンテル(Etienne Clémentel：フランス政府蔵相)とは口論に陥り、交渉は決裂かの様相を呈した。

事態はローガンによって収拾され、会議を延期することで事なきをえた。ちょうどその頃、アメリカ側は、フランス安定のための援助を切り札としてフランスに圧力をかけ始めた。[142] 三一日、フランスは譲歩し新たな妥協案を提示してきた。それは、(一)ドイツ側の「悪意の不履行」は、賠償委員会の全員一致で確定されること、(二)全員一致がえられないときは、アメリカ人を代表とする三人の専門委員会が設置され、それによって最終決定が下されること、というものであった。まさにこれは、事実上「悪意の不履行」の確定を不可能とするものであった。[143] この間、他の委員会も報告書を完成させ、会議の進展はドイツ側との交渉に移された。

八月五日、首相マルクス、外相シュトレーゼマン、蔵相ルターを代表とするドイツ側との交渉が開始された。[144] 八月一六日まで続く交渉の第二段階である。この交渉の中心問題は、ドーズ案に関する諸項目ではなかった。それは、ロンドン会議の正式議題とはされなかったものの、ドイツ側が主権の全面的回復という主目標の実現のために是非とも必要としていたルール占領軍の撤退問題にあった。[145] そしてこの点でも、第一段階と同様、フランスは孤立していった。ドイツ側がこの要求を第一目標としていることは、到着の翌日イギリス側に提出したドイツ側のメモランダムのなかで、次のように述べていたことからも明らかであった。

「ドイツ代表団は、ヴェルサイユ条約の規定を越えて占領されている地域からの軍事的撤退に関する問題が話し合われることを、とくに重要な問題と考えるものである」[146]と。

これに対してフランス側はルール撤兵に関して意思統一がなく、ドイツ側代表団がロンドンに到着した時点でもまだ方針が固まっていなかった。[147] 七日、マルクス、シュトレーゼマン、エリオは、戦後はじめて対等の立場で首相会議をもち、懸案にふれることはなかったが友好的な雰囲気が作り出された。[148] 翌日シュトレーゼマンとエリオはふたたび会談をもち本格的な交渉を開始した。シュトレーゼマンはドーズ案に反対する国内の諸勢力について説明し、ドーズ案を成功させるためには国民の心理的態度を緩らげることが必要であると説き、そのためにも、「月単位で数えられる期間内」でのルールからの撤退が不可欠であると主張した。(149) その一方この間、イギリスおよびアメリカからもなんらかの譲歩をなすよう説得され、しかも政府内の意見不統一に悩まされていたエリオは、九日パリに帰り、情勢の再検討をなし大統領および軍務相の反対意見を押さえ、一年の範囲内でルールから無条件で撤兵することで意見を一致させた。(150) 交渉は再開され、一一日晩シュトレーゼマン＝エリオ会談が開かれた。エリオは、今度は逆に自国の国内情勢を説明し、譲歩をなしえるのは「一年後にルール撤兵を終わらせる」ことまでであると述べた。これに対しシュトレーゼマンは、ドーズ案は即時ルールから撤兵することを成功の条件としていると主張し、期間の短縮と開始期日の明示を迫った。(151) 交渉は、この期間「一年」をめぐる争いとなった。シュトレーゼマンは攻勢にたち、エリオは守勢に追いこまれた。しかし彼は攻勢にもちこたえた。そして、一三日、ドイツ側とフランスおよびベルギー側とで会談がもたれたとき、両者の距離は狭まることもなく交渉は暗礁に乗り上げた。(152) この情勢を観察していたマクドナルドとケロッグは、エリオはこれ以上の譲歩をなしえないと判断し仲介工作を開始した。その際、交渉相手となったのは、ドイツではなく、国際金融資本と同じ立場をとっていたスノードンであった。彼とノーマンは、ドーズ公債の成功の条件としてルール即時撤兵を是非とも必要と考え、ドイツ側以上に強硬にそれを主張し、彼らの態度がドイツ側の強硬姿勢の一要因となっていたのである。一四日、ドイツ側の説得に失敗したケロッグはその時パリにいたラモントと接触をとり、彼らの説得を依頼した。ラモントは早速スノードンと連絡をとり、彼が八月九日トゥニスに伝えた見解はフランスへの最後通牒ではなく、考慮すべき要点を指摘したのみであり、スノードンがそれを利用する権利はないと伝え、スノードンもこれ以後の工作を諦めた。(153) また同日、エリオも譲歩をみせてきた。彼は極秘を条件としてドイツ側に、ドルトムントから即時撤兵すること、撤退期日を会議終了直後から算定することを約束した。(154) この日の晩エリオがマクドナルドにこの旨を伝えたとき、ドイツ側は、これ以上強硬姿勢をとり続けると会議は失敗となり、その責任をドイツが負わされることを知った。イギリスもアメリカもそして背後にいる国際金融資本も、この妥協案で一致していた。同日夜半ドイツ代表団は、この案で和解することを決定し、ベルリンに訓令を仰いだ。[155] 翌日午前ベルリンもこの案で了解することを決定し、ただちに返電を発した。[156] その後、ドイツ側の受諾がイギリス、フランス等の関係各国に伝えられ、長きにわたった交渉も終わりを迎えた。[157] 一六日、議定書が作成され、この一ヵ月余の会議も幕を降ろすに至った。そしてその閉会の演説のなかで、議長国イギリスを代表してマクドナルドは、ドイツとフランスおよびベルギーとの間にルール撤兵に関する議定書が取り交されたことを伝えた。[158] ここに、ドイツは曲がりなりにもルール撤兵という主目標を達成しえたのである。[159]

二九日ドイツ国会はドーズ案関連法案を通過させ、三〇日いわゆるロンドン議定書が調印された。それは、ルール問題を解決し政治化した賠償問題をも終結させた、和平協定の成立であった。さらにそれは、パリ講和会議以後真にはじめて交渉によって成立した協定であり、「真の平和条約」(マクドナルド)[160]ともいえるものであった。

協調の政治気候は、ロカルノの時代へとヨーロッパ国際政治体系を動かして行くのである。

（1）　この旨は、駐独フランス大使マルジュリイにも伝えられ、そのおりマルジュリイは、受動的抵抗の中止後ドイツと交渉に入るよう、ポアンカレに具申することをシュトレーゼマンから説得されている(1529/3116/D 640341-43)。

（2）　Stephen A. Schuker, *The End of French Predominance in Europe*, S. 171.
ヘッシュも、受動的抵抗を中止したからといって、フランスがそのルールとラインの支配という基本政策を変更することはないであろうと予測していた(K. P. Jones, *a. a. O.*, S. 145)。

（3）　L. Zimmermann, *Frankreichs Ruhrpolitik*..... S. 225; K. P. Jones, *a. a. O.*, S. 146; W. A. McDougall, *a. a. O.*, S. 293,

Vgl. VM, Bd. I, S. 137 f.

(4) VM. Bd. I, S. 135 ff.; Tel. 27. 9, Berlin an Hauptmission 1529/3116/D 640337–340.

(5) 第四章第二節二、二八八ページ参照。

(6) Tel. 27. 9, London, 1529/3116/D 640350–52; W. Weidenfeld, *a. a. O.*, S. 188 ff.

(7) VM, Bd. I, S. 131.

(8) Ernst Troeltsch, *Spektator=Briefe*, Tübingen 1924, S. 244 ff.

(9) この第一次シュトレーゼマン内閣の崩壊と第二次シュトレーゼマン内閣の形成の経緯に関する優れた分析として、三宅立、前掲論文がある。Vgl. H. A. Turner Jr., *a. a. O.*, S. 120 ff.; R. Thimme, *a. a. O.*, S. 14 ff.

(10) この会合において鉱山連盟は、政府に挑戦するかのように、最大争点たる八時間労働日改訂に関して、一九一四年以前の状態への復帰を要求している(*Ursachen und Folgen*, Bd. V, Dok. Nr. 1081, S. 206 f.)。

H. Spethmann, *a. a. O.*, Bd. III, S. 159 f.; Gerald D. Feldman, *Iron and Steel in the German Inflation 1916–1923*, S. 408 f.

(11) H. Spethmann, *a. a. O.*, Bd. III, S. 161 ff.; Aktenvermerk über die Besprechung der vom rhein.-westf. Bergbau gewählten Kommission mit General Degoutte am 5. Okt. 5 Uhr nachmittags, 3661/9443/H 272076–88.

この会談においてもクレックナー(Peter Klöckner)は、八時間労働日の改訂に関して占領軍の援助を要請したが、ドグットは「占領軍はドイツの法律を尊重すること、八時間労働日はドイツの法律であること、……占領軍は雇用者と被雇用者との交渉に介入する状態にはない」と述べ、拒絶の姿勢を示した。

(12) Aktenvermerk über eine Besprechung beim Herrn Reichskanzler am 10. Oktober 1923, 2279/4521/E 135319–22; Gerald D. Feldman, *a. a. O.*, S. 417 ff.; Peter Wulf, *a. a. O.*, S. 397.

このMICUMとフェニィクス・コンツェルンとの合意は、六日段階では議定書の交換であり、正式契約は二〇日のことである。しかし、フェニィクス・コンツェルン下のライン・プロイセン鉱山は、九日に正式調印を行なっている。また一〇月下旬には、ベッカー鉄鋼(Stahlwerk Becker)やクルップ社も、MICUMと協定を結んでいる。

(13) Tel. 7. 10, an Paris und Brüssel, 1529/3116/D 640403–06.

(14) Hugo Stinnes an Stresemann, 7. 10. 1923, 3661/9443/H 272068–71; H. Spethmann, *a. a. O.*, Bd. III, S. 171 f.; *Ursachen*

und Folgen, Bd. V, Dok. Nr. 1086-a, S. 222 f.

この第一〇項目目の要求は、いわゆるドイツ重工業資本が二三年秋以来要求しているものであり、国家の経済介入の制限と労働者の既得権益の打破を通して、重工業の自己の経済利益の貫徹をめざしたものであった。参照、栗原優「ドイツ工業全国連盟とドーズ案の成立」『歴史学研究』第三三一号(一九六八年)、一ページ以下、Gerald D. Feldman, *a. a. O.*, S. 319 ff.

(15) Besprechung im Reichstag über die Vorschläge des Herrn Hugo Stinnes, 8. 10. 1923, 3661/9443/H 272113–16 ; Besprechung im Reichstag über die Unterredung Stinnes mit General Degoutte am 9. 10. 1923, nachmittags 5 Uhr, 3661/9443/H 272093–99.

(16) Tel. 9. 10, Brüssel, 1529/3116/D 640415–17. 通信社による発表は、「フランス政府と接触に入る」ことを強調していた(VM, Bd. I, S. 160)。

(17) Tel. 10. 10, Paris, 1529/3116/D 540425–28.

(18) VM, Bd. I, S. 160.

(19) Gerald D. Feldman, *a. a. O.*, S. 424.

(20) 以上のような批判に加えて、より激しい批判を浴びたのは、クレックナーがドグットとの会見のさいに語った、占領軍の力をかりて労働時間の延長を計りたいという発言であった。*Ursachen und Folgen*, Bd. V, Dok. Nr. 1090, S. 243 ff. ; Gerald D. Feldman, *a. a. O.*, S. 416.

(21) Gerald. D. Feldman, *a. a. O.*, S. 416.

(22) Besprechung im Reichstag über die Unterredung Stinnes mit General Degoutte am 9. 10. 1923, nachmittags 5 Uhr, 3661/9443/H 276093–99, besonders 272095.

(23) Kabinettssitzung vom 10. 10. 1923, 1749/3491H/D 757042–52.

(24) Kabinettssitzung vom 11. 10. 1923, 1749/3491H/D 757260–65.

(25) Stresemann an Stinnes, 12. 10. 1923, 3661/9443/H 272090–92 ; VM, Bd. I, S. 163 f.

(26) L. Zimmermann, *Frankreichs Ruhrpolitik......*, S. 228 ; H. Spethmann, *a. a. O.*, Bd. III, S. 198 f. ペーター・ヴルフは、MICUM交渉に際してのシュティンネスの戦略を次のようにまとめている。①ルールをライヒにとどまらせること――これはフ

ランスの重工業資本との対抗上ぜひとも必要であった。②ライヒ政府の許可をえて交渉を進めることにより、賠償引き渡しの弁済を保証させること。③この機会を利用して、労働時間の延長等の社会政策の変更を実施させること、である。そして一言でいえば、《政治面での愛国主義と経済面でのエゴイズムとの奇妙な混合》であったとしている(Peter Wulf, *a. a. O.*, S. 423 f.)。

(27) H. Spethmann, *a. a. O.*, Bd. III, S. 198 f.; Bericht vom Geheimrat Brecht, 19. 10. 1923, 2279/4521/E 135316.

(28) Aufzeichnung über die Besprechung mit Herrn Stinnes u. a. über das Ruhrgebiet am 19. 10. 1923, 2279/4521/E 135303–08; H. Spethmann, *a. a. O.*, Bd. III, S. 200 ff.; Hugo Stinnes an Stresemann, 20. 10. 1923, 2279/4521/E 136309–13; *Ursachen und Folgen*, Bd. V, Dok. Nr. 1094–a, S. 252 ff.

(29) Entschließung des Verbandes der Bergarbeiter Deutschlands vom 20. 10. 1923, 2279/4521/E 135317.

(30) W. Weidenfeld, *a. a. O.*, S. 194 f.; K. P. Jones, *a. a. O.*, S. 156 f.

(31) H. Luther, *a. a. O.*, S. 169 f.; K. P. Jones, *a. a. O.*, S. 157 f.

(32) VM, Bd. I, S. 266 ff.

(33) Tel. 17. 10, Paris, 1529/3116/D 640480–84; WP, 1923, Ausland Bd. II, S. 146 f.; K. P. Jones, *a. a. O.*, S. 161 f.

(34) Kabinettssitzung vom 15. 10. 1923, 1749/3491H/D 757150–52. このノートは一九日、戦時負担委員会に送られたが、後述のように、二〇日の閣議においてルール石炭業界とMICUMとの交渉継続が決定されたため、賠償委員会に送付されたのは二四日のことであった(K. P. Jones, *a. a. O.*, S. 162 f., S. 166)。*Ursachen und Folgen*, Bd. VI, Dok. Nr. 1249, S. 599 f.

(35) Kabinettssitzung vom 20. 10. 1923, 1749/3491H/D 757259–72, Vgl. VM, Bd. I, S. 177 ff.

(36) H. Spethmann, *a. a. O.*, Bd. III, S. 205 f.

(37) L. Zimmermann, *Frankreichs Ruhrpolitik*……, S. 230; H. Spethmann, *a. a. O.*, Bd. III, S. 213.

(38) Kabinettssitzung vom 1. 11. 1923, 1749/3491H/D 757559–71, besonders 757560–63; H. Spethmann, *a. a. O.*, Bd. III, S. 380 f.

(39) H. Spethmann, *a. a. O.*, Bd. III, S. 381 ff.; C. Bergmann, *a. a. O.*, S. 264 ff.

(40) 本節は、以上のように、MICUM協定の締結という「争点領域」を中心として分析・叙述してきた。そのため、このドイツ「一〇月危機」といわれる全政治過程の分析は断念されている。それはまた、次のような理由にもよる。㈠この政治体系危機とそれの「危機管理」による克服は、高度に複雑でありまたダイナミックな性格をもっていること、そしてまた、その全過程の叙述を試みるとき、そこにはあまりにも断片的な歴史研究しか存在していないこと。(二)筆者の考えでは、この危機管理の過程の叙述は、一九二四年の選挙の時期までを一つとして扱うことが必要であり、それは別稿によって異なった方法に従って研究する方がより適切であること。その方法としては、立法過程の研究、政党間妥協の研究(とくに少数政府の政権維持の方法)、政治指導等の各側面の研究の積み重ねが考えられる。

「危機」を対象とした、優れた政治学的分析として、Dennis A. Kavanagh, "Crisis Management and Incremental Adaptation in British Politics: The 1931 Crisis of the British System," in: G. A. Almond et al. eds., *a. a. O.*, S. 152 ff.; 犬童一男『危機における政治過程——大恐慌期のイギリス労働党政権』東大出版会、一九七六年; Paul Warwick, *The French Popular Front: A Legislative Analysis*, Chicago 1977.

(41) K. P. Jones, *a. a. O.*, S. 200 ff.; Vgl. FR, 1923, Bd. II, S. 95 ff.

(42) WP, 1923, Ausland Bd. II, S. 212 f. なおスマッツは、この趣旨のアピールをドイツ政府自身が行なうよう勧めていたが、ドイツ政府の返答を聞く以前に南アフリカクラブでこの演説を行なったのである。ドイツ政府のこの勧めへの返答は、内政上の情勢を鑑みると自国の解体を認める旨の声明は発表しえない、というものであった(W. Weidenfeld, *a. a. O.*, S. 212 ff.)。

(43) L. Zimmermann, *Frankreichs Ruhrpolitik*……, S. 241; W. A. McDougall, *a. a. O.*, S. 314 f. この時期に顕在化する分離運動——そのなかでもとくにアデナウアーを中心とするライン独立運動——は、プロイセンからの分離なりドイツからの分離なりという伝統のなかで、連邦国家ライヒにとって最も深刻な問題を提示した。K. D. Erdmann, *Adenauer in der Rheinlandpolitik nach dem Ersten Weltkrig*, Stuttgart 1966.

(44) D. B.-Gescher, *a. a. O.*, S. 195; K. P. Jones, *a. a. O.*, S. 169. この時期に、アメリカが突如介入の姿勢を示し始めたのは、アメリカ側の不介入の理由が消滅したことによるが、それとともに、アメリカの経済界がＭＩＣＵＭ協定に代表されるようなフランス経済の、ドイツ経済を吸収した形での巨大化に恐れをいだいたことにもよる(Werner Link, "Die Ruhrbesetzung und die wirtschaftspolitischen Interessen der USA," in *Vierteljahrshefte für Zeitgeschichte*, 17(1969), S. 372 ff.)。またイギリスも、フランス経済のヘゲモニー確立に懸念を抱き、ＭＩＣＵＭ協定に批判的な立場をとっていた(W. Weidenfeld, *a. a. O.*, S. 193 f.)。

(45) FR, 1923, Bd. II, S. 68 ff.

(46) FR, 1923, Bd. II, S. 70 ff.
(47) K. Middlemas and J. Barnes, *a. a. O.*, S. 203.
(48) Thomas Jones, *Whitehall Diary*, London 1969, Bd. I, S. 249. それに先立ち、帝国会議でのカーゾンの演説にポアンカレが抗議したとき、ボールドウィンはカーゾンの立場を擁護する書簡をポアンカレに送っている(H. J. Rupieper, *a. a. O.*, S. 227 f.)。
(49) K. P. Jones, *a. a. O.*, S. 168 f.
(50) WP, 1923, Ausland Bd. II, S. 213 f.
(51) FR, 1923, Bd. II, S. 74 f.
(52) FR, 1923, Bd. II, S. 87.
(53) FR, 1923, Bd. II, S. 79 ff.
(54) FR, 1923, Bd. II, S. 76 ff.
(55) D. B.-Gescher, *a. a. O.*, S. 198; FR 1923, Bd. II, S. 83 f.; W. Weidenfeld, *a. a. O.*, S. 215; WP, 1923, Ausland Bd. II, S. 208 ff.
(56) FR, 1923, Bd. II, S. 84 f.

イギリス政府は、二五日フランス側より返答をうけ、それは、次の条件のもとに専門家委員会の開催に賛成するとしていた。条件とは、第一に委員会は賠償委員会によって招集され、しかもその監督下に置かれること、第二に委員会は、フランス側が受動的抵抗が完全に終了したと判断した以後、その活動を開始すること、そして第三に賠償総額の削減は、連合国政府の全員一致によってのみ決定されること、であった(W. Weidenfeld, *a. a. O.*, S. 214 f.)。

この時点で、ポアンカレが基本的に専門委員会の開催を承諾した理由として、以上のような、アメリカ、イギリスからの《圧力》を主として考える見解に対し、最近つぎのような見解も主張されている。それは、(1)ポアンカレのルール占領＝賠償政策は、賠償問題交渉におけるフランスの地位の強化を目標としていたこと、(2)従って、ポアンカレは受動的抵抗の中止によってフランスの地位は強化されたのであり、今後の賠償問題交渉においてもフランスの主張が大幅に取り入れられると判断・予測したこと、(3)その際ポアンカレの状況判断において決定的に誤りとなったのは、安全保障問題に属するラインラント問題と賠償問題とは切り離して扱えるとして、この二つの争点の相互関係を否定していたこと、である(W. A. McDougall, *a. a. O.*, S.

296 ff.)。

これに対し Trachtenberg は第一章注(245)で示した解釈の延長上にたって、ポアンカレのこの決定は「衝動」によるものであると主張している。Trachtenberg は、ルール占領の決定も占領政策の実行(ことに八月下旬以降とられた、分離運動の支援とMICUM協定の強要)も、そしてこの専門家委員会の開催の受諾も、一貫した体系性をもつ政策にもとづいたものではなく、矛盾に満ちたものであり、それを合理的に解釈することは不可能であるとし、「衝動」という非合理的要因で説明している(Marc Trachtenberg, *a. a. O.*, S. 329 ff.)。

(57) FR, 1923, Bd. II, S. 86 f.

(58) D. B.-Gescher, *a. a. O.*, S. 199.

(59) FR, 1923, Bd. II, S. 87 ff.; D. B.-Gescher, *a. a. O.*, S. 200 ff.

(60) K. P. Jones, *a. a. O.*, S. 197 f. この時期イギリス政府内では大蔵省を中心として、フランを低落させることによりフランスに圧力をかける措置が検討されていた。この措置に外務省も積極的な姿勢をみせたが、選挙による政権交代のため、実施するか否かの決定は新政権に委ねられた。マクドナルドは、ドーズ委員会が活動を開始したため実施を見合わせた(H. J. Rupieper, *a. a. O.*, S. 246 ff.)。

(61) K. P. Jones, *a. a. O.*, S. 198.

(62) *Ebenda.*

(63) WP, 1923, Ausland Bd. II, S. 152 f.; K. P. Jones, *a. a. O.*, S. 199.

(64) WP, 1923, Ausland Bd. II, S. 205 f.

(65) FR, 1923, Bd. II, S. 90.

(66) WP, 1923, Ausland Bd. II, S. 218 ff.

(67) FR, 1923, Bd. II, S. 98 ff.

(68) WP, 1923, Ausland Bd. II, S. 160 f. ただし、日付は二九日となっているが三〇日の誤りであり、またヴェルサイユ条約二三七条としているが二三四条の誤植である。

(69) FR, 1923, Bd. II, S. 101 f.

(70) FR, 1923, Bd. II, S. 102 ff.

(71) FR, 1923, Bd. II, S. 105 ff.; WP, 1923, Ausland Bd. II, S. 247; D. B.-Gescher, *a. a. O.*, S. 205.

(72) W. Weidenfeld, *a. a. O.*, S. 221 f.

(73) ドーズは、アメリカ中西部の銀行家で、二一年に設置された予算局(Bureau of Budget)の初代局長を勤めた経歴をもち、二五年から二九年までは副大統領、二九年から三二年までは駐英大使を勤めている。そして、戦時中よりフランスの政財界に知己が多く、ルール占領の際にはフランスを支援する発言を行なっていた。Vgl. D. B.-Gescher, *a. a. O.*, S. 205 f.; W. Link, *a. a. O.*, S. 215 f.

(74) スタンプは、イギリスの多くの会社の役員を兼任し、同時に経済・財政評論家としても著名であった。なお、もう一人のイギリスの代表 Sir Robert Kindersley は銀行家で、イングランド銀行監査役会のメンバーであった。W. Weidenfeld, *a. a. O.*, S. 223.

(75) ヤングは、GEの会長であり、J. P. Morgan らの金融資本家とも密接な関係があり、さらにGEとAEGとの業務提携の関係からドイツの経済界とも関係が深かった。W. Link, *a. a. O.*, S. 216.

(76) その他の代表は以下のとおりである。

フランス J. Parmentier, Edgar Alli、ベルギー E. Francqui, Maurice Houtart、イタリア Albert Pirelli, Federico Flora。

(77) 第二委員会(マッケナ委員会)のその他のメンバーは次のとおりである。

アメリカ Henry M. Robinson、フランス André Laurent-Atthalin、イタリア Mario Alberti、ベルギー Albert E. Janssen。

(78) *Reports of the Expert Committees appointed by the Reparation Commission*, Paris 1924, S. 3, S. 126.

(79) VM, Bd. I, S. 274 f.

(80) K. P. Jones, *a. a. O.*, S. 274 f.

(81) マッケナ報告については、テクストは *Reports of the Second Commitee of Experts*, *a. a. O.*, S. 126 ff., Vgl. C. Bergmann, *a. a. O.*, S. 278; 岡野、前掲書、一八八ページ以下。

(82) ただし、ヤングがシュトレーゼマンに伝えたところによれば、フランス側代表は特別担保を一般担保に取り替えることを認めていたという(K. P. Jones, *a. a, O.*, S. 280)。そして事実、ポアンカレはこの問題において政府内で孤立してゆく。その背景となったのは言うまでもなくフラン危機であり、例えば、Seydoux, Peretti de la Rocca らは、二月中旬より、特別担保を放棄し、その代償としてアメリカおよびイギリスからの協力を得る工作を開始している(W. A. McDougall, *a. a. O.*, S. 353 ff.)。Vgl. W. Link, *a. a. O.*, S. 242 f.

(83)　W. Weidenfeld, *a. a. O.*, S. 245; D'Abernon, *a. a. O.*, Bd. III, S. 52 f.

(84)　W. Link, *a. a. O.*, S. 242 ff.

(85)　*Reports of the First Committee of Experts*, S. 13.

(86)　VM, Bd. I, S. 298 ff., besonders S. 300.

(87)　以上の動機のほか当時のドイツ側には、ライン地区経済界から提唱されていた「ライン金割引銀行」設立構想に対抗する必要という動機も存在していた。この問題は、注(43)で述べたように、より長い時間軸のなかの考察を必要とすると筆者に思われること、そしてまた共時的にもより複雑な側面を多々もっていることから、今後の研究に委ねることにしたい。とりあえずは、K. D. Erdmann, *a. a. O.*, S. 107 f.; K. P. Jones, *a. a. O.*, Chap. VI; K. Gossweiler, *a. a. O.*, S. 271 ff.; Claus-Dieter Krohn, *Stabilisierung und ökonomische Interessen: Die Finanzpolitik des deutschen Reiches*, Düsseldorf 1974, S. 54 ff.; W. A. McDougall, *a. a. O.*, S. 317 ff., S. 346 ff. を参照されたい。

(88)　W. Link, *a. a. O.*, S. 223 ff.

(89)　AdR Marx, Dok. Nr. 73, Anm. 6, S. 276.

(90)　Besprechung vom 5. 2. 1924, in: AdR Marx, Dok. Nr. 87, S. 317 f.; Besprechung vom 6. 2. 1924, 9. 30 Uhr, in: AdR Marx, Dok. Nr. 89, S. 320 ff.; Ministerbesprechung vom 6. 2. 1924, 16 Uhr, in: AdR Marx, Dok. Nr. 90, S. 325; AdR Marx, Dok. Nr. 96, Anm. 1, S. 342; Vgl. K. P. Jones, *a. a. O.*, S. 283 f.

(91)　Kabinettssitzung vom 7. 3. 1924, in: AdR Marx, Dok. Nr. 133, S. 438 ff.; Mitteilungen des Reichsbankpräsident in der Ministerbesprechung vom 7. 3. 1924 über die mit der Bank von England vereinbarten Abmachungen, in: AdR Marx, Dok. Nr. 135, S. 444 f.; W. Link, *a. a. O.*, S. 231 ff.; K. P. Jones, *a. a. O.*, S. 288 f.

ドーズ報告のこの問題の規定は、第一編第六章および第一付属書第一二章にある(*Reports of the First Committee of Experts*, *a. a. O.*, S. 318, 408)。

なお、ドイツは金本位制に復帰したものの、その兌換を一九三〇年四月まで猶予していた。当時の国際通貨情勢に関しては、楊井克己編『国際経済論』第三章を参照されたい。

(92) W. Link, *a. a. O.*, S. 246 ff.; K. P. Jones, *a. a. O.*, S. 310 ff; W. Weidenfeld, *a. a. O.*, S. 245 f.

(93) 報告書は、英・仏二ヵ国語によって印刷されている。

英文テクストは、*Reports of the Expert Committee appointed by Reparation Commission*, Paris 1924.

なお独文テクストは、*Reparationskomitee : Die Sachverständigen Gutachten*, Berlin 1924.

(94) ドーズ報告の詳細に関しては、C. Bergmann, *a. a. O.*, S. 284 ff.; 岡野、前掲書、一六三ページ以下；楊井編、前掲書、一〇四ページ以下；加藤・馬場・渡辺・中山、前掲書、五四ページ以下。

(95) その詳細は下表のとおり。

(96) W. Link, *a. a. O.*, S. 256 ff. ちなみにこの地位は、アメリカ側が強く要求するものであり、のちに財務省の次官ギルバート(S. Parker Gilbert)が着任した。

(97) WP, 1924, Inland Bd. I, S. 13.

(98) このノートに対して、閣僚の多くは同意の旨を表明した。その理由として、シュトレーゼマンの発言に示されるように、(一)財政・経済主権の確保が述べられていること、(二)国際情勢がドイツに有利に好転していること、(三)MICUM協定更新問題との関係、があげられる。(Kabinettssitzung vom 11. 4, in: AdR Marx, Dok. Nr. 174, S. 552 ff.; Besprechung mit den Ministerpräsidenten der Länder, 14. 4, in: AdR Marx, Dok. Nr. 175, S. 555 ff.; Ministerbesprechung vom 14. 4, 17 Uhr, in: AdR Marx, Dok. Nr. 177, S. 567 f.; S. A. Schuker, *a. a. O.*, S. 190 ff.); WP, 1924, Inland Bd. I, S. 14.

(99) WP, 1924, Inland Bd. I, S. 14.

(単位，100 万GM)

年度	鉄道債券利子	運輸税	工業債券利子	予算	鉄道株売却金	外債	合計
1924～25(第1年)	200	—	—	—	—	800	1,000
1925～26(第2年)	595	250	125	—	250	—	1,220
1926～27(第3年)	550	290	250	110	—	—	1,200
1927～28(第4年)	660	290	300	500	—	—	1,750
1928～29(第5年)	660	290	300	1,250	—	—	2,500

(100) WP, 1924, Ausland Bd. I, S. 119.

(101) WP, 1924, Inland Bd. I, S. 14 f.

(102) WP, 1924, Inland Bd. I, S. 15 ff.

(103) WP, 1924, Ausland Bd. I, S. 60 f.

(104) FR, 1924, Bd. II, S. 14; W. Link, *a. a. O.*, S. 260 ff.

(105) WP, 1924, Inland Bd. I, S. 17 f.; S. A. Schuker, *a. a. O.*, S. 205 ff.; W. A. McDougall, *a. a. O.*, S. 357.

(106) イギリス労働党の外交政策に関しては，Kenneth E. Miller, *Socialism and Foreign Policy: Theory and Practice in Britain to 1931*, The Hague 1967; H. R. Winkler, "The Emergence of a Labour Foreign Policy in Great Britain 1918–1929," in: *Journal of Modern History*, 28 (1956), S. 247 ff.; Gottfried Niedhart, "Friedensvorstellungen, Gewaltdiskussion und Konfliktverhalten in der britischen Labour Party 1919–1926," in: Wolfgang Huber und Johannes Schwerdtfeger hrsgs., *Frieden, Gewalt, Sozialismus: Studien zur Geschichte der sozialistischen Arbeiterbewegung*, Stuttgart 1976, S. 641 ff. またこの時期の労働党の外交政策を理解するうえで，the Union of Democratic Control の活動をぬきにして考えることはできない。ＵＤＣに関しては，Marvin Swartz, *The Union of Democratic Control in British Politics during the First World War*, London 1971 を，一九二四年の労働党政権に関しては，Richard W. Lyman, *The First Labour Government* 1924, London 1957 を参照されたい。

(107) WP, 1924, Ausland Bd. I, S. 136 ff.; R. W. Lymann, *a. a. O.*, S. 160 ff.; S. A. Schuker, *a. a. O.*, S. 197 ff.

(108) WP, 1924, Ausland Bd. I, S. 97 ff., S. 100 f.; R. W. Lymann, *a. a. O.*, S. 169; K. E. Miller, *a. a. O.*, S. 115 f.

(109) W. Weidenfeld, *a. a. O.*, S. 329.

(110) VM, Bd. I, S. 259.

(111) 現在，この一九二四年前半のフラン危機が戦後フランスの財政政策の失敗によるものであることは，研究者の間でほぼ一致をみせている。ただこのさい注意すべきことは，このような経済的問題が政治的争点として浮上してきたとき，それは，より一般的なフランス第三共和制の制度的な文脈(租税改革のための行政権の優位化)，フランスの政治風土に根ざす文脈(増税による権力の肥大化と個人の権利の制限への抵抗)のなかで検討されたことである(S. A. Schuker, *a. a. O.*, S. 31 ff.; Charles S.

Maier, *a. a. O.*, S. 464)。

(112) WP, 1924, Ausland Bd. I, S. 27 f., Vgl. Michael Soulié, *La vie politique d'Eduard Herriot*, Paris 1962, S. 128 f.

(113) WP, 1924, Ausland Bd. I, S. 54 ff.; M. Soulié, *a. a. O.*, S. 134 f. この選挙戦のなかで、ルール占領を含む対独賠償政策は、新しい構想を欠落させていると批判された。例えば、クレマンソーの右腕たるタルデューは、次のように述べている。フランスは、勝利を宣言したのにもかかわらず、占領を賠償問題の解決に向けての一里塚として使用する、体系的で包括的なプランを有してはいなかったと(S. A. Schuker, *a. a. O.*, S. 82)。

(114) VM, Bd. I, S. 436.

(115) WP, 1924, Ausland Bd. I, S. 72 ff.; *Ursachen und Folgen*, Bd. VI, Dok. Nr. 1527, S. 88. カルテル・ド・ゴーシュを形成した急進社会党と社会党(選挙協力の後、閣外協力の立場をとった)の対独政策は、協調という点では(より正確にいえば反ポアンカレ外交という点では)一致したものの、ルール撤退の問題については、ルール占領の清算を要求する社会党と条件付き撤退を主張するエリオとの間で一致をみなかった(Jacques Bariety, *Les Relations Franco-Allemandes après la Première Guerre Mondiale: 10 Novembre 1918–10 Janvier 1925, de l'Exécution à la Négociation*, Paris 1977, S. 327 ff., S. 349 f., S. 364)。

(116) M.O. Maxelon, *a. a. O.*, S. 155 f., Anm. 178.

(117) VM, Bd. I, S. 430.

(118) W. Link, *a. a. O.*, S. 266.

(119) WP, 1924, Ausland Bd. I, S. 93.

(120) WP, 1924, Ausland Bd. I, S. 16 f.

(121) WP, 1924, Ausland Bd. I, S. 152 f.; K. P. Jones, *a. a. O.*, S. 324 ff.; S. A. Schuker, *a. a. O.*, S. 211 ff.

(122) *Ebenda.*

(123) この会談は友好裡に進展したが、二ヵ国の合意に対する認識は相違しており、英仏おのおのの共同コミュニケは、"general agreement" と "complete agreement" とで表現の違いを示している。事実、会談は、フランスの安全保障や「カーゾン・ノート」の取り扱いでも、フランスは目的を達成しえず、エリオの満足感とは裏腹にフランス外交の不成功を示していた(M. Soulié, *a. a. O.*, S. 157 ff.; K. P. Jones, *a. a. O.*, S. 339 f.; W. Weidenfeld, *a. a. O.*, S. 256 ff.; S. A. Schuker, *a. a. O.*, S. 236 ff.)。それ以上にJ. Barietyは、エリオの譲歩を強調し、この会談を「ドイツに対する《宥和》の哲学の勝利であり、イギリスの同意なくしては何事も行なわないという原則の黙示的承認であった」と分析している(J. Bariety, *a. a. O.*, S. 388 ff., besonders S. 409)。

(124)　この当時の内政状況、とくにOppositionとの関係については、M. Stürmer, *Koalition und Opposition in der Weimarer Republik*, Düsseldorf 1967, S. 33 ff.; H. A. Turner Jr., *a. a. O.*, S. 154 ff.; R. Thimme, *a. a. O.*, S. 28 ff., S. 204 ff.

DNVPに関しては、W. Liebe, *a. a. O.*, S. 75 ff.; Lewis Hartman, *DNVP: Right-Wing Opposition in the Weimar Republic*, Madison 1963, S. 204 ff.

(125)　Entwurf einer Regierungserklärung, 29. 5. 1923, in: AdR Marx, Dok. Nr. 211, S. 669 ff.

(126)　M.O. Maxelon, *a. a. O.*, S. 161.

(127)　*Ebenda.* 七月三日になされた各ラント首相との会議においても、シュトレーゼマンは次のように説明している。「エリオ政権はきわめて脆弱な基礎の上に立っているがゆえに、そしてまたひょっとすると近い将来、他の権力者が活動するやもしれないことを考慮せねばならないがゆえに、われわれは、まず第一に、力の及ぶかぎりこの内閣を支持することを目的として、第二に、この政府の在任中フランスとカタをつけることを目的として、われわれの出来るかぎりのことをなそうと思う」(Besprechung mit den Staats- und Ministerpräsidenten der Länder, 3. 7. 1924, in: AdR Marx, Dok. Nr. 243, S. 766 ff., besonders S. 767)。

(128)　H. A. Turner Jr., *a. a. O.*, S. 170 f.

(129)　VM, Bd. I, S. 457 ff.

(130)　FR, 1924, Bd. II, S. 28 ff.; K. P. Jones, *a. a. O.*, S. 361 f.; S. A. Schuker, *a. a. O.*, S. 256 f.

(131)　この覚書は、"L'Echo de Paris"によって暴露されたが、それには、イギリス側が先のチェッカーズ会談の内容を正確に伝達しなかったこと、さらに、フランス側にノートを手交するとき正式の招聘状を添付しなかったという、外交儀礼上のミスをおかしたことも一因となっている(S. A. Schuker, *a. a. O.*, S. 257 f.)。この時期イギリスがパリに先立ってローマおよびブリュッセルとロンドン会議に関する事前折衝を行なっていたことから、イギリスは会議を自己のペースで進めるために外交的なマヌーバーを駆使していたという評価もある(J. Bariety, *a. a. O.*, S. 427 ff., besonders S. 432)。

(132)　M. Soulié, *a. a. O.*, S. 164.

(133) 従来までの制裁措置の解消に関しては、コミュニケは次のように述べている、「ドイツの経済的・財政的統一が……回復される方法に関しては、連合国会議によって決定される」と。また制裁の発動に関しては、次のように述べている、「賠償委員会が……悪意の宣告を行なったとき、関係各政府は、関係各政府が……同意する方法を実行に移す手段に関して、直ちに協調することを誓うものとする」(FR, 1924, Bd. II, S. 46 ff.)。この会談でフランス側は流れをもとに戻そうと試みたが失敗に終わり、七月九日のメモランダムはフランス側に若干配慮をみせたものの、イギリス側はその立場を修正しなかった(J. Bariety, *a. a. O.*, S. 475 ff., besonders S. 484 f.)。

(134) エリオは、ヘッシュに次のように述べていた、「私はあまりにも早く事を進めすぎた。私は大きな誤りを犯した。ロンドン会議は不十分な準備しかできていない。もし会議が成功するとしたら、それはゆっくりと進む必要がある」と(Ministerbesprechung vom 15. 7. 1923, in: AdR Marx, Dok. Nr. 252, S. 884 ff., besonders S. 884)。Vgl. Ministerbesprechung vom 9. 7. 1923, in: AdR Marx, Dok. Nr. 248, S. 866 ff.

(135) 六月中旬イギリスは、アメリカ側に代表の派遣を要請したが、当初アメリカ側は、ドーズ案を実行に移す努力は関係各国の仕事であり、正式代表は送らず、ただローガンを情報収集のためロンドンに赴かせると返答していた。その後、イギリス側の要請により、ケロッグの会議への出席を了承した。しかしケロッグは、ヒューズから、中立の立場を堅持し深く介入することのないよう厳命をうけている(FR, 1924, Bd. II, S. 24, S. 27, S. 31 ff.)。

そして、国務長官ヒューズ(彼はアメリカ弁護士協会の総会のためロンドンにいた)をはじめとして、多くの要人が非公式にロンドンを訪れていた。

(136) WP, 1924, Ausland Bd. II, S. 33 f.

(137) 第二委員会および第三委員会の活動については、J. Bariety, *a. a. O.*, S. 527 ff., S. 580 ff. この委員会の活動と併行して、マクドナルド、エリオ、ケロッグ、トゥニス、デ・ステーファニ(Alberto de Stefani：イタリア蔵相)の五者が毎朝会談をもっていた(S. A. Schuker, *a. a. O.*, S. 300)。

(138) D'Abernon, *a. a. O.*, Bd. III, S. 100.

(139) 七月一二日、ヒューズは駐英大使に次のように主張している。賠償委員会に正式のアメリカ代表を送ることは議会の批准を必要とする事項であり、議会は一二月にしか開会されないゆえ、この方法は現時点では実行しえるものではない。しかし、他の方法である「委員会が、アメリカ人がなることになっている賠償支払い取扱人を招くことをフランス政府およびイギリス政府が推薦する」ことをさまたげるものではないと(FR, 1924, Bd. II, S. 50 f.)。Vgl. W. Link, *a. a. O.*, S. 285 f.

(140)　このことは、エリオ自身がこの見解を支持したことを意味するものではない。問題は、この点においてフランスが妥協を払ったとき、国内の反対派を刺激しエリオ政権を崩壊させドーズ案自身をも挫折させるという、フランスの国内情勢への配慮であった(S. A. Schuker, *a. a. O.*, S. 307 ff.)。

(141)　S. A. Schuker, *a. a. O.*, S. 287 ff.; J. Bariety, *a. a. O.*, S. 494 ff.

ロンドン会議のなかで、モルガン商会を代表とする国際金融資本が、大きな影響力を発揮したことは否定すべくもない。しかし、この行動を単純に彼らの経済利益の貫徹としてのみ捉えることは、事実に反するといわねばならない。ドーズ案の形成からロンドン会議までのモルガン商会の行動を研究したシューカー(S. A. Schuker)によれば、(一)モルガン商会の行動は、公益の追及という側面をもっていたこと、――すなわち国内の金融政策はワシントン連邦準備銀行が行ない、対外金融はニューヨークの投資銀行が行なうという自負心、(二)モルガン商会の Russel C. Leffingwell が行なったドーズ案の経済的分析は悲観的であったが、あえて起債を引き受けたのは、国際通貨の流動性を増大して国際経済の拡張をもたらそうという目標を優先させたことによること、(三)彼らは政治への直接介入にきわめて自制的であり、七月ラモントがノーマンの政治的条件を認め介入の立場へと態度変更したのは次のような理由によるものであったことが明らかとなっている。(a)政治家による解決能力に疑問をもち、そのため会議中主導権をとる必要を感じたこと、(b)会議中彼らは政治家と妥協し自己の条件を譲歩せざるをえないことを予期しており、最大限要求をこのさい明示した方が有利と戦術的に判断したこと、である(S. A. Schuker, *a. a. O.*, S. 272 ff.)。

(142)　例えば、ヒューズの指示に従ってラモントはトゥニスに、エリオに対して次のように伝えてくれるよう述べている。「エリオは譲歩せねばならない、さもなければ会議は決裂するだろう」「主権はフランス国民の心にとって本当に重要なものである。しかし、エリオは――あまりにも遅く――そのつらい経験を通して気づくだろうが、フランはそれ以上に重要なものである」と(S. A. Schuker, *a. a. O.*, S. 312 f.)。

(143)　W. Link, *a. a. O.*, S. 289 ff.; K. P. Jones, *a. a. O.*, S. 372 ff.; S. A. Schuker, *a. a. O.*, S. 300 ff.; J. Bariety, *a. a. O.*, S. 540 ff, S. 572 ff.

この妥協案に対し、ノーマンとラモントは異なった姿勢を示した。ノーマンは、スノードンとともに親独的な心情をもち、そのためドイツの不履行の可能性はありえないと考え、先の解決案に固執した。それに対しラモントは、先の解決案を戦術的に支持していたにすぎず、またドイツの不履行の可能性をありえないことではないと考えていたため、この妥協案に満足していた(S. A. Schuker, *a. a. O.*, S. 315 ff.)。

(144) ドイツ側代表団に対する正式の招待状は八月二日に出されたのであり、それまでドイツ側は会議の成行を充分な情報をえられないまま複雑な心境で見守っていた。WP, 1924, Bd. II, S. 34; VM, Bd. I, S. 467; Ministerrat vom 2. 8. 1924, 10. 30 Uhr beim Reichspräsidenten, in: AdR Marx, Dok. Nr. 269, S. 936 ff.

(145) 八月二日の会議の席上、大統領エーベルトはこの問題に言及し次のように述べている。「法案の承認は、軍事的撤退の解決なくしては不可能である。これこそが要点である。この問題を全国民は見守っている。満足のいく解決がここで成しうれば、国民は負担を背負う用意がある。撤退が実行される最終期限はここでは確定できない。一月一〇日が最終期限と考えられるかもしれない。必要な場合には、他の期限について交渉してもよい。しかし条件は、最終期限を明確かつ誤解のないよう確定することである」と(*Ebenda*)。

(146) VM, Bd. I, S. 470; Tagebuch der Reichskanzlei über die Londoner Konferenz, 4. bis 18. 8. 1924, in: AdR Marx, Anhang Nr. 1, S. 1284 f.

(147) フランス政府は、ルール占領が永続しえないことでは一致をみていたが、その代償として何を要求するのかについては、㈠非武装化の徹底なりラインラントの鉄道支配権の継続なりを要求する軍部、㈡独仏経済協力を重視し、鉄道公債の上場による経済進出を要求するグループ(セイドゥはこの立場にある)、㈢イギリスのケルン地域からの撤退の延期を要求するグループ(エリオ自身の方針は確立されておらず、ぐらついていたが、この立場に近いと考えられる)とに分裂をみせていた(S. A. Schuker, *a. a. O.*, S. 325 ff.; J. Bariety, *a. a. O.*, S. 564 ff.)。

(148) Tagebuch der Reichskanzlei über die Londoner Konferenz, 4. bis 18. 8. 1924, in: AdR Marx, Anhang Nr. 1, S. 1287 f.; VM, Bd. I, S. 475.

(149) その前日である七日、ブライトシャイトはエリオと会い、エリオから次の三点に関して意見を尋ねられていた。第一はルールからの撤退はドイツ国防軍の軍備状況の査察の後、すなわち三、四ヵ月後に実施すること、第二に独仏の間で通商条約をただちに締結すること、第三に独仏の間で不可侵条約を締結すること、である(VM, Bd. I, S. 476 f.; AdR Marx Anhang Nr. 1,

Anm. 20, S. 1290)。VM, Bd. I, S. 480 ff.

(150) 大統領 Gaston Doumergue はルール占領を熱狂的に支持しており、また軍務相(Charles Nollet)は軍備削減を代償とすべしと強硬に主張していた。しかしこの二者も論理一貫した反対提案をもつものでもなく、経済・外交面においてフランスが追いこまれている立場を渋々承認し、エリオに全権を与えた(S. A. Schuker, *a. a. O.*, S. 352 f.; J. Bariety, *a. a. O.*, S. 638 ff.)。

(151) VM, Bd. I, S. 484 ff.; AdR Marx, Anhang Nr. 1, Anm. 38, S. 1295 f.

(152) Tagebuch der Reichskanzlei über die Londoner Konferenz, 4. bis 18. 8. 1924. in: AdR Marx, Anhang. Nr. 1, S. 1296 ff.; Aufzeichnung über eine Besprechung zwischen deutschen, französischen und belgischen Delegierten in London, Downing Street 10 am 13. 8. 1924, 10. 30 Uhr, Aufzeichnung über eine Besprechung zwischen deutschen, französischen und belgischen Delegierten in London, Dowing Street 10 am 13. 8. 1924, 17 Uhr, Aufzeichnung über eine Besprechnung zwischen dem Reichsminister des Auswärtigen und dem englischen Ministerpräsidenten in London, 13. 8. 1924, 24 Uhr, in: AdR Marx, Anhang Nr. 4, Nr. 5, Nr. 6, S. 1317 ff.; VM, Bd. I, S. 490 f.

(153) W. Link, *a. a. O.*, S. 299 ff.: S. A. Schuker, *a. a. O.*, S. 379 ff.

(154) W. Link, *a. a. O.*, S. 303 ff.; K. P. Jones, *a. a. O.*, S. 396; S. A. Schuker, *a. a. O.*, S. 378; J. Bariety, *a. a. O.*, S. 693 f.

(155) 首相マルクスからのベルリン宛て電報は次のように述べている。「ケロッグとマクドナルドは、エリオの固い決意からして彼からこれ以上の譲歩をえることは出来ないと思うゆえ、至急受諾するよう勧告している。両者は、ドーズ借款はこの条件で達成しえると述べ、また銀行家の見解によれば、借款交渉が始まる前に政治的合意は達成されていなければならないとも述べている」(ロンドン、八月一四日、二三時五五分発電)。

「代表団は、本日の連合国全体の、とくにイギリスとアメリカの、態度によれば、この両国に依存している世界の新聞は、拒絶の場合、ドイツに交渉の失敗の責を負わせることになろうと、確信するに至っている」(ロンドン、八月一五日、〇時一〇分発電)(Der Reichskanzler an das Auswärtige Amt, das Reichskabinett und den Reichspräsidenten, London, 14. 8. 1924, in: AdR Marx, Dok. Nr. 275, S. 955 ff.)。

八月一四日の交渉の詳細については、VM, Bd. I, S. 492 ff.; Tagebuch der Reichskanzlei über die Londoner Konferenz, 4. bis 18. 8. 1924, in; AdR Marx, Anhang Nr. 1, S. 1298 f.; Aufzeichnung über eine Besprechung zwischen den deutschen Delegierten, dem englischen Ministerpräsidenten und dem amerikanischen Botschafter Kellog in London, Downing Street 10 am 14. 8. 1924, 10. 30 Uhr, Aufzeichnung über eine Besprechung zwischen dem Reichskanzler und dem französischen Ministerpräsidenten in London, am 14. 8. 1924, 14. 30 Uhr, Aufzeichnung über eine informelle Besprechung zwischen deutschen, französischen und belgischen Delegierten unter Beteiligung des englischen Ministerpräsidenten und das amerikanische Botschafters Kellog in London, Downing Street 10 am 14. 8. 1924, 16. 15 Uhr bis 17 Uhr, in: AdR Marx, Anhang Nr. 7, Nr. 8, Nr. 9, S. 1329 ff.

(156) Ministerrat vom 15. 8. 1924, 8 Uhr, in: AdR Marx, Dok. Nr. 276, S. 959 ff.

(157) VM, Bd. I, S. 496 f.; Tagebuch der Reichskanzlei über die Londoner Konferenz, 4. bis 18. 8. 1924, in: AdR Marx, Anhang Nr. 1, S. 1299 ff.

(158) K. P. Jones, *a. a. O.*, S. 399; J. Bariety, *a. a. O.*, S. 711 ff.

(159) ドイツ政府が会議終了後作成した報告書は、この問題を次のように総括している、「交渉が進められるなかで、ドイツ代表団は、一年間という最大期間を承認するか会議を挫折させるかの、二者択一の前に立たされた。最大期間を短縮することは、せいぜいフランス側に重大な経済上の譲歩を払うことを認めれば達成されえたかもしれない。しかし、このような譲歩を払うならば、フランスとベルギーを相手としてなされている通商条約交渉がきわめて不利になると思われたがゆえに、ドイツ代表団は、このような方法で最大期間を短縮することを断念したのである」と(Kurzer Überblick über die Ergebnisse der Londoner Konferenz(19. 8. 1924), in: AdR Marx, Dok. Nr. 283, S. 982 ff., besonders S. 986 f.)。

事実この会議中、フランスとの間では通商条約をめぐる交渉が開始されていた。賠償問題が政治の文脈から離れ始めたこのとき、それは、すでに経済の文脈のなかでふたたび争点となることを運命づけられていたのである。

(160) K. E. Miller, *a. a. O.*, S. 118.

あとがき

この論文の原型が完成したのは、一九七五年の春であり、いわゆる助手論文としてであった。その後若干の加筆を行ない、「ドイツ賠償問題の史的展開(一九二〇―一九二四年)――国際紛争および連繫政治の視角から――」として『国家学会雑誌』に六回にわたり発表した(第八九巻九・一〇号、第九〇巻一・二号、三・四号、七・八号、第九一巻一・二号、三・四号、一九七六―七八年)。原型の完成から約八年、発表終了時からも五年も経てこのような一冊の単行本として発表することになった。

筆者がこのように時間をかけざるをえなかった理由の一つは、内外の最近の研究をフォローした上でこのテーマに一応の区切りをつけたいと考えたことによる。というのは、読者には意外と思われるかもしれないが、このテーマはワイマール共和国研究のなかで重要な問題であるにもかかわらず、本格的な実証研究が遅れていたため、筆者とほぼ同時期に世界各地で研究が着手され、一九七〇年代の後半以降つづけて文献が発表され、学位論文のかたちで入手するよう努力したものの、さまざまな制約から手に入れることが出来なかった文献も多く、それらが論文や単行本として公表されるのを待たざるをえなかったからである。この作業を行ない、多くは注において元の論文に加筆することになったが、それを終えて、筆者がなによりも感じたのは、日進月歩であるという現代史研究の宿命である。筆者は、一九七〇年代の始めに、ワイマール共和国期の独ソ関係の解明を意図しながら研究を進めていくうちに、ワイマール共和国を通じて最大の外交問題といえる賠償問題の解明が、ワイマール共和国の外交を分析するさい避けて通ることのできない課題であると確信し、この問題を研究テーマとして選ぶことを決意したのだが、そのとき直接このテーマを扱った研究書も少なく、歴史解釈は、賠償支払い義務はドイツに対して過酷な重圧を与えたということでほぼ一致をみせていたといえる状況であった。その後の研究の進展はめざましく、研究書の数はふえ、歴史解釈も多様となり、正統派対修正派ともいうべき歴史解釈論争が専門雑誌で展開されるまでになっている。意図せずして最先端の研究テーマに参加することになった筆者が、このような動向を十分に本書に取り入れることが出来たかどうかははなはだ疑わしいかぎりであるが、多くの欠陥や誤りも含めて御批判・御叱正いただければ幸甚である。

ただ、賠償問題という研究分野での歴史解釈論争が他の外交史学上の研究分野、例えば第一次世界大戦の開戦過程、第二次世界大戦の開戦過程等にみられる論争と同じような展開をみせつつあることもあって、ここでは外交史学の方法論について二つのことに簡単に言及したい。

一つは、賠償問題のような経済的な問題に関して政治学的・歴史学的分析をどのように行なうのかという問題である。賠償問題をめぐる中心的な論点は、問題発生の当初から現在までドイツ側の支払い能力の確定であり、この点の評価と関連して各国の賠償政策が評価され解釈されたといってよい。その際、いうまでもなくドイツ側の支払い能力は、関係各国、ことにドイツ側の経済的能力の経済学的分析によって確定され評価されてきた。しかしながら、問題へのこのような取り組み方は時として、その時代において賠償支払い義務がどのように考えられていたのかという点を見落とさせ、賠償問題に取り組んだ多くの政治家・経済人・官僚たちが当時において当然と考えていたさまざまな諸前提を無視する傾向に陥ることがある。そしてこの「語られざる諸前提(the unspoken assumptions)」(James Joll)を解明することが歴史分析の課題なのであり、それは歴史の過程を叙述することによってこそ抽出しえるものであろう。このようにアプローチしてこそ賠償問題の当時における意味が理解しえるのではないかと考えられるのである。このような理由から本書において、筆者は、多くの先達の業績を参照させていただきながらも、賠償支払い額の経済的合理性に関して明確な判断を下すことは避けてきた。そしてあえて結論的なことを述べるならば、賠償支払い義務は、経済的に可能にしろ不可能にしろ当時の国際社会において正統性を確立していなかったということである。上述したような視点からみれば、賠償問題についての歴史学的な結論は、賠償問題がワイマール共和国ことに解体過程に、またヨーロッパの国際関係に及ぼしたさまざまな影響を実証的に分析することによって下しえると考えている。

第二の問題は、「連繫政治」(Linkage Politics) という国際政治学のアプローチと外交史分析との関係についてである。「連繫政治」について、それのそもそものアプローチに忠実ではないという御批判をいただいた。いうまでもなく筆者の方法は、行動科学的でもなければ統計的な分析手法を用いるものでもなく、また分析モデルをモデルそのものとして提示しているものでもない。歴史学と政治学との関係という問題とも関連する、政治学的歴史分析とは何かについて論ずるに筆者はあまりにも未熟であり体系的な主張を展開しえないが、外交と内政の相互連関をどのように把えていくかという問題は、外交史学上の古典的問題であり、現在でもまだ十分に解明されていない課題であること、そして「連繫政治」はこの問題への理論的な手がかりを与えているという点で、国際政治学上の一つのファッションにとどまらない意味を含んでいることを指摘しておきたい。というのは、ヨーロッパの現代史は、対外政策の存在空間を、その基底たる国民国家の変質とともに徐々に変化させており、国際社会と国民国家の共時的な変質という現象を解明するためにも「連繫政治」的視角は大きな意味をもっているのである。

欠点も多く稚拙なものであるにしろ、本書をまがりなりにも刊行しえたのは、多くの先輩や同僚が与えて下さったさまざまなお力添えのおかげである。東京大学法学部研究室で研究者としての道をスタートして以来、法学部の先生方からは多くの貴重な御助言と御指導をいただいた。またドイツ現代史の先輩の研究者の方々からも資料や研究動向の情報等についてさまざまな御援助をいただいた。また東京大学社会科学研究所の馬場康雄氏をはじめとする、筆者とほぼ同時期に研究を開始した多くの友人諸兄からは、忘れることのできないほどの学問的刺激と友情に支えられた御助力をいただいた。そして恩師篠原一先生には、言葉では言い尽くせないほど、公私にわたり御指導をいただいた。筆者が研究上行き詰まり先生の研究室に伺うたびに、先生は貴重な時間を割いて下さり筆者を励まして下さった。先生の御恩顧に本書がどれほど酬いることが出来たか、はなはだ心もとない限りであり、今後いっそう努力して研究を続けることでお許しをいただければと願うばかりである。

最後に出版の機会を与えて下さった岩波書店と、ともすれば挫折しがちな筆者を温く督励しつづけて下さった宮本勝史氏に心から感謝の念を捧げたい。

一九八三年二月

著　者

■岩波オンデマンドブックス■

ドイツ賠償問題の史的展開
——国際紛争および連繫政治の視角から

1983年5月18日　第1刷発行
2014年6月10日　オンデマンド版発行

著　者　高《たか》橋《はし》　進《すすむ》

発行者　岡本　厚

発行所　株式会社　岩波書店
〒101-8002 東京都千代田区一ツ橋2-5-5
電話案内 03-5210-4000
http://www.iwanami.co.jp/

印刷／製本・法令印刷

ISBN978-4-00-730117-9　　Printed in Japan

人名索引

＊主要人物については，この本の扱っている時期における肩書を付した．
＊注において原語で表記した名前も，邦文にしてのせてある．

ア 行

アグナン Haguenin, Emile 286
アスキス Asquith, Herbert 149
アデナウアー Adenauer, Konrad 163, 347
アリ Alli, Edgar 350
アルベルティ Alberti, Mario 350
アルベルト Albert, Heinrich 182
アレン Allen, H. T. 132
アンリイ Henrys 154

イオネスク Ionescu, Take 82
インブッシュ Imbusch, Heinrich 109

ヴァイスマン Weismann, Robert 112
ヴァッサーマン Wassermann, Oscar 53
ヴィートフェルト Wiedfeldt, Otto(駐米ドイツ大使) 44, 46, 60f., 91, 161, 162
ヴィルト Wirth, Joseph(ドイツ首相 1921. 5-1922. 11) 9f., 22f., 25f., 30, 33-37, 42f., 45-50, 52, 78, 81, 83, 88, 90f., 93, 250, 295
ヴェルス Wels, Otto 123
ウォーターハウス Waterhouse, Charles 162
ヴォルフ Wolf 24
ヴォルフ Wolf, Karl 108
ヴォルフ(オットー・ヴォルフ) Wolff, Otto 312f., 315
ウタール Houtart, Maurice 350
ヴュステンヘーファー Wüstenhöfer, Paul 156
ウルリッヒ Ulrich, Carl 117

エーザー Oeser, Rudolf 243
エーベルト Ebert, Friedrich(ドイツ大統領 1919. 2-1925. 2) 46, 95, 252f., 358
エリオ Herriot, Eduard(フランス首相 1924. 6-1925. 4) 333, 335f., 338f., 341f., 354-359
エルケレンツ Erkelenz, Anton 258
エルツベルガー Erzberger, Matthias 8, 310

オルフェ Olfe, Hermann 156

カ 行

カイザー Kaiser, Fritz 226
カステン Kasten, Wilhelm 156
カースル Castle, William R. 269
カーゾン Curzon, Marquess George(イギリス外務大臣 1919. 10-1924. 1) 54, 90, 97, 100, 151f., 153, 175-177, 179f., 183, 197-199, 201f., 206, 230, 232, 268, 270-272, 277-280, 309f., 348, 354
カッセル Cassel, Gustav 49-51, 93f.
カップ Kapp, W. 8, 71
カメンカ Kamenka 93f.
カール Kahr, Gustav Ritter von 265
カールドルフ Kardorff, Siegfried von 259
カンボン Cambon, Jules 319

キュンストラー Künstler, Franz 141
ギルバート Gilbert, Seymour Parker 352
キルマーナク Kilmarnock, Lord Victor Alexander 78
キンダスリイ Kindersley, Sir Robert 87, 350

クニリング Knilling, Eugen von(バイエルン首相) 117, 119, 213f., 261f., 265
クーノ Cuno, Wilhelm(ドイツ首相 1922. 11-1924. 8) 33, 52f., 56-60, 95, 99, 113-114, 117, 120-125, 133f., 142, 145, 147, 149-153, 172, 175-178, 181-184, 186-191, 196, 204, 208-210, 215, 217f., 220, 222f., 226-228, 233f., 247-254, 266-268, 270, 273, 281, 295f., 298, 309
クリスピーン Crispien, Arthur 249
クーリッジ Coolidge, Calvin 320, 331
グリム Grimm, Friedrich 110f.
グリュツナー Grützner 137
クルップ Krupp von Bohlen und Halbach, Gustav 192
クレックナー Klöckner, Peter 344f.
クレマンソー Clemenceau, Georges(フランス首相 1917. 11-1920. 1) 4f., 354
クレマンテル Clémentel, Etienne 340
クロー Crowe, Sir Eyre(イギリス外務省事務次官) 131f., 150, 201, 278

ケインズ Keynes, John Maynard 49-51, 66, 93f., 183f., 234
ケスラー Kessler, Harry Graf 1, 149f., 150, 153, 269, 303
ゲッデス Geddes, Sir Eric 68
ゲーリング Göring, Hermann 212
ゲールゲス Goerges, Paul 195
ゲルラッハ Gerlach, Hellmuth von 125, 219, 294
ケロッグ Kellog, Frank B.(駐英アメリカ大使) 339, 342, 356, 359
ケンプナー Kempner, Franz(首相官邸審議官) 118, 172, 174

コッホ－ヴェーザー Koch-Weser, Erich 152
ゴートハイン Gothein, Georg 144
コンタリーニ Contarini, Salvatore 162

サ 行

サイモン Simon, John 149f.

シェーファー Schäfer 117, 137
ジェンクス Jenks, J. W. 93f.
ジムゾン Simson, Ernst von 43
ジーモンス Simons, Walther(ドイツ外務大臣 1920. 6-1921. 5) 12-14, 18f., 21, 72, 74, 76, 78
ジャスパール Jaspar, Henri(ベルギー外務大臣) 147, 199, 313
シャハト Schacht, Hjalmar(銀行頭取, ライヒスバンク総裁 1924-1930) 50, 233, 326f.
ジャンセン Janssen, Albert E. 350
シュタマー Sthamer, Friedrich(駐英ドイツ大使) 130, 132, 149-152, 161, 180, 183, 196, 198, 200-202, 205-207, 209, 230, 270, 272, 278f., 281f., 288, 310
シュタンパー Stampfer, Friedrich 249
シュッツィンガー Schützinger, Hermann 227
シュティンネス Stinnes, Hugo(実業家) 45f., 60, 81, 91f., 125, 189f., 235, 299, 312-315, 317, 345
シュトゥツ Stutz, Ernst 106
シュトックハウゼン Stockhausen, Max von 298
シュトレーゼマン Stresemann, Gustav (ドイツ首相 1923. 8-11. 外務大臣 1923. 8-1929) 120, 137, 142f., 145, 149, 161, 167f., 187-189, 229, 247f., 250-256, 258-266, 268, 271-289, 292-298,

308-313, 316-319, 325, 327, 329, 332-334, 336f., 340-344, 350, 352, 355
シュピンドラー Spindler, Walter 156
シューベルト Schubert, Carl von(ドイツ外務省第三局長) 152, 181, 276, 279f., 288, 323
シュメルツル Schmelzle, Hans 263
シュラーゲタ Schlageter, Albert Leo 192, 194-196, 215f., 218, 243
シュレーダー Schroeder, Franz 76
ショー(トム・ショー) Shaw, Tom 256
ショルツ Scholz, Ernst 259
ジーリング Siering, Willy 139
ジルヴァーベルク Silverberg, Paul 163

スタンプ Stamp, Sir Josiah Charles 325, 350
スノードン Snowden, Philip(イギリス大蔵大臣 1924. 1-11) 340, 342, 358
スマッツ Smutz, Jan C.(南アフリカ連邦首相) 5, 320f., 347

セイドゥ Seydoux, Jacques(フランス外務省経済・賠償問題専門家) 15, 17, 19, 33, 66, 71, 74f., 94, 190, 351, 358
ゼーヴェリング Severing, Carl(プロイセン内務大臣) 119, 196, 253
ゼークト Seeckt, Hans von 299
セルジャン Sergent, Charles 87

ゾルマン Sollmann, Wilhelm(SPD 議員, シュトレーゼマン内閣内務大臣) 141, 267, 274

タ 行

ダバーノン D'Abernon, Edgar(駐独イギリス大使) 15, 17, 75, 90, 122, 131f., 144, 163, 172, 178, 182f., 209, 271, 279f., 282, 288, 310
ダービィ Derby, Earl of 278
ダビッド David, Eduard 142, 167
ダメリオ D'Amelio 87
タルデュー Tardieu, André 354
タンツェン Tantzen, Theodor 117

チャーチル Churchill, Winston 68

ツァイクナー Zeigner, Erich(ザクセン首相) 217, 226-228
ツァップ Zapf, Alfred 259
ツェトキン Zetkin, Clara 142, 217, 241

ティレル Tyrrell, William G.(イギリス外務省事務次官補) 278-280, 288
デーヴィドソン Davidson, J. C. C. 289
デ・ステーファニ de Stefani, Alberto 356
テュッセン Thyssen, Fritz 107f., 111, 124f., 156, 315
デュフール Dufour-Feronce, Albert(駐英ドイツ大使館参事官, 代理大使) 150, 281f., 332
デュボア Dubois, Leopold 50f., 93f.
デュボア Dubois, Louis(賠償委員会委員長, フランス側首席代表) 35, 172, 229
デラ・ファイユ della Faille, Comte 287
デルンブルク Dernburg, Bernhard 142, 167
テンゲルマン Tengelmann, Ernst 156

トゥニス Theunis, Georges(ベルギー首相) 148, 199, 342, 356f.
ドゥメール Doumer, Paul 15f.
ドゥメルグ Doumergue, Gaston 359
ドグット Degoutte, Jean Marie(ラインラント駐留フランス軍総司令官) 105, 108f., 312, 314f., 344f.
ドーズ Dawes, Charles Gates(ドーズ委員会委員長) 319, 325-332, 336f., 339-343, 349-352, 356f., 359

ドラクロワ Delacroix, Léon(賠償委員会ベルギー側首席代表) 36, 47, 49, 53, 83, 87, 175f., 199
ド・ラ・ロッカ de la Rocca, Peretti 351
ド・リュベルサック de Lubersac, Guy Jean 45f., 190
トレルチ Troeltsch, Ernst 311

ナ 行

ナウマン Naumann, Victor 277
ナドルニイ Nadolny, Rudolf 178
ナポレオン(1世) Napoleon I 120, 187

ノイラート Neurath, Konstantin von 130, 161f.
ノーマン Norman, Montagu(イングランド銀行総裁) 327, 340, 342, 357f.
ノルツ Nortz, Eduard 211, 213
ノレ Nollet, Charles 359

ハ 行

ハイス Heiß, Adolf 262
ハーヴェイ Harvey, Georges 321
ハーヴェンシュタイン Havenstein, Rudolf(ライヒスバンク総裁) 43, 91, 94, 235
バーケンヘッド Birkenhead, Earl of 82
パチェッリ Pacelli, Eugenio 196f.
ハーディング Harding, Warren G. 6, 269
ハニエル Haniel von Haimhausen, Edgar Karl(バイエルン駐在ライヒ代表) 211, 214, 261, 263
ハム Hamm, Eduard(クーノ内閣官房長官) 143, 157, 174, 189f., 222f.
バリーン Ballin, Albert 95
バルトゥー Barthou, Jean Louis(賠償委員会委員長, フランス側首席代表デュボアの後任) 49, 94, 323-325
バルフォア Balfour, Arthur J. 6, 40, 42, 44, 68, 89, 270
パルマンティエ Parmentier, Jean 6, 44, 350

ヒトラー Hitler, Adolf 8, 210-212, 214, 262, 265, 319
ヒューズ Hughes, Charles E.(アメリカ国務長官) 45, 58, 60-64, 92, 130, 132f., 150f., 162, 173, 176-178, 180, 198, 231, 269, 320-323, 325, 335, 356f.
ビューハー Bücher, Hermann(ドイツ全国工業連盟事務局長) 190, 202, 326
ヒルファーディング Hilferding, Rudolf 94, 141, 251
ピレッリ Pirelli, Albert 350

ファルク Falk, Bernhard 258
フィセリング Vissering, Gerhard 51, 87, 93f.
フィッシャー Fischer, David(戦時負担委員会代表・大蔵省事務次官, ベルクマンの後任) 31, 176, 316
フィッシャー Fischer, Ruth 216f., 221
フーヴァー Hoover, Herbert C. 6
フェーグラー Vögler, Albert(DVP議員, シュティンネス炭鉱総支配人) 189, 197, 259, 312
フェーレンバッハ Fehrenbach, Konstantin(ドイツ首相 1920. 6-1921. 5) 21
フォシュ Foch, Ferdinand(フランス陸軍元帥) 13, 53, 198, 310
フックス Fuchs, Johannes 137, 257, 267
ブライトシャイト Breitscheid, Rudolf (SPD議員, 外交問題専門家) 121, 123, 141f., 144, 229, 257, 358
ブラウン Braun, Otto(プロイセン首相) 117, 119, 181, 194, 257f.
ブラウンス Brauns, Heinrich(中央党議員, 労働大臣) 143, 176f., 182, 230, 314

ブラドベリイ Bradbury, John(賠償委員会イギリス首席代表) 41, 43, 47, 49, 55, 62, 83, 86, 94, 97, 160, 323
フランキ Francqui, Emile 350
ブラント Brand, Robert H. 51, 93f.
ブランドラー Brandler, Heinrich 216
ブリアン Briand, Aristide(フランス首相 1921. 1-1922. 1) 15, 17, 22, 26, 29, 78, 89
ブルガー Brugger, Philipp 96
フルニエ Fournier 154
プレーガー Preger, Konrad Ritter von 264
フロイント Freund, Richard 316
フローラ Flora, Federico 350

ペーターセン Petersen, Carl 251
ベッカー Becker, Johannes(クーノ内閣経済大臣) 176f.
ヘッシュ Hoesch, Leopold von(駐仏ドイツ代理大使, 大使) 126, 128, 147f., 151f., 161, 198, 200f., 203f., 231, 272f., 275, 277, 310, 313, 316, 325, 334, 338, 343, 356
ヘッチ Hoetzsch, Otto 144
ベランジェ Béranger, Henry 7
ヘルクト Hergt, Oskar 142, 167, 260
ベルクマン Bergmann, Carl(戦時負担委員会代表・大蔵省事務次官, 賠償問題専門家) 12, 31, 33, 35f., 41, 49f., 50, 53, 59, 75f., 83, 87, 93, 98, 160, 172, 229
ベルゲン Bergen, Diego 205
ヘルフェリッヒ Helferich, Karl 143, 145
ヘルメス Hermes, Andreas(第二次ヴィルト内閣・クーノ内閣大蔵大臣) 31-33, 35f., 49f., 91, 117, 182f., 187, 233, 250
ヘンダーソン Henderson, Arthur 332

ポアンカレ Poincaré, Raymond(フランス首相 1922. 1-1924. 6) 5, 22, 26, 29, 32, 39f., 44, 49, 51, 53-56, 87, 89f., 95-97, 125, 128, 143f., 148, 152f., 177f., 198-200, 203, 206, 215, 238, 263, 269, 272f., 277f., 282-288, 307, 310, 313, 316f., 321, 323, 325f., 331-336, 343, 348-350
ボイドン Boyden, Roland 92
ボズダーリ Bosdari, Conte Alessandro de 130, 182
ホートン Houghton, Alanson B.(駐独アメリカ大使) 46, 92, 95
ボールドウィン Baldwin, Stanley(イギリス首相 1923. 5-1924. 1) 6, 68, 152, 180, 184, 201f., 205, 232, 268, 272, 278, 282, 287f., 307, 310, 320f., 324, 332, 348
ボレマンス Borremanns 154
ホーン Horne, Robert 33, 68, 83
ボン Bonn, Moritz J. 74, 94, 172f.

マ 行

マイアー Mayer, Wilhelm Friedrich(駐仏ドイツ大使) 93, 126, 175, 316
マイアー Meyer, Heinrich 112, 125, 193, 197
マクドナルド MacDonald, James Ramsay (イギリス首相 1924. 1-11) 149, 330, 332, 335f., 339, 342f., 349, 356, 359
マッケナ MacKenna, Reginald 184, 201f., 326, 350
マルクス Marx, Wilhelm(中央党党首, ドイツ首相 1923. 11-1925. 1) 122, 142, 144, 167, 251, 258, 325f., 336, 341, 359
マルジュリイ Margerie, Pierre Jacquin de(駐独フランス大使) 277, 283-285, 306, 343
マルツァン Maltzan, Ago von(外務省事務次官) 182, 272, 276, 280, 282-284, 288

ミュラー Müller, Hermann 121, 142, 144, 186, 251

ミルナー Milner, Alfred 13
ミルラン Millerand, Alexandre(フランス首相1920. 1-9, 大統領1920. 9-1924. 6) 12, 53, 71-73, 107, 333

ムッソリーニ Mussolini, Benito 96, 149, 232, 324, 335

メニッヒ Mönnig, Hugo 258
メルヒオル Melchior, Carl(銀行家) 33, 74, 93, 184, 234
メロン Mellon, Andrew W. 6

モクレール Mauclère, Eugène 41
モルガン Morgan, J. P. 36,49,53,60f., 87, 350
モルデンハウアー Mordenhauer, Paul 259

ヤ 行

ヤレス Jarres, Karl(デュイスブルク市長) 137, 197, 259, 293f.
ヤング Young, Owen D. 325, 350

ラ 行

ライパルト Leipart, Theodor(ADGB 議長) 139, 143, 145, 174
ライヒト Leicht, Johann 186
ラインバーベン Rheinbaben, Werner Freihr. von 149, 272
ラウシャー Lauscher, Albert 144, 167
ラーデク Radek, Karl 221
ラーテナウ Rathenau, Walther(ヴィルト内閣復興相, 外相) 8, 13, 19, 22-25,28-32,34-38,79,82-84,87,91, 187, 295
ラナポン Ranapon 154
ラモント Lamont, Thomas W. 340, 342, 357f.
ランツベルク Landsberg, Otto 126

リヒトハルト Lichthardt 162
リピンスキー Lipinsky, Richard 119

ルイ(XIV世) Louis XIV 120
ルシュール Loucheur, Louis(ブリアン内閣解放地区担当大臣) 15, 24, 76, 82f., 143-145, 152f., 169
ルター Luther, Hans(エッセン市長, クーノ内閣食糧・農業担当大臣, シュトレーゼマン内閣・マルクス内閣大蔵大臣) 105, 116, 257, 316, 341
ルーデンドルフ Ludendorff, Erich 262

レイグ Leygues, Georges(フランス首相1920. 9-1921. 1) 15
レーディガー Rödiger, Konrad Frederik 147f.
レニュロ Laignelot 154
レフィングウェル Leffingwell, Russel C. 357
レーム Roehm, Ernst 212

ロー(ボナ・ロー) Law, Andrew Bonar (イギリス首相1922. 10-1923. 5) 51, 54f., 97, 100, 130f., 149-152, 162, 175, 182, 184, 309
ロイシュ Reusch, Paul 175, 177, 230
ロイド-ジョージ Lloyd George, David (イギリス首相1916. 12-1922. 10) 5, 13f., 16f., 22, 35, 40, 52, 66, 68, 72f., 82-84, 87, 100, 149, 152
ローガン Logan, James A. 322, 339, 356
ロスバッハ Roßbach, Gerhard 223
ローゼンベルク Rosenberg, Frederic Hans von(クーノ内閣外務大臣) 53, 62, 113, 130-132, 142-144, 147, 151f., 172-178, 180-185, 200, 202, 207-209, 229, 231, 266, 272
ロッソウ Lossow, Otto von 211, 213
ロビンス Robbins, Warren D. 181
ロビンソン Robinson, Henry M. 350
ローラン Laurent-Atthalin, André 350

文 献 目 録

目　次

＊ 文献目録には，本書で引用した史料・文献に，とくに参考にした文献も加えてある．ただし，政治学の理論的文献は除いてある．

＊＊ 主要な欧文雑誌は略語をもちいた．略語は以下のとおりである．

AfS : Archiv für Sozialgeschichte. Jahrbuch der Friedrich-Ebert-Stiftung.
AHR : American Historical Review.
APSR : American Political Science Review.
CEH : Central European History.
GWU : Geschichte in Wissenschaft und Unterricht.
HZ : Historische Zeitschrift.
JAH : Journal of American History.
JCH : Journal of Contemporary History.
JMH : Journal of Modern History.
NPL : Neue Politische Literatur.
RH : Revue Historique.
RHMC : Revue d'Histoire Moderne et Contemporaine.
VfZ : Vierteljahrshefte für Zeitgeschichte.
ZfP : Zeitschrift für Politik.

I. 史　料

A. 未刊行史料

German Foreign Ministry(*Microfilm T-120*)

a) Alte Reichskanzlei

1. Kabinettsprotokolle　Roll 1748-49.
2. Ausführung des Friedensvertrags　Series 9523/Roll 3679, 3691, 3682-3684.
3. England　K2116/5559.
4. Frankreich　K2083/5511-5512.
5. Nordamerika　K1199/5127-5128.
6. Ruhr　L1496/5353-5354.
7. Rhein-Ruhr Industrie mit den Besatzungsmächten　9433/3661.

8. Bayern K2134/5565-5567.
9. Bayern : Bericht des Vertreters der Reichsregierung K2138/5569-5573.
10. Sachsen L1565/5641-5642.
b) Büro Reichsministers
1. Reparationen 3243/1642-1661.
2. Reparationen(secret) 3375/1629-1636.
3. Internationale Geschäftsleutekonferenz 3398/1636.
4. Deutsche-englische Industrie Kooperation 3398/1636.
5. England 2368/1309-1310.
6. Italien 2784/1385-1386.
7. Nordamerika 3087/1489-1490.
8. Ruhrgebiet 3116/1524-1530.
c) Büro des Staatssekretärs
1. Micum-Verträge 4521/2279.
2. Verhandlungen mit fremden Diplomaten 4524/2280.
3. Innere Politik 4525/2281.
d) Politische Abteilung II
1. Frankreich, allgemeine auswärtige Politik L522/5073.
2. Frankreich, politische Beziehungen zu Deutschland K936/4505-4507.
e) Nachlass Stresemanns
1. Allgemeine Akten 7161/3104, 7162-7164/3105.
2. Deutsche Volkspartei 7394-7396/3159.
3. Politische Akten 7112-7113/3097, 7114-7117/3098, 7118-7121/3099.

Verhandlungen des Reichstags, stenographische Berichte(*Microfische*), *I. Wahlperiode 1920-1924.*

B. 刊行史料・史料集等

Akten der Reichskanzlei Weimarer Republik, *Das Kabinett Müller I. 27. März bis 21. Juni 1920*, bearb., Martin Vogt, Boppard 1971.

Akten der Reichskanzlei Weimarer Republik, *Das Kabinett Fehrenbach 25. Juni 1920 bis 4. Mai 1921*, bearb., Peter Wulff, Boppard 1972.

Akten der Reichskanzlei Weimarer Republik, *Das Kabinett Wirth I und II. 10. Mai 1921 bis 26. Oktober 1921, 26. Oktober 1921 bis 22. November 1922*, bearb., Ingrid Schulze-Bidlingmaier, Boppard 1973.

Akten der Reichskanzlei Weimarer Republik, *Das Kabinett Cuno. 22. November 1922 bis 12. August 1923*, bearb., Karl-Heinz Harbeck, Boppard 1968.

Akten der Reichskanzlei Weimarer Republik, *Das Kabinett Stresemann I und II. 13. August bis 6. Oktober 1923, 6. Oktober bis 30. November 1923*, bearb., Karl Dietrich Erdmann und Martin Vogt, Boppard 1978.

Akten der Reichskanzlei Weimarer Republik, *Das Kabinett Marx I und II. 30. November 1923 bis 3. Juni 1924, 3. Juni 1924 bis 15. Januar 1925*, bearb., Günter Abramowski, Boppard 1973.

Documents on British Foreign Policy, 1919-1939, First Series, Vols. VIII, X, XV,

XVI, XIX, XX, XXI, ed., R. Butler et al., London 1960 ff.

U. S. Department of State: *Papers Relating to the Foreign Relations of the United States*, 1921, 1922, 1923, 1924, Washington 1934–1939.

Degras, Jane, *Soviet Documents on Foreign Policy*, Vol. 1, 1917–1924, London 1951.

——, *The Communist International Documents 1919–1943*, Vol. 1, 1919–1922, London 1956(荒畑・大倉・救仁郷訳『コミンテルンドキュメント』I, 現代思潮社, 1969).

Deuerlein, Ernst, *Der Hitler-Putsch. Bayerische Dokumente zum 8./9. November 1923*, Stuttgart 1962.

Flemming, Jens, Claus-Dieter Krohn, Dirk Stegmann, Peter-Christian Witt hrsgs., *Die Republik von Weimar*, Bd. I, Das politische System, Bd. II, Das sozialökonomische System, Düsseldorf 1979.

Hohfeld, Johannes, *Deutsche Reichsgeschichte in Dokumenten*, Bd. II, 1906–1926, 2. Aufl., Berlin 1972.

Horkenbach, Cuno hrsg., *Das Deutsche Reich von 1918 bis heute*, Berlin 1930.

Institut für Marxismus-Leninismus, *Dokumente und Materialien zur Geschichte der deutschen Arbeiterbewegung*, Bd. VII, 2. Halbband, Berlin(-Ost) 1966.

Michalka, Wolfgang und Gottfried Niedhart hrsg., *Die ungeliebte Republik. Dokumente zur Innen- und Außenpolitik der Weimars*, München 1980.

Ministère des Affaires Etrangères, *Documents diplomatiques*.

No. 271. Demande de moratorium du gouvernement allemand à la commission des réparations(14 novembre 1922). Conférence de Londres(9–11 décembre 1922). Conférence de Paris(2–4 janvier 1923), Paris 1923.

No. 275. Documents relatifs aux notes allemandes des 2 mai et 5 juin sur les réparations(2 mai–3 août 1923), Paris 1923.

No. 276. Réponse du gouvernement français à la lettre du gouvernement britannique du 11 août 1923 sur les réparations(20 août 1923), Paris 1923.

Pollard, Sydney and C. Holmes, *Documents of European Economic History*, Vol. 3, The End of the Old Europe 1914–1939, London 1973.

Reparation Commission, *The Report of Reparation Commission 1920*, Paris 1921.

——, *The Report of Reparation Commission 1921*, Paris 1922.

——, *The Report of Reparation Commission 1922*, Paris 1923.

——, *The Report of Reparation Commission 1923*, Paris 1924.

——, *The Report of Reparation Commission 1924*, Paris 1925.

——, *Reports of the Expert Committees appointed by Reparation Commission*, Paris 1924.

——, *Die Sachverständigen Gutachten*, Berlin 1924.

Rohde, Hans, *Von Versailles bis Lausanne, Der Verlauf der Reparationsverhandlungen nach dem ersten Weltkrieg*, Stuttgart 1950.

Schüddekopf, Otto-Ernst, *Das Heer und die Republik. Quellen zur Politik der Reichswehrführung 1918 bis 1933*, Hannover und Frankfurt 1955.

Schulthess' Europäischer Geschichtskalendar, Bd. 61(1920)–Bd. 65(1924), München 1924/1929.

Sozialdemokratische Partei Deutschlands, *Sozialdemokratischer Parteitag 1924 in Berlin. Protokoll*, Berlin 1924.
——, *Sozialdemokratischer Parteitag 1925 in Heidelberg. Protokoll*, Berlin 1925.
Ursachen und Folgen. Vom deutschen Zusammenbruch 1918 und 1945 bis zur staatlichen Neuordnung Deutschlands in der Gegenwart, Bde. III, IV, V, VI, VII, Berlin 1961 ff.
Wippermann, Karl und Friedrich Purlitz, *Deutscher Geschichtskalendar*, Bde. 37, 38, 39, 40 (1921–1924), Inland und Außland, Leipzig o. J.
斉藤孝(編)『ヨーロッパ外交史教材』東大出版会, 1971.

C. メモワール・同時代文献等

D'Abernon, Viscount, *An Ambassador of Peace*, 3 Vol., London 1929/1930.
Benz, Wolfgang hrsg., *Politik in Bayern 1919–1933. Berichte des württembergischen Gesandten Moser v. Filseck*, Stuttgart 1971.
Bergmann, Carl, *Der Weg der Reparation. Von Versailles über den Dawesplan zum Ziel*, Frankfurt a. M. 1926.
Bonn, Moritz J., *Wandering Scholar*, New York 1948.
Böttcher, Paul, "Die Regierungsbildung in Sachsen," in: *Die Internationale. Zeitschaftift für Praxis und Theorie des Marxismus*, Jahrgang 1923, Frankfurt a. M. 1971, 196–206.
Braun, Otto, *Von Weimar zu Hitler*, Hamburg 1949.
Dawes, Rufuss C., *The Dawes Plan in the Making*, Indianapolis 1925.
Dirksen, Herbert von, *Moskau–Tokio–London*, Stuttgart 1949 (法眼・中川訳『モスクワ, 東京, ロンドン』読売新聞社, 1953).
Ebert, Friedrich, *Schriften, Aufzeichnungen, Reden*, 2 Bde., Dresden 1926.
Geßler, Otto, *Reichswehrpolitik in der Weimarer Zeit*, hrsg. von Kurt Sendtner, Stuttgart 1956.
Hermes, Anna, *Und setzt ihr nicht das Leben ein. Andreas, Hermes, Leben und Wirken*, Stuttgart 1971.
Holl, Karl und Alfred Wild hrsg., *Ein Demokrat kommentiert Weimar. Die Bericht Hellmut von Gerlachs an die Carnegie-Friedensstiftung in New York, 1922–1930*, Bremcn 1973.
Johnes, Thomas, *Whitehall Diary*, Vol. 1, 1916–1925, London 1969.
Kahlenberg, F. P., *Die Berichte Eduard Davids als Reichsvertreter in Hessen 1921–1927*, Wiesbaden 1970.
Kessler, Harry Graf, *Aus den Tagebüchern 1918–1937*, München 1965.
Luther, Hans, *Politiker ohne Partei*, Stuttgart 1960.
Radbruch, Gustav, *Der innere Weg. Aufriß meines Lebens*, Stuttgart 1951.
Rathenau, Walter, *Walter Rathenau Tagebuch 1907–1922*, hrsg. von Hartmut Pogge von Strandmann, Düsseldorf 1967.
——, *Gespräche mit Rathenau*, hrsg. von Ernst Schulin, München 1977.
Rosen, Friedrich, *Aus einem diplomatischen Wanderleben*, Wiesbaden 1959.
Schacht, Hjalmar, *76 Jahre meines Lebens*, Bad Wörishofen 1953.

Severing, Carl, *Mein Lebensweg*, Bd. I, Köln 1950.
Stampfer, Friedrich, *Die vierzehn Jahre der ersten deutschen Republik*, Hamburg 1947.
Stockhausen, Max von, *6 Jahre Reichskanzlei 1922 bis 1927*, Bonn 1954.
Stresemann, Gustav, *Vermächtnis*, 3 Bde., hrsg. von Henry Bernhard, Berlin 1932.
——, *Reden und Schriften. Politik-Geschichte-Literatur, 1897–1926*, 2 Bde., Dresden 1926.
——, *Gustav Stresemann. Schriften*, hrsg. von Arnold Hartung, Berlin 1976.
——, *Gustav Stresemann 1878/1978*, hrsg. von Felix Hirsch, Berlin 1978.
Troeltsch, Ernst, *Spektator-Briefe. Aufsätze über die deutsche Revolution und die Weltpolitik 1918/22*, Tübingen.
Westarp, Graf Cuno, *Am Grabe der Parteiherrschaft. Bilanz des deutschen Parlamentarismus von 1918–1932*, Berlin o. J.

II. 研究文献，その他

A. 欧　文

Abendroth, Wolfgang, *Aufstieg und Krise der deutschen Sozialdemokratie. Das Problem der Zweckentfremdung einer politischen Partei durch die Anpassungtendenz von Institutionen an vorgegebene Machtverhältnisse*, Frankfurt a. M. 1964(広田・山口訳『ドイツ社会民主党小史』ミネルヴァ書房，1969).
Abraham, David, "Constituting Hegemony. The Bourgeois Crisis of Weimar Germany," in: *JMH*, 51(1979), 417–433.
——, *The Collapse of the Weimar Republic. Political Economy and Crisis*, Princeton 1981.
Adolph, Hans J. L., *Otto Wels und die Politik der deutschen Sozialdemokratie 1894–1939. Eine politische Biographie*, Berlin 1971.
Albertin, Lothar, "Die Verantwortung der liberalen Parteien für das Scheitern der großen Koalition im Herbst 1921," in: *HZ*, 205(1967), 556–627.
——, *Liberalismus und Demokratie am Anfang der Weimarer Republik. Eine vergleichende Analyse der Deutschen Demokratischen Partei und der Deutschen Volkspartei*, Düsseldorf 1972.
Aldcroft, Derek H., *From Versailles to Wall Street 1919–1929*, Berkeley 1977.
Alexander, Manfred, "Zur Reise von Marshall Foch nach Warsaw und Prag im Frühjahr 1923," in: *Bohemia*, 14(1973), 289–319.
Alter, Peter, "Rapallo, Gleichgewichtspolitik und Revisionismus," in: *NPL*, 19(1974), 509–517.
Angress, Werner T., *Stillborn Revolution. The Communist Bid for Power in Germany 1921–1923*, Princeton 1963.
Arns, Günter, *Regierungsbildung und Koalitionspolitik in der Weimarer Republik 1919–1924*, Diss. Tübingen 1971.
——, "Friedrich Ebert als Reichspräsident," in: *HZ Beiheft*/(1971), 1–30.
——, "Die Linke in der SPD-Reichstagsfraktion im Herbst 1923," in: *VfZ*, 22

(1974), 191–203.
Artard, Denise, "A propos de l'occupation de la Ruhr," in: *RHMC*, 17(1970), 1–21.
——, "Die Hintergründe der Ruhrbesetzung 1923. Das Problem der interalliierten Schulden," in: *VfZ*, 17(1979), 241–259.
Bahne, Siegfried, "Die KPD im Ruhrgebiet in der Weimarer Republik," in: Jürgen Reulcke hrsg., *Arbeiterbewegung in Rhein und Ruhr. Beiträge zur Geschichte der Arbeiterbewegung in Rheinland-Westfalen*, Wuppertal 1974, 315–353.
Bariety, Jacques, *Les relations franco-allemandes après la première guerre mondiale, 10 novembre 1918–10 janvier 1925. De l'execution a la negociation*, Paris 1977.
Baumont, Maurice, "Die französische Sicherheitspolitik, Ihre Träger und Konsequenzen 1920–1924," in: Hellmut Rößler hrsg., *Die Folgen von Versailles 1919–1924*, Göttingen 1969, 115–132.
Bennet, Edward W., *Germany and the Diplomacy of the Financial Crisis 1931*, Cambridge(Mass.) 1962.
Besson, Waldemar, *Friedrich Ebert*, Göttingen 1963.
Blake, Robert, *The Unknown Prime Minister. The Life and Times of Andrew Bonar Law 1858–1923*, London 1955.
Böhnke, Wilfried, *Die NSDAP im Ruhrgebiet 1920–1933*, Bonn–Bad Godesberg 1974.
Böttcher, Helmuth M., *Walter Rathenau. Persönlichkeit und Werk*, Bonn 1958.
Bonnefous, Édouard, *Histoire politique de la troisième république*, tome III, L'après-guerre(1919–1924), 2. éd., Paris 1968.
Borkenau, Franz, *The Communist International*, New York 1938(佐野・鈴木訳『世界共産党史』合同出版, 1968).
Bournazel, Renata, Rapallo, *Naissance d'un mythe. La politique de la peur dans la France du Bloc National*, Paris 1974.
Bracher, Karl Dietrich, *Die Auflösung der Weimarer Republik*, 5. Aufl., Villingen 1971.
——, *Deutschland zwischen Demokratie und Diktatur*, München 1964.
——, *Die deutsche Diktatur. Entstehung, Struktur, Folgen des Nationalsozialismus*, Köln 1969(山口・高橋訳『ドイツの独裁』I・II, 岩波書店, 1975).
——, *Die deutsche Dilemma. Leidensweg der politischen Emanzipation*, München 1971.
——, *Die Krise Europas 1917–1975*(Propyläen Geschichte Europas, Bd. 6), Frankfurt a. M. 1976.
Bretton, Henry L., *Stresemann and the Rivision of Versailles*, Stanford 1953.
Breitman, Richard, *German Socialism and Weimar Democracy*, Chapel Hill 1981.
Bullock, Allan, *Hitler. A Study of Tyranny*, London 1952(大西尹明訳『アドルフ・ヒトラー』I・II, みすず書房, 1958).
Bunselmeyer, Robert E., *The Cost of the War 1914–1919. British Economic War Aims and the Origins of Reparation*, Hamden 1975.
Die bürgerlichen Parteien in Deutschland. Handbuch der Geschichte der bürgerlichen Parteien und anderer bürgerlicher Interessenorganisationen vom Vormärz bis

zum Jahre 1945, 2 Bde., Leipzig 1968/70.

Cambell, F. Gregory, *Confrontation in Central Europe. Weimar Germany and Czechoslovakia*, Chicago 1975.

Carr, E. H., *International Relations between the Two World Wars 1919–1939*, London 1947(衛藤・斉藤訳『両大戦間における国際関係史』清水弘文堂, 1968).

——, *German-Soviet Relations between the Two World Wars 1919–1939*, Baltimore 1951(富永幸生訳『独ソ関係史』サイマル出版会, 1972).

——, *The Bolshevik Revolution 1917–1923*, 3 Bde., London 1951–1953(原田三郎ほか訳『ソヴェト革命史』(『ボリシェヴィキ革命』I), みすず書房, 1959).

——, *The Interregnum 1923–1924*, London 1954.

——, *The Russian Revolution from Lenin to Stalin, 1917–1929*, London 1979(塩川伸明訳『ロシア革命——レーニンからスターリンへ, 1917–1929 年』岩波書店, 1979).

Carsten, F. L., *The Reichswehr and Politics 1918–1933*, London 1966.

Cassels, Alan, *Mussolini's Early Diplomacy*, Princeton 1970.

Challener, Richard D., "The French Foreign Office. The Era of Phillippe Berthelot," in: Gordon A. Craig and Felix Gilbert eds., *The Diplomats 1919–1939*, Princeton 1953, 49–85.

Chastenet, Jacques, *Raymond Poincaré*, Paris 1948.

——, *Histoire de la troisième république*, tome V., Les annèes d'illusions 1918–1931, Paris 1960.

Conze, Werner, "Deutschlands weltpolitische Sonderstellung in den zwanziger Jahren," in: *VfZ*, 9(1961), 166–177.

Cornebise, Alfred E., *Some Aspects of the German Response to the Ruhr Occupation, January–September 1923*, Diss. University of North Carolina 1965.

Craig, Gordon A., *The Politics of Prussian Army 1640–1945*, London 1955.

——, *From Bismarck to Adenauer. Aspects of German Statecraft*, rev. ed., New York 1965.

——, "The British Foreign Office from Grey to A. Chamberlain," in: *The Diplomats*, 15–47.

——, *Germany 1866–1945*, London 1978.

Craig, Gordon A. and Felix Gilbert eds., *The Diplomats 1919–1939*, Princeton 1953.

Dahrendorf, Ralf, *Society and Democracy in Germany*, New York 1969.

Dederke, Karlheinz, *Reich und Republik. Deutschland 1917–1933*, Stuttgart 1969.

Dehio, Ludwig, *Deutschland und die Weltpolitik im 20. Jahrhundert*, München 1955.

Dohrmann, Bernd, *Die englische Europapolitik in der Wirtschaftskrise 1921–1923*, München 1980.

Duroselle, J.-B., *Histoire diplomatique de 1919 à nos jours*, 6 ed., Paris 1974.

——, *From Wilson to Roosevelt. Foreign Policy of the United States, 1913–1945*, trans. by N. L. Roelker, New York 1968.

Dyck, Harvey L., *Weimar Germany and Soviet Russia. A Study in Diplomatic Instability*, London 1966.

Erdmann, Karl Dietrich, "Deutschland, Rapallo und die Westen," in: *VfZ*, 11

(1963), 105-165.
——, *Adenauer in der Rheinlandpolitik nach den Ersten Weltkrieg*, Stuttgart 1966.
Erdmann, Karl Dietrich und Helmut Grieser, "Die deutsch-sowjetischen Beziehungen in der Weimarer Republik als Problem der deutschen Innenpolitik," in: *GWU*, 26(1975), 403-426.
Erdmann, Karl Dietrich und Hagen Schulze hrsg., *Weimar: Selbstpreisgabe einer Demokratie. Eine Bilanz heute*, Düsseldorf 1980.
Erfurth, Waldemar, *Die Geschichte des deutschen Generalstabes von 1918 bis 1945*, Göttingen 1957.
Eschenburg, Theodor, *Die improvisierte Demokratie. Gesammelte Aufsätze zur Weimarer Republik*, München 1964.
Eyck, Erich, *Geschichte der Weimarer Republik*, 2 Bde., Stuttgart 1956.
Favez, Jean-Claude, *Le Reich devant l'occupation franco-belge de la Ruhr en 1923*, Genève 1969.
——, "Hitler et la Reichswehr en 1923," in: *RHMC*, 18(1970), 22-49.
Feis, Herbert, *The Diplomacy of Dollar. First Era 1919-1939*, Baltimore 1950.
Feldmann, Gerald D., *Iron and Steel in the German Inflation 1916-1923*, Princeton 1977.
——, "Arbeitskonflikte im Ruhrgebiet 1919-1922. Zur Politik von Zechenverband und Gewerkschaften in der Übersichtungsfrage," in: *VfZ*, 28(1980), 168-223.
——, "German Interest Group Alliance in War and Inflation, 1914-1923," in: Suzanne D. Berger ed., *Organizing Interests in Western Europe. Pluralism, Corporatism and the Transformation of Politics*, Cambridge 1981, 159-184.
Feldmann, Gerald D. und Heidrun Homberg, *Industrie und Inflation. Studien und Dokumente zur Politik der deutschen Unternehmer 1916-1923*, Hamburg 1977.
Feldmann, Gerald D. und Irmgrad Steinisch, "Die Weimar Republik zwischen Sozial- und Wirtschaftsstaat. Die Entscheidung gegen den Achtstundentag," in: *AfS*, 18(1978), 353-439.
Felix, David, *Walther Rathenau and the Weimar Republic. The Politics of Reparations*, Baltimore 1971.
Fischer, Fritz, *Griff nach der Weltmacht. Die Kriegszielpolitik des kaiserlichen Deutschland 1914/1918*, 4. Aufl., Düsseldorf 1971(村瀬興雄監訳『世界強国への道』I, 岩波書店, 1972).
Fischer, Louis, *The Soviets in World Affairs. A History of Relations between Soviet Union and the Rest of the World, 1917-1929*, paper ed., New York 1960.
Fischer, Wolfram, *Die Wirtschaftspolitik Deutschlands 1918-1945*, Bonn 1961(加藤栄一訳『ヴァイマルからナチズムへ』みすず書房, 1982).
Flechtheim, Ossip K., *Die KPD in der Weimarer Republik*, Frankfurt a. M. 1969(足利末男訳『ヴァイマル共和国時代のドイツ共産党』東邦出版社, 1971).
Gatzke, Hans W., *Stresemann and the Rearmament of Germany*, Baltimore 1954.
——, "Russo-German Military Collaboration during the Weimar Republic," in: *AHR*, 63(1958), 565-597.
——, "Von Rapallo nach Berlin. Stresemann und die deutsche Rußlandpolitik,"

in: *VfZ*, 4(1956), 1-29.

Gay, Peter, *Weimar Culture. The Outsider as Insider*, paper ed., New York 1970 (到津十三男訳『ワイマール文化』みすず書房, 1970).

Gescher, Bruno Dieter, *Die Vereinigten Staaten von Nordamerika und die Reparationen 1920-1924*, Bonn 1956.

Geyer, Dieter hrsg., *Sowjetunion*, Teil I: Außenpolitik 1917-1955, Köln 1972.

Goguel, François, *Le politique des parties sous la troisième république*, Paris 1957.

Goldbach, Marie-Luise, *Karl Radek und die deutsch-sowjetischen Beziehungen 1918-1923*, Bonn-Bad Godesberg 1973.

Gordon, Harold J., Jr., *The Reichswehr and the German Republic 1919-1926*, Princeton 1957.

——, *Hitler and the Beer-Hall Putsch*, Princeton 1972.

Gordon, Michael R., *Conflict and Consensus in Labour's Foreign Policy, 1914-1965*, Stanford 1969.

Gossweiler, Kurt, *Großbanken, Industriemonopole, Staat. Ökonomie und Politik des staatsmonopolistischen Kapitalismus in Deutschland 1914-1932*, Berlin (Ost) 1971 (川鍋正敏ほか訳『大銀行・工業独占・国家』中央大学出版会, 1979).

Graml, Hermann, *Europa zwischen den Kriegen*, München 1969.

——, "Die Rapallo-Politik in Urteil der westdeutscher Forschung," in: *VfZ*, 18 (1970), 366-391.

Grathwohl, Robert P., *Stresemann and the DNVP. Reconciliation or Revenge in German Foreign Policy 1924-1928*, Kansas 1980.

——, "Gustav Stresemann. Reflections on his Foreign Policy," in: *JMH*, 45(1973), 52-70.

Halévy, Élie, *The Era of Tyrannies*, New York 1966.

Hallgarten, George W. F., *Hitler, Reichswehr und Industrie. Zur Geschichte der Jahre 1918-1933*, Frankfurt a. M. 1955(富永幸生訳『ヒトラー, 国防軍, 産業界——1918-1933年のドイツ史に関する覚書』未来社, 1969).

Hardach, Gerd, *Der Ersten Weltkrieg* (Geschichte der Weltwirtschaft im 20. Jahrhundert, Bd. 2), München 1973.

——, *Deutschland in der Weltwirtschaft 1870-1970. Eine Einführung in die Sozial- und Wirtschaftsgeschichte*, Frankfurt a. M. 1977.

Hardach, Karl, *Wirtschaftsgeschichte Deutschlands im 20. Jahrhundert*, Göttingen 1976.

Haungs, Peter, *Reichspräsident und parlamentarische Kabinettsregierung*, Köln 1968.

Hauser, Oswald hrsg., *Politischen Parteien in Deutschland und Frankreich 1918-1933*, Wiesbaden 1969.

Heiber, Helmut, *Die Republik von Weimar*, München 1966.

Helbig, Herbert, *Die Träger der Rapallo-Politik*, Göttingen 1958.

Hertzmann, Lewis, *DNVP. Right-Wing Opposition in the Weimar Republic, 1918-1924*, Lincoln 1963.

Herzfeld, Hans, *Der Erste Weltkrieg*, München 1968.

Heß, Jürgen C., "*Das ganze Deutschland soll es sein.*" *Demokratischer Nationalismus*

in der Weimarer Republik am Beispiel der Deutschen Demokratischen Partei, Stuttgart 1978.

Hildebrand, Klaus, *Das Deutsche Reich und die Sowjetunion im internationalen System, 1918–1932*, Wiesbaden 1977.

Hillgruber, Andreas, *Großmachtpolitik und Militarismus im 20. Jahrhundert*, Düsseldorf 1974.

——, *Deutsche Großmacht- und Weltpolitik im 19. und 20. Jahrhundert*, Düsseldorf 1977.

Himmer, Robert, "Rathenau, Russia, and Rapallo," in : *CEH*, 9(1976), 146–183.

Hirsch, Felix, *Stresemann. Patriot und Europäner*, Göttingen 1964.

Hofmann, Hans H., *Der Hitlerputsch. Kriegsjahre deutscher Geschichte 1920–1924*, München 1961.

Hohlfeld, Klaus, *Die Reichsexekution gegen Sachsen im Jahre 1923. Ihre Vorgeschichte und politische Bedeutung*, Diss. Erlangen 1964.

Holborn, Hajor, *The Political Collapse of Europe*, New York 1951.

——, "Diplomats and Diplomacy in the Early Weimar Republic," in : *The Diplomats*, 123–171.

Holzbach, Heidrun, *Das System Hugenberg. Die Organisation bürgerlicher Sammlungspolitik vor dem Aufstieg der NSDAP*, Stuttgart 1981.

Hortzschansky, Günter, *Der nationale Verrat der deutschen Monopolherren während des Ruhrkampfes 1923*, Berlin(Ost) 1961.

Hughes, Judith M., *To the Maginot Line. The Politics of French Military Preparations in the 1920's*, Cambridge(Mass.) 1971.

Hunt, Richard N., *German Social Democracy 1918–1933*, New Haven 1964.

Hyde, H. Montegomery, *Baldwin. The Unexpected Prime Minister*, London 1973.

Institut für Marxismus-Leninismus, *Geschichte der deutschen Arbeiterbewegung*, Bd. III, Von 1917 bis 1923, Berlin(Ost) 1966.

Jacobsen, Jon, *Locarno Diplomacy. Germany and the West 1925–1929*, Princeton 1972.

Jasper, Gotthard, *Der Schutz der Republik. Studien zur staatliche Sicherung der Demokratie in der Weimarer Republik 1922–1930*, Tübingen 1963.

Joll, James, *Intellectuals in Politics. Three Biographical Essays*, London 1960.

——, "Walther Rathenau. Intellectual or Industrialist?" in : Volker R. Berghahn and Martin Kitchen eds., *Germany in the Age of Total War. Essays in Honour of Francis Carsten*, London 1981, 46–62.

Jones, Kenneth P., *Stresemann and the Diplomacy of the Ruhr Crisis 1923–1924*, Diss. University of Wisconsin 1970.

Jones, Thomas, *Lloyd George*, London 1951.

Jordan, W. M., *Great Britain, France and the German Problem 1918–1939*, London 1943.

Kaack, Heino, *Geschichte und Struktur des deutschen Parteiensystems*, Köln 1971.

Kastning, Alfred, *Die deutsche Sozialdemokratie zwischen Koalition und Opposition 1919–1923*, Parderborn 1970.

Kater, Michael H., "Zur Soziologie der früheren NSDAP," in: *VfZ*, 19(1971), 124-159.

Kennan, George F., *American Diplomacy 1900-1950*, Chicago 1952(近藤・飯田訳『アメリカ外交50年』岩波書店, 1952).

Keynes, John Maynard, *The Economic Consequences of the Peace*, London 1920(早坂忠訳『平和の経済的帰結』(『ケインズ全集』第2巻), 東洋経済新報社, 1977).

——, *A Revision of the Treaty*, London 1922(千田純一訳『条約の改正』(『ケインズ全集』第3巻), 東洋経済新報社, 1977).

——, *The Collected Writings of John Maynard Keynes*, Vol. XVIII, Activities 1922-1923: The End of Reparations, London 1978.

King, Jere Clemens, *Foch versus Clemenceau. France and German Dismemberment*, Cambridge(Mass.) 1960.

Klinkhammer, Rheinmud, *Die Außenpolitik der Sozialdemokratische Partei Deutschlands in der Zeit der Weimarer Republik*, Diss. Freiburg 1955.

Kochan, Lionel, *Russia and the Weimar Republic*, Cambridge 1954.

Koch-Weser, Erich, *Germany in the Post-War World*, trans. by P. Maerker-Branden, Philadelphia 1930.

Korbel Josef, *Poland between East and West. Soviet and German Diplomacy toward Poland 1919-1933*, Princeton 1963.

Krieger, Wolfgang, *Labour Party und Weimarer Republik. Ein Beitrag zur Außenpolitik der britischen Arbeiterbewegung zwischen Programmatik und Parteitaktik(1918-1924)*, Bonn-Bad Godesberg 1978.

Krohn, Claus-Dieter, *Stabilisierung und ökonomische Interessen. Die Finanzpolitik des Deutschen Reichs 1923-1927*, Düsseldorf 1974.

Krüger, Peter, *Deutschland und die Reparationen 1918/1919. Die Genesis des Reparationsproblems in Deutschland zwischen Waffenstillstand und Versailler Friedensschluß*, Stuttgart 1973.

——, "Die Reparationen und das Scheitern einer deutschen Verständigungspolitik auf der Pariser Friedenskonferenz im Jahre 1919," in: *HZ*, 221(1975), 326-372.

——, "Das Reparationsproblem der Weimarer Republik in fragwürdiger Sicht. Kritsche Überlegungen zur neuesten Forschung," in: *VfZ*, 29(1981), 21-47.

Kuczynski, Jürgen, *Die Geschichte der Lage der Arbeiter unter den Kapitalismus*, Bd. V, Berlin(Ost) 1966.

Laubach, Ernst, *Die Politik der Kabinette Wirth 1921-22*, Hamburg 1968.

Lebovics, Hermann, *Social Conservatism and the Middle Class in Germany 1914-1933*, Princeton 1969.

Leffler, Melvyn P., *The Elusive Quest. America's Pursuit of European Stability and French Security 1919-1933*, Chapel Hill 1979.

——, "The Origins of Republican War Debts Policy 1921-1923," in: *JAH*, 58(1972), 585-601.

——, "Political Isolationism, Economic Expansionism, or Diplomatic Realism. American Policy toward Western Europe, 1921-1933," in: *Perspectives in American History*, 8(1974), 413-461.

Lepsius, M. Rainer, "Parteiensystem und Sozialstruktur. Zum Problem der Demokratisierung der deutschen Gesellschaft," in : Gerhard A. Ritter hrsg., *Deutsche Parteien vor 1918*, Köln 1973.

Lewis, W. Arthur, *Economic Survey 1919–1939*, London 1949(石崎・森・馬場訳『世界経済論』新評論, 1969).

Libal, Gisela Bertram, *Aspekte der britischen Deutschlandpolitik 1919–1922*, Diss. Tübingen 1972.

——, "Die britische Politik in der Oberschlesienfrage," in : *VfZ*, 20(1972), 105–132.

Liebe, Werner, *Die Deutschnationale Volkspartei 1918–1924*, Düsseldorf 1956.

Link, Werner, *Die amerikanische Stabilisierungspolitik in Deutschland 1921–1932*, Düsseldorf 1970.

——, "Die Ruhrbesetzung und die wirtschaftspolitischen Interessen der U. S. A.," in : *VfZ*, 17(1969), 372–382.

——, "Die Beziehungen zwischen der Weimarer Republik und den USA," in : Manfred Knapp, Werner Link, Hans-Jürgen Schröder, Klaus Schwabe, *Die USA und Deutschland 1918–1975. Deutsch-amerikanische Beziehungen zwischen Rivalität und Partnerschaft*, München 1978, 62–106.

Link, Horst Günther, *Deutsch-sowjetische Beziehungen bis Rapallo*, Köln 1970.

Lowe, C. J. and M. L. Dockrill, *The Mirrage of Power. British Foreign Policy 1902–1922*, 3 Vols., London 1972.

Lyman, Richard W., *The First Labour Government 1924*, London 1957.

Maier, Charles S., *Recasting Bourgeois Europe. Stabilization in France, Germany and Italy in the Decade after World War I*, Princeton 1975.

——, "Coal and Economic Power in the Weimar Republic. The Effect of the Coal Crisis of 1920," in : H. Mommsen, D. Petznia, B. Weisbrod, hrsg., *Industrielles System und politische Entwicklung in der Weimarer Republik*, Düsseldorf 1974, 530–542.

——, "The Truth about Treaties ?" in : *JMH*, 51(1979), 56–67.

Marks, Sally, "The Myths of Reparations," in : *CEH*, 11(1973), 231–255.

Martiny, Martin, "Arbeiterbewegung an Rhein und Ruhr vom Scheitern der Räte- und Sozialisierungsbewegung bis zum Ende der letzten parlamentarischen Regierung der Weimarer Republik(1920–1930)," in : Jürgen Reulecke hrsg., *Arbeiterbewegung in Rhein und Ruhr*, 241–273.

Maser, Werner, *Die Frühgeschichte der NSDAP. Hitlers Weg bis 1924*, Frankfurt a. M. 1965(村瀬・栗原訳『ヒトラー』紀伊国屋書店, 1969).

Maxelon, Michael-Olaf, *Stresemann und Frankreich. Deutsche Politik der Ost-West-Balance*, Düsseldorf 1972.

Mayer, Arno J., *Political Origins of the New Diplomacy, 1917–1918*, New York 1959(斉藤・木畑訳『ウィルソン対レーニン 新外交の政治的起源 1917–18 年』I・II, 岩波書店, 1983).

——, *Politics and Diplomacy of Peacemaking. Containment and Counterrevolution at Versailles, 1918–1919*, New York 1967.

——, *The Persistence of the Old Regime. Europe to the Great War*, New York 1981.

McDougall, Walter A., *France's Rheinland Diplomacy, 1914–1924. The Last Bid for a Balance of Power in Europe*, Princeton 1978.

——, "Political Economy versus National Sovereignty. French Structures for German Economic Integration after Versailles," in : *JMH*, 51(1979), 4–23.

Medlicott, W. N., *British Foreign Policy since Versailles 1919–1963*, second and rev. ed., London 1968.

Meinecke, Friedrich, *Die deutsche Katastrophe*, Wiesbaden 1946(矢田俊隆訳『ドイツの悲劇』(『世界の名著』54), 中央公論社, 1969).

Meier-Welcker, Hans, *Seeckt*, Frankfurt a. M. 1967.

Middlemas, Keith and John Barnes, *Baldwin. A Biography*, London 1969.

Miguel, Pierre, *Poincaré*, Paris 1961.

——, "Versailles im politischen Meinungsstreit Frankreichs," in : *VfZ*, 20(1972), 1–15.

Milanz, Alfred, *Wähler und Wahlen in der Weimarer Republik*, Bonn 1965.

Miller, Kenneth E., *Socialism and Foreign Policy. Theory and Practice in Britain to 1931*, The Hague 1972.

Mommsen, Hans, "Die Bergarbeiterbewegung an der Ruhr 1918–1933," in : J. Reulecke hrsg., *Arbeiterbewegung an Rhein und Ruhr*, 275–314.

Mommsen, Hans, Dieter Petznia, Bernd Weisbrod hrsg., *Industrielles System und politische Entwicklung in der Weimarer Republik*, Düsseldorf 1974.

Morgan, Kenneth O., *The Age of Lloyd George*, London 1971.

Morsey, Rudolf, *Die deutsche Zentrumspartei 1917–1923*, Düsseldorf 1966.

Mouton, Harold G. and Leo Pasvolsky, *War Debts and World Prosperity*, Washington 1932.

Mowat, Charles L., *Britain between the Wars 1918–1940*, Chicago 1955.

Nelson, Harold I., *Land and Power. British and Allied Policy on Germany's Frontiers 1916–1919*, London 1963.

Nelson, Keith L., *Victor's Divided. America and the Allies in Germany*, Berkeley 1975.

Néré, Jacques, *The Foreign Policy of France from 1914 to 1945*, London 1975.

Netzband, Karl-Bernhard und Hans Peter Wildmaier, *Währungs- und Finanzpolitik der Ära Luther 1923–1925*, Tübingen 1964.

Neumann, Sigmund, *The Future in Perspective*, New York 1946(曾村保信訳『現代史——未来への道標』岩波書店, 1956).

——, "Germany. Changing Patterns and Lasting Problems," in : S. Neumann ed., *Modern Political Parties*, Chicago 1956.

——, *Die Parteien der Weimarer Republik*, 2. Aufl., Stuttgart 1970.

Nicolson, Harold, *Curzon. The Last Phase 1919–1925*, London 1934.

Niedhart, Gottfried, *Grossbritannien und die Sowjetunion 1934–1939. Studien zur britischen Politik der Friedenssicherung zwischen den beiden Weltkriegen*, München 1971.

——, "Die westliche Alliierten und das bolschewistischen Rußland 1917–1921," in : *NPL*, 15(1970), 460–470.

——, "Friede als nationales Interesse. Grossbritannien in der Vorgeschichte des Zweiten Weltkriegs," in: *NPL*, 17(1972), 451–470.
——, "Friedensvorstellungen, Gewaltdiskussion und Konfliktverhalten in der britischen Labour Party 1919–1926," in: Wolfgang Huber und Johannes Schwerdtfeger hrsg., *Frieden, Gewalt, Sozialismus. Studien zur Geschichte der sozialistischen Arbeiterbewegung*, Stuttgart 1976, 641–679.
——, "Multipolares Gleichgewicht und weltwirtschaftliche Verflechtung. Deutschland in der britischen Appeasement-Politik 1919–1933," in: Michael Stürmer hrsg., *Die Weimarer Republik*, 113–130.
Nocken, Ulrich, "Corporatism and Pluralism in Modern German History," in: Dirk Stegmann, Bern-Jürgen Wendt, Peter-Christian Witt hrsg., *Industrielle Gesellschaft und politisches System. Beiträge zur politischen Sozialgeschichte*, Bonn-Bad Godesberg 1978, 37–56.
Northedge, F. S., *The Troubled Giant. Britain among the Great Powers 1916–1939*, London 1966.
Pogge von Strandmann, Hartmut, "Großindustrie und Rapallopolitik. Deutsch-sowjetische Handelsbeziehungen in der Weimarer Republik," in: *HZ*, 222(1976), 265–341.
——, "Rapallo. Strategy in Preventive Diplomacy. New Sources and New Interpretations," in: V. R. Berghahn and Martin Kitchen eds., *Germany in the Age of Total War*, London 1981, 123–146.
Potthoff, Heinrich, *Gewerkschaften und Politik zwischen Revolution und Inflation*, Düsseldorf 1979.
Rabenau, Friedrich von, *Seeckt. Aus seinem Leben 1918–1936*, Leipzig 1940.
Renouvin, Pierre, "Les buts de guerre du gouvernement français, 1914–1918," in: *RH*, 225(1966), 1–38.
——, "Die öffentliche Meinung in Frankreich während des Kriegs 1914–1918," in; *VfZ*, 18(1970), 239–275.
——, L'image de l'Allemagne en 1917–1918 d'apres les services français d'Information," in: Geiss, Imanuel und Bernd-Jürgen Wendt hrsg., *Deutschland in der Weltpolitik des 19. und 20. Jahrhunderts*, Düsseldorf 1973, 363–376.
Reynolds, P. A., *British Foreign Policy in the Inter-War Years*, London 1954.
Rhodes, Benjamin D., "Reassessing 'Uncle Shylock,' the United States and the French War Debts 1917–1929," in: *JAH*, 55(1969), 787–803.
Riekhoff, Harold von, *German-Polish Relations 1918–1933*, Baltimore 1971.
Ringer, Fritz A. ed., *The German Inflation of 1923*, London 1969.
Ritter, Gerhard A., "Kontinuität und Umformung des deutschen Parteiensystems 1918–1920," in: Eberhard Kolb hrsg., *Vom Kaiserreich zur Weimarer Republik*, Köln 1972, 244–275.
——, "Entwicklungsprobleme der deutschen Parlamentalismus," in: Gerhard A. Ritter hrsg., *Gesellschaft, Parlament und Regierung*, Düsseldorf 1975, 11–54.
Roßler, Helmuth hrsg., *Weltwende 1917*, Göttingen 1965.
——, hrsg., *Ideologie und Machtpolitik 1919*, Göttingen 1969.

——, hrsg., *Die Folgen von Versailles 1919–1924*, Göttingen 1969.
——, hrsg., *Locarno und die Weltpolitik 1924–1932*, Göttingen 1969.
Rosenbaum, Kurt, *Community of Fate. German-Soviet Diplomatic Relations 1922–1928*, Syracuse, N. Y. 1965.
Rosenberg, Arthur, *Entstehung der Weimarer Republik*, Berlin 1928(足利末男訳『ヴァイマル共和国成立史』みすず書房, 1969).
——, *Geschichte der Weimarer Republik*, 2. Aufl., Frankfurt a. M. 1961(吉田輝夫訳『ヴァイマル共和国史』東邦出版社, 1970).
Roth, Guenther, *The Social Democrats in Imperial Germany*, Totowa 1963.
Ruge, Wolfgang, *Die Stellungnahme der Sowjetunion gegen die Besetzung des Ruhrgebietes*, Berlin(Ost) 1962.
——, *Stresemann. Ein Lebensbild*, Berlin(Ost) 1966.
——, *Weimar. Republik auf Zeit*. Berlin(Ost) 1969.
Rupieper, Herman J., *The Cuno Government and Reparations 1922–1923. Politics and Economics*, The Hague 1979.
——, "Industrie und Reparationen. Einige Aspekte des Reparationsproblems 1922–1924," in: Hans Mommsen, D. Petznia, Bernd Weisbrod hrsg., *Industrielles System und politische Entwicklung in der Weimarer Republik*, 582–592.
——, "Die Freien Gewerkschaften und der Versailles Vertrag 1919–1923," in: *GWU*, 29(1978), 482–499.
Salewski, Michael, *Entwaffnung und Militärkontrolle in Deutschland 1919–1927*, München 1966.
Sauvy, Alfred, *Histoire économique de la France entre les deux guerres*, Tome I, 1918–1931, Paris 1965.
Schieder, Theodor, *Die Probleme des Rapallo-Vertrags. Eine Studie über die deutsch-sowjetischen Beziehungen 1922–1926*, Köln 1956.
——, "Die Entstehungsgeschichte des Rapallo-Vertrags," in: *HZ*, 204(1966), 545–609.
Shively, W. Phillips, "Party Identification, Party Choice and Voting Stability, the Weimar Case," in: *APSR*, 66(1972), 1203–1225.
Schneider, Werner, *Die Deutsche Demokratische Partei in der Weimarer Republik 1924–1930*, München 1978.
Schorr, Helmut J., *Adam Stegerwald. Gewerkschaftler und Politiker der ersten deutschen Republik*, Recklinghausen 1966.
Schröder, Hans-Jürgen, "Ökonomische Aspekte der amerikanischen Außenpolitik 1900–1923," in: *NPL*, 17(1972), 298–321.
Schuker, Stephen A., *The End of French Predominance in Europe. The Financial Crisis of 1924 and the Adoptation of the Dawes Plan*, Chapel Hill 1976.
——, "Finance and Foreign Policy in the Era of the German Inflation. British, French and German Strategies for Economic Reconstruction after the First World War," in: Büsch, Otto und Gerald D. Feldmann hrsg., *Historische Prozesse der deutschen Inflation 1914 bis 1924. Ein Tagungsbericht*, Berlin 1978, 343–361.

——, "Frankreich und die Weimarer Republik," in: Michael Stürmer hrsg., *Die Weimarer Republik*, 93–112.
Schüddekopf, Otto-Ernst, *Nationalbolschewismus in Deutschland 1918–1933*, Frankfurt a. M. 1972.
——, "German Foreign Policy between Compiegne and Versailles," in: *JCH*, 4 (1969), 181–197.
Schulin, Ernst, *Walther Rathenau. Repräsentant, Kritiker und Opfer seiner Zeit*, Göttingen 1979.
Schulz, Gerhard, *Zwischen Demokratie und Diktatur. Verfassungspolitik und Reichsreform in der Weimarer Republik*, Bd. 1, Berlin 1963.
——, *Revolutionen und Friedensschlüsse 1917–1920*, München 1967.
——, *Deutschland seit dem Ersten Weltkrieg 1918–1945*, Göttingen 1976.
Schulze, Hagen, *Otto Braun oder Preußens demokratische Sendung. Eine Biographie*, Frankfurt a. M. 1977.
——, "Stabilität und Instabilität in der politischen Ordnung von Weimar. Die sozialdemokratischen Parlamentsfraktionen im Reich und Preußen," in: *VfZ*, 26 (1978), 419–432.
——, "Die SPD und der Staat von Weimar," in: Michael Stürmer hrsg., *Die Weimarer Republik*, 272–286.
Schustereit, Hartmut, *Linksliberalismus und Sozialdemokratie in der Weimarer Republik*, Düsseldorf 1975.
Schwarz, Alfred, *Die Weimarer Republik*, Konstanz 1958.
Siebert, Ferdinand, *Aristide Briand 1862–1932. Ein Staatsmann zwischen Frankreich und Europa*, Zürich und Stuttgart 1973.
Siegfried, André, *Tableau des partis en France*, Paris 1930.
Soulié, Michael, *La vie politique d'Édouard' Herriot*, Paris 1962.
Soutou, Georges, "Die deutschen Reparationen und das Seydoux-Projekt 1920–1921," in: *VfZ*, 23(1975), 237–270.
——, Problèmes concernant le rétablissement des relations économiques Franco-Allemandes après la première guerre mondiale, in: *Francia. Zeitschrift des Deutschen Historischen Instituts in Paris*, 2(1975), 580–596.
Spethmann, Hans, *Zwölf Jahre Ruhrbergbau, 1914 bis 1925*, Bd. III, Bd. IV, Berlin 1929.
Steinbach, Lothar, "Britische Außenpolitik in der Ära Lloyd George," in: *NPL*, 14 (1969), 534–546.
Stephan, Werner, *Aufstieg und Verfall des Linksliberalismus 1918–1933. Geschichte der Deutschen Demokratischen Partei*, Göttingen 1973.
Stolper, Gustav, *Deutsche Wirtschaft seit 1870*, 2. Aufl., Tübingen 1966(坂井栄八郎訳『現代ドイツ経済史』竹内書店, 1969).
Stürmer, Michael, *Koalition und Opposition in der Weimarer Republik 1924–1928*, Düsseldorf 1967.
——, hrsg., *Die Weimarer Republik. Belagerte Civitas*, Königstein/Ts. 1980.
Sturmthal, Adolf, *The Tragedy of European Labour Movement*, New York 1951

(神川・神谷訳『ヨーロッパ労働運動の悲劇』岩波書店, 1958).
Suarez, Georges, *Briand*, Tome V, Tome VI, Paris 1941/1952.
Swartz, Marvin, *The Union of Democratic Control in British Politics during the First World War*, London 1971.
Taylor, A. J. P., *English History 1914–1945*, London 1965(都築忠七訳『イギリス現代史』I・II, みすず書房, 1968).
Thimme, Anneliese, *Gustav Stresemann. Eine politische Biographie zur Geschichte der Weimarer Republik*, Hannover 1957.
——, "Die Locarno-Politik im Licht des Stresemann Nachlaßes," in: *ZfP*, 3(1956), 42–63.
——, "Gustav Stresemann. Legend und Wirklichkeit," in: *HZ*, 181(1956), 287–338.
Thimme, Roland, *Stresemann und die Deutsche Volkspartei 1923–1925*, Lübeck und Hamburg 1961.
Trachtenberg, Marc, *Reparations in World Politics. France and European Economic Diplomacy, 1916–1923*, New York 1980.
——, "Reparations at the Paris Peace Conference," in: *JMH*, 51(1979), 24–55.
Turner, Henry A. Jr., *Stresemann and the Politics of the Weimar Republic*, Princeton 1963.
Ulam, Adam, *Expansion and Coexistence. The History of Soviet Foreign Policy 1917–1967*, New York 1968(鈴木博信訳『膨脹と共存——ソビエト外交史』I・II・III, サイマル出版会, 1974).
Vallentin, Antonina, *Stresemann*, trans., E. Sutton, London 1931.
Vogelsang, Thilo, *Kurt von Schleicher. Ein General als Politiker*, Göttingen 1965.
——, *Reichswehr, Staat und NSDAP. Beiträge zur deutschen Geschichte, 1930–1932*, Stuttgart.
Vom Berg, Volker, "Die Arbeitszeitfrage im Ruhrbergbau als politisches Problem der früheren Weimarer Republik," in: *GWU*, 26(1975), 360–380.
Waites, Neville ed., *Troubled Neighbours. Franco-British Relations in the Twentieth Century*, London 1971.
Waite, Robert G. L., *Vanguard of Nazism. The Free Corps Movement in Postwar Germany 1918–1923*, Cambridge(Mass.) 1952.
Walsdorff, Martin, *Westorientierung und Ostpolitik. Stresemanns Rußlandpolitik in der Locarno Ära*, Bremen 1971.
Wandycz, Piotrs S., *France and her Eastern Allies 1919–1925. French-Czechoslovakia-Polish Relations from the Paris Peace Conference to Locarno*, Minneapolis 1962.
Warwick, Paul, *The French Popular Front. A Legislative Analysis*, Chicago 1977.
Watkins, Frederick N., *The Failure of Constitutional Emergency Powers under the Weimar Republic*, Cambridge(Mass.) 1939.
Seton-Watson, Christopher, *Italy from Liberalism to Fascism 1870–1925*, London 1967.
Weidenfeld, Werner, *Die Englandpolitik Gustav Stresemanns. Theoretische und praktische Aspekte der Außenpolitik*, Mainz 1972.
——, "Gustav Stresemann, der Mythos vom engagierten Europäer," in: *GWU*, 24

(1973), 740–750.

Weikardt, Charles R., *Das Rheinland in den deutsch-britischen Beziehungen 1918–1923. Eine Untersuchung zum Wesen der britischen Gleichgewichtspolitik*, Diss. Bonn 1967.

Wenzel, Otto, *Die Kommunistische Partei Deutschlands im Jahre 1923*, Diss. Freie Universität Berlin 1955.

Wheeler-Benett, John W., *The Nemesis of Power. The German Army in Politics 1918–1945*, London 1954 (山口定訳『国防軍とヒトラー』I・II, みすず書房, 1961).

Wheeler-Benett, John W. and F. E. Langerman, *Information on the Problem of Security*, London 1927.

Wheeler-Benett, John W. and H. Latimer, *Information on the Reparation Settlement*, London 1930.

Winkler, Henry R., "The Emergence of Labour Foreign Policy in Great Britain, 1918–1929," in: *JMH*, 28(1956), 247–258.

Winkler, Heinrich A., *Mittelstand, Demokratie und Nationalsozialismus. Die politische Entwicklung von Handwerk und Kleinhandel in der Weimarer Republik*, Köln 1972.

——, hrsg., *Organisierter Kapitalismus. Voraussetzungen und Anfänge*, Göttingen 1974.

Witt, Peter-Christian, "Reichsfinanzministerium und Reichsfinanzverwaltung 1918–1924," in: *VfZ*, 23(1975), 1–61.

Wolfers, Arnold, *Britain and France between the Two Wars*, New York 1940.

Wulf, Peter, *Hugo Stinnes. Wirtschaft und Politik 1918–1924*, Stuttgart 1979.

——, "Regierung, Parteien, Wirtschaftsverbände und die Sozialisierung des Kohlenbergbaus," in: Mommsen Hans, D. Petznia, B. Weisbrod hrsg., *Industrielles System und politische Entwicklung in der Weimarer Republik*, 647–657.

——, "Die Auseinandersetzungen um die Sozialisierung der Kohle in Deutschland 1920/1921," in: *VfZ*, 25(1977), 46–98.

Wurm, Clemens A., *Die französische Sicherheitspolitik in der Phase der Umorientierung 1924–1926*, Frankfurt a. M. 1979.

Zebel, Sydney, *Balfour. A Political Biography*, London 1973.

Zimmermann, Ludwig, *Deutsche Außenpolitik in der Ära der Weimarer Republik*, Göttingen 1958.

——, *Frankreichs Ruhrpolitik von Versailles bis zum Dawesplan*, Göttingen 1971.

Zsigmond, Laszlo, *Zur deutschen Frage 1918–1923, Die wirtschaftlichen und internationalen Faktoren den Wiederbelebung des deutschen Imperialismus und Militarismus*, Budapest 1964.

B. 邦　語

有沢廣已『ワイマール共和国物語』上・下，東京大学出版会，1978.

有沢廣已・阿部勇『世界恐慌と国際政治の危機』改造社，1931.

安　世舟『ドイツ社会民主党研究序説――創立からワイマール共和国成立期まで

——』御茶の水書房, 1973.
飯田収治・中村幹雄・野田宣雄・望田幸男『ドイツ現代政治史——名望家政治から大衆民主主義へ』ミネルヴァ書房, 1966.
石川捷治「統一戦線理論の形成過程——『労働者政府』論を中心として」『政治研究』(九州大学), 18(1970), 31-59.
犬童一男『危機における政治過程——大恐慌期のイギリス労働党政権』東大出版会, 1976.
上山安敏『ウェーバーとその社会——知識社会と権力』ミネルヴァ書房, 1978.
大内宏一「グスタフ・シュトレーゼマンの防禦の外交について」『西洋史学』92(1974), 43-63.
大野英二『ドイツ金融資本成立史論』有斐閣, 1956.
——『ドイツ資本主義論』未来社, 1965.
——『現代ドイツ社会史研究序説』岩波書店, 1982.
——「『組織資本主義』論の問題点——比較社会史の研究動向」『思想』625(7, 1976), 39-53.
岡　義武『国際政治史』岩波書店, 1955.
岡野鑑記『賠償及戦債問題』森山書店, 1932.
鹿毛達雄「独ソ軍事協力関係(1919—1933)——第1次大戦後のドイツ秘密再軍備の一側面」『史学雑誌』74(6, 1965), 1-43.
加藤栄一『ワイマール体制の経済構造』東大出版会, 1974.
加藤栄一・馬場宏二・渡辺寛・中山弘正『世界経済』(講座 帝国主義の研究 2), 青木書店, 1975.
河合秀和『現代イギリス政治史研究』岩波書店, 1974.
——『チャーチル』中公新書, 1979.
木谷　勤『ドイツ第二帝制史研究——「上からの革命」から帝国主義へ』青木書店, 1977.
木村靖二「ドイツ国家国民党 1918—1920 年」『史学雑誌』77(2, 1968), 1-44.
——「伝統的保守派とナチス——ヴァイマル共和国における政治運動の転換」東京大学社会科学研究所(編)『ファシズム期の国家と社会』第7巻: 運動と抵抗中, 東京大学出版会, 1980, 115-145.
栗原　優『ナチズム体制の成立——ワイマル共和国の崩壊と経済界』ミネルヴァ書房, 1980.
——「ドイツ全国工業連盟とドーズ案の成立」『歴史学研究』332(1968), 1-19.
黒川　康「ヒトラー一揆——ナチズム擡頭の諸問題」『史学雑誌』76(3, 1967), 33-67.
『国家学会雑誌 特集: 国際政局におけるワイマール共和国——デモクラシーとパワー・ポリティックス』66(10, 1953).
斉藤　孝『第2次世界大戦前史研究』東京大学出版会, 1965.
——『戦間期国際政治史』岩波書店, 1978.
阪野智一「ドイツ民主党とヴァイマル・デモクラシー」『六甲台論集』28(4, 1982), 131-195.
篠原　一『ドイツ革命史序説——革命におけるエリートと大衆』岩波書店, 1956.
——「ドイツ革命における組織論——研究の現状とその批判」『国家学会雑誌』75

(1・2, 1962), 68-95.
——「国内政治家としてのシュトレーゼマン——適応と不適応との間」篠原一・横山信(編)『近代国家の政治指導』東京大学出版会, 1964, 157-227.
『(岩波講座)世界歴史』第24巻(現代1):第1次世界大戦, 第25巻(現代2):第1次世界大戦直後, 第26巻(現代3):1920年代, 岩波書店, 1970.
高橋直樹「1931年のイギリス挙国一致内閣——危機論から均衡論へ——」『国家学会雑誌』91(3・4, 1978), 87-125.
富永幸生・鹿毛達雄・下村由一・西川正雄『ファシズムとコミンテルン』東京大学出版会, 1978.
富永幸生『独ソ関係の史的分析 1917-1925』岩波書店, 1979.
——「シュトレーゼマン再評価をめぐって」『史学雑誌』69(12, 1960), 59-67.
——「ドイツの対ソ政策とイデオロギー——ロカルノ条約とベルリン条約」(I)・(II)『歴史と文化』(東京大学教養学部人文科学科紀要, 歴史学研究報告), 8(1965), 99-144; 9(1967), 257-297.
中木康夫『フランス政治史』上・中・下, 未来社, 1975-1977.
中村興雄『ドイツ現代政治史——ナチスの興隆』世界思想社, 1969.
西川知一『近代政治史とカトリシズム』有斐閣, 1977.
西川正雄「ドイツ第2帝制における社会民主党——「修正主義論争」の背景——」日本政治学会(編)『西欧世界と社会主義』(年報政治学 1966), 岩波書店, 1966, 55-88.
——「ヒトラーの政権掌握」『思想』512(2, 1967), 97-112.
野田宣雄『二十世紀の政治指導』中央公論社, 1976.
——「シュトレーゼマン外交とヴァイマル共和国の安定」『史林』44(5, 1961), 100-126.
野村正實『ドイツ労資関係論——ルール炭鉱業における国家・資本家・労働者』御茶の水書房, 1980.
浜口 學「ロカルノ協定とフランスの安全保障」(I)・(II)『東京大学教養学部社会科学紀要』18(1968), 113-144; 19(1969), 209-250.
——「両大戦間期フランスの外交指導——不安定のなかの安定」『東京大学教養学部社会科学紀要』20・21(1970/1971), 283-298.
——「カンヌ会議と第七次ブリアン内閣」(I)-(III)『国学院法学』12(1, 1974), 45-66; 12(3, 1974), 30-55; 12(4, 1974), 50-73.
——「第2次ポアンカレ内閣とルール占領」(I)-(X)『国学院法学』13(2, 1976), 86-121; 13(3, 1976), 107-139; 13(4, 1976), 158-191; 14(1, 1977), 47-67; 14(2, 1977), 50-88; 16(1, 1978), 37-61; 16(2, 1978), 35-57; 16(3, 1978), 37-55; 16(4, 1979), 59-81; 17(4, 1980), 43-98.
——「フランス左翼連合の対ソ政策」『国学院大学紀要』14(1976), 67-104.
——「ヴィスバーデン協定(1921年)と欧州復興問題の構造」『国学院大学紀要』15(1977), 221-243.
——「第七次ブリアン内閣における賠償と安全保障」(I)・(II)『国学院法学』18(2, 1980), 1-52; 18(3, 1980), 97-166.
——「小協調の成立とフランスの東中欧政策」『国学院法学』18(4, 1980), 137-160.
林健太郎『ワイマール共和国——ヒトラーを出現させたもの』中公新書, 1963.

——(編)『ドイツ史(世界各国史 3)』山川出版社，新版，1977.
舛添要一「安全と強制——フランスの安全とブリアン，1921 年 1 月～1922 年 1 月」『東京大学教養学部社会科学紀要』26(1976)，117-242.
馬場康雄「イタリア議会政治の危機とファシズム——第五次ジョリッティ内閣を中心に」東京大学社会科学研究所(編)『ファシズム期の国家と社会』第 7 巻：運動と抵抗 中，東京大学出版会，1979，5-60.
三宅 立「シュトレーゼマンの大連合政策について」『歴史学研究』295(1964)，31-42.
——「シュトレーゼマン大連合内閣の 10 月危機とドイツ国民党——『安定』過程の一分析」『史学雑誌』74(9, 1965)，1-48.
村瀬興雄『ドイツ現代史』第 9 版，東京大学出版会，1970.
室 潔『宗教政党と政治改革——新たなドイツ現代史像の素描』早稲田大学出版部，1977.
望田幸男・三宅正樹(編)『概説ドイツ史』有斐閣，1982.
楊井克己(編)『世界経済論(経済学体系 6)』東京大学出版会，1961.
山口 定『現代ファシズム論の諸潮流』有斐閣，1976.
——『ファシズム——その比較研究のために』有斐閣，1979.
——「グレーナー路線とゼークト路線——ドイツ国防軍とワイマール共和国——その一」『立命館大学人文科学研究所紀要』6(1959)，73-143.
——「ワイマール共和国における議会主義政治体制——その構造的不安定性に関する序論的考察」(I)・(II)『立命館法学』24(1958)，14-67；25(1958)，84-138.
——「秘密再軍備とドイツ社会民主党——ワイマール体制崩壊原因論の一視角」『立命館法学』71(1967)，1-36；72(1967)，27-57；73(1967)，36-66；75・76(1968)，39-64；80(1968)，1-28.
——「第 1 次大戦後におけるドイツ再軍備の段階的発展と国防軍の政治路線」『国際政治(平和と戦争の研究，II)』38(1967)，56-85.
——「ワイマール共和国後半期におけるドイツ社会民主党内の国防論争」『立命館法学』81・82(1968)，32-83.
山田 徹「ヴァイマル共和国初期のドイツ共産党——『過渡期』よりの革命」東京大学法学部学位論文，1975.
——「ドイツ共産党の統一戦線運動の構造——1921 年後半から 1922 年を中心として」(I)-(IV)『神奈川法学』12(2・3, 1976)，127-170；13(3, 1977)，49-82；14(2・3, 1978)，21-56；17(1, 1982)，1-35.
山本佐門『ドイツ社会民主党とカウツキー』北海道大学図書刊行会，1981.
横山 信『近代フランス外交史序説』東京大学出版会，1963.
——『フランス現代史』福村出版，1968.
——「第 1 次大戦後におけるフランスの東ヨーロッパ政策」(I)・(II)『国家学会雑誌』80(1・2, 1967)，1-21；80(3・4, 1967)，66-104.
吉川 宏「ロイド・ジョージとヨーロッパの再建」(I)～(IV)『北大法学論集』13(2, 1963)，66-143；13(3・4, 1963)，21-113；14(1, 1964)，66-157；14(2, 1964)，1-32.

C. その他

Bracher, Karl Dietrich, Hans-Adolf Jacobsen, Manfred Funke hrsg., *Bibliographie zur Politik in Theorie und Praxis*, Düsseldorf 1976.

Benz, Wolfgang, *Deutsche Geschichte seit dem Ersten Weltkrieg*, Bd. III, Quellen zur Zeitgeschichte, Stuttgart 1973.

Gatzke, Hans, "The Stresemann-Papers," in: *JMH*, 26(1954), 49–59.

Heß, Jürgen C. und E. van Steensel van der Ara, *Bibliographie zum deutschen Liberalismus*, Göttingen 1981.

Kent, George O., *A Catalogue of Files and Microfilms of the German Foreign Ministry, 1920–1945*, 3 Vols., Stanford 1962/1964/1966.

Kimmich, Christoph M., *German Foreign Policy 1918–1945. A Guide to Research and Research Materials*, Delaware 1981.

Schumacher, Martin, *Wahlen und Abstimmungen 1918–1933. Eine Bibliographie zur Statistik und Analyse der politischen Wahlen in der Weimarer Republik*, Düsseldorf 1976.

Ullmann, Hans-Peter, *Bibliographie zur Geschichte der deutschen Parteien und Interessenverbände*, Göttingen 1978.

Walsdorff, Martin, *Bibliographie Gustav Stresemann*, Düsseldorf 1972.

Wehler, Hans-Ulrich, *Bibliographie zur modernen deutschen Sozialgeschichte (18.–20. Jahrhundert)*, Göttingen 1976.

——, *Bibliographie zur modernen deutschen Wirtschaftsgeschichte (18.–20. Jahrhundert)*, Göttingen 1976.

木村靖二「ドイツ連邦共和国における最近の共産党史研究と史料状況」『史学雑誌』79(1, 1970), 68–79.

篠原　一『ブリューニング内閣期に関する文献目録』(非売品), 1972.

富永幸生「ブロックドルフ・ランツォウ文書」『史学雑誌』72(4, 1963), 31–44.

西川正雄「ドイツ現代史史料概観——いわゆる押収文書を中心として」『史学雑誌』72(4, 1963), 45–66; 72(6, 1963), 70–91.

林健太郎(編)『ドイツ現代史総合文献目録』東大出版会, 1966.